El Cronómetro
Manual de preparación del DELE
Nivel C2

Alejandro Bech Tormo
David Isa de los Santos
Rosa M.ª Pérez Bernal

Los exámenes para obtener el DELE, como cualquier examen, sufren cambios. El Instituto Cervantes actualiza constantemente los contenidos de los exámenes en relación con dos documentos: *Marco común europeo de referencia* y el *Plan curricular del Instituto Cervantes*.

El Cronómetro, a través de la página web de Edinumen, te permite seguir actualizado. En la *ELEteca*, vas a encontrar información y materiales sobre los nuevos DELE.

© Editorial Edinumen, 2013
© Autores de este manual:
 Alejandro Bech Tormo
 David Isa de los Santos
 Rosa M.ª Pérez Bernal

Primera edición 2013
Primera reimpresión 2014
Reimpresiones 2016, 2017, 2018

ISBN: 978-84-9848-415-1
Depósito legal: M-23635-2016
Impreso en España

Edición:
 David Isa

Diseño portada:
 Carlos Yllana

Diseño y maquetación:
 Ana María Gil

Agradecimientos:
 Carla Prestigiacomo
 Valerio Restivo
 Eduardo Domínguez Castillo, *Instituto Cervantes de Palermo, Italia*

Fotografía:
 Archivo Edinumen
 Iñaki Tarrés Chamorro
 Rosa M.ª Pérez

Impresión:
 Gráficas Printek (Vizcaya)

Editorial Edinumen
José Celestino Mutis, 4. 28028 - Madrid
Teléfono: 91 308 51 42
Fax: 91 319 93 09
e-mail: edinumen@edinumen.es
www.edinumen.es

Introducción para candidatos y profesores

1. Este libro está dedicado a la preparación del examen para obtener el *Diploma de Español como Lengua Extranjera (Nivel C2)*, el título que da el *Instituto Cervantes* en nombre del Ministerio de Educación de España, y que certifica tu nivel de español.

2. Los modelos de examen que aparecen en este manual se han diseñado respetando escrupulosamente las características de los exámenes **DELE**: contenidos, tipología textual y tipo de tareas y, dentro de lo posible, en su aspecto gráfico, de manera que te vayas acostumbrando al examen. Las audiciones necesarias se incluyen al final del manual en formato **mp3**.

3. Para la elaboración del manual, el equipo de autores ha hecho un análisis exhaustivo de las características de los exámenes reales y de los ejemplos ofrecidos por el propio *Instituto Cervantes*, análisis que ha permitido conocer a fondo el examen y establecer con exactitud sus dificultades. En este manual encontrarás referencias a ese análisis, así como ejemplos extraídos de los mismos exámenes. Están señalados con el símbolo ⊣⊢.

4. Los autores de la colección son o han sido profesores del *Instituto Cervantes*, e intervienen habitualmente en los exámenes como examinadores acreditados.

5. El manual desarrolla criterios metodológicos acordes con el tipo de examen que es el DELE y con las especificaciones establecidas por el propio *Instituto Cervantes*. Dado que el objetivo es demostrar que se posee el nivel C2, el manual te prepara justamente para que demuestres que tienen ese nivel. El Cronómetro se centra tanto en las dificultades que platea el examen en sus distintas pruebas y tareas como en el desarrollo de habilidades para superarlas con éxito.

6. Para ese fin, el manual se centra en cuatro puntos básicos: información actualizada y pertinente del examen, dosificada a lo largo de todo el manual; práctica con modelos de examen; desarrollo de habilidades a través de actividades centradas en aspectos concretos; y un gran aporte de comentarios y consejos fundamentados en parte en el análisis de los exámenes, en parte en la experiencia de los autores como examinadores y como profesores de español. La cantidad total de textos y actividades del manual corresponde a la realización de aproximadamente 8 modelos de examen.

7. El manual plantea la preparación como una actividad individual, y ofrece todas las herramientas necesarias para el candidato pueda prepararse de manera autónoma, destacando dos: las que permiten desarrollar el control del tiempo, y una herramienta de seguimiento del proceso de preparación, que permite al candidato saber siempre en qué punto de la preparación está. Además dispones de Hojas de respuestas fotocopiables (al final del manual).

8. El manual se presta igualmente a su uso en cursos de preparación, para lo cual existe una guía dirigida al profesor, disponible en la 🖥 *ELEteca*, en la página web de la editorial Edinumen.

9. El manual se completa con unos documentos que incluyen más información sobre el examen, como un resumen de los contenidos del *Plan curricular del Instituto Cervantes*, y unas actividades de vocabulario, todo ello disponible en el banco de recursos ELEteca de la editorial Edinumen con carácter gratuito.

10. Un último consejo. El examen tiene unos límites de tiempo. Es muy importante saber el tiempo que cada uno necesita para hacer cada tarea. Habituarte a controlar este factor es importantísimo. El Cronómetro te ayuda a hacerlo. Antes de empezar tu preparación, busca un reloj o mejor un cronómetro, lo necesitas en todas las tareas que llevan este icono:

 ● ● ● ● ● 🕐 Pon el reloj.

Índice

Las pruebas del examen

¡Atención! Los horarios se refieren a las convocatorias más usuales. Consulta en tu centro de examen.

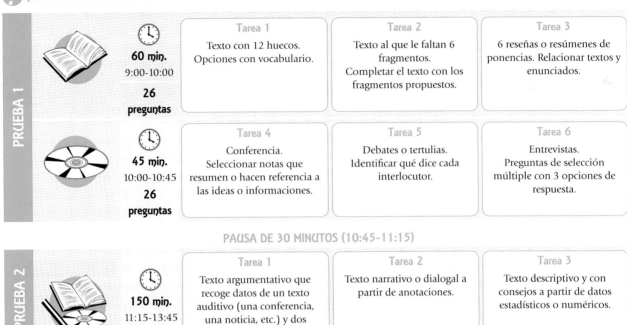

PRUEBA 1

60 min.
9:00-10:00
26 preguntas

Tarea 1
Texto con 12 huecos. Opciones con vocabulario.

Tarea 2
Texto al que le faltan 6 fragmentos. Completar el texto con los fragmentos propuestos.

Tarea 3
6 reseñas o resúmenes de ponencias. Relacionar textos y enunciados.

45 min.
10:00-10:45
26 preguntas

Tarea 4
Conferencia. Seleccionar notas que resumen o hacen referencia a las ideas o informaciones.

Tarea 5
Debates o tertulias. Identificar qué dice cada interlocutor.

Tarea 6
Entrevistas. Preguntas de selección múltiple con 3 opciones de respuesta.

PAUSA DE 30 MINUTOS (10:45-11:15)

PRUEBA 2

150 min.
11:15-13:45

Tarea 1
Texto argumentativo que recoge datos de un texto auditivo (una conferencia, una noticia, etc.) y dos escritos.

Tarea 2
Texto narrativo o dialogal a partir de anotaciones.

Tarea 3
Texto descriptivo y con consejos a partir de datos estadísticos o numéricos.

A OTRA HORA U OTRO DÍA

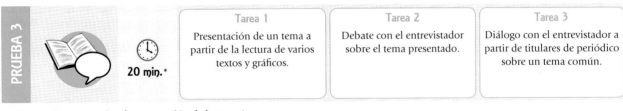

PRUEBA 3

20 min.*

Tarea 1
Presentación de un tema a partir de la lectura de varios textos y gráficos.

Tarea 2
Debate con el entrevistador sobre el tema presentado.

Tarea 3
Diálogo con el entrevistador a partir de titulares de periódico sobre un tema común.

* Más **30 minutos** previos de preparación de la tarea 1.

PUNTUACIÓN DE LAS PRUEBAS Y CÁLCULO DE LA NOTA

La puntuación máxima que se puede obtener en el examen es de **100 puntos** y es necesario obtener el **60%** en cada prueba.

La calificación final es **apto** o **no apto**.

Atención. Se requiere la calificación de **apto** en cada una de las pruebas en la misma convocatoria de examen.

Instituto Cervantes.

El examen tiene dos citas: una para las pruebas 1 y 2, normalmente un viernes o un sábado a partir de las 9:00 de la mañana, y una segunda cita para la prueba 3, que puede ser el mismo día por la tarde, u otro día diferente. El día del examen recibes un cuadernillo con los textos y las preguntas, y unas Hojas de respuestas, semejantes a las que puedes encontrar al final de este manual. La segunda cita la recibes mediante una carta en tu casa y la manda tu Centro de examen. Indica el día y la hora a la que te tienes que presentar para la entrevista. Para su preparación recibes unas hojas con los textos de la tarea 1 de la prueba. Esa prueba tiene una preparación previa que realizas normalmente en una sala diferente a la de la entrevista. Todos los materiales son propiedad del *Instituto Cervantes.*

Puedes encontrar más información en: http://www.diplomas.cervantes.es

Consejos para aprovechar este manual

Este manual está diseñado para que puedas preparar el examen DELE, nivel C2, por tu cuenta, aunque la ayuda de un profesor y de otros candidatos puede hacer la preparación más cómoda y entretenida.

■ **La idea principal.** Tienes nivel C2 de español, lo tienes que demostrar. Para hacerlo, el *Instituto Cervantes* te propone una serie de tareas. Conocerlas, y conocer las habilidades que necesitas para realizarlas con una nota suficiente (el 70% mínimo) es lo que garantiza el éxito. Este manual te ayuda justamente a eso: a prepararte para demostrar lo que sabes.

■ **La información.** El modelo 1 presenta una introducción general con información que ofrece el *Instituto Cervantes*. El resto de modelos ofrecen en sus actividades más orientaciones sobre las tareas. Se te pide que hagas un análisis de las tareas y que anotes comentarios: **Anota aquí tu comentario:** No tienes que hacerlo en español, lo puedes hacer en tu idioma. Lo importante es anotar tus ideas, intuiciones y percepciones.

■ **Modelos de examen.** Vas a encontrar 4 **modelos** de examen completos. No dejes de leer la introducción que hay en la portada de cada modelo: te explica qué se va a trabajar ahí. Algunos modelos están especialmente diseñados para trabajar ciertas dificultades o ciertos tipos de texto. Sigue siempre las **INSTRUCCIONES**.

■ **El Cronómetro.** El nombre de este manual tiene que ver con un aspecto muy importante del examen: el control del tiempo. No dejes pasar esta pregunta: ● ● ● ● ● 🕐 ¿Cuánto tiempo has necesitado?

■ **Actividades.** Después de cada prueba de cada modelo tienes una serie de actividades sobre esa prueba. Te van a servir para que hagas mejor el siguiente modelo, con más seguridad y mejores resultados, porque te permiten practicar y

desarrollar habilidades de examen muy útiles. En la parte superior de las páginas de actividades tienes los iconos de las pruebas para saber en qué prueba estás. Ten en cuenta, además, que algunas actividades se basan en exámenes reales y llevan la marca: Fuente: ╶╂╴ *Instituto Cervantes*.

■ **Las claves de las actividades.** No solo sirven para conocer las respuestas correctas. Muchas veces hay comentarios sobre los resultados, más información o consejos útiles. Las claves son el complemento de las notas con información que aparecen en las actividades.

ℹ Comentario.

■ **Consejos.** En la sección de las claves puedes encontrar comentarios y consejos. No dejes de leerlos. Intenta seguir esos consejos en el siguiente modelo de examen. ❗ Consejo.

■ **Las tablas de progreso.** Al final de cada prueba de cada modelo vas a encontrar unas tablas para saber cómo progresa tu preparación. No olvides completarla cada vez. Al final del manual tienes un espacio, "Resumen de la preparación" (págs. 288-289), donde puedes hacer un resumen y tener una panorámica de tu preparación.

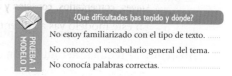

DELE C2

Modelo de examen n.° 1

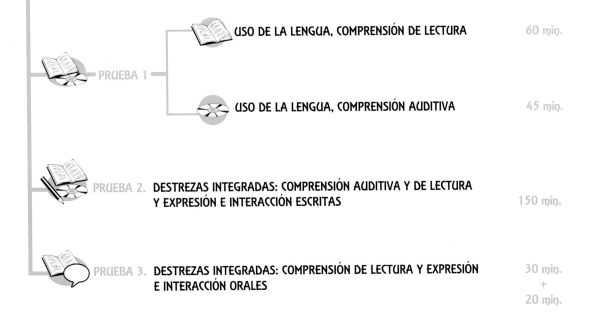

PRUEBA 1	USO DE LA LENGUA, COMPRENSIÓN DE LECTURA	60 min.
	USO DE LA LENGUA, COMPRENSIÓN AUDITIVA	45 min.
PRUEBA 2.	DESTREZAS INTEGRADAS: COMPRENSIÓN AUDITIVA Y DE LECTURA Y EXPRESIÓN E INTERACCIÓN ESCRITAS	150 min.
PRUEBA 3.	DESTREZAS INTEGRADAS: COMPRENSIÓN DE LECTURA Y EXPRESIÓN E INTERACCIÓN ORALES	30 min. + 20 min.

Claves, comentarios, consejos y actividades sobre este modelo de examen.

En este modelo vas a enfrentarte por primera vez al examen. Para ello, cuentas con tu conocimiento del español y la información previa que puedas tener del DELE, nivel C2. El objetivo de este modelo es conocer la estructura del examen, sus dificultades y las habilidades de que dispones para superarlas. Es un modelo muy importante porque presenta las principales dificultades del examen. Dedícale el tiempo necesario. Las actividades que encontrarás en la sección de actividades y los comentarios de las claves tienen como objetivo orientarte en este sentido.

¡Atención! En la prueba 1 hay en realidad dos partes: la primera evalúa tu comprensión de lectura, y la segunda tu comprensión auditiva. En el examen hay una pausa entre las dos. En El Cronómetro, *nivel C2* las vamos a preparar por separado.

Prueba 1. Primera parte: Uso de la lengua, comprensión de lectura

● ● ● ● ● ● Antes de empezar la parte de Comprensión de lectura.

Responde a estas preguntas con lo que sabes del examen.

1. ¿Cuántas tareas tiene esta primera parte de la prueba? ....

2. ¿Cuánto tiempo tengo para realizarlas? ....

Marca con una ✗.

		sí	no
3.	¿El examen empieza con esta prueba?	☐	☐
4.	¿Las preguntas de todas las tareas de la prueba son del mismo tipo?	☐	☐
5.	¿Puedo empezar la prueba por la tarea que yo decida?	☐	☐
6.	¿Todos los textos son del mismo tipo?	☐	☐
7.	¿Las instrucciones dicen cuánto tiempo tengo para cada tarea?	☐	☐
8.	¿Tengo que escribir las respuestas a las preguntas?	☐	☐
9.	¿El número de preguntas en cada tarea es siempre el mismo?	☐	☐
10.	¿Los textos los puedo encontrar en cualquier periódico en español?	☐	☐
11.	¿Todos los textos son de España?	☐	☐
12.	(Otra)	☐	☐

Comprueba tus respuestas (pág. 9). Algunas preguntas las podrás comprobar al final del modelo de examen.

USO DE LA LENGUA, COMPRENSIÓN DE LECTURA

La primera parte de la prueba 1 tiene 3 tareas de Comprensión de lectura. Hay que responder a 26 preguntas en total. Las respuestas no se redactan, se marcan en una hoja especial: la **Hoja de respuestas** (al final del manual hay modelos para fotocopiar). Los textos están seleccionados y en parte adaptados a los fines y nivel de la prueba.

60 min.	¿Qué se evalúa?	¿En qué consiste la tarea?	¿Cómo son los textos?
TAREA 1	Que sabes apreciar distinciones sutiles de estilo y significado, tanto implícito como explícito.	Rellenar doce huecos de un texto con una de las tres opciones que se proporcionan para cada hueco.	Textos complejos y especializados o literarios del ámbito público, académico y profesional. Entre 300 y 400 palabras.
TAREA 2	Que sabes reconocer la estructura interna de un texto a través de las relaciones entre sus ideas.	Completar un texto al que le faltan 6 fragmentos, eligiendo entre los 7 fragmentos propuestos.	Los textos describen, exponen y/o narran experiencias, planes o proyectos que tratan sobre temas del ámbito público, profesional o académico: cuadernos de viajes, blogs, artículos de prensa, cuentos, etc. Textos extensos. Entre 550 y 650 palabras.
TAREA 3	Que sabes localizar información específica y relevante.	Relacionar ocho enunciados breves con seis textos.	Seis textos especializados que explican, describen o exponen información detallada sobre temas de ámbito académico. Textos breves. Entre 100 y 150 palabras cada uno.

Fuente: ━┃━ *Instituto Cervantes*.

¿Qué te ha sorprendido más de la descripción de esta prueba del examen? Anota aquí tu comentario.

....

....

CLAVES

1. Esta parte de la prueba 1 tiene tres tareas; **2.** Tienes 60 minutos para realizar la prueba de Comprensión de lectura. **3.** Sí, pero recuerda que la prueba tiene dos partes, esta es la primera parte. La segunda está dedicada a la Comprensión auditiva; **4.** No. Hay preguntas de tres tipos: preguntas de opción múltiple (tarea 1), fragmentos para insertar en el texto (tarea 2) y resúmenes de textos (tarea 3). La complejidad del examen hace que sea MUY IMPORTANTE preparar el examen en un curso o a través de un manual de preparación como El Cronómetro, *nivel C2*, ya que son tareas muy específicas que el candidato debe conocer; **5.** Sí. El orden de las tareas no está establecido en las instrucciones, puedes organizarte como quieras. Es más, no es mala idea mirar las tres partes y todos los textos por encima ANTES DE EMPEZAR para calcular el tiempo que necesitas. En El Cronómetro te vas a habituar a calcularlo; **6.** No, hay diversos tipos de textos. Cada tarea tiene un tipo de texto diferente en cuanto a su género (novelas, memorias, resúmenes, notas bibliográficas, artículos periodísticos), estilo (instruccional, argumentativo, narrativo, descriptivo), estructura y origen (normalmente de tres países diferentes de habla hispana). El nivel de dificultad del texto está relacionado con la definición del nivel C2 y sus contenidos establecidos por el Instituto Cervantes. Es importante conocer y familiarizarse con cada tipo de texto. En el apéndice n.º 1 (**ELEteca**) puedes encontrar un resumen orientativo; **7.** No, puedes dedicar a cada tarea tiempos diferentes, según la longitud del texto o la dificultad de las preguntas; **8.** No, solo tienes que marcar las respuestas correctas. Todas las respuestas se marcan de una forma especial en unas hojas especiales, la Hoja de respuestas; **9.** Sí. La tarea 1 siempre tiene 12 preguntas, la tarea 2 tiene 6, y la tarea 3 tiene 8 preguntas; **10.** No, solo los de la tarea 2. Los textos de la tarea 1 suelen ser especializados o literarios. Suelen publicarse en libros, revistas, páginas web o suplementos literarios. Los textos de la tarea 3 son reseñas de libros, resúmenes de tesis, conferencias, encuentros, etc. y aparecen en Internet o en los folletos de las conferencias correspondientes. **11.** MUY IMPORTANTE: El origen de los textos corresponde a todo el mundo hispánico, puede haber, por ejemplo, un texto de México, otro de Colombia, otro de Argentina y otro de España.

¡Ya puedes empezar esta parte de la Prueba 1!

Prueba 1. Uso de la lengua, comprensión de lectura y auditiva

¡Atención! En el examen la prueba 1 contiene las tareas de lectura y las auditivas. En El Cronómetro, *nivel C2* las hemos separado para trabajarlas individualmente. Hemos mantenido la numeración del examen, es decir, que las tareas de la parte auditiva son las 4, la 5 y la 6.

● ● ● ● ● 🕐 Tienes **60 minutos** para esta parte. **Pon el reloj.**

*La **Prueba 1** tiene una duración total de 105 minutos. Contiene seis tareas y 52 preguntas:*

– Comprensión de lectura: 3 tareas, 26 preguntas, 60 minutos.
– Comprensión auditiva: 3 tareas, 26 preguntas, 45 minutos.

Marque las opciones únicamente en la Hoja de respuestas. A continuación debe realizar las tareas de Comprensión de lectura.

Tarea 1

INSTRUCCIONES

Lea el texto y complete los huecos (1-12) con la opción correcta (a, b o c). Marque las opciones elegidas en la Hoja de respuestas.

EL PODER TERAPÉUTICO DE LA PALABRA ESCRITA

Primero fue la llamada "cura por la palabra", inaugurada a fines del siglo XIX por una paciente histérica del neurólogo Joseph Breuer, que _____(1) b̶_____ con el término "deshollinar" a su necesidad de hablar sobre los traumas que la enfermaban: como polvo sucio que _____(2)_____ su mente, el trauma se reducía a nada al convertirse en palabras que arrastraban el mal fuera de su cuerpo.

Hoy, a nadie se le _____(3)_____ el poder terapéutico de la palabra. Convivir en silencio con las experiencias personales, especialmente las traumáticas, enferma. Hablar sobre ellas alivia y libera. Pero, ¿cura?

La palabra es una _____(4)_____ de escape. Pero esta descarga no siempre tiene un efecto terapéutico. En una psicoterapia, la palabra es dicha en el contexto de un tratamiento, es dirigida a otro, un terapeuta que _____(5)_____ sobre esa palabra, la interpreta, le da nuevos significados. ¿La palabra escrita _____(6)_____ el mismo potencial terapéutico?

El IV Congreso Mundial de Psicoterapia realizado en Buenos Aires dedicó un espacio al tema. Allí expuso el doctor Héctor Fiorini, profesor titular de la Facultad de Psicología de la UBA, que comenta: "La palabra escrita y la palabra hablada se complementan. Hablar sobre lo vivido a veces tiene un carácter _____(7)_____, que la escritura detiene y da forma. En la psicoterapia psicoanalítica, una de las tareas centrales es desarrollar en cada paciente un observador crítico que _____(8)_____ un proceso de trabajo sobre sí, los otros y los mundos que constituyen la trama de su vida. Para eso usamos, además de la palabra hablada, otros lenguajes que otorguen una expresión más plena a la experiencia psíquica. Así, la palabra escrita se convierte en un instrumento capaz de _____(9)_____ zonas de psiquismo que no surgen con la verbalización".

Fiorini rescata las palabras de una paciente que _____(10)_____ dificultades para retener lo hablado: "Escribir me organiza, es más fácil leer un pensamiento en el papel que leerlo en la cabeza, es una especie de _____(11)_____ a tierra", decía. Además, conservar los escritos y releerlos tiempo después permite "introducir la historicidad en el proceso terapéutico con el valor _____(12)_____ de habilitar otra plataforma de observación".

(Adaptado de *La Nación*. Argentina)

OPCIONES

1. a) fundó   b) bautizó   c) inició
2. a) exprimía   b) obturaba   c) mitigaba
3. a) escapa   b) resiste   c) agudiza
4. a) llave   b) conducta   c) válvula
5. a) opera   b) negocia   c) aplica
6. a) recopila   b) intensifica   c) esconde   X
7. a) nítido   b) difuso   c) transparente   X
8. a) despliegue   b) reciba   c) ocasione
9. a) revelar   b) rebelar   c) encubrir   X
10. a) exponía   b) presentaba   c) ostentaba   X
11. a) alambre   b) hilo   c) cable
12. a) adicional   b) aditivo   c) sumativo

8/
/12

Tarea 2

INSTRUCCIONES

Lea el siguiente texto, del que se han extraído seis párrafos. A continuación lea los siete fragmentos propuestos (A-G) y decida en qué lugar del texto (13-18) hay que colocar cada uno de ellos. HAY UN FRAGMENTO QUE NO TIENE QUE ELEGIR. Marque las opciones elegidas en la Hoja de respuestas.

LA CIUDAD Y SUS DESAFÍOS

Hace años se consideraba utópicamente a la ciudad como un crisol de razas y etnias, como un filón de culturas híbridas. No necesito decir que yo soy admirador de la ciudad, frente a la vida rural; y que lo era sobre todo de ese concepto de ciudad-crisol. **13.** _____C_____.

También ocurre que muchos ciudadanos tienen la oportunidad de convivir e identificarse a la vez con grupos distintos, no solo en base a sus preferencias personales, sino también en virtud de sus condiciones sociales o económicas, de sus intereses intelectuales o religiosos, de su lengua o de su raza. **14.** _____E_____.

Hoy muchas capitales arrastran el descrédito de ser lugares inquietantes, peligrosos e "inmorales", donde las personas decentes son las menos. **15.** _____F ✓_____. Crueldad contra niños y jóvenes adolescentes que casi con seguridad acabará en desarraigo y delincuencia; contra ancianos que encaran el trance de la muerte bajo el signo de la soledad y la deshumanización. Injurias todas ellas a las que si no ponemos límite harán de las metrópolis lugares inhóspitos, a punto de estallar, crispados por poderosas fuerzas contrarias y autodestructivas. Lamento tener que decir que muchos de estos procesos de degeneración social parecen inevitables.

Pero quiero decir también que el escenario urbano ofrece incontables alternativas, exhibe vivos contrastes y refleja una heterogeneidad deslumbrante. Tengamos presente que si bien es cierto que la ciudad es escuela de miseria, ignorancia y caos, no lo es menos que también funciona como acicate para la riqueza, la inteligencia y el orden. La ciudad expone continuamente a sus habitantes a una vasta selección de imágenes discordantes y extremas de lo bueno y de lo malo. **16.** _____A (E)_____. Este medio variado y multiforme suscita en las personas una perspectiva relativista y tolerante hacia las diferencias que les rodean y, sobre todo, facilita una aproximación o abordaje empírico, racional y laico, hacia los desafíos de la vida. **17.** _____G x (A)_____

No cabe duda de que las ciudades celebran la calidad de vida, fomentan nuevas formas de convivir y de relaciones personales, y ofrecen a menudo soluciones novedosas para afrontar y moderar los problemas insolubles de la existencia humana. La cultura de la urbe también premia la originalidad, la innovación, la excentricidad, lo insólito y lo ingenioso, aunque además valora lo eficiente, lo práctico y lo efectivo.

18. _____D ✓_____. Por este cambio de consideración, creo que las capitales modernas constituyen un punto obligado de referencia, un laboratorio ideal, un escenario o escaparate gigantesco que permite observar y analizar claramente la naturaleza y el comportamiento humano, la evolución de los procesos psicosociales, el progreso de la civilización y el temple del hombre y la mujer en su lucha por conquistar una mejor calidad de vida, por su realización y por su supervivencia.

(Adaptado de *La ciudad y sus desafíos*, de Luis Rojas Marcos)

FRAGMENTOS

A. Es un hecho confirmado que mientras las metrópolis albergan y toleran todo tipo de religiones y sectas, un gran porcentaje de la población es agnóstica, atea, u opina que la religión ha pasado de moda.

B. De aquí deduciremos que en las ciudades existen numerosos individuos que forman parte simultáneamente de diversas agrupaciones, lo que les permite participar en múltiples foros e incluso adoptar y exhibir diferentes personalidades.

C. De ahí que el dinamismo de la vida de la metrópoli constituya el mecanismo más importante de avance y transformación de la sociedad contemporánea, y que dicho proceso vaya configurando el futuro de la humanidad.

D. Muchas de las ideas, actitudes y modas insólitas que con regularidad nacen en los centros urbanos y que al principio se consideran extrañas, intolerables o incluso inmorales, llegan con el tiempo a ser aceptadas por la mayoría.

E. Igualmente, las capitales obligan a sus residentes a relacionarse con diversas personalidades y a coexistir con estilos de vida divergentes.

F. Es obvio que las urbes son los epicentros de un sinfín de abrumadores problemas sociales y económicos; que la ciudad ofrece un inmejorable caldo de cultivo para el abuso, para el abandono, o el crimen.

G. No obstante, tengo que admitir con desencanto que, a mi juicio, las metrópolis actuales reflejan, más bien, vívidos mosaicos compuestos por colectivos culturales diversos y mal asimilados, de grupos étnicos entre los que por lo general suele haber poca comunicación y grandes contrastes, que a menudo acaban en racismo.

A continuación tiene seis textos (A-F) y ocho enunciados (19-26). Léalos y elija el texto que corresponde a cada enunciado. *RECUERDE QUE HAY TEXTOS QUE DEBEN SER ELEGIDOS MÁS DE UNA VEZ.* Marque las opciones elegidas en la Hoja de respuestas.

CONGRESO SOBRE LA INMIGRACIÓN EN ESPAÑA. RESUMEN DE PONENCIAS

A.

La educación intercultural. Respuesta a la diversidad y reto profesional. M.ª Lourdes Aparicio Ágreda.

El objetivo de este trabajo es presentar el fenómeno de la inmigración como una realidad social que, como consecuencia, tiene su reflejo en la escuela e implicaciones educativas. La respuesta educativa a este nuevo alumnado se enmarca dentro del principio de atención a la diversidad, cuyo objetivo es su desarrollo individual e integración social en el marco de una escuela para todos. Este objetivo se intenta desarrollar mediante la construcción de una escuela intercultural, sentido en el que estamos trabajando los profesionales de la educación de los distintos niveles y ámbitos educativos. Presento las propuestas y actuaciones que en relación a la atención del alumnado de culturas diferentes se desarrollan a nivel individual, de aula y de centro. Son medidas curriculares y organizativas que deben ser incluidas en el Plan de Atención a la Diversidad diseñado por cada centro educativo.

B.

De fundamentalismos institucionales y discursos culturalistas: la construcción de otredades en la política de inmigración española. Belén Agrela Romero.

El presente texto pretende ofrecer algunos elementos de reflexión que nos permitan discutir acerca de los procesos a través de los cuales se está construyendo y sobredimensionando, desde las políticas públicas, a la inmigración y a la población inmigrante, como un problema cultural. En particular, nos interesaremos especialmente por cómo, desde los espacios institucionalizados de poder, los argumentos de diferenciación y amenaza se construyen haciendo especial hincapié en su categorización como "los otros culturales". Se trata de discursos elaborados a partir de una supuesta diferencia cultural que los significa de extraños, distantes y amenazadores para las sociedades de llegada. Tomando en consideración el marco europeo, nos interesa presentar cómo la política de inmigración, en su "versión española", utiliza un "discurso dominante y privilegiado" que organiza y clasifica los significados acerca de qué supone la inmigración, quiénes son los inmigrantes y los problemas que estos provocan.

C.

¿Existe un modelo sureuropeo de inmigración? Joaquín Arango Vila-Belda.

En el último cuarto del siglo XX, algunas sociedades del sur de Europa han completado su transición migratoria, deviniendo sociedades de inmigración. Aunque todavía deficientemente conocida, la experiencia inmigratoria de estos países parece diferir significativamente de la de los miembros de la Unión Europea que recorrieron ese camino en el cuarto de siglo anterior. Las principales diferencias observables remiten tanto al diferente *timing* del proceso como a las diferencias estructurales que separan a las economías, sociedades y estados de unos y otros. Pretendemos identificar las principales diferencias observables entre las realidades migratorias respectivamente predominantes en el norte y en el sur de Europa, a fin de proporcionar una primera respuesta a la pregunta que le sirve de título.

D.

Inmigración y codesarrollo en España. Gemma Aubarell, Helena Oliván y Xavier Aragall.

Nos proponemos analizar el desarrollo legislativo actual, las experiencias realizadas, así como las posibles implementaciones de políticas de codesarrollo a nivel local, autonómico y estatal y el interés estratégico que pueda suponer para estas administraciones. Se quiere también realizar un análisis que permita valorar el debate existente alrededor de esta propuesta de vinculación entre inmigración y cooperación al desarrollo. Puesto que el objetivo último es reforzar la integración del inmigrante en España, favoreciendo a su vez, la solidaridad activa con los países de origen, cabe analizar qué contextos institucionales se precisan, qué papel juegan dentro del marco del desarrollo de los países emisores y a qué impacto a medio o largo plazo conllevan, tanto en el ámbito de la cooperación con los países de origen como en los propios flujos de migración.

E. *Trabajadores inmigrantes en las economías avanzadas.* Luis V. Abad Márquez.

En la ponencia se examinan los procesos que estimulan la inmigración laboral desde los países de acogida. Pretende ofrecer una respuesta a la cuestión de por qué, en economías avanzadas, con mercados de trabajo y con altas tasas de paro, se produce, sin embargo, una demanda adicional de trabajadores inmigrantes (paradoja de la demanda adicional en mercados con exceso de oferta). Desarrollada la lógica que subyace tras este proceso, se analizan las contradicciones en las que incurren los gobiernos que, conscientes de la necesidad de mano de obra inmigrante, ponen en práctica formas de regulación política de extranjería cada vez más restrictivas (paradoja de la necesidad del inmigrante indeseado).

F. *España y sus inmigrantes. Imágenes y estereotipos de la exclusión social.* Francisco Checa Olmos.

El objetivo primordial del presente texto es explicar cómo los medios de comunicación y los partidos políticos están contribuyendo a formar la imagen que tienen los españoles de la inmigración y de los inmigrantes. Para ello, en primer lugar, se expone qué piensan los españoles –y los agentes sociales– del fenómeno migratorio y cómo han ido evolucionando sus percepciones. En segundo lugar, cuál ha sido la contribución de los medios de comunicación a este respecto, analizando diversos periódicos, de ámbito provincial y nacional, en dos períodos cronológicos diferenciados; tercero, qué han aportado a esta imagen los partidos políticos, desde sus discursos, los programas electorales publicados y las tres leyes de extranjería aprobadas, desde la llegada de la democracia en 1977.

(Adaptado de *http://www.giemic.uclm.es*, España)

PREGUNTAS

19. Este trabajo habla de las políticas restringidas de inmigración llevado a cabo por algunos gobiernos.

A)　　B)　　C)　　D)　　(E)　　F)

20. Esta ponencia reflexiona sobre el poder que ejercen las instituciones al crear y proyectar una imagen negativa de la inmigración.

A)　　(B)　　C)　　D)　　E)　　F)

21. En esta ponencia se revisan las medidas que actualmente se están tomando en relación con la inmigración en España para mejorar una futura integración.

A)　　B)　　C)　　(D)　　E)　　F)

22. Esta ponencia pretende comparar diferentes procesos de inmigración.

A)　　B)　　(C)　　D)　　E)　　F)

23. Según este trabajo, el área prioritaria de actuación es el plan de integración e inclusión socioeducativa.

(A)　　B)　　C)　　D)　　E)　　F)

24. Se describe en la ponencia la aportación de los partidos políticos en materia de inmigración.

A)　　B)　　C)　　D)　　E)　　(F)

25. Esta conferencia tiene como objetivo principal la perfecta integración escolar del inmigrante en España.

(A)　　B)　　C)　　D)　　E)　　F)

26. Se presenta en esta ponencia la opinión de los españoles acerca de la inmigración.

A)　　B)　　C)　　D)　　E)　　(F)

● ● ● ● ● 🕐 ¿Cuánto **tiempo** has tardado? Anótalo aquí: _____ min.

CLAVES

Tarea 1: 1. b; **2.** b; **3.** a; **4.** c; **5.** a; **6.** c; **7.** b; **8.** a; **9.** a; **10.** b; **11.** c; **12.** a.

Tarea 2: 13. G; **14.** B; **15.** F; **16.** E; **17.** A; **18.** D.

Tarea 3: 19. E; **20.** B; **21.** D; **22.** C; **23.** A; **24.** F; **25.** A; **26.** F.

¡Atención! Es muy importante que completes esta tabla inmediatamente después de hacer esta parte de la prueba 1 del modelo de examen. Te va a ayudar a saber cómo progresa tu preparación.

¿Qué dificultades has tenido y dónde?	Tarea 1	Tarea 2	Tarea 3
No estoy familiarizado con el tipo de texto.			
No conozco el vocabulario específico del tema.			
No conocía algunas palabras de las opciones.			
Me ha desorientado el tipo de tarea.			
No he entendido bien la relación entre la pregunta (o fragmento) y el texto.			
He perdido mucho tiempo leyendo y releyendo.			
No se me ha ocurrido nada para hacer más rápidamente la tarea.			
He sentido mucha inseguridad a la hora de elegir la opción correcta.			
(Otro)			
Respuestas correctas.			
Tiempo total utilizado.			
Nivel de estrés (de 1 –mínimo– a 5 –máximo–).			

PRUEBA 1. PRIMERA PARTE
MODELO DE EXAMEN N.º 1

¿Qué puedes hacer para mejorar los resultados la próxima vez? Anota aquí tu comentario.

....

....

○○○ PRUEBA 1. USO DE LA LENGUA, COMPRENSIÓN DE LECTURA Y COMPRENSIÓN AUDITIVA PRUEBA 2. DESTREZAS INTEGRADAS: COMPRENSIÓN AUDITIVA Y EXPRESIÓN E INTERACCIÓN ESCRITAS PRUEBA 3. DESTREZAS INTEGRADAS: COMPRENSIÓN DE LECTURA Y EXPRESIÓN E INTERACCIÓN ORALES

Modelo de examen n.º 1

Actividades sobre el Modelo n.º 1. Uso de la lengua, comprensión de lectura

En las actividades que te proponemos vas a desarrollar habilidades para realizar las tareas del examen con rapidez y seguridad. Vas a encontrar preguntas abiertas. Es importante que vayas anotando tus **comentarios personales** (no tienes que hacerlo en español, no es una tarea de examen). Además, vamos a trabajar con un modelo de examen real, el realizado en noviembre de 2011. En esos casos aparece el símbolo ⫶. Te aconsejamos que entres en la página web del *Instituto Cervantes* y descargues ese examen. La dirección es: *http://diplomas.cervantes.es/informacion/niveles/nivel_c2.html, http://diplomas.cervantes.es/informacion-general/nivel-c2.html*

Tarea 1.

a. En esta actividad vamos a trabajar con la convocatoria de noviembre de 2011. Primero elige las palabras que corresponden a los huecos. La numeración corresponde a la del examen.

FRAGMENTO DEL TEXTO CON HUECOS	OPCIONES a)	b)	c)
Lo primero que debe _____(1)_____ una persona que se inclina a escribir cuentos es la intensidad de su vocación.	disipar	aclarar	interpelar
¿Qué es un cuento? La respuesta resulta tan difícil que a menudo ha sido _____(2)_____ incluso por críticos excelentes, pero puede afirmarse que un cuento es el relato de un hecho que tiene indudable importancia.	soslayada	inferida	propuesta
La importancia del hecho es desde luego relativa, mas debe ser indudable, convincente, para la _____(3)_____ de los lectores.	multitud	generalidad	amplitud
Si el suceso que forma el _____(4)_____ del cuento carece de importancia, lo que se escribe puede ser un cuadro, una escena, una estampa, pero no es un cuento.	auge	meollo	rigor
Una persona puede llevar cuenta de algo con números romanos, con números árabes, con _____(9)_____ algebraicos, pero tiene que llevar esa cuenta.	signos	usos	modos
No puede olvidar ciertas cantidades o ignorar determinados valores. Llevar cuenta es ir ceñido al hecho que se _____(10)_____. El que no sabe llevar con palabras la cuenta de un suceso, no es cuentista.	ignora	computa	amolda
De paso diremos que una vez adquirida la técnica, el cuentista puede escoger su propio camino, ser "hermético" o "figurativo" como se dice ahora, o lo que es lo mismo, subjetivo u objetivo; aplicar su estilo personal, presentar su obra desde su _____(11)_____ individual...	rincón	zona	ángulo

Fuente: ⫶ *Instituto Cervantes.*

Consejo. Antes de seguir, comprueba las opciones correctas en las claves (pág. 29).

 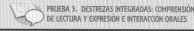
Aquí tienes siete posibles dificultades de esta tarea a la hora de seleccionar la opción correcta. Relaciona cada una con las opciones de los huecos anteriores. Ten en cuenta que en los ejemplos anteriores no están representadas todas las posibles dificultades. La dificultad H se refiere a opciones incorrectas.

LA SELECCIÓN DE LA OPCIÓN CORRECTA DEPENDE DE...   OPCIONES

A. ...las palabras con las que se combina normalmente la opción correcta, antes o después del hueco (un verbo, un adjetivo, un sustantivo). Por ejemplo, el verbo "establecer" lo podemos combinar con palabras como *relaciones*, *amistad*, *contacto*, etc.

B. ...las palabras con las que se combina obligatoriamente la opción correcta (estas combinaciones se llaman "colocaciones"). Por ejemplo, se dice "tomar una decisión", y no "hacer una decisión".

C. ...que forman parte de una frase hecha o una expresión fija, como por ejemplo "dar por hecho" o "tener en cuenta". Puede ser una expresión coloquial del tipo "tomar el pelo" (*).

D. ...algún elemento del texto con el que hay una relación gramatical, como la que establecen las preposiciones.

E. ...la relación con las otras opciones. Las tres son casi sinónimas o forman un grupo y en otro texto podrían substituirse, pero no en el que se propone. Por ejemplo, "responder" y "contestar" significan las dos una reacción a una pregunta, pero solo "contestar" significa una reacción a un comentario: "Es una hija malcriada, siempre contesta a sus padre", no significa que responde a sus preguntas.

F. ...cuál es el sentido, positivo o negativo, del texto en ese punto. Para ello, hay que atender a las palabras usadas antes y después, y a los conectores argumentativos. Por ejemplo, si hay un "pero" o un "sin embargo", y antes había una opinión positiva, lo que viene después deberá ser negativo. Si el conector es "además", habrá otra opinión positiva. En cada caso hay que elegir la palabra que suponga una valoración, y no un significado.

G. ...cuál es el tema general del texto. Para eso hay que atender al título tanto como al texto completo.

H. ...ninguno de los puntos anteriores. En ocasiones aparecen entre las opciones palabras que ni tienen relación con el contexto, ni con el tema del texto, ni con las palabras de la misma frase, pero son palabras cuyo significado puede suponer una gran dificultad para el candidato. No es opción correcta.

(*) En el **nivel C2** normalmente no se evalúa el conocimiento del lenguaje coloquial, como sucede en el **nivel C1**.

Consejo. Antes de continuar con la siguiente actividad, te aconsejamos leer los comentarios que aparecen en las claves (pág. 29). También te aconsejamos realizar la tarea completa del examen original del *Instituto Cervantes*.

b. Intenta hacer lo mismo con las opciones de la tarea 1 de este modelo de examen de El Cronómetro, *nivel C2*.

◗ DIFICULTADES DE LA TAREA 1: La selección de la opción correcta depende de...	◉ OPCIONES
A. ...las palabras con las que se combina normalmente una palabra que aparece en el texto, antes o después del hueco.	
B. ...las palabras con las que se combina obligatoriamente una palabra.	
C. ...que forman parte de una frase hecha o una expresión fija.	
D. ...algún elemento del texto con el que hay una relación gramatical.	
E. ...la relación con las otras opciones. Las tres son casi sinónimas o forman un grupo y en otro texto podrían substituirse, pero no en el que se propone.	
F. ...cuál es el sentido, positivo o negativo, del texto en ese punto. Para ello, hay que atender a las palabras usadas antes y después, y a los conectores argumentativos.	
G. ...cuál es el tema general del texto. Para eso hay que atender al título tanto como al texto completo.	
H. ...ninguno de los puntos anteriores. La opción no tiene relación ni con las otras opciones, ni con el texto ni con el tema del texto.	

c. Lee este texto y elige la opción correcta, según la explicación que se presenta.

Porque la declaración _____(1)_____ en la estructura del conocimiento. Primero se da el encuentro. Ya dije que el amor comienza por el carácter absolutamente contingente y _____(2)_____ del encuentro. Es verdad el juego del amor y el azar. Son _____(3)_____. Pero el azar debe, en algún momento, fijarse. Debe, justamente, comenzar una duración. Es un problema casi metafísico muy complejo: ¿Cómo un puro azar, al principio, puede convertirse en el punto de apoyo de una construcción de verdad? ¿Cómo eso que, en el fondo, no era previsible y parecía _____(4)_____ a las peripecias imprevisibles de la existencia va, sin embargo, a convertirse en el sentido de dos vidas mezcladas, acompasadas, que experimentarán en el tiempo el continuo (re)nacer del mundo mediadas por la diferencia de sus miradas? ¿Cómo se pasa del puro encuentro a la paradoja de un único mundo en el que descifra que somos dos? La verdad, es todo un misterio. Y además, esto es justamente lo que _____(5)_____ el escepticismo que rodea al amor. ¿Por qué hablar de una gran verdad acerca del hecho, banal, de que alguien ha encontrado a su colega en el laburo? Sin embargo, es justamente esto lo que es necesario _____(6)_____: un acontecimiento en apariencia insignificante, pero que en realidad es un acontecimiento radical de la vida microscópica, portador, en su obstinación y duración, de significación universal. Es verdad, sin embargo, que "el azar debe ser fijado". Por otro lado, las _____(7)_____ entre el poema y la declaración amorosa son bien conocidas. En ambos casos, un riesgo enorme se atribuye sobre el lenguaje, relacionado con el hecho de pronunciar una palabra cuyos _____(8)_____, en la existencia, pueden ser prácticamente infinitos. Estas son también las ansias del poema. Las palabras más simples _____(9)_____ de una intensidad casi insostenible. _____(10)_____ el amor tiene que ver con pasar del acontecimiento-encuentro al comienzo de una construcción de verdad; con fijar el azar del encuentro bajo la forma de un comienzo. Y a menudo lo que allí comienza dura tanto tiempo, está impregnado de novedad y de experiencia del mundo que, en retrospectiva, ya no parece algo _____(11)_____, como al principio, sino prácticamente una necesidad. Así se fija el azar: la absoluta contingencia del encuentro de alguien a quien yo no conocía termina _____(12)_____ la apariencia de un destino.

(Extraído del libro *Elogio del amor*, Alain Badiou, Paidós, Espacios del saber, 2012)

continúa ➙

OPCIONES	RELACIÓN ENTRE LA OPCIÓN Y EL TEXTO
1. a) se despoja b) se adhiere c) se inscribe	La opción correcta está relacionada con la presencia de la preposición: *despojarse de, adherirse a, inscribirse en*.
2. a) azaroso b) deliberado c) aciago	La opción modifica a una palabra del texto, en este caso a "carácter": ¿Cómo puede ser un carácter? También se elige por la palabra inmediatamente colindante: "contingente".
3. a) ineluctables b) inconmovibles c) prolijos	La elección tiene que ver con el sentido general del texto, con lo que se ha dicho sobre el amor y el azar.
4. a) representado b) fundido c) ligado	La opción correcta está relacionada con la presencia de la preposición *a*.
5. a) alimenta b) abastece c) deduce	La opción está relacionada con las preguntas anteriores del texto. ¿Qué puede producir ese misterio?
6. a) certificar b) sostener c) concluir	La opción se relaciona con lo que se dice a continuación. ¿Qué se puede hacer con ese acontecimiento?
7. a) afinidades b) consanguinidades c) disparidades	La opción modifica a las palabras del texto: "poema" y "declaración amorosa". ¿Qué pueden ser bien conocidas?
8. a) valores b) fundamentos c) efectos	La opción modifica a palabras del texto: "palabra" e "infinitos". ¿Qué pueden ser infinitos en una palabra?
9. a) se intensifican b) se cargan c) se mueven	La opción correcta está relacionada con la presencia de la preposición *de*.
10. a) Delatar b) Declarar c) Refrendar	La opción forma parte de una combinación: "................ el amor (a alguien)".
11. a) anexo b) dependiente c) circunstancial	La opción depende del sentido negativo/positivo de la frase. "Sino" presupone que viene lo contrario a lo que se ha dicho (*una necesidad*). Hay dos opciones que indican esto, pero una de ellas se elimina por el contexto.
12. a) reproduciendo b) manifestando c) tomando	La opción forma parte de una combinación: "................ la apariencia (de algo)".

d. Aquí tienes un nuevo texto con huecos, con una tarea como la del examen. Realízala midiendo el tiempo.

● ● ● ● ● 🕐 **Pon el reloj.**

◖ TEXTO CON HUECOS

Ficha investigación

ESTUDIO INTERNACIONAL SOBRE ESTUDIANTES UNIVERSITARIOS DE SEIS PAÍSES EUROPEOS

Este estudio internacional ____(1)____ una novedad al examinar las percepciones y valoraciones del ____(2)____ de estudiantes universitarios en un amplio número de países, con tamaños muestrales muy altos en cada país que permiten ____(3)____ los perfiles de los estudiantes según el área de conocimiento.

El estudio examina las percepciones y valores del que será el grupo profesional mayoritario de los próximos años y analiza las ____(4)____ y diferencias en seis países europeos sobre su experiencia académica actual, sus condiciones de vida y sus perspectivas futuras. Se ofrece también un ____(5)____ retrato de las similitudes y las diferencias de los estudiantes de distintas áreas de conocimiento, desde las ciencias de la salud a las humanidades, ____(6)____ por las ingenierías, las ciencias experimentales, la economía y gestión de empresas, y las ciencias sociales.

Los estudiantes han respondido a esas y otras ____(7)____ centrales sobre su visión del mundo actual y de la experiencia académica, hábitos de estudio, y sobre su visión del futuro. Asimismo se ha ____(8)____ sobre cuestiones como la religión (si hay pertenencia o no a alguna y cuál es el grado de religiosidad) o nuevas formas de relación afectiva y de familia (la vida en pareja sin casarse, ser padre o madre soltero, el matrimonio homosexual) y sobre ____(9)____ sociales como el aborto y la eutanasia, y la aceptación de la propiedad intelectual en el contexto de las nuevas tecnologías (tal como bajarse música de Internet sin pagar).

Los resultados del estudio ____(10)____ una visión muy crítica sobre el marco global y de sus respectivos países y claramente optimista sobre su situación personal presente y futura, así como una ____(11)____ explicable por las diferencias en la estructura de los Estados del bienestar y en la ____(12)____ de apoyo familiar.

	◉ OPCIONES		
	a)	**b)**	**c)**
1.	constituye	presenta	contrasta
2.	conjunto	abanico	segmento
3.	adjudicar	desagregar	aplicar
4.	distinciones	similitudes	claves
5.	abundante	variopinto	rico
6.	pasando	descartando	obviando
7.	dudas	afirmaciones	cuestiones
8.	promovido	indagado	patrocinado
9.	lacras	prácticas	hábitos
10.	evidencian	auspician	propician
11.	coincidencia	similitud	disparidad
12.	red	tela	maraña

(Adaptado de: *http://www.comunidadescolar.educacion.es*)

● ● ● ● ● 🕐 ¿Cuánto tiempo has tardado? Anótalo aquí: _____ min.

Conclusión. ¿Te ha ayudado a hacer la tarea el poder identificar sus dificultades principales? ¿Qué conocimiento del léxico necesitas para realizarla con éxito? ¿Qué habilidades necesitas? Anota aquí tu comentario.

Tarea 2.

a. En esta actividad vamos a ver un ejemplo de la tarea 2 de la convocatoria de noviembre de 2011.

◯ TEXTO

La mayoría de los investigadores que buscan el origen de las habilidades musicales se basan en dos hechos observados y una suposición. Los hechos observados son que todas las sociedades humanas conocidas hasta hoy tienen música y que las habilidades musicales se manifiestan desde las primeras etapas del desarrollo de los niños. Un bebé de dos meses ya discrimina entre sonidos considerados agradables y sonidos que para la mayoría son desagradables, además de ser capaz de recordar melodías escuchadas varios días antes. 15. _____ .

◯ FRAGMENTO

A. De aquí se puede concluir que la música es innata: nacemos dotados para apreciarla sin que nadie nos enseñe. La suposición es que las habilidades innatas son adaptaciones en el sentido evolucionista del término, capacidades que dan a los organismos mayores probabilidades de procrear y que, por lo tanto, van cundiendo en la población al paso de las generaciones hasta que solo quedan individuos con esas capacidades.

Fuente: *Instituto Cervantes.*

¿Qué relación general de significado hay entre el fragmento y el texto anterior? Marca una de las siguientes opciones. Céntrate para ello en el **enlace** entre el fragmento y el texto, marcado expresamente.

◯ RELACIONES ENTRE EL FRAGMENTO Y EL TEXTO: El fragmento es...   ◯ EJEMPLO

A. ...una **conclusión o deducción lógica** de la idea o ideas del texto.

B. ...una **consecuencia** de la idea del texto.

C. ...una **causa** de la idea o situación del texto.

D. ...una **idea contraria** a la idea del texto.

E. ...una idea que **contradice en parte** la idea del texto.

F. ...una **ejemplificación** de la idea o situación del texto.

G. ...un **resumen** de las ideas del texto.

H. ...un **elemento más** de la serie iniciada en el texto.

I. ...un elemento que **se suma o añade** a algo anterior.

J. ...el **primer elemento** de una serie que sigue en la parte el texto siguiente.

K. ...una **explicación de una idea** del texto, sin aporte de nueva información.

L. ...una **explicación de una palabra** del texto, anterior o siguiente.

M. ...un término de una **comparación** entre una idea del texto y la del fragmento.

¡Atención! A veces el fragmento establece una relación con la parte anterior del texto, y a veces con la parte que sigue, e incluso con ambas, si por ejemplo es uno de los elementos de una serie.

¿Cómo has establecido la relación entre el fragmento y el texto? Anota aquí tu comentario.

....

....

Consejo. Antes de continuar, te aconsejamos leer los comentarios que aparecen en el apartado de claves (pág. 31).

b. En esta actividad vamos a centrarnos en elementos más concretos. Para ello, observa este otro ejemplo de la misma convocatoria.

TEXTO

Hay quien expresa su identidad por medio de su **atuendo** y usa la **ropa** como si fuera una tarjeta de presentación. Otras personas **se definen** por lo que leen: se puede obtener mucha información acerca de ellas examinando el contenido de sus libreros.

13. _____.

FRAGMENTO

D. Pero no todo el mundo les da importancia a estos asuntos, ni confía su imagen personal a su **vestuario** o a su biblioteca. Una **expresión de identidad** más común es la música que escuchamos.

Fuente: Instituto Cervantes.

Como ves, podemos establecer una serie de **relaciones de sentido** entre las palabras del fragmento y las del texto que contribuyen a la cohesión del texto en general a través del enlace "pero". Obsérvalo de esta otra manera:

	ELEMENTOS DEL TEXTO	ENLACE	ELEMENTOS DEL FRAGMENTO
1.	*Hay quien expresa…* *Otras personas se definen…*		… *no todo el mundo les da importancia a estos asuntos.*
2.	*atuendo, ropa*		*vestuario*
3.	*libreros*	**pero**	*biblioteca*
4.	*expresa su identidad*		*expresión de identidad*
5.	*atuendo, ropa, por lo que leen*		*estos asuntos*

¿Qué tipo de relación se puede establecer entre los elementos del texto y los del fragmento? Marca en la siguiente tabla los ejemplos concretos de la lista anterior.

RELACIONES ENTRE PALABRAS DEL FRAGMENTO Y LAS DEL TEXTO | EJEMPLO

	RELACIONES ENTRE PALABRAS DEL FRAGMENTO Y LAS DEL TEXTO	EJEMPLO
A.	La relación se establece a través de elementos gramaticales que hacen referencia a algo dicho anteriormente. Por ejemplo, *dicho*, *los cuales*, etc.	
B.	Las palabras forman una serie unidas a través del elemento de enlace.	
C.	En el fragmento hay palabras del mismo grupo de significado o contexto.	
D.	Las palabras del fragmento se refieren a una categoría general relacionada con palabras del texto, o al revés. Por ejemplo, *mueble* respecto a *silla* y *mesa*.	
E.	Las palabras del fragmento son equivalentes de otras palabras del texto y se usan para no repetir dichas palabras del texto. No tienen que ser sinónimos, pero remiten a la misma idea. Son equivalentes en el texto.	
F.	Las palabras tienen el mismo significado pero distinta categoría gramatical (verbos, sustantivos, adjetivos).	

C. Vamos a trabajar ahora con el modelo de examen de El Cronómetro, *nivel C2*. Indica en la tabla de relaciones generales a qué fragmento de la tarea corresponde cada una.

RELACIONES LÓGICAS ENTRE EL FRAGMENTO Y DEL TEXTO: El fragmento es... | FRAGMENTO

	RELACIONES LÓGICAS ENTRE EL FRAGMENTO Y DEL TEXTO: El fragmento es...	FRAGMENTO
A.	una **conclusión o deducción lógica** de la idea del texto.	
B.	una **consecuencia** de la idea del texto.	
C.	una **causa** de la idea o situación del texto.	
D.	una **idea contraria** a la idea del texto.	
E.	una idea que **contradice en parte** la idea del texto.	
F.	una **ejemplificación** de la idea o situación del texto.	
G.	un **resumen** de las ideas del texto.	
H.	un **elemento más** de la serie iniciada en el texto.	
I.	el **primer elemento** de una serie que sigue en la parte el texto siguiente.	
J.	una **explicación de una idea** del texto, sin aporte de nueva información.	
K.	una **explicación de una palabra** del texto, anterior o siguiente.	

d. Marca ahora las relaciones entre palabras del texto y los fragmentos en los casos siguientes.

TEXTO

Hace años se consideraba utópicamente a la ciudad como un crisol de razas y etnias, como un filón de culturas híbridas. No necesito decir que yo soy admirador de la ciudad, frente a la vida rural; y que lo era sobre todo de ese concepto de ciudad-crisol.

13. _____

◗ TEXTO

También ocurre que muchos ciudadanos tienen la oportunidad de convivir e identificarse a la vez con grupos distintos, no solo en base a sus preferencias personales, sino también en virtud de sus condiciones sociales o económicas, de sus intereses intelectuales o religiosos, de su lengua o de su raza.

14. _____

Hoy muchas capitales arrastran el descrédito de ser lugares inquietantes, peligrosos e "inmorales", donde las personas decentes son las menos.

15. _____

◑ FRAGMENTO

G. No obstante, tengo que admitir con desencanto que, a mi juicio, las metrópolis actuales reflejan, más bien, vívidos mosaicos compuestos de colectivos culturales diversos y mal asimilados, de grupos étnicos entre los que por lo general suele haber poca comunicación y grandes contrastes, que a menudo acaban en racismo.

◑ FRAGMENTO

B. De aquí deduciremos que en las ciudades existen numerosos individuos que forman parte simultáneamente de diversas agrupaciones, lo que les permite participar en múltiples foros e incluso adoptar y exhibir diferentes personalidades.

F. Es obvio que las urbes son los epicentros de un sinfín de abrumadores problemas sociales y económicos; que la ciudad ofrece un inmejorable caldo de cultivo para el abuso, para el abandono, o el crimen.

¿Cuál puede ser para ti la dificultad principal de esta tarea? Anota tu comentario.

Tarea 3.

a. En esta actividad vamos a ver dos ejemplos de la convocatoria de noviembre de 2011.

◗ ENUNCIADO   ◑ TEXTO

21. Se recuerdan en este trabajo los cambios que suponen algunos videojuegos en las relaciones interpersonales.

Interactividad frente a interacción. Fernando R. Contreras.

Esta conferencia pretende mostrar la importancia que ha alcanzado en los últimos cinco años la investigación del espacio público generado por los videojuegos. Además del estudio de su tecnología y de los elementos narrativos de las historias, es imprescindible contemplar sus potencialidades sociales. El estudio comunicativo demuestra que es tan fundamental la interactividad técnica como la interacción entre distintos usuarios. Aquí analizaremos cómo el videojuego crea escenarios nuevos donde los individuos pueden intercambiar diversos y múltiples símbolos, generando, por tanto, un entorno de socialización distinto...

Fuente: ✝ *Instituto Cervantes.*

continúa ➡

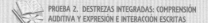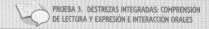
Para establecer la relación entre el enunciado y el texto, tienes que fijarte no solo en la reseña, sino también en el título del libro. Observa las relaciones de palabras:

● ENUNCIADO

1. *Se recuerdan en este trabajo*

2. *relaciones interpersonales*

3. *videojuegos*

4. *cambios*

● RESUMEN DE CONFERENCIA

Esta conferencia pretende mostrar/demuestra que

interacción **!** ¡En el título!
potencialidades sociales/interacción entre distintos usuarios/entorno de socialización

videojuegos

alcanzado en los últimos cinco años/escenario nuevo

En los enunciados que se aportan para los textos se recurre, entre otros, a los siguientes procedimientos. Completa el cuadro con los ejemplos anteriores.

● PROCEDIMIENTOS

	1	2	3	4
A. Resúmenes de los textos.				
B. Reformulaciones de las ideas principales.				
C. Repetición o utilización de sinónimos y antónimos.				
D. Rodeos perifrásticos.				

Aquí tienes el segundo ejemplo. Completa la siguiente tabla con las palabras correspondientes de este texto.

● ENUNCIADO

23. Según este trabajo los videojuegos se han visto influenciados por la revolución que suponen los nuevos medios de comunicarse y socializar en Internet.

● TEXTO

Otra lectura renovada gracias al videojuego. Federico Aldán.

La comunidad artística está elaborando una gran variedad de modelos que renuevan el concepto de videojuego. Más allá de la consola y el monitor, el videojuego se extiende hacia el espacio urbano, tomando las tecnologías de la telecomunicación y la geolocalización como piedras angulares de las nuevas propuestas emergentes. El móvil –ahora microordenador– está presente en cada rincón del territorio; al vincularse a las redes sociales se extiende como un tejido computacional que articula todos los terminales de los países del primer mundo. Esta trama híbrida, real y virtual, es la nueva plataforma del juego. La interacción lúdica con nuestro entorno debería llevar implícito el análisis del mismo. El aquí y el allá, las zonas con y sin cobertura, lo urbano y lo rural, el control y la vigilancia, las fronteras reales de nuestra movilidad... El juego nos permite una lectura renovada del espacio físico y social, lectura que debería combinar la tecnología, las redes sociales, la geopolítica y por supuesto, la ecología.

Fuente: *Instituto Cervantes.*

◐ **ENUNCIADO**

los videojuegos

influenciados

revolución

comunicarse y socializar

Internet

◑ **TEXTO**

b. Aquí tienes el texto **F** de este modelo de examen de El Cronómetro, *nivel C2*. Le corresponden dos preguntas. Observa las palabras marcadas.

◐ **PREGUNTAS**

24. *Se describe en la ponencia la aportación de los partidos políticos en materia de inmigración.*

26. *Se presenta en esta ponencia la opinión de los españoles acerca de la inmigración.*

◑ **TEXTO F**

España y sus inmigrantes. Imágenes y estereotipos de la exclusión social. Francisco Checa Olmos.

El objetivo primordial del presente texto es explicar cómo los medios de comunicación y los partidos políticos están contribuyendo a formar la imagen que tienen los españoles de la inmigración y de los inmigrantes. Para ello, en primer lugar, se expone qué piensan los españoles –y los agentes sociales– del fenómeno migratorio y cómo han ido evolucionando sus percepciones, valiéndome de las encuestas publicadas al respecto y de los trabajos cualitativos de expertos. En segundo lugar, cuál ha sido la contribución de los medios de comunicación a este respecto, analizando diversos periódicos, de ámbito provincial y nacional, en dos períodos cronológicos diferenciados; tercero, qué han aportado a esta imagen los partidos políticos, desde sus discursos, los programas electorales publicados y las tres leyes de extranjería aprobadas, desde la llegada de la democracia en 1977.

Tienes que hacer el trabajo inverso: marcar las palabras de las preguntas. Completa la siguiente tabla.

◐ PALABRAS DE LAS PREGUNTAS	PREGUNTA 24	PREGUNTA 26
inmigrantes/inmigración/ fenómeno migratorio/ leyes de extranjería aprobadas		
estereotipos/imagen que tienen los españoles/qué piensan/percepciones/ esta imagen		

continúa ➡

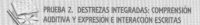
....

explicar/se expone

....

partidos políticos

....

qué han aportado

....

C. Ahora vamos a trabajar con otro modelo de examen de El Cronómetro, *nivel C2*. Marca en el texto las palabras relacionadas con los enunciados **23** y **25** que establecen su correspondencia.

⦿ ENUNCIADOS

23. *Según este trabajo, el área prioritaria de actuación es el plan de integración e inclusión socioeducativa.*

....

25. *Esta conferencia tiene como objetivo principal la perfecta integración escolar inmigrante en España.*

⦿ TEXTO A

La educación intercultural. Respuesta a la diversidad y reto profesional.
M.ª Lourdes Aparicio Ágreda.

El objetivo de este trabajo es presentar el fenómeno de la inmigración como una realidad social que, como consecuencia, tiene su reflejo en la escuela e implicaciones educativas. La respuesta educativa a este nuevo alumnado se enmarca dentro del principio de atención a la diversidad, cuyo objetivo es su desarrollo individual e integración social en el marco de una escuela para todos. Este objetivo se intenta desarrollar mediante la construcción de una escuela intercultural, sentido en el que estamos trabajando los profesionales de la educación de los distintos niveles y ámbitos educativos. Presento las propuestas y actuaciones que con relación a la atención del alumnado de culturas diferentes se desarrollan a nivel individual, de aula y de centro. Son medidas curriculares y organizativas que deben ser incluidas en el Plan de Atención a la Diversidad diseñado por cada centro educativo.

(Adaptado de *http://www. giemic.uclm.es*, España)

¿Crees que lo puedes hacer más rápido ahora? Anota aquí tu comentario.

....

....

 Resumen

⚠ **¡Atención!** Vuelve ahora a la tabla "Resumen de dificultades de la prueba" (pág. 16) y compara las respuestas que diste con las impresiones que tienes ahora. Tenlo en cuenta para el siguiente modelo de examen.

CLAVES Y COMENTARIOS DE LAS ACTIVIDADES

Tarea 1.

a. Opciones correctas de la primera tabla: 1. b; 2. a; 3. b; 4. b; 9. a; 10. b; 11. c.

Tipos de dificultades: A. 1a, 2a, 4b, 10b; E. 3b, 9a; F. 11a; H. 4c.

Algunos comentarios a los huecos.

■ **Hueco n.º 1.** ¿Qué se puede hacer con la *intensidad de la vocación*? Podemos medir, comparar, establecer, aumentar la intensidad de algo. También podemos aclarar la intensidad de una vocación si no está claro qué intensidad tiene una vocación. El verbo no implica necesariamente que haya que hablar de la vocación, tiene más que ver con la idea de establecer cuán intensa es esa vocación. Los otros verbos no se pueden combinar con la palabra "intensidad": el verbo "disipar" puede ir acompañado de sustantivos que designan nociones susceptibles de ser pensadas, evocadas o razonadas: *una idea, una duda, un recuerdo, una teoría o una opinión,* y con el verbo "interpelar" queremos pedir explicaciones o exigirlas sobre un hecho cualquiera, especialmente si se hace con autoridad.

■ **Hueco n.º 2.** Observa las definiciones de los verbos de las opciones:

> **Soslayar:** *esquivar* o *pasar por alto algo que puede constituir una dificultad.* Suele ir acompañado con sustantivos que denotan controversia (un debate o una discusión).
>
> **Inferir:** *extraer* o *alcanzar una conclusión o deducir algo de otra cosa por cualquier razonamiento.* Se utiliza con la forma pronominal pasiva o impersonal con "se".
>
> **Proponer:** *exponer, plantear* o *presentar una persona a otra una idea, un plan o trato.*
>
> *(RAE)*

En este caso, la palabra clave es "difícil". ¿Qué se puede hacer con una cuestión que es "difícil"? Se puede resolver, enfrentar, acometer, o todo lo contrario, y lo contrario de enfrentar o acometer es justamente esquivar o soslayar. También se puede soslayar un error, una equivocación, la resolución de un problema o un conflicto. Otro argumento a favor del verbo: si la cuestión es difícil, solo los expertos la pueden resolver, pero "incluso" estos han sido incapaces de resolver el problema, así que también ellos la soslayan. En contraste, "inferir" es una operación mental relacionada con la palabra "conclusión", por ejemplo, y "proponer" tiene relación con ideas nuevas, y justamente resoluciones a problemas.

■ **Hueco n.º 3.** La palabra "generalidad" no hace referencia a ideas generales, como cuando decimos "en general", sino pertenece como "multitud" al grupo de palabras que se refieren a grupos y cantidades. La palabra "amplitud", en cambio, tiene el significado de extensión, pero no atribuido a personas. Lo que pasa es que su adjetivo, "amplio", se puede combinar con palabras de cantidad, como "una amplia mayoría", pero el sustantivo no tiene ese sentido. El elemento clave del significado de la palabra "generalidad" es que se refiere a "la mayor parte de los integrantes de ese grupo", es decir, que supone de una parte representativa del grupo al que se refiere, en este caso, los lectores; es lo que interesa, que la importancia del hecho sea convincente para una parte representativa de los lectores; con su cantidad. Además, "multitud" es un sustantivo colectivo, que cuando va acompañado de la preposición "de" no lleva el determinante "la": *Multitud de personas asistieron a la manifestación.* Para profundizar en este tema, te recomendamos consultar en libros de gramática el tema de los cuantificadores (Singular y plural: *la mitad de; infinidad de; la mayoría de; un gran número de; un montón de; el resto de; una selección de; un centenar de; un grupo de.* Solo plural: *multitud de; cantidad de; parte de.*)

Gramática Española por niveles. Volumen 1. Editorial Edinumen.

b. Dificultades y opciones. A. 1a, 2b, 5a, 6c, 8a, 10b, 12a; C. 4c, 11c; D. 9a (la ortografía); F. 3a, 7b; H. 2a, 2c.

Algunos comentarios a los huecos.

■ **Hueco n.º 1.** El neurólogo tiene que nombrar, usa una palabra para algo nuevo, es lo que exactamente significa "bautizar", dar nombre, y se puede aplicar tanto a personas como a objetos, animales o ideas. No todas las palabras permite ser transferido de un ámbito (personas, animales o cosas) a otro, pero esta sí lo permite. Es un tipo de conocimiento sobre el vocabulario que debes tener y activar en esta tarea.

■ **Hueco n.° 2.** Las palabras claves son "trauma" y "polvo sucio". En el texto se compara el trauma con el polvo sucio. Si una tubería tiene mucho polvo, arena, o lo que sea, la tubería está obturada y el aire o el agua, no pasan. ¿Qué puede hacer un polvo sucio en nuestra mente? El polvo no podría "exprimir la mente", como cuando se aprieta con fuerza un cítrico. Además, con "reducirse a nada las palabras" se quiere decir que de su mente no salían esas palabras. De ahí que el verbo "obturar" nos sirva con el sentido de "tapar" o "cerrar" (una abertura o conducto), en este caso la mente, para que no salgan las palabras. Finalmente, "mitigar" se combina con palabras relacionadas con problemas o con los efectos de situaciones problemáticas.

■ **Hueco n.° 3.** En este caso, la estructura de la frase lleva casi automáticamente al verbo, ese inicio "Hoy a nadie se le..." casi lo pide. En todo caso, se entiende que todo el mundo lo acepta o entiende que la palabra tiene un poder terapéutico, eso es lo que la frase quiere decir. Una persona o un animal pueden escapar, pero también una idea. El verbo "resiste" no tiene sentido, pues se habla en general, a todo el mundo, a los pacientes y a los no pacientes. Si se refiriera solo a los pacientes, el verbo "resiste" tendría cierto sentido, pero en este contexto tiene unas posibilidades más restringidas. Finalmente "agudiza" no tiene ninguna relación ni con el contexto, ni con la frase. Se agudiza una enfermedad o un problema, y aquí se está hablando justo de lo contrario, de sanar.

■ **Hueco n.° 4.** La expresión fija "válvula de escape" significa remedio que permite a una persona liberar una tensión, y está relacionada con la palabra "descarga" que aparece después. Se requiere por parte del candidato el conocimiento de este grupo de palabras.

■ **Hueco n.° 5.** Con el verbo "operar", queremos indicar que se trabaja o interviene sobre ese tema. Otra acepción es la de producir un efecto, especialmente un medicamento. Frente a esta opción está la de "negocia", comerciar *con* algo y no *sobre* algo. La preposición "sobre" descarta esta opción, ya que se puede "aplicar sobre algo" pero no cuando tiene el significado de poner una cosa en contacto con otra (*Aplicó la crema en la herida*). Cuando tiene el significado de "poner en práctica un conocimiento" no lleva la preposición (*Tienes que aplicar la nueva teoría*).

■ **Hueco n.° 6.** En este caso la palabra tiene que tener el significado de "tiene", "guarda", "contiene", "posee", pero al mismo tiempo se le puede añadir un significado de "interno y no evidente, no perceptible fácilmente", que es lo que añade el verbo "esconde". El verbo "recopila" se refiere a grupos o series de cosas, y el verbo "intensifica" podría funcionar, pero no en relación con lo que se ha dicho en las frases anteriores: "no siempre tiene efecto", "nuevos significados". En este sentido es importante el hecho de que la frase del hueco sea una pregunta.

■ **Hueco n.° 7.** Aquí se busca un adjetivo que se aplique a "carácter" y que haga referencia a "hablar sobre lo vivido". Algo "nítido" es algo que ya es claro de percibir, como una explicación, con lo que no es necesario detenerla (en el sentido de fijarla) y darle forma. Esto nos indica que su cualidad es lo contrario, algo que no es claro, de ahí que la opción correcta sea la b). Igualmente, descartamos la opción c) por una causa similar a la a).

■ **Hueco n.° 8.** Las palabras claves son "observador crítico" y "un proceso de trabajo sobre...". Con el verbo "recibir", el paciente sería el beneficiario de esa acción, pero no tiene sentido decir luego "sobre los otros y el mundo". Con el verbo "ocasionar", el paciente sería la causa del proceso de trabajo. Atendiendo al contexto, tendría más relación con la opción a), ya que lo que tiene que hacer es poner en práctica este proceso de trabajo.

■ **Hueco n.° 11.** La expresión fija es "cable a tierra", y no "alambre a tierra. Con este significado existe "hilo de tierra". Se refiere a algún procedimiento que permite mantener el contacto con la realidad.

c. 1. c; 2. a; 3. a; 4. c; 5. a; 6. b; 7. a; 8. c; 9. b; 10. b; 11. c; 12. c.

d. 1. a; 2. c; 3. b; 4. b; 5. c; 6. a; 7. c; 8. b; 9. b; 10. a; 11. c; 12. a.

Comentario. Cuando en la tabla usamos la palabra "combinar" no siempre se refiere a una palabra explícita del texto con la que se combina la opción correcta, sino que puede referirse a un significado implícito. Por ejemplo, se puede fundar una ciudad, un movimiento político o intelectual, una corriente de pensamiento. Este sentido tiene la "cura por la palabra", como tratamiento o perspectiva o punto de vista psicológico, se puede asociar a la palabra "movimiento": se funda un movimiento psicológico llamado "cura por la palabra". El *contexto* en el que van apareciendo las palabras influye en el reconocimiento de la palabra correcta. Es un proceso natural de las lenguas, la selección de la palabra más adecuada al contexto, a la intención y al significado que se quiere transmitir. La facilidad y precisión en el reconocimiento del vocabulario adecuado depende de factores como la cantidad de palabras que conoces, la familiaridad con el tema de lectura, el contexto semántico y sintáctico y tus habilidades de lectura. Te aconsejamos hacer una *lectura de comprensión general* antes de comenzar con la tarea propiamente dicha, y luego, como el objetivo es encontrar los elementos correctos, pasar durante la tarea a una *lectura selectiva* buscando el sentido de la inclusión de cada palabra en la frase y su relación con el resto de palabras y de las opciones, probando con todas hasta que se da con la correcta y estableciendo si se acercan o alejan al sentido original del texto. Para descartar las no correctas necesitas también conocer sus significados y posibilidades combinatorias.

Por otro lado, si no conoces una palabra (del texto o de las opciones), las estrategias posibles son pocas, porque el examen justamente está hecho para evaluar tu capacidad para insertar elementos aislados (sustantivos, verbos, participios) en un texto y la frase en la que está el hueco no ayuda a determinar el significado de las opciones. Es fundamental tener un conocimiento amplio de las posibilidades de todas las palabras, en especial las de uso más frecuente. Lo que sí puedes hacer es desarrollar habilidades para orientarte adecuadamente en la tarea, conociendo el tipo de dificultades con las que te encontrarás, y sabiendo el tipo de conocimiento que debes activar en cada caso.

Finalmente, hay que tener en cuenta que en la tarea 1 el texto puede ser literario, lo que aumenta la posibilidades de ambigüedad o la aparición de metáforas y comparaciones más o menos encubiertas. De ahí que en ocasiones las palabras tengan un sentido figurado, dentro siempre de sus posibilidades combinatorias. Por ello debemos también a veces hacer una labor, muy rápida en cualquier caso, interpretativa.

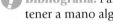 **Bibliografía.** Para todas las cuestiones relacionadas con el léxico y en especial con esta tarea 1, te aconsejamos tener a mano alguno de los siguientes diccionarios, en especial el primero de la lista.

Bibliografía recomendada
Diccionario Clave. VVAA. Ediciones SM: 2006.
Diccionario para la Enseñanza de la Lengua Española. Universidad de Alcalá. Vox/Biblograf: 1995.
Diccionario para la enseñanza de la lengua española: español para extranjero. (2.ª Ed.). VV.AA. VOX: 2002.
Diccionario del uso del español, María Moliner. Gredos: 2012.
Diccionario de ideas afines, Fernando Corripio. Editorial Herder: 2007.
Diccionario ideológico de la lengua española (2.ª ed.). VV.AA. Vox: 1998.

Tarea 2.

a. Relación entre el fragmento y el texto: **A**.

 Comentario. Todas estas relaciones dan coherencia y cohesión al texto y justifican la inserción de un fragmento en un lugar concreto del texto. Es muy importante que reconozcas rápidamente los **conectores** (conjunciones, adverbios, preposicionales, etc.) que funcionan de enlace entre el fragmento y el texto y marcan el tipo de relación lógica que hay entre ellos. En este caso, el hecho de que sea una conclusión se establece gracias a dos elementos, uno gramatical y otro léxico:

La habilidades musicales se basan en: *dos hechos observables.*
                                                       una suposición.

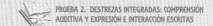
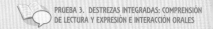
A partir de esos "dos hechos observables" se concluye con la afirmación del innatismo de la habilidad musical. Aparece el conector "de aquí", y el verbo "concluir":

Los hechos observados son que… y que… – **De aquí** *se puede concluir…*

Encontramos también una relación de palabras:

Habilidades musicales – *música*
desde las primeras etapas del desarrollo de los niños – *innata*

La tarea, pues, evalúa que eres capaz de reconocer y distinguir palabras relevantes que sustentan el sentido global del texto. No solo necesitas conocer el significado de las palabras individuales, sino también cómo estas se organizan para transmitir un mensaje. Localizar conectores u organizadores del texto es fundamental. En la ▢ **ELEteca** tienes un documento que puedes descargarte, con una selección de conectores relacionados con el nivel C2: https://eleteca.edinumen.es

¡Atención! Ten en cuenta que no siempre existen esos conectores, sino que la relación lógica la establece el significado de las propias palabras del fragmento y del texto.

b. Tipos de relaciones: A. 5; B. 1; C. 2; D. 5; E. 3; F. 4.

c. Relaciones (entre el texto y los fragmentos): A. Fragmentos A y B; C. Fragmentos D y F; E. Fragmentos E y G.

Comentario. En el fragmento **B**, la palabra clave es el enlace, "de aquí", y también el verbo "concluir". En el caso del fragmento **F**, la palabra "crimen" es previa a la información que se detalla después: *Crueldad contra niños y jóvenes adolescentes que casi con seguridad acabará en desarraigo y delincuencia; contra ancianos que encaran el trance de la muerte bajo el signo de la soledad y la deshumanización. Injurias todas ellas...* Observa además que aparece la palabra "injurias" para no repetir "crímenes", otra clave para establecer la relación entre el fragmento y el texto. El fragmento **G** es como el **A**, apoyado por "tengo que" y en especial por el verbo "admitir". Es decir, que las relaciones lógicas que establecen los marcadores tienen que estar apoyadas por la selección de las palabras que haya hecho el autor. En el caso del fragmento **D**, la palabra clave en realidad está en el texto *"Por este cambio de consideración"*, relacionado con *"llegan con el tiempo a ser aceptadas"*.

d. **Fragmento G. Enlace:** *No obstante*

la ciudad	*las metrópolis*
crisol	*mosaicos*
soy	*tengo que admitir/a mi juicio,*
razas y etnias	*colectivos culturales diversos*
culturas híbridas	*grupos étnicos*
admirador... lo era	*con desencanto*

Fragmento B. Enlace: *De aquí*

muchos ciudadanos	*numerosos individuos*
convivir e identificarse	*adoptar y exhibir diferentes personalidades*
a la vez	*simultáneamente*
grupos distintos	*diversas agrupaciones*

Comentario. Las relaciones entre las palabras nos permiten correctamente incluir una palabra en un texto, relacionar fragmentos o determinar la ideal general del texto. En esta tarea se propone la búsqueda de ideas en el texto, de ahí que tengas que realizar una lectura de comprensión general, buscando la solución en un contexto más amplio.

Fragmento G. Enlace: *Es obvio que*

Hoy	son
arrastran	ofrece
capitales	urbes/ciudad
Lugares inquietantes, peligrosos e "inmorales"	epicentros de un sinfín de abrumadores problemas sociales y económicos/ofrece un inmejorable caldo de cultivo para el abuso, para el abandono, o el crimen

Tarea 3.

a. PROCEDIMIENTOS. A. 2; B. 4; C. 1 y 3; D. 2.

◗ Enunciado	◗ Reseña
los videojuegos	videojuego
influenciados	gracias al
revolución	renuevan/nuevas propuestas emergentes/nueva plataforma del juego
comunicarse y socializar	espacio urbano/redes sociales/interacción lúdica/geopolítica
Internet	telecomunicación/tecnologías de la geolocalización/tecnología

b.

◗ Palabras del resumen	Enunciado 24	Enunciado 26
inmigrantes/fenómeno migratorio/leyes de extranjería aprobadas	inmigración	inmigración
estereotipos/imagen que tienen los españoles/qué piensan/percepciones/esta imagen		la opinión/acerca de/los españoles
explicar/se expone	Se describe	Se presenta
partidos políticos	partidos políticos	
qué han aportado	aportación	

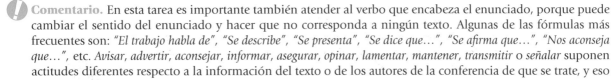 **Comentario.** En esta tarea es importante también atender al verbo que encabeza el enunciado, porque puede cambiar el sentido del enunciado y hacer que no corresponda a ningún texto. Algunas de las fórmulas más frecuentes son: *"El trabajo habla de"*, *"Se describe"*, *"Se presenta"*, *"Se dice que…"*, *"Se afirma que…"*, *"Nos aconseja que…"*, etc. *Avisar, advertir, aconsejar, informar, asegurar, opinar, lamentar, mantener, transmitir* o *señalar* suponen actitudes diferentes respecto a la información del texto o de los autores de la conferencia de que se trate, y eso hay que tenerlo en cuenta.

C.

Enunciado 23	Enunciado 25	Texto A
Según este trabajo	*Esta conferencia*	*El objetivo de este trabajo*
actuación		*propuestas y actuaciones*
plan		*principio de atención a la diversidad/Plan de Atención a la Diversidad*
integración e inclusión socioeducativa	*integración escolar*	*escuela e implicaciones educativas/integración social atención del alumnado de culturas diferentes*
	objetivo principal	*objetivo*
	inmigrante	*inmigración/nuevo alumnado/escuela intercultural*
	en España	*http://www. giemic.uclm.es, España*

Comentario. La dificultad principal de esta tarea consiste en que hay que trabajar muy rápidamente con muchos textos cortos, con mucha información muy parecida, dado que se trata siempre del mismo tema. Las diferencias entre los textos o entre las preguntas pueden ser muy pequeñas. Hay que fijarse bien en los elementos que los diferencian, y ser capaz de establecer relaciones entre palabras parecidas, como en la tarea anterior. Marcar el texto mediante líneas o flechas puede ser una forma visual útil de orientarte.

Antes de enfrentarte a la tarea, es importante observar el título, el autor y la procedencia del texto, identificando rápidamente el tema del texto (social, de actualidad, histórico,…).

Una de las habilidades necesarias para realizar la tarea es identificar las ideas principales de los textos, ya que en algunos casos se tratan los aspectos globales del texto.

Otra de las dificultades es que las palabras que aparecen en los resúmenes no son las mismas o son casi equivalentes, pero por algún otro elemento del texto, no llegan a serlo. Por ejemplo: *nuevo/renovada, Internet/redes sociales, plataforma.* Para conseguir el éxito en esta tarea tienes que reconocer formulaciones sinónimas que significan lo mismo, aunque se expresen con otras palabras, teniendo en cuenta que palabras o expresiones muy parecidas pueden no corresponder a la opción correcta, ya que cambia el significado.

Dos son, pues, las habilidades principales necesarias: hacer uso de la idea general del texto para interpretarlo globalmente, y fijarse en elementos concretos para ver si cambian esa idea general.

Prueba 1. Segunda parte: Uso de la lengua, comprensión auditiva

● ● ● ● ● **Antes de empezar la parte de Comprensión auditiva.**

Responde a estas preguntas con lo que sabes del examen.

1. ¿Cuántas tareas (partes) tiene esta parte de la prueba 1? ....
2. ¿Cuánto tiempo aproximado dura esta parte de la prueba 1? ....

Marca con una ✗.

		sí	no
3.	¿Las preguntas de las tareas de la prueba son todas del mismo tipo?.................................	☐	☐
4.	¿Todos los textos son del mismo tipo?...	☐	☐
5.	¿Se escuchan diferentes acentos hispánicos?...	☐	☐
6.	¿Tengo que escribir las respuestas a las preguntas?..	☐	☐
7.	¿El número de preguntas en cada tarea es siempre el mismo?...	☐	☐
8.	¿Tengo que anotar palabras o frases mientras oigo las audiciones?..................................	☐	☐
9.	¿Todas las audiciones duran el mismo tiempo?..	☐	☐
10.	¿Puedo tomar notas durante la audiciones?...	☐	☐
11.	¿Dispongo de tiempo para leer las preguntas antes de las audiciones?............................	☐	☐
12.	¿Se oye a gente hablando en situaciones coloquiales?...	☐	☐
13.	(Otra)	☐	☐

Comprueba tus respuestas (pág. 39). Algunas preguntas las podrás comprobar al final de este modelo de examen.

Esta parte de la prueba 1 tiene tres tareas. Hay que responder a 26 preguntas. Las respuestas no se redactan, se marcan en una hoja especial: la **Hoja de respuestas** (al final del manual hay modelos para fotocopiar). Los textos pueden ser originales –la mayoría– o adaptados para los fines de la prueba. Se escuchan **dos veces**. En la columna de la derecha tienes la duración aproximada de cada uno. Las instrucciones están redactadas en estilo formal (*usted*).

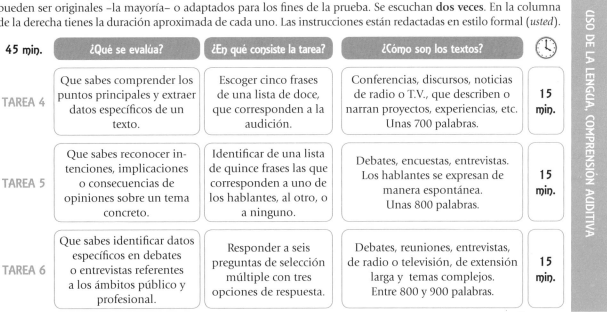

45 min.	¿Qué se evalúa?	¿En qué consiste la tarea?	¿Cómo son los textos?	🕐
TAREA 4	Que sabes comprender los puntos principales y extraer datos específicos de un texto.	Escoger cinco frases de una lista de doce, que corresponden a la audición.	Conferencias, discursos, noticias de radio o T.V., que describen o narran proyectos, experiencias, etc. Unas 700 palabras.	**15 min.**
TAREA 5	Que sabes reconocer intenciones, implicaciones o consecuencias de opiniones sobre un tema concreto.	Identificar de una lista de quince frases las que corresponden a uno de los hablantes, al otro, o a ninguno.	Debates, encuestas, entrevistas. Los hablantes se expresan de manera espontánea. Unas 800 palabras.	**15 min.**
TAREA 6	Que sabes identificar datos específicos en debates o entrevistas referentes a los ámbitos público y profesional.	Responder a seis preguntas de selección múltiple con tres opciones de respuesta.	Debates, reuniones, entrevistas, de radio o televisión, de extensión larga y temas complejos. Entre 800 y 900 palabras.	**15 min.**

Fuente: ▄┳▄ *Instituto Cervantes.*

¿Qué te ha sorprendido más de la descripción de esta parte de la prueba 1 del examen? Anota aquí tu comentario.

....

....

¡Ya puedes empezar esta parte de la Prueba 1!

Prueba 1. Uso de la lengua, comprensión de lectura y auditiva

 ¡Atención! En el examen la **prueba 1** contiene las tareas de lectura y las auditivas. Como ya sabes, en El Cronómetro, *nivel C2* las hemos separado para trabajarlas individualmente. Hemos mantenido la numeración del examen, es decir, que las tareas de la parte auditiva son la 4, la 5 y la 6.

 Pon el disco de la pista n.° 1 a la pista n.° 3. y sigue las instrucciones. No detengas la audición hasta el final de la pista 3.

*La **Prueba 1** consta de tres tareas de Comprensión auditiva. La duración aproximada de estas tres tareas es de 45 minutos. Usted tiene que responder a 26 preguntas.*

Tarea 4

INSTRUCCIONES

Usted va a escuchar un fragmento de una conferencia en la que se tomaron algunas notas. Entre las doce opciones que aparecen debajo (A-L), usted deberá elegir las cinco que corresponden a esta conferencia. Escuchará la audición dos veces. Marque las opciones elegidas en la Hoja de respuestas.

 Ahora dispone de un minuto para leer las opciones.

OPCIONES

A) La conferencia coincide con un momento en el que el sector está claramente definido.

B) El disfrute de las nuevas tecnologías en las telecomunicaciones pasa por una administración efectiva del espectro.

C) El espectro radioeléctrico en México actualmente es casi inexistente.

D) México se mantiene ajeno al crecimiento del espectro mundial.

E) El aumento del número de usuarios es uno de los factores que provocan dinamismo en las telecomunicaciones.

F) El gobierno mexicano está transformando su política en el sector de las telecomunicaciones.

G) La digitalización de la radio y la televisión no garantiza necesariamente la mejora en la calidad del servicio.

H) Se han denegado más de 200 permisos a canales digitales en el último año.

I) El gobierno mexicano desea que su país constituya en el futuro una potencia mundial en el campo de las telecomunicaciones.

J) El uso de las tecnologías favorece la economía pero no implica mejoras en el ámbito privado.

K) Las telecomunicaciones mexicanas se beneficiarán del intercambio de experiencias en el sector de los otros países participantes.

L) El objetivo principal de la conferencia es exponer la situación actual de México en el espectro telecomunicativo.

Señale las opciones elegidas por orden alfabético.

27	28	29	30	31

Tarea 5

A continuación escuchará dos conversaciones. En la primera, un hombre y una mujer hablan sobre la emisión de espectáculos taurinos en la programación de la radio y la televisión públicas. En la segunda, un hombre y una mujer hablan sobre nuevos retos científicos. Deberá marcar de las 8 opciones que se le dan en la primera conversación (32-39) y de las 7 de la segunda conversación (40-46), qué ideas expresa el hombre (H), cuáles la mujer (M) y cuáles ninguno de los dos (N). Escuchará la conversación dos veces. Marque las opciones elegidas en la Hoja de respuestas.

🕐 Ahora dispone de 30 segundos para leer las frases de la primera conversación.

CONVERSACIÓN 1

32. El toreo es una manifestación privada de arte.

33. La tauromaquia conjuga elementos antiguos y modernos a la vez.

34. La Unesco ha declarado la tauromaquia patrimonio de la Humanidad.

35. Asiste con frecuencia a las corridas.

36. La audiencia en los espectáculos taurinos ha descendido ligeramente.

37. La programación de una televisión no puede basarse en propuestas aisladas.

38. La emisión de espectáculos taurinos en directo en la televisión supondría infringir una normativa.

39. Los programas informativos incluyen noticias taurinas.

🕐 Ahora dispone de 30 segundos para leer las frases de la segunda conversación.

CONVERSACIÓN 2

40. El proyecto pretende hacer más partícipe al ciudadano de a pie.

41. Los políticos tienen en cuenta la opinión de los ciudadanos en política científica.

42. La sociedad actual cuenta con un porcentaje altísimo de robotización.

43. La robotización en nuestro siglo puede suponer una nueva revolución industrial.

44. Los robots han ayudado a hacer las tareas de la casa.

45. Un grupo de cirujanos ha realizado una operación micrométrica con éxito.

46. El científico vocacional debería descubrir algo nuevo y buscar su aplicación.

Usted va a escuchar un fragmento de una entrevista. Después debe contestar a las preguntas (47-52). Seleccione la opción correcta (A, B o C). Escuchará la entrevista dos veces. Marque las opciones elegidas en la Hoja de respuestas.

PREGUNTAS

47. La comunidad científica, en relación con la última oleada de huracanes, opina que...

a) disminuyó en intensidad en 1995.

b) no hay cambio climático en el Pacífico.

c) no está clara su relación con el cambio climático.

48. Luis Gómez, al hablar de la relación del cambio climático y los huracanes...

a) no se aventura a dar una respuesta definitiva.

b) cree que como fenómeno se inició en el año 98.

c) considera que ha sido provocado por el fenómeno El Niño.

49. El entrevistado explica la sequía en España como...

a) el resultado de la influencia de los anticiclones.

b) el descenso de los frentes.

c) casos aislados sin datos definitivos.

50. El meteorólogo afirma que...

a) en los últimos diez años se ha observado un aumento importante de las precipitaciones.

b) las lluvias de los últimos años se deben al cambio climático.

c) las precipitaciones se relacionan con el calentamiento.

51. El Sr. Gómez no tiene ninguna duda sobre...

a) el aumento de las precipitaciones en España en un futuro próximo.

b) el calentamiento de la Tierra.

c) el rápido aumento de la sequía en España.

52. Según el entrevistado, lo que debe hacer la administración es...

a) considerar las pérdidas.

b) reducir gastos materiales.

c) realizar una buena planificación.

CLAVES

● ● ● ● ● **Antes de empezar la prueba de** Comprensión auditiva.

1. Esta parte tiene 3 tareas. No son las últimas tareas de Comprensión auditiva que tendrás en el examen. En la parte de **Expresión escrita** también hay una tarea con una audición; **2.** Aproximadamente 45 minutos, aunque para eso a veces tienen que cortar las audiciones en fragmentos y unirlos, por eso lo que se suele oír son fragmentos de conferencias, conversaciones o entrevistas; **3.** No, cada tarea tiene un tipo de preguntas diferentes: identificar frases que corresponden a una audición (tarea 4), identificar quién dice determinadas afirmaciones (tarea 5), seleccionar la respuesta correcta entre tres posibles (tarea 6); **4.** No, hay textos muy diferentes: entrevistas, debates, conferencias, noticias... Todo lo que un hablante nativo en situaciones formales, profesionales y académicas puede tener que oír; **5.** Sí, los hablantes suelen ser al menos de tres países diferentes (incluyendo la audición de la prueba de Expresión escrita); **6.** En esta prueba no, las respuestas se seleccionan de entre opciones y se marcan en la Hoja de respuestas, al igual que en la parte de **Comprensión de lectura**; **7.** No se trata exactamente de preguntas. En la tarea 6 sí tienes preguntas, pero en la 4 y en la 5 hay una serie de frases con las que tienes que trabajar. El número de frases es distinto en cada tarea; **8.** No tienes que hacerlo, no es una instrucción del examen, pero puede ayudarte a resolver la tarea; **9.** Los tiempos parciales de cada tarea no tienen que ser homogéneos, es decir, que una puede durar más de 15 minutos, y otra menos; **10.** Durante las audiciones puedes tomar notas, pero la audición no se detiene en ningún momento: tienes que hacer las dos cosas al mismo tiempo; **11.** MUY IMPORTANTE: Solo tienes tiempo para leer las preguntas en la tarea 4 y en la 5; en la 6 no dispones de tiempo de lectura. La tarea 6 tiene preguntas de opción múltiple, y la falta de tiempo para leerlas es una dificultad añadida. **Consejo**: si has podido hacer la primera parte de comprensión de lectura en menos de una hora, puedes leer las preguntas de la tarea 6, porque recibes juntas las preguntas de las seis tareas; **12.** No se trata de situaciones coloquiales en ningún momento, sino de situaciones formales como entrevistas o conferencias, aunque pueden usar expresiones coloquiales, que normalmente no se evalúan. Tanto el estilo como el vocabulario son de estilo formal y con un vocabulario muy especializado.

Tarea 4. 27. B; **28.** E; **29.** F; **30.** I; **31.** K.

Tarea 5. 32. N; **33.** H; **34.** N; **35.** M; **36.** H; **37.** N; **38.** M; **39.** N; **40.** M; **41.** N; **42.** H; **43.** H; **44.** H; **45.** N; **46.** M.

Tarea 6. 47. c; **48.** a; **49.** c; **50.** a; **51.** b; **52.** c.

¿Qué dificultades has tenido y dónde?	Tarea 4	Tarea 5	Tarea 6
No estoy familiarizado con el tipo de texto.			
No conozco el vocabulario general del tema.			
No conocía palabras correctas.			
Me ha desorientado el tipo de tarea.			
No he entendido bien la relación entre la frase o la pregunta y el texto.			
El acento o la velocidad de los interlocutores me ha desorientado.			
La cantidad de información me ha desorientado.			
(Otro)			
Respuestas correctas.			
Nivel de estrés (de 1 –mínimo– a 5 –máximo–).			

¿Qué puedes hacer para mejorar los resultados la próxima vez? Anota aquí tu comentario.

....

....

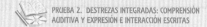

Actividades sobre el Modelo n.º 1. Uso de la lengua, comprensión auditiva

Tarea 4.

a. Vuelve a escuchar la conferencia de este modelo 1 y escribe a la derecha de cada nota, a modo de dictado, el fragmento de la conferencia que le corresponde. En la tabla aparecen solo las opciones correctas.

Pon la **pista n.º 1.** Usa el botón de ❚❚ *PAUSA* si lo necesitas.

◗ OPCIONES	◗ FRAGMENTOS DE LA CONFERENCIA
B. El disfrute de las nuevas tecnologías en las telecomunicaciones pasa por una administración efectiva del espectro.	....
E. El aumento del número de usuarios es uno de los factores que provocan dinamismo en las telecomunicaciones.	....
F. El gobierno mexicano está transformando su política en el sector de las telecomunicaciones.	....
I. El gobierno mexicano desea que su país constituya en el futuro una potencia mundial en el campo de las telecomunicaciones.	....
K. Las telecomunicaciones mexicanas se beneficiarán del intercambio de experiencias en el sector de los otros países participantes.	....

🛈 **Consejo.** Comprueba en las claves (pág. 48) el resultado de tu dictado antes de seguir con la actividad.

Subraya en las notas y en los fragmentos las palabras relacionadas. ¿Qué tipo de relación hay entre cada nota y su fragmento? Indica la letra de las anotaciones en las siguientes explicaciones. No todas las relaciones están presentes en esta conferencia.

◗ RELACIÓN NOTA-FRAGMENTO DE LA CONFERENCIA: En la opción...	◗ N.º de opción
1. ...aparecen sinónimos o palabras equivalentes a las de la audición.	
2. ...se hace referencia a un elemento de una serie presente en la audición.	
3. ...se hace referencia a una serie completa de la audición.	
4. ...aparecen las mismas palabras pero en lugares diferentes de la frase original.	
5. ...se usan en la anotación palabras diferentes con el mismo valor o intención.	

b. Observa ahora las notas y los fragmentos correspondientes de la conferencia aparecida en el examen del 19 de noviembre de 2011. La conferencia se llama "Los sueños y la historia".

Propuesta. Tapa con un papel la columna de los fragmentos y escucha, con las **⏸** *PAUSAS* necesarias, la audición que aparece en la página web del **Instituto Cervantes**. Intenta escribir, como en la actividad anterior, los fragmentos. Luego, destapa el libro y comprueba lo que has escrito.

La dirección es: ╼╫╾ *http://diplomas.cervantes.es/sites/default/files/2011-11-19-c2-1-04_0_1.mp3*

OPCIONES	FRAGMENTOS DE LA CONFERENCIA
B. En el siglo XVIII se pensaba que el estudio de los sueños carecía de rigor científico.	*...cuando las élites ilustradas del siglo dieciocho comenzaron a identificarlo con la oscuridad irracional, y su interpretación con las supersticiones.*
G. Sería pertinente elaborar una crónica de la evolución de los sueños a lo largo del tiempo.	*Así pues, los sueños necesitan tener una historia,... porque han sido capaces, por sorprendente que parezca, de variar su curso.*
H. El contenido de los sueños y la forma de soñar cambian en cada nueva época.	*...a través de la cambiante variedad de personajes y escenarios que el soñante toma prestados de su tiempo, pues cada siglo, cada cultura, tiene su propio estilo de soñar.*
I. La coyuntura social o política de una civilización repercute en las experiencias oníricas de los individuos.	*De modo que si cualquier persona mientras duerme vive su propio mundo particular, tanto el fenómeno onírico como su interpretación, se encuentran siempre bajo el influjo histórico y cultural de cada soñador.*
J. Los sueños pertenecen tanto a la experiencia particular como a la colectiva.	*El sueño no es únicamente un fenómeno espontáneo y privado de la mente; forma también parte de una experiencia más vasta de la historia cultural humana.*

Fuente: ╼╫╾ *Instituto Cervantes.*

Haz el mismo análisis que antes. Observa que hay dos nuevas relaciones.

RELACIÓN ANOTACIÓN-FRAGMENTO DE LA CONFERENCIA: En la opción...	N.º de opción
1. ...aparecen sinónimos o palabras equivalentes a las de la audición.	
2. ...se hace referencia a un elemento de una serie presente en la audición.	
3. ...se hace referencia a una serie completa de la audición.	
4. ...aparecen las mismas palabras pero en lugares diferentes de la frase original.	
5. ...se usan en la anotación palabras diferentes con el mismo valor o intención.	
6. ...aparece una estructura equivalente a la estructura original.	
7. ...aparece una información que en la audición aparece más de una vez.	

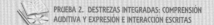

PRUEBA 1. USO DE LA LENGUA,
COMPRENSIÓN DE LECTURA Y **COMPRENSIÓN AUDITIVA**

PRUEBA 2. DESTREZAS INTEGRADAS: COMPRENSIÓN
AUDITIVA Y EXPRESIÓN E INTERACCIÓN ESCRITAS

PRUEBA 3. DESTREZAS INTEGRADAS: COMPRENSIÓN
DE LECTURA Y EXPRESIÓN E INTERACCIÓN ORALES

C. Finalmente vas a escuchar dos veces el fragmento de una nueva conferencia. Ahora **no** puedes usar el botón de ⏸ *PAUSA*, así que solo puedes escribir, a la derecha de cada nota, palabras clave que te pueden ayudar a identificar las opciones correctas.

⚠ **¡Atención!** En el examen tienes que elegir 5 de 12 opciones. En esta tarea, en que el texto es más breve, tienes que elegir solo 3 de 8.

💿 Escucha **dos veces** y sin pausas la audición de la **pista n.º 4**.
4

🔘 OPCIONES | 🔘 PALABRAS CLAVE DE LA AUDICIÓN

A. La mayoría de los españoles que pasaron por Rodas en el siglo XV pertenecían a la Orden del Hospital de San Juan.	
B. El comercio entre Valencia y Rodas no fue tan importante como el que la isla mantuvo con Cataluña.	
C. La actividad mercantil de la época entre Baleares y Rodas aparece documentada.	
D. El reino de Castilla mostró desde el siglo XV un gran interés por la actividad comercial de la isla.	
E. La administración del comercio de la isla estaba en manos de varias familias de ricos mercaderes.	
F. Rodas constituía un centro de redifusión para las mercancías procedentes de España.	
G. Las especias se podían obtener en Rodas a precios más asequibles que en los mercados orientales.	
H. La Orden de Rodas actuó como prestamista para los comerciantes catalanes y mallorquines.	

Adaptado de la conferencia *Presencia hispánica en Rodas.*
A propósito del albergue de la lengua de España de Daniel Durán i Duelt (MRAMEGH, 19 (2009), págs. 97-112)

OPCIONES CORRECTAS:

27	28	29

¿Crees que esta técnica te puede ser útil para realizar esta tarea? Anota aquí tu comentario.

Tarea 5.

a. Escucha un fragmento de una entrevista sobre la obesidad infantil y señala qué frases se dicen en el texto y cuáles no.

 Escucha **una vez** y sin pausas la audición de la pista n.º 5.

		SÍ	NO
1.	La actividad física es la droga milagrosa que nos ayuda a reducir el riesgo de diabetes.		
2.	Las dietas y las restricciones muchas veces no ayudan porque le ponen un aspecto negativo a lo que es un hábito saludable.		
3.	Lo ideal es tratar de mantener a raya esos momentos o esos espacios sedentarios.		
4.	La recomendación es que se eviten al máximo las bebidas azucaradas.		

b. Escucha el fragmento de otra entrevista y elige de las opciones que aparecen cuáles corresponden a lo que se dice en el texto y cuáles no.

Escucha **una vez** y sin pausas la audición de la pista n.º 6.

		SÍ	NO
1.	Declara que en ambas series, las mujeres no han tenido un papel relevante.		
2.	Afirma que la serie se basa en algunos personajes reales.		
3.	Opina que la juventud de las mujeres siempre ha dado más interés a las series.		
4.	Compara dos épocas en relación con la aparición del ferrocarril.		
5.	Describe las diferencias entre las dos series.		
6.	Muestra agrado por un aspecto de la serie que protagoniza.		

Escucha de nuevo el texto y marca en el cuadro de la página siguiente qué frases dice la mujer (M) y cuáles el hombre (H).

Escucha **otra vez** y sin pausas la audición de la pista n.º 6.

continúa ➜

	M	H
1. Afirma que la serie se basa en algunos personajes reales.		
2. Describe las diferencias entre las dos series.		
3. Muestra agrado por un aspecto de la serie que protagoniza.		
4. Habla con admiración de su personaje en la serie.		

¿Crees que anotar primero cuáles se escuchan y cuáles no, y centrarte luego en si lo dice la mujer o el hombre, te puede ayudar a realizar esta tarea? ¿Por qué? Anota aquí tu comentario.

....

....

c. ¿Has observado alguna diferencia en el modo en que aparecen formuladas las opciones en la actividad **a.** y las de **b.**? ¿De qué tipo crees que serán las opciones en los exámenes reales? Anota aquí tus comentarios.

....

....

....

....

....

Tarea 6.

a. A continuación tienes un ejemplo de la convocatoria de noviembre de 2011, que ya conoces. En la columna de la izquierda tienes las tres primeras preguntas y en la de la derecha un fragmento de la transcripción de la tertulia.

Propuesta. Tapa con un papel la columna de los fragmentos y escucha, con las ▐▐ *PAUSAS* necesarias, la audición que aparece en la página web del *Instituto Cervantes*. Intenta escribir, como en la actividad anterior, los fragmentos. Luego, destapa el libro y comprueba lo que has escrito.

La dirección es: http://www.diplomas.cervantes.es/sites/default/files/2011-11-19-c2-1-06_1.mp3

Localiza y subraya en el texto la información necesaria para seleccionar la opción correcta, como en el ejemplo.

○ PREGUNTAS

47. En su respuesta a la primera pregunta, el primer hombre señala que el talento…

   a) es, en gran medida, accidental.

   b) se desarrolla en función de las necesidades.

   c) es la gran necesidad de la sociedad actual.

48. En su respuesta a la primera pregunta, el segundo hombre afirma que…

   a) talento e inteligencia son un mismo concepto.

   b) la competencia estimula el talento.

   c) el talento se juzga por comparación.

49. La psicóloga señala que, para potenciar el talento en la infancia, conviene…

   a) que los niños estén suficientemente incentivados.

   b) que los niños conozcan diferentes contextos.

   c) que se desarrollen los rasgos diferenciales de cada niño.

● TRANSCRIPCIÓN

▶ HOMBRE 1: Yo lo que quizá añadiría es que hay una parte del talento que puede ser, digamos, inteligencia y temas más conceptuales, pero hay una parte que es la parte de aplicación práctica, es decir, lo que creo que tenemos que añadir al talento es que el talento podría ser, digamos, circunstancial, es ¿qué se necesita en este momento en la sociedad, en una empresa, en…? Y cómo la… las personas son capaces de desarrollar estas cosas que se necesitan.

▶ MUJER (PRESENTADORA): ¿Pablo?

▷ HOMBRE 2: Bueno, yo creo que llamamos talento a… a aquella persona que destaca por encima de otras, ¿no? Es un poco también relativo, podríamos decir, a lo que, en media, pues, las personas, hacen. Decimos que Rafael Nadal tiene talento en el tenis porque… porque en el fondo muy pocos pueden jugar a su nivel. Si coincidiera que todo el mundo le ganara, aunque jugara igual de bien, le diríamos… no diríamos que tiene talento, ¿no? O sea, talento también es en referencia a, digamos, al resto de la población. Entonces, efectivamente, pues la gente nace con una cierta facilidad para…para unos campos más que para otros y yo diría que el talento consiste también un poco en acertar, ¿eh? para qué sirve cada persona.

▶ MUJER (PRESENTADORA): Y, ¿qué… qué debe ocurrir, qué factores deben influir, Meritxell, para que el talento o la inteligencia de un niño florezca, salga a la luz?

▷ MUJER: Bueno, en primer lugar debe existir el potencial, el potencial no es el mismo para todas las personas, existen diferencias individuales; y en segundo lugar debe haber un ambiente enriquecido, debe haber una estimulación importante. El ambiente debe otorgar o dar presiones y también dar oportunidades para que un mismo recurso biológico se desarrolle. Un mismo recurso biológico en un ambiente diferente

---

Puedes leer la transcripción completa en este sitio:

 http://diplomas.cervantes.es/sites/default/files/dele_c2_transcripcion_prueba_oral_191111_0_0.pdf

b. Volvemos a la tarea 6 del modelo 1. Aquí tienes la primera pregunta. Escucha una vez la audición y toma la mayor cantidad de notas posibles para reproducir el texto. Observa que debes tomar notas para las tres opciones, teniendo en cuenta que solo una es la correcta.

🔄 Pon la **pista n.º 3**. Usa el botón de ⏸ *PAUSA* si lo necesitas.
3

continúa →

PREGUNTA

47. La comunidad científica, en relación con la última oleada de huracanes, opina que...

a) disminuyó en intensidad en 1995.

b) no hay cambio climático en el Pacífico.

c) no está clara su relación con el cambio climático.

TUS NOTAS

....
....
....
....
....
....
....
....

Utiliza las notas para justificar cuál es la opción correcta y por qué las otras no lo son. Anota aquí tus comentarios.

La opción **a) es / no es** correcta porque ....
....
....

La opción **b) es / no es** correcta porque ....
....
....

La opción **c) es / no es** correcta porque ....
....
....

Consejo. Consulta las **claves** de esta actividad (pág. 49) antes de seguir con la siguiente.

C. En la tarea 6 del modelo 1 has encontrado un léxico especializado en climatología y medioambiente. La especialización del léxico en esta tarea representa una dificultad propia al tratarse de temas complejos. Para actualizar el léxico del medioambiente y desarrollar tu capacidad de identificar palabras del tema, escucha dos veces la siguiente grabación y completa los huecos de la transcripción con las palabras que faltan. Anota luego las palabras en el margen derecho. Amplía la lista si conoces más palabras del tema.

¡Atención! El tema del medioambiente es uno de los más recurrentes del examen.

Pon dos veces la pista n.° 7. <u>No uses</u> el botón de ❚❚ *PAUSA*.

⊙ TRANSCRIPCIÓN

Atravesamos el trimestre invernal más **1.** _____ desde que se registran datos de lluvias en España, en los años 40 del siglo pasado. Según la Agencia Estatal de **2.** _____ (AE-MET), desde diciembre han caído menos de 60 litros por metro cuadrado, lo que supera **3.** _____ del invierno 1980-81, cuando se anotaron 86 litros. La situación es alarmante porque 2010 no fue especialmente **4.** _____ (solo dejó un superávit del 4%) y, además, el balance del actual año **5.** _____ (que empezó el 1 de octubre) acumula un déficit en torno al 40%.

El culpable es **6.** _____ anclado al oeste de la Península desde el principio del invierno, que está cerrando el paso a **7.** _____ del Atlántico y propiciando la entrada de vientos del nordeste. "Unos vientos fríos y secos que han contribuido a elevar **8.** _____ de contaminación en el país", advierte Ángel Rivera, portavoz de la Agencia.

9. _____ afecta a toda España, aunque hay puntos críticos como Canarias, donde la falta de agua amenaza ya a **10.** _____ local. Además, Barcelona ha registrado este invierno 44 días seguidos sin llover, desde el 3 de diciembre hasta el 15 de enero, lo que supone la tercera serie seca más larga en la ciudad, lo mismo que Málaga entre el 3 de diciembre y el 15 de enero. En Madrid no cayó ni **11.** _____ de agua del 17 de diciembre al 1 de febrero, y a fecha de hoy León suma 26 días sin **12.** _____ desde el 27 de enero.

La situación empieza a preocupar porque el nivel de **13.** _____, aunque se mantiene relativamente alto gracias al agua acumulada desde el invierno de 2009, está bajando progresivamente. En su último informe hidrológico, el Observatorio Nacional de la **14.** _____ (ONS) señala que la reserva **15.** _____ peninsular estaba al 62,4% de su capacidad el 21 de febrero, por debajo del valor registrado en la misma fecha del año anterior (77,4%). Una de las zonas más delicadas es la cabecera del Tajo, que se encuentra en **16.** _____ al alcanzar solo un 40,86% de su capacidad. Ángel Rivera descarta que la escasez de precipitaciones se deba a **17.** _____ en el clima. "La sequía está siendo un poco exagerada esta temporada, pero entra dentro de lo posible en el régimen típicamente irregular español", explica. "No obstante, sí pueden achacarse al **18.** _____ global algunos cambios que hemos observado en los últimos años en la forma de **19.** _____, más variable y más violenta en algunos casos", añade.

20. _____ para los próximos días no es muy optimista. "Habrá que esperar un poco más para saber si **21.** _____ que se espera el próximo lunes entra en España por su parte delantera y trae lluvias. Si llega por la zona trasera, solo dejará **22.** _____ y frío", augura Rivera.

Con esta situación, la mirada está puesta en la primavera. Los distintos modelos de predicción **23.** _____, aún poco fiables según la AEMET, señalan que será una estación normal en cuanto a **24.** _____, lo que no ayudaría a remontar **25.** _____ de sequía acumulado. "Necesitaríamos una anomalía para recuperarnos", concluye el portavoz.

(Adaptado de *http://www.sociedad.elpais.com/sociedad/2012/02/27/actualidad/1330342627_621910.html*)

⊙ LÉXICO

1. ....
2. ....
3. ....
4. ....
5. ....
6. ....
7. ....
8. ....
9. ....
10. ....
11. ....
12. ....
13. ....
14. ....
15. ....
16. ....
17. ....
18. ....
19. ....
20. ....
21. ....
22. ....
23. ....
24. ....
25. ....

CLAVES Y COMENTARIOS DE LAS ACTIVIDADES

Tarea 4.

a. ◯ Fragmentos de la conferencia

B.	...la gestión eficiente del espectro radioeléctrico, es fundamental para llevar a la población los beneficios de las nuevas tecnologías de la información y la comunicación.
E.	La dinámica de las telecomunicaciones no solo se sustenta en la cantidad de usuarios, sino en el desarrollo de nuevos servicios y aplicaciones que requieren mayores capacidades y anchos de banda.
F.	...el gobierno mexicano ha iniciado un cambio de fondo en sus políticas públicas en la materia.
I.	El gobierno trabaja para aumentar la conectividad en el país y colocar a México en la vanguardia regional y mundial de las telecomunicaciones.
K.	Estoy seguro que los intercambios de ideas y las conclusiones de esta conferencia técnica serán de gran utilidad para México.

Relación nota-fragmento. 1. B) *efectiva/eficiente; pasa por/es fundamental;* I) *desea que/trabaja para;* **2.** E) *es uno de los factores/no solo... sino...;* **4.** F) *está transformando su política/ha iniciado un cambio de fondo en sus políticas;* K) *Las telecomunicaciones mexicanas se beneficiarán del intercambio/los intercambios de ideas y las conclusiones de esta conferencia técnica serán de gran utilidad para México;* **5.** I) *una potencia mundial en el campo de las telecomunicaciones/México en la vanguardia regional y mundial de las telecomunicaciones.*

b. **Relación nota-fragmento. 1.** G) *una crónica de la evolución de los sueños/los sueños necesitan tener una historia;* H) *la forma de soñar/su propio estilo de soñar; cada nueva época/cada siglo, cada cultura;* I) *repercute en/bajo el influjo; coyuntura social y política/histórico y cultural;* J) *experiencia particular... colectiva/fenómeno privado... experiencia de la historia cultural humana;* **4.** I) *La coyuntura social o política de una civilización repercute en las experiencias oníricas de los individuos/tanto el fenómeno onírico como su interpretación, se encuentran siempre bajo el influjo histórico y cultural de cada soñador;* **5.** B) *carecía de rigor científico/identificarlo con la oscuridad irracional;* **6.** J) *tanto... como/no es únicamente/también.*

c. 27. B) *objetivo comercial/catalanes/en menor medida, valencianos;* 28. C) *documentación notarial/la importancia/tráfico y comercio;* 29. F) *cantidades de aceite y tejidos/desde donde/se redistribuyen.*

Tarea 5.

a. **1.** No; **2.** Sí; **3.** Sí; **4.** No.

b. Primera tabla. **1.** No; **2.** Sí; **3.** No; **4.** No; **5.** Sí; **6.** Sí.

Segunda tabla. **1.** M; **2.** H; **3.** H; **4.** M.

c. ⚠ **Comentario.** La dificultad de esta tarea es doble. Por una parte hay que distinguir entre información que aparece en la audición e información que no aparece en absoluto o que aparece transformada de manera que lo que se dice no corresponde a ninguna opción, en cuyo caso la respuesta será N. Por otra parte, hay que identificar las informaciones dadas por el hombre o por la mujer. En la actividad **a.**, las opciones que se dan están tomadas directamente del texto, se transcriben literalmente. En los exámenes no suelen aparecer así. Se usan sinónimos, se da una interpretación de la información, y normalmente aparece un verbo introductor (*opina, se identifica, critica, aprecia,…*), como aparecen en **b.**

Tarea 6.

a. **47.** b: *es ¿qué se necesita en este momento en la sociedad, en una empresa, en…?;* **48.** c: *talento también es en referencia a, digamos, al resto de la población;* **49.** a: *debe haber un ambiente enriquecido, debe haber una estimulación importante.*

b. La opción **a)** no es correcta porque en el texto se dice algo diferente, es decir, que los huracanes empezaron a aumentar a partir de 1995 ("el aumento de intensidad de los huracanes registrado desde el 95 para acá…").

La opción **b)** no es correcta porque el texto dice algo distinto, o sea, que los ciclones en el Pacífico tienen un proceso diferente a los del Atlántico: "el resto de ciclones tropicales, en el Pacífico y en el Índico no sufren el mismo proceso".

La opción **c)** es la correcta porque en el texto se dice: "no había consenso científico ni evidencias de que los huracanes… el aumento de intensidad de los huracanes registrado desde el 95 para acá tuviera demasiado que ver con cambio climático" y también: "pero no es fácil hablar de cambio climático". Además, durante todo el párrafo se desarrolla la misma idea con ejemplos.

c. **1.** seco; **2.** Meteorología; **3.** el récord; **4.** lluvioso; **5.** hidrológico; **6.** el anticiclón; **7.** las borrascas; **8.** los índices; **9.** La sequía; **10.** la agricultura; **11.** una gota; **12.** precipitaciones; **13.** los embalses; **14.** Sequía; **15.** hidráulica; **16.** prealerta; **17.** una anomalía; **18.** calentamiento; **19.** llover; **20.** La previsión; **21.** el frente; **22.** algunas nieves; **23.** pluviométrica; **24.** lluvias; **25.** el déficit.

¡Adelante con la siguiente prueba!

Prueba 2. Destrezas integradas: Comprensión auditiva y de lectura y Expresión e Interacción escritas

● ● ● ● ● ● Antes de empezar la Prueba 2.

Responde a estas preguntas con lo que sabes del examen.

1. ¿Cuántos textos tengo que escribir en esta prueba? ....

2. ¿Cuánto tiempo dura en total la prueba? ....

Marca con una X.

	sí	no
3. ¿Los textos que hay que escribir son todos del mismo tipo?	☐	☐
4. ¿Puedo elegir el texto de lectura o la tarea?	☐	☐
5. ¿Puedo escribir un borrador y luego pasarlo a limpio?	☐	☐
6. ¿Hay un tiempo establecido para cada tarea?	☐	☐
7. ¿Hay que seguir escrupulosamente las instrucciones?	☐	☐
8. ¿Es necesario ser muy creativo para aprobar esta prueba?	☐	☐
9. ¿Tengo que hacer algo antes de empezar a escribir?	☐	☐
10. ¿Puedo aprovechar los textos de otras pruebas para escribir los de esta?	☐	☐
11. (Otra)	☐	☐

Comprueba tus respuestas (pág. 54). Algunas preguntas las podrás responder solo al final de este primer modelo.

La **prueba 2** integra **destrezas** lingüísticas de los ámbitos público, profesional o académico, con actividades centradas en la **comprensión**, **expresión**, **interacción** y **mediación**. Tiene **3 tareas**. No hay opciones. Los textos se escriben a tinta en la Hoja de respuestas. Hay que escuchar y leer unos textos de entrada, seleccionados y adaptados a la tarea de examen, de los que se extrae información para escribir otro siempre de un tipo diferente a los de entrada. La audición se escucha dos veces (en el recuadro tienes la duración aproximada).

PRUEBA 2. DESTREZAS INTEGRADAS

150 min.

	¿Qué se evalúa?	¿En qué consiste la tarea?	¿Cómo son los textos?	
TAREA 1 400 a 450 palabras	Que sabes recoger información de fuentes orales y escritas y redactar, con esa información, y de manera clara, detallada, y bien estructurada, un texto adecuado al formato, al registro y a las convenciones y rasgos del género solicitado.	Escribir actas, cartas al director, mensajes electrónicos, informes, reseñas, ensayos, textos didácticos, artículos divulgativos, etc.	Debates, entrevistas, testimonios, etc. Correo electrónico, noticias, cartas, instrucciones, informes, etc. Máximo: 1000 palabras en total.	🕐 **5 min.**
TAREA 2 150 a 200 palabras	Que sabes transformar un texto en un género o registro distinto, haciendo los cambios y correcciones necesarios en el tono, la estructura, la puntuación, el léxico, etc.	Hay que reescribir un texto corrigiendo faltas, puntuándolo correctamente, utilizando un léxico preciso y estructurándolo de forma coherente.	Borradores de cartas e informes, exposiciones orales, transcripciones, notas de clase, textos producidos por un traductor automático.	
TAREA 3 200 a 250 palabras	Que sabes redactar o escribir un texto de un género especificado a partir estímulos gráficos muy breves.	Escribir informes, artículos, cartas al director, entradas de blog, que acompañen a las imágenes que se presentan.	Gráficos de estadísticas, dibujos, viñetas, frases, etc.	

Fuente: ◄▮► *Instituto Cervantes.*

¿Qué te ha sorprendido más de la descripción de esta prueba del examen? Anota aquí tu comentario.

....

....

¡Ya puedes empezar esta prueba!

Prueba 2. Destrezas integradas: Comprensión auditiva y de lectura y Expresión e Interacción escritas

La **Prueba 2** contiene **3 tareas**. Duración: **150 minutos**.

● ● ● ● ● 🕐 **Pon el reloj.**

Tarea 1

 INSTRUCCIONES

Usted va a participar en un debate sobre las grandes ciudades y le han pedido que prepare una presentación sobre los problemas del uso de las bicicletas en ciudades españolas y los cambios necesarios para que aumente dicho uso. Para su redacción, cuenta con un audio relacionado con el tema, un artículo del periódico y una entrada en un blog. Redacte su presentación seleccionando de cada una de las fuentes la información que considere oportuna.

Número de palabras: entre 400 y 450.

 AUDIO

Pon dos veces la pista n.° 8. No uses en ningún momento el botón de ⏸ *PAUSA*.

TEXTO 1

LAS GRANDES CIUDADES SE SUBEN A LA BICICLETA

Manuel, de 31 años, ciclista habitual en una gran ciudad española, teme por su integridad cada vez que se echa a la calzada, sorteando coches, autobuses y socavones. A Carmen, que camina hasta su trabajo cada día, le indigna que vaya a cruzar una calle y un ciclista casi la arrolle porque no respeta el semáforo. Y Carlos, desde su coche, ve con simpatía las dos ruedas pero reconoce que acaban siendo una molestia y un peligro cuando circulan por la calzada. La cohabitación no está siendo fácil, pero aun así la bicicleta se abre paso en las grandes urbes a un ritmo imparable.

Es sostenible, humaniza las ciudades, combate el sedentarismo, suele ser divertido y, por si fuera poco, proporciona una grata sensación de libertad, argumentan sus defensores más fieles. Hasta no hace mucho había una decena de urbes españolas con sistemas de préstamo público de bicis, hoy cuentan con él más de 100 municipios. El avance es notable pese a que pocas ciudades están bien adaptadas para las dos ruedas. Casi 35 millones de españoles –9 de cada 10– saben montar en bici, 21 millones aseguran que disponen de una para uso personal, 15,5 confiesan que son usuarios con alguna frecuencia y 2,5 millones son habituales, casi a diario, de este medio de transporte. Lo dice el baró-metro anual de la bicicleta en España, elaborado por la consultora Gesop. Y en cuanto a su perfil, los que más la utilizan son, según las encuestas, las personas con mayor nivel de estudios. También los extranjeros que residen en España.

A lo largo y ancho de la geografía española las situaciones son muy diversas. En Barcelona, el 2% de los despla-zamientos que se hacen a diario se realizan en bicicleta. En San Sebastián son casi el 3%, al igual que en Zaragoza o Vitoria. Sevilla está a la cabeza, con más del 6% de los desplazamientos, mientras otras capitales como Madrid apenas tienen una cuota del 0,3%. Y mientras estas ciudades no pasan de un dígito, en el centro de Ámsterdam, por ejemplo, casi el 50% de los desplazamientos se hacen en bici, subrayan los activistas de este medio de transporte. Es un medio de futuro, pero falta convicción, opinan.

"Su despegue tiene mucho que ver con el movimiento medioambiental, pero también con la necesidad de hacer ejercicio físico, de sentirse bien", subraya Manuel Martín, portavoz de Conbici, coordinadora estatal a la que pertenecen 53 asociaciones de toda España. "Te lleva de puerta a puerta y es perfecta para los desplazamientos de entre siete y 10 kilómetros de distancia. Además, engancha", apostilla. A partir de esas distancias pierde competitividad frente al coche, salvo que haya una política de apoyo a la intermodalidad y la bici se pueda subir al metro o al tren. Para que la integración de la bici en una gran ciudad sea exitosa, opinan los defensores de la bicicleta, "es imprescindible poner primero la infraestructura de carriles porque si no es difícil que sobrevivan al tráfico diario".

(Adaptado de
http://www.elpais.com/articulo/sociedad/grandes/ciudades/ suben/bicicleta/elpepisoc/20110506elpepisoc_1/Tes)

ESTADÍSTICAS DE ACCIDENTES: ¿ES INSEGURO IR EN BICI POR LA CIUDAD? SI LO ES ¿POR QUÉ?

Está extendida, tanto entre los ciclistas como entre los motociclistas, la creencia de que desplazarse en bicicleta es peligroso por culpa del tráfico automóvil, y la solución son los carriles bici/vías ciclistas. Tras varias búsquedas he acabado encontrando unas estadísticas interesantes sobre accidentes de tráfico. Me voy a concentrar en los datos relativos a zonas urbanas.

Pregunta: ¿Es peligroso ir en bici? ¿Cuál es la probabilidad de tener un accidente? Resulta que las bicis suponen el 1,90% de las víctimas en accidentes de tráfico, el 1,63% de los muertos en accidentes de tráfico y el 1,90% de los heridos en accidentes de tráfico. Como los ciclistas no somos en España el 1,9 del tráfico, la conclusión 1 es que ir en bici es, efectivamente, más peligroso que ir en coche. Pero es que los conductores de ciclomotor suponen el 25,49% de las víctimas en accidentes de tráfico y el 18,61% de los muertos en accidentes de tráfico. Es decir, llegamos a la conclusión 2: Ir en bici es claramente MENOS peligroso que ir en moto.

Pero podemos sacar otra conclusión considerando la tabla de accidentes por edades: UNA CUARTA PARTE completa de los accidentes de bici están protagonizados por chavales menores de 18 años. Chavales que muy probablemente no están yendo a ninguna parte, sino haciendo en la calle lo que los chavales tienen que hacer en la calle: el animal. Chavales a los que se les ha dejado subirse a las bicis sin una idea clara de que "saber montar en bici" no es lo mismo que saber conducirla. Chavales que están subiendo y bajando de las aceras, yendo en dirección contraria, haciendo acrobacias y carreras, haciendo risas o fardando delante de las chicas, van y tienen "un tropiezo" con un coche.

Así llegamos a la pregunta: ¿Qué produce los accidentes? Analizando las estadísticas sobre infracciones de los conductores implicados en los accidentes con víctimas, hay varias cosas que llaman la atención: Somos menos proclives que los motociclistas a infracciones relativas a la velocidad del vehículo, pero mucho menos respetuosos con las normas de prioridades (semáforos, stops, etc.), es decir, nos comportamos exactamente como cualquier otro grupo de conductores, estamos perfectamente dispuestos a hacer cualquier tipo de barbaridad que nuestro vehículo nos permita hacer.

Conclusión. Los patrones de infracción en ciclistas y en motociclistas son muy muy similares. De hecho los ciclistas comparten con todos los otros tipos de conductores el patrón básico de infracción: la tendencia a cometer con su vehículo cualquier tropelía que el vehículo le permita.

(Adaptado de *http://bicilibre.livejournal.com/2207.html)*

• • • • • 🕐 ¿Cuánto **tiempo** has necesitado para completar esta tarea? Anótalo aquí: _____ min.

Tarea 2

INSTRUCCIONES

Usted trabaja en la redacción de una revista de cine y tiene que escribir una breve reseña sobre las películas de un director mexicano en la que insertará un fragmento de una entrevista. Dispone de la transcripción de la entrevista. Adapte el texto para incluirlo en la reseña. Para ello, utilice todos los recursos que considere necesarios: adáptelo al registro adecuado, dele una estructura y formato coherentes, corrija la puntuación, seleccione el léxico más preciso y elimine los posibles rasgos específicos de la lengua oral.

Número de palabras: entre 150 y 200.

...en un principio también las historias estaban como muy separadas, no había realmente una como interacción deliberada además por Guillermo. A mí me interesaba que… que se interceptaran un poquito más las historias sin ser obvio ni que se vea el tejido, sino me interesaba que… que hubiera una interacción entre las historias. Este, porque si no iban a acabar siendo tres cortometrajes, era lo que estaba sucediendo en un principio, eran como tres historias, y eran como pues… vamos a hacer… tres historias para una película pero eran tres historias, eran tres cortometrajes. Y bueno, fue un trabajo de tres años, o sea, fue un trabajo de tres años. Pero creo que hoy está como en auge, creo que es el nuevo "tres actos". Es la nueva forma de… de narrar una historia, ¿no? Que además es muy interesante, porque muchas veces estamos conscientes de que en este preciso momento están sucediendo muchísimas cosas a gente que está conectada con nosotros de alguna forma y que esos eventos que están sucediendo ahorita, con algunas personas que aún a veces desconocemos, van a tener de alguna forma una relación en nuestras vidas. O sea, si ahora alguien está teniendo un accidente a cuatro cuartas de aquí, y algo pasó y a la mejor yo cuando salga me voy a desviar y a la mejor me voy a encontrar a un amigo que era mi amigo que a la mejor me voy a echar unas copas con él y conozco a una chava que me enredo y ya. Entonces a la mejor ese evento que está sucediendo ahorita que desconozco se conecta con mi vida de una forma brutal, ¿no?, pero es un evento totalmente ajeno.

(Tomado de una entrevista aparecida en los extras de su película *Amores perros*, México)

● ● ● ● ● 🕐 **¿Cuánto tiempo has necesitado para completar esta tarea? Anótalo aquí:** _____ min.

Tarea 3

INSTRUCCIONES

El ayuntamiento de la ciudad en la que usted vive va a abrir una serie de bibliotecas. Estarán equipadas con ordenadores y acceso a Internet, con lo que no van a poder comprar tantos libros como sería deseable. Esto ha creado una gran polémica en los medios de comunicación. A partir de los siguientes gráficos, que usted debe interpretar y explicar, escriba una carta al director del periódico más importante de la ciudad expresando su opinión, e indicando lo que cree que se debería hacer.

GRÁFICO 1

Razones de lectura de libros,
11 ciudades, % de respuestas respecto
a la población lectora.

■ 2000 ■ 2005

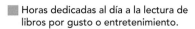

GRÁFICO 2

Horas promedio al día de lectura de Internet
y libros por gusto o entretenimiento, 11 ciudades

Número de palabras: entre 200 y 250.

■ Horas dedicadas al día a la lectura de
libros por gusto o entretenimiento.

■ Horas dedicadas al día a la lectura de Internet.

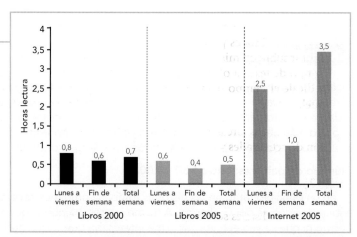

(Adaptado del informe *Hábitos de la lectura y consumo de libros en Colombia*,
por Cristina Gamboa T. y Mauricio Reina E.)

●●●●● 🕐 ¿Cuánto **tiempo** has necesitado para completar esta tarea? Anótalo aquí: _____ min.

CLAVES

●●●●● **Antes de empezar la prueba 2.**

1. Tres textos; **2.** 150 minutos; **3.** No, cada uno es de un tipo distinto. Puede cambiar el formato del texto y también el registro (formal o informal). Además, y esto es MUY IMPORTANTE, los textos que tienes que escribir son de un formato **diferente** del de los textos de entrada; **4.** No, no puedes elegir, las tres tareas son obligatorias; **5.** Puedes organizar tu trabajo como quieras, dispones de suficiente material para hacerlo; **6.** No. La única parte con un tiempo concreto es la audición. El resto depende de ti. La cuestión es si dispones de suficiente tiempo. Las tareas son complejas y suponen escuchar, tomar notas, leer, por lo que es necesario **controlar muy bien el tiempo**. La tarea 1 es la primera porque la audición se escucha al principio de la prueba, pero no tienes que seguir con la tarea dos, puedes pasar a la tres y luego volver a la dos. Lo que sí es importante es que te concentres cada vez en cada tarea, porque las situaciones planteadas son distintas y los tipos de texto que debes escribir diferentes; **7.** MUY IMPORTANTE: Es básico que sigas las instrucciones escrupulosamente. En la página web del ꞏꞏ *Instituto Cervantes* dice: *En la prueba de expresión escrita, se han de seguir rigurosamente las instrucciones facilitadas en el enunciado de la prueba sobre número de palabras y formato del texto.* Cada tarea plantea una situación que indica el tipo de texto y el registro. Tienes que adecuarte escrupulosamente a esa situación. Además, las instrucciones indican que hay que usar todos los textos de entrada, y esto es algo que se evalúa específicamente en la prueba. No debes dejar de mencionar ningún texto, aunque no uses todas sus ideas e informaciones; **8.** No es necesario ser creativo y no van a evaluar si lo eres, pero sí es necesario tener cierto grado de imaginación para entender bien cada situación planteada, que probablemente no tiene relación con tu vida. A veces, además, la instrucción o los textos no dan suficiente información para componer el texto, con lo que debes añadir algo más inventado por ti que complete la información o la situación planteada; **9.** Tienes que escuchar una audición y tomar notas para usar en el texto. También tienes que leer dos textos o usar gráficos de donde extraer la información de tu texto; **10.** Una de las dificultades de esta prueba puede ser que no conozcas el tipo de texto que te piden escribir (un informe, un acta de una reunión, un texto para una página web), su formato, su estructura o sus frases típicas, porque no lo has escrito nunca o no estás familiarizado con ese tipo de texto. En el proceso de preparación del examen con El Cronómetro, *nivel C2* vas a leer diferentes y variados tipos de textos, en esta y en las otras pruebas del examen. Puede ser muy útil fijarte en las características de esos textos para escribir el que se te pide en las tareas de la **prueba 2.**

¡**Atención!** Esta es probablemente la prueba más exigente de todo el examen porque tienes que escuchar, leer y escribir sobre un mismo tema, seleccionar información, organizarla bien, conocer distintos tipos de texto y adaptar un tipo de texto a otro. Es la que más tiempo dura: ¡más de dos horas! **Consejo**: concéntrate en su preparación. Dedícale el tiempo necesario, y lee todo lo que puedas. Aprovecha para eso las **fuentes** de los textos de todas las pruebas de El Cronómetro, *nivel C2*. Al final del libro encontrarás la lista completa (páginas 291-297).

¡**Atención!** Las tareas 1 y 3 de esta prueba no tienen claves porque dependen del texto que hayas escrito. En la sección de actividades vas a encontrar algunos textos de muestra. Para la tarea 2 te ofrecemos una propuesta.

Tarea 2.

¡**Atención!** Esta es solo una propuesta de corrección.

En un principio eran tres historias que estaban muy separadas, no había una interacción deliberada por parte de Guillermo. Sin embargo, a mí me interesaba que interceptaran un poco más sin que fuera obvio ni que se viera el tejido, que hubiera una interacción entre ellas, porque si no, iban a acabar siendo tres cortometrajes. Fue un trabajo de tres años, pero creo por otro lado que hoy está en auge. Es la nueva forma de narrar una historia. Algo que, además, es muy interesante, porque muchas veces estamos conscientes de que en este preciso momento están sucediendo muchísimas cosas a gente que está conectada con nosotros de alguna forma. Y que esos eventos, incluso con personas que desconocemos, van a tener de alguna forma una relación en nuestras vidas. O sea, si ahora alguien está teniendo un accidente a cuatro cuartas de aquí, y a la mejor yo cuando salga me voy a tener que desviar y entonces me encuentro a un amigo y me voy a echar unas copas con él y en ese sitio conozco a una chava con la que me enredo y ya está. Entonces, quizá ese evento que está sucediendo ahorita se conecta con mi vida de una forma brutal, pero es un evento totalmente ajeno.

¡**Atención!** Es muy aconsejable que completes esta tabla inmediatamente después de la prueba 2. Te va a ayudar a saber cómo progresa tu preparación.

¿Qué dificultades has tenido y dónde?	Tarea 1	Tarea 2	Tarea 3
No estoy familiarizado con el tipo de texto.			
No he entendido bien los textos de entrada.			
Me ha faltado vocabulario.			
No he entendido bien algunas ideas.			
Me han faltado ideas.			
No he organizado bien las ideas.			
No he relacionado adecuadamente las ideas.			
No he entendido las instrucciones.			
He perdido tiempo al pasar el borrador a limpio.			
(Otro)			
Respuestas correctas.			
Tiempo total utilizado.			
Nivel de estrés (de 1 –mínimo– a 5 –máximo–).			

Actividades sobre el Modelo n.º 1.

Como ya sabes, durante la realización de estas actividades tendrás que escribir **comentarios a las tareas**. Lo puedes hacer en español o en tu lengua, pues no forma parte del examen. Por otro lado, también aquí vamos a trabajar con el modelo de examen propuesto por el 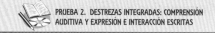 *Instituto Cervantes* en su página web. Te aconsejamos que te descargues el documento. La dirección es: http:// *diplomas.cervantes.es/informacion-general/nivel-c2.html*

Tarea 1.

a. Estas son algunas notas que ha tomado un candidato al escuchar la audición de esta tarea de la prueba 2. Algunas no corresponden a lo que se dice. Compara primero sus notas con las tuyas.

¡Atención! Hemos corregido ya todas las anotaciones originales de estas actividades.

NOTAS DE UNA AUDICIÓN	SÍ	NO
1. Bicing (¿?) Barcelona evolución natural, ensanchar aceras.		
2. Peatones y zonas históricas.		
3. Empresas parecidas en otras ciudades europeas.		
4. Había dos posibles criterios: medioambiente o movimiento.		
5. Política en conjunto, todo el movimiento de la ciudad.		
6. Propuesta de dejar de usar el coche en trayectos cortos.		
7. El tema de las bicicletas y el de los autobuses están unidos.		
8. Otras zonas del Mediterráneo las mismas o parecidas posibilidades.		
9. No todas las zonas de Barcelona aceptan el nuevo sistema.		
10. Rechazo en especial en los cascos históricos.		

Ahora, vuelve a escuchar la audición y comprueba cuáles corresponden y cuáles no corresponden a la entrevista.

Pon **una vez** la **pista n.º 8**.

¿Crees que todas las notas que ha tomado son útiles para escribir el texto? Escribe aquí tu comentario.

....

....

b. Aquí tienes otra serie de notas. Esta vez proceden de un candidato que hizo el examen el 19 de noviembre de 2011. Puedes encontrar el texto, "Los límites de la publicidad", en la página web del *Instituto Cervantes*. Comprueba qué notas corresponden al texto y qué notas no corresponden.

🛈 ¡Atención! Hemos corregido algunas faltas que tenían las notas.

◯ NOTAS DE UNA AUDICIÓN

		SÍ	NO
1.	Ejemplo de la asociación que denunció a una empresa.		
2.	Estupor, pero luego una noticia de un niño.		
3.	El debate no es nuevo: niños y publicidad.		
4.	La sociedad ha madurado, se nota en cómo se enfrenta a la publicidad.		
5.	Los profesionales de la publicidad se pasan de la raya y la sociedad les indica dónde están los límites.		
6.	Las empresas anunciantes no pueden arriesgarse a gastarse un montón de dinero en campañas que luego sufren denuncias.		
7.	Los publicitarios se enfrentan a las cadenas de televisión por la censura que les imponen.		
8.	Hay discriminación en la televisión por el tema de la violencia.		

¿Crees que todas las notas que ha tomado son útiles para escribir el texto? Escribe aquí tu comentario.

....

....

C. Aquí tienes algunas de las notas de una candidata que hizo el examen del ┳╋ *Instituto Cervantes* el 19 de noviembre de 2011. Tienes también el fragmento de su texto que compuso con las notas. Marca qué notas usó en su texto.

🛈 ¡Atención! Se han corregido las notas y el texto.

◯ NOTAS DE LA AUDICIÓN	◯ NOTAS DEL TEXTO 1	◯ NOTAS DEL TEXTO 2
1. Publicidad, sector económico propio.	5. Anuncio de coches con niños que no respiran. Un niño de Granada herido.	9. Diálogo entre marcas y usuarios (Jornadas de Valencia).
2. Todos los sectores dependen de la publicidad.	6. Directiva comunitaria sobre la publicidad y los menores.	10. Rapidez de la publicidad en el mundo de Internet.
3. Mejorar la competitividad.	7. El problema es solo una parte de la publicidad.	11. Emociones y marcas.
4. Pluralidad oferta informativa.	8. "Las marcas no pueden permitirse estar sin publicidad".	12. "unos mensajes más cortos e intensos se apoyen en imágenes muy evocadoras".

continúa ➜

○ FRAGMENTO DEL TEXTO DE LA TAREA 1

Estimados padres de la asociación de padres del Instituto. En primer lugar, muchas gracias por la invitación a participar del debate sobre la publicidad. Me parece un tema de interés summo que debemos tratar aquí. Y es lindo poderlo hacerlo con ustedes. Bien, me he informado con varios textos sobre el tema y he escuchado una conferencia y de verdad es que no es fácil tomar una postura. Es que la publicidad necesitamos, claro. Es un sector económico propio, todos dependemos de la publicidad porque sin anuncios no se venden los productos que construimos, ¿no? Y bien, la publicidad tiene su lado bueno, que es que mejora la competencia entre los fabricantes y por consecuente la qualidad de los productos sea mejor. Pero en otro lado, están los riesgos de la publicidad. Todos hemos oído la noticia del niño de Granada que se desmayaba porque imitaba lo que hacían lo niños del anuncio de coches. Yo me pregunto si no está imitando a sus padres que hablan de coches, y por eso se desmayó. Y además está el tema de la publicidad en Internet. Los niños entrar en Internet cada vez antes, ahora mis hijos con doce años ya están en Facebook, y las redes son las más que tienen publicidad, lo sabemos todos, ¿no? Entonces, hay que llegar a la directiva comunitaria sobre publicidad para ver que se defiende a los menores, pero es que como dice uno de los textos "Las marcas no pueden estar sin publicidad", aunque por el otro lado, también se dice que en Internet hay "unos mensajes más cortos e intensos que se apoyan en imágenes muy evocadoras", pero ya sabemos qué pasa cuando las imágenes son demasiado evocadoras, miren al pobre niño de Granada.

¿Ha usado todas las notas? ¿Te parece que las ha usado bien? Escribe aquí tu comentario.

Tarea 2.

a. Una de las dificultades del texto que tienes que corregir se refiere a los signos de puntuación. Pon en los siguientes fragmentos de entrevista los signos necesarios (comas, puntos, punto y coma, dos puntos, puntos suspensivos, signos de interrogación y exclamación, etc.).

▶ **E:** Muy bien y podrías por favor presentarte brevemente decirnos quién eres y bueno todas esas cosas.

▶ **C:** Bueno vamos a ver yo soy una persona que nací en Cuba llevo viviendo en España desde 1968 y aquí en España pues trabajo de profesor de instituto de lengua y literatura en enseñanzas medias y eso es un poco brevemente lo que hago

▶ **E:** De acuerdo imagino que no viniste solo puedes contarnos un poco como fue

▶ **C:** Bueno vinimos toda la familia nuclear mi madre mi padre y tres hermanos que éramos y bueno la causa de la venida fue esencialmente por motivos políticos por "desafección" con el régimen que existía y que sigue existiendo todavía en Cuba y ése fue esencialmente el motivo no directamente una cuestión de persecución política o de implicación política fuerte pero desafección que te he dicho antes y creo que mi padre pensó en términos de futuro en términos de crear un futuro en libertad y en una sociedad más libre creo que ésa era la idea

▶ **E:** Cuéntanos cuál era la situación política concreta en el momento en que tu familia salió

▶ **C:** Bueno Cuba estaba en el año 68 digamos que es un momento de plenitud de la Revolución eh se avecina la etapa más dura que yo ya no la viví más dura pero desde el punto de vista anticastrista la etapa más dura que fueron los años 70 digamos que ya en el momento en que nosotros nos vamos de Cuba todavía Cuba es un país que está en el momento ascendente de la Revolución lo que pasa es que para todos los que no comulgábamos con la Revolución simplemente era una situación que ya duraba demasiado entonces de alguna forma en mi familia a partir de los años 60 65 ya todos pensaban de alguna forma en salir incluso nuestra espera pareció larga salir tan tarde como el año 68 pareció largo pero bueno en vista de lo que luego ha sido la duración casi infinita del régimen salimos muy temprano

▶ C: Mira no resultó tan brusca ahora que lo pienso no la niñez en Cuba era mucho más natural mucho más próxima a la naturaleza no nosotros nos pasábamos casi todo el día en la calle cogíamos la bicicleta y nos íbamos lejos o nos íbamos a algún parque el zoológico de Santiago de Cuba estaba muy cerca de nuestra casa al llegar a Madrid llegas a una gran ciudad a una ciudad de otro tipo pero bueno por ejemplo yo recuerdo que con mis amigos nos íbamos a jugar al Retiro con lo cual también estaba mucho tiempo en la calle también no rompí del todo con la naturaleza esa sería la gran diferencia digamos un mundo más próximo a la naturaleza porque yo vivía en un reparto de Santiago de Cuba a la salida un poco no en el centro de la población no entonces cerca del parque de san Juan del zoológico y luego aquí en Madrid viví en distintos sitios primero en Vallecas luego milagrosamente en el barrio de Salamanca digo milagrosamente porque el alquiler que conseguimos era mas barato que vivir en Vallecas no que era un barrio obrero entonces vivimos en un buen sitio por menos dinero que en un barrio obrero y tenía el Retiro al lado de mi casa que era estupendo y luego la verdad es que la acogida de España fue extraordinaria yo nunca nunca nunca me sentí extranjero en este país desde todos los puntos de vista piensa que yo fui a un colegio que creo que era jesuita

(Adaptado de *http://www.people.pwf.cam.ac.uk/ac289/useof/cuba/cascript.html*)

¿Tienes dificultades para poner los signos de puntuación? Anota aquí tu comentario.

....

....

b. Una de las dificultuades de la tarea consiste en entender bien el texto de entrada, que puede tener contradicciones, repeticiones, ideas incompletas, frases sueltas, palabras aisladas, etc. Aquí tienes otra entrevista a otro director. Subraya en el texto las frases con las ideas principales.

 ¡Atención! El texto es más largo de lo que suele ser habitual en el examen.

Yo creo que "El bola", por lo menos lo que yo siempre quise contar, y creo que está ahí, ¿no? de alguna manera yo creo que es la amistad entre dos niños. Que viven en mundos completamente distintos, ¿no? Pero hay algo que... que les une, ¿no? de una manera fundamental, ¿no? que es que los dos están pasando por problemas, ¿no? Es verdad que con distintos también problemas pero yo creo que les... les une eso, ¿no? aunque son completamente de mundos eh, completamente diferentes y distintos, ¿no? Y... y yo creo sí me apetecía trabajar o por lo menos había un paralelismo entre lo que es el dolor que puede producir una familia o un padre que marca a su hijo para toda la vida, ¿no? que digamos que los dos niños son marcados en la película, y yo sí quería establecer ese digamos esa ese paralelismo entre los dos personajes también. Que hay un padre que marca a través del cariño y del amor y que duele también, ¿no? y que tiene dolor que es el tatuaje en la piel, ¿no? pero que está hecho con amor y con cariño, aún así fundamentalmente es una marca, ¿no? Y otra marca que es que también a un niño le marcan para toda la vida que es a través de las palizas, ¿no? y del y del daño de la violencia, ¿no? y que... y que son marcas que también quedan para toda la vida y no solo psicológicas sino también digamos en el cuerpo, ¿no? Los dos niños han sido marcados. Yo creo que son, que esos dos

continúa ➔

niños están marcados de alguna manera siempre, ¿no? Y yo creo que es un poco la historia que quería contar y por supuesto sí es verdad que hay un. En la película se habla mucho de la violencia, aunque a mí me interesaba mucho más la... la... la parte de la amistad, ¿no? Pero sí es verdad que el final de la película un poco es eh, digamos, es la emancipación de un niño, ¿no? de un niño que finalmente. Yo sobre todo. Me preguntaba siempre la simbología de la bola. Yo creo que la metáfora o la simbología de la bola es la... Un niño que de pronto entiende que ya va a vivir por sí mismo. Yo creo que... Juanjo se convierte en padre de alguna manera, después de todo lo que ha vivido en esa familia, en esa gente que él conoce etcétera etcétera, yo creo que se ha convertido en el otro niño. Hay una escena en la al principio de la película cuando se suben en la lanzadera en que le dice "Yo llevo esta bola porque me da buena suerte", le dice Pablo, y le dice Alfredo, el personaje, "Yo no creo en esas cosas", ¿no? Y yo creo que cuando él ya, digamos, eh, tira la bola a la vía es que él sabe que va a tener que sobrevivir por sí mismo, ¿no?, que no hay nada que le ayude, no hay ningún fetiche ni ninguna ¿no? superstición, ¿no?, sabe que es él, ¿no? Entonces yo creo que se convierte en un ser mucho más racional ¿no? Yo creo que algo ha sacao de esa familia, ¿no? Nunca se podrá saber qué ha pasao con el bola, quería dejarlo abierto de alguna manera, pero yo creo que es eso, un poco, la película.

(Adaptado de una entrevista a Achero Mañas aparecida en los textos de su película *El bola*)

c. Intenta ahora recomponer el texto con las frases subrayadas, añadiendo las palabras que sean necesarias o cambiando las originales, como indica la instrucción del examen.

Tarea 3.

a. Aquí tienes un fragmento adaptado de un comentario de un informe relativo al mismo tema de esta tarea. Los párrafos están desordenados. Ordénalos.

A. Otro dato relevante lo encontramos en la edad. Este estudio refleja que hay un hábito de lectura mayor entre los más jóvenes, y a medida que la edad aumenta el porcentaje de lectores disminuye. No es este un mal dato después de todo, eso quiere decir que nuestra juventud apuesta por la lectura. La falta de tiempo (sobre todo entre la población de 35 a 54 años), y el emplear los ratos de ocio en otros entretenimientos o la salud (fundamentalmente entre la población de más de 54 años) se encuentran entre los motivos principales para no leer libros con mayor frecuencia.

B. Este estudio incorpora este año un nuevo dato: el soporte digital, un 5,3% de la población encuestada lee libros en este soporte y lo hace principalmente en el ordenador, mientras que poco más del 1% lo hace en un E-Reader. Es cierto que se aprecia un aumento considerable de la lectura en E-Reader, lo que hace pensar que, aunque despacio, la lectura en este soporte está despegando.

C. La Federación de Gremios de Editores de España ha desarrollado un estudio sobre los hábitos de lectura y compra de libros correspondiente al presente año. Voy a comentar los datos que se refieren a lecturas y lectores de libros en tiempo libre de la población española de 14 o más años.

D. A la vista de estos datos, podríamos afirmar que el perfil del lector en España es el de una mujer joven, urbana, con estudios universitarios, que lee por entretenimiento novelas en castellano, y que utiliza principalmente el soporte papel.

E. Empezaremos diciendo que el 57,0% de la citada población lee libros al menos una vez al trimestre, y tan solo al 43,7% de la población se le puede considerar lector frecuente, dato este muy similar al del año anterior, aunque se aprecia una ligera tendencia a la subida. En cuanto al sexo, se observa también un mayor porcentaje de mujeres lectoras, aunque esta diferencia no es muy elevada, casi del 10%. En cuanto a la materia del libro, el resultado no deja lugar a dudas, la novela y el cuento son los preferidos por los lectores, y con el idioma pasa tres cuartos de lo mismo, el castellano es el preferido por más del 90% de la población.

F. Y, por último, quiero destacar otro dato que me ha llamado la atención: el lugar habitual de compra. Cerca de un 50% de la población utiliza para ello la librería, seguido muy de lejos por los grandes almacenes e hipermercados (aproximadamente el 12%). La venta por Internet está todavía muy por debajo de estos porcentajes. Yo, en mi ignorancia, pensaba que eran los grandes almacenes e hipermercados los que en este aspecto ganaban la partida, pero, por lo visto, nada más lejos de la realidad.

(Adaptado de http://www.bibliofiloenmascarado.com/2011/02/03/habitos-de-lectura-y-compra-de-libros-en-espana-estadistica-2010)

1.º	2.º	3.º	4.º	5.º	6.º

Subraya en el texto las frases que consideres típicas de textos que comentan estadísticas.

b. A continuación puedes leer el informe del que proceden los gráficos de la tarea de examen. Faltan algunas palabras, que tienes en la columna de la derecha. Completa el informe con palabras de esa lista.

⚠ ¡Atención! En la columna de la derecha hay más palabras de las necesarias.

◗ IV. REFLEXIONES FINALES

La comparación de los ____(1)____ de las encuestas sobre lectura arroja ____(2)____ preocupantes sobre la evolución reciente de la lectura en Colombia en el periodo estudiado. Las cifras ____(3)____ que en el periodo estudiado cayó la ____(4)____ de colombianos que se consideran lectores habituales, el número ____(5)____ de libros leídos por persona anualmente y la ____(6)____ de libros comprados por habitante. Aunque esta ____(7)____ negativa de los indicadores deberá ser corroborada con nuevas encuestas, la situación es alarmante y llama a tratar de avanzar en la ____(8)____ de posibles hipótesis al respecto. La caída en la proporción de los encuestados que se consideran lectores habituales es ya en sí un ____(9)____ suficientemente inquietante sobre la situación de la lectura en el país.

dato
conclusiones
proporción
resultados
promedio
señalan
tendencia
evaluación
cantidad
se deben a

El notable ____(10)____ que se presenta en la proporción de lectores habituales de libros puede ____(11)____ en parte a un problema metodológico que dificulta la comparación de los resultados de las dos encuestas. La ____(12)____ en la segunda de una opción de respuesta (libros/revistas/diarios/Internet) que no existía en la primera distorsiona la comparación de los datos de la pregunta en cuestión. Sin embargo, esta dificultad metodológica no ____(13)____ la totalidad de la ____(14)____ en la proporción de lectores habituales de libros: al fin y al cabo, en contraste, otros tipos de lecturas habituales (como los de revistas, diarios e Internet) ____(15)____ en el período a pesar de los problemas metodológicos mencionados.

inclusión
deber
descenso
caída
explica
descendieron
obedecer
aumentaron

Más allá de estas precisiones metodológicas, las cifras ____(16)____ que puede haberse dado un desplazamiento hacia la lectura en otros soportes, especialmente en Internet. Aunque las encuestas no ____(17)____ de manera ____(18)____ que los contenidos leídos en uno y otro medio sean sustitutos, sí ____(19)____ que las dos lecturas compiten por el tiempo cada vez más escaso de los colombianos y que además esa pugna la ha venido ganando Internet en ____(20)____ de los libros.

detrimento
confirman
concluyente
sugieren
desventaja
señalan

continúa ➡

Algunos analistas han señalado que la caída en los ____(21)____ de lectura puede deberse a que en los últimos años han emigrado muchos colombianos cualificados. Los datos ____(22)____ ____ en este capítulo no ____(23)____ esta hipótesis. Aunque los colombianos que han migrado en los últimos años a Estados Unidos sí tienen un nivel educativo superior al ____(24)____ de la población nacional, no sucede lo mismo con los que han ido a otros destinos, como por ejemplo España.

realizados
analizados
promedio
encuestas
índices
confirman

Otra de las hipótesis que se suelen ____(25)____ sobre el deterioro de la lectura y el consumo de libros en Colombia tiene que ____(26)____ con el bajo poder adquisitivo de la población. Infortunadamente la primera encuesta ____(27)____ de la información necesaria para hacer las comparaciones del caso. No obstante, hay dos cosas que vale la pena ____(28)____ . Por un lado, la escasez de dinero es señalada por los encuestados que no compran libros como una de las principales ____(29)____ para no hacerlo, aunque, por otro lado, el ingreso insuficiente no podría ____(30)____ el deterioro que se observa en los indicadores, cuando justamente en ese período la economía colombiana ha tenido una recuperación que ha beneficiado a todos los estratos.

explicar
ver
carece
dispone
barajar
causas
motivos
subrayar
causar

Finalmente, algunos ____(31)____ el deterioro de los indicadores de lectura y consumo de libros a factores ____(32)____ con el sistema educativo, como la deserción y las políticas oficiales sobre textos escolares. La información ____(33)____ no permite ____(34)____ conclusiones definitivas al ____(35)____ . Por un lado, en el período analizado ha aumentado la deserción escolar en el nivel secundario, lo cual ____(36)____ esta hipótesis. Por otro lado, la encuesta ____(37)____ datos muy pobres sobre los textos escolares. Entre tanto, la comparación de las dos encuestas indica que el ____(38)____ de los índices de lectura y consumo de libros se ha dado tanto entre la población estudiantil como entre la que no es estudiante, lo que ____(39)____ el poder explicativo de la hipótesis que señala que la raíz del problema está exclusivamente en las políticas educativas.

atribuyen
restringe
sacar
comprobaría
respecto
apoyaría
arroja
deterioro
disponible
necesaria
relacionados

(Adaptado de: *habitos-de-lectura-y-compra-de-libros-en-españa-estadista-2010*)

Selecciona del texto de la actividad **a.** y del texto 2 de la tarea **1** de este modelo de examen (pág. 52), las palabras y expresiones que se usan para comentar estadísticas.

c. Finalmente, aquí tienes dos cartas al director de una revista semanal española con una extensión semejante a la establecida en el examen, y dos posibles situaciones de examen. Relaciona cada texto con su situación de examen.

◗ TEXTO A

Cuando leo las noticias acerca de la fuga de talentos o, simplemente, sobre gente joven con ganas de superación que emigran debido a que en su país no encuentran dónde aportar todo lo que ellos podrían, me siento triste. El País Semanal se hizo eco el 11 de diciembre de este fenómeno y da a conocer casos de estos nuevos emigrantes. Mientras lo ojeo, una voz en off me comenta: "Mira, ayer el Barça salió al campo con ocho jugadores de la cantera", y no puedo por más que hacer una similitud.

◗ TEXTO B

Después de leer el reportaje *Emigrantes* otra vez, da cierta pena y también vergüenza. Da pena ver cómo vamos a perder una generación, y no porque se vayan de su país, ya que eso siempre ocurrió y puede ser hasta normal, sino porque no podemos ofrecerles casi nada; y lo poco que se les ofrece es miserable y vergonzoso, ya que de vergüenza es que a jóvenes titulados, con Erasmus y másteres se les ofrezca –y lo aceptan, porque no hay más– trabajar cuatro horas diarias por 300 euros mensuales.

Tenemos una buena cantera. Gente que se ha esforzado en ser lo que son, gente con un potencial extraordinario, para después no poder desarrollarlo donde ellos probablemente hubieran querido. ¿Qué sería de esos jugadores si no hubieran encontrado personas que, con su buena gestión, los han retenido aquí donde han podido dar lo mejor de ellos mismos? Pues fácil: no se habrían conformado con jugar como amateurs de algún equipo, habría pasado como son esas 500 000 personas que intentarán cumplir sus expectativas donde haya dirigentes serios, líderes positivos y trabajo.

Es una generación ya perdida, no hay vuelta atrás, pero exhorto a los que se marchan a que vuelvan para hacer lo que no hemos sabido hacer nosotros: valorar la cantera y dejar un campo preparado para ellos. Por mi parte, no les digo adiós, sino hasta pronto.

Así que sí, estoy de acuerdo con la tristeza que produce la emigración obligada y con los testimonios desgranados en el reportaje sobre el tema. Pero quiero añadir que esto solo recoge el aspecto pesimista de la situación, porque muchos emigrantes se adaptan bien a su lugar de destino y progresan, cosa que no han podido hacer aquí, aunque siempre se habla de los padecimientos de los emigrantes. Pero, ¿qué pasa con los sufrimientos de los que se quedan porque no quieren, no pueden o no se atreven a emigrar? Ocupémonos también de ellos. ¿Quién sufre más, quien se queda en precario o quien se va? Démosles a los emigrantes el beneficio de la esperanza y no nos quedemos solo en el lamento.

(Adaptado de *El País Semanal*, España)

◗ SITUACIÓN 1

Una reciente encuesta del Instituto Nacional de Estadística refleja los datos sobre previsión de emigración de población al exterior que tiene en estos gráficos. A partir de los siguientes gráficos, que reflejan la tendencia emigratoria de la población española, escriba una carta al director del periódico más importante de la ciudad expresando su opinión.

◗ SITUACIÓN 2

En el servicio de Acción Social del ayuntamiento en el que usted trabaja se ha detectado un movimiento migratorio de familias del país. A partir de los siguientes gráficos, que reflejan la tendencia emigratoria de la población española, escriba una entrada en un blog en el que proponga medidas para ayudar a esas familias de futuros emigrantes.

Compara ahora tu texto con esos dos textos y con los que has visto en las dos actividades anteriores. Responden a situaciones diferentes pero tienen elementos comunes. ¿Cuáles pueden ser las diferencias y los puntos en común? Anota aquí tu comentario.

CLAVES Y COMENTARIOS DE LAS ACTIVIDADES

Tarea 1.

a. Notas que corresponden a la audición: 1, 2, 4 (en la pregunta), 6, 7 y 8.

Comentario. La utilidad de las notas depende no solo de si responden fielmente o no a la audición, aunque en cualquier caso debes entender bien lo que se dice. La utilidad depende de la tarea planteada en la instrucción en la que se dan estas informaciones clave:

– la situación;
– qué papel cumples en esa situación;
– el tipo de texto;
– a quién va dirigido;

– qué intención tiene el texto;
– la relación entre los distintos textos de la tarea (ideas iguales, perspectivas diferentes, contradicciones, etc.).

En función de esos elementos, unas notas pueden ser útiles y otras no. En este sentido, las anotaciones 8, 9 y 10 quizá no se dicen en la audición, pero pueden ser útiles porque hay que escribir un texto para un debate, y pueden ser las ideas que se le han ocurrido al candidato mientras escuchaba la entrevista en relación con la situación. Tienes que tener en cuenta, en todo caso, que debes **recoger las ideas de los textos**, no tanto añadir ideas tuyas.

b. Notas que corresponden al texto: 1, 2, 3, 4, 5, 6, 7 y 8.

Comentario. En este caso, el candidato ha tomado muchas notas, algunas de las cuales no corresponden fielmente a lo que dice el texto, como la 4 o la 5. Por otro lado, las notas tienen cierto aire coloquial. En principio no es un problema, porque lo que te van a evaluar es tu texto, no las notas, pero hay que tener cuidado de no usar esas expresiones coloquiales en el texto. Por ejemplo, "pasarse de la raya" tiene un sentido de reproche, que puede no ser adecuado en un texto como el de la tarea.

c. La candidata ha usado las notas 1, 2, 3, 5, 6, 8, 10 y 12.

Comentario. En este caso, la candidata ha usado apropiadamente las notas para darle un sentido claro al texto dentro de la situación planteada, el debate en una asociación de padres. Lo ha estructurado como una conferencia, dirigiéndose a las personas que teóricamente la van a escuchar. Además, hace referencia a los textos que ha usado, y los cita en algún momento. Por otro lado, no empieza por la primera nota y las va usando en orden, sino que hay una idea en el texto, y para apoyar esa idea, va usando las notas.

Consejo. Intenta detectar y corregir los errores del texto. Si estás en contacto con un profesor de español o algún hispanohablante, te puede ayudar a corregir los errores del texto.

Tarea 2.

a. ▶ E: Muy bien, y ¿podrías por favor presentarte brevemente, decirnos quién eres y, bueno, todas esas cosas?

▶ C: Bueno, vamos a ver, yo soy una persona que nací en Cuba. Llevo viviendo en España desde 1968 y aquí en España, pues, trabajo de profesor de instituto, de Lengua y Literatura, en enseñanzas medias y eso es un poco brevemente lo que hago.

▶ E: De acuerdo, imagino que no viniste solo. ¿Puedes contarnos un poco cómo fue...?

▶ C: Bueno, vinimos toda la familia nuclear: mi madre, mi padre y tres hermanos que éramos, y bueno, la causa de la venida fue esencialmente por motivos políticos, por desafección con el régimen que existía y que sigue existiendo todavía en Cuba. Y ese fue esencialmente el motivo. No directamente una cuestión de persecución política o de implicación política fuerte, pero desafección, como te he dicho antes. Y creo que mi padre pensó en términos de futuro, en términos de crear un futuro en libertad y en una sociedad más libre, creo que esa era la idea.

► **E**: Cuéntanos cuál era la situación política concreta en el momento en que tu familia salió.

► **C**: Bueno, Cuba estaba en el año 68, digamos que es un momento de plenitud de la Revolución, ¿eh? Se avecina la etapa más dura, que yo ya no viví... más dura pero desde el punto de vista anticastrista. La etapa más dura, que fueron los años 70. Digamos que ya, en el momento en que nosotros nos vamos de Cuba, todavía Cuba es un país que está en el momento ascendente de la Revolución. Lo que pasa es que para todos los que no comulgábamos con la Revolución simplemente era una situación que ya duraba demasiado. Entonces de alguna forma en mi familia a partir de los años 60, 65 ya todos pensaban de alguna forma en salir. Incluso nuestra espera pareció larga, salir tan tarde como el año 68 pareció largo. Pero bueno, en vista de lo que luego ha sido la duración casi infinita del régimen, salimos muy temprano.

► **C**: Mira..., no resultó tan brusca, ahora que lo pienso, ¿no? La niñez en Cuba era mucho más natural, mucho más próxima a la naturaleza, ¿no? Nosotros nos pasábamos casi todo el día en la calle, cogíamos la bicicleta y nos íbamos lejos, o nos íbamos a algún parque, el zoológico de Santiago de Cuba estaba muy cerca de nuestra casa. Al llegar a Madrid llegas a una gran ciudad, a una ciudad de otro tipo. Pero bueno, por ejemplo yo recuerdo que con mis amigos nos íbamos a jugar al Retiro, con lo cual también estaba mucho tiempo en la calle, también... no rompí del todo con la naturaleza. Esa sería la gran diferencia digamos, un mundo más próximo a la naturaleza, porque yo vivía en un reparto de Santiago de Cuba a la salida un poco, no en el centro de la población, ¿no? Entonces cerca del parque de San Juan, del zoológico y luego aquí en Madrid viví en distintos sitios, primero en Vallecas, luego milagrosamente en el barrio de Salamanca... Digo milagrosamente porque el alquiler que conseguimos era mas barato que vivir en Vallecas, ¿no?, que era un barrio obrero. Entonces vivimos en un buen sitio por menos dinero que en un barrio obrero y tenía el Retiro al lado de mi casa que era estupendo. Y luego la verdad es que la acogida de España fue extraordinaria, yo nunca nunca nunca me sentí extranjero en este país, desde todos los puntos de vista. Piensa que yo fui a un colegio que creo que era jesuita...

Comentario. Los signos de puntuación representan los cambios de tono, de ritmo en el discurso de las personas, así como sus silencios, todo lo cual determina cambios de significado. No existen reglas gráficas tajantes para los signos, como en algunos idiomas europeos. Las reglas tienen que ver básicamente con la entonación. Si no has escuchado a la persona que habla, es difícil acertar con todos los signos. Lo importante, en todo caso, es que el resultado tenga sentido, para cada frase y para todo el texto.

Bibliografía recomendada

Ortografía, del uso a la norma, de Eugenio Cascón.

Ortografía divertida, de Pedro Tena.

Manual práctico de puntuación, de José Antonio Benito.

Perdón, imposible, de José Antonio Millán (Ed. RBA)

c. **¡Atención!** Esta es solo una propuesta. Las palabras subrayadas son las añadidas o cambiadas.

Yo creo que "El bola" es la amistad entre dos niños que viven en mundos completamente distintos, pero que hay algo que les une: los dos están pasando por problemas, aunque es verdad que por distintos problemas, pues, como digo, son de mundos completamente diferentes. Me apetecía trabajar el paralelismo que hay entre los dos personajes: hay un padre que marca a través del cariño y del amor y que duele también pero que aún así fundamentalmente es una marca, y hay otra marca a través de las palizas, del daño de la violencia, que quedan para toda la vida y no solo son psicológicas, sino también digamos en el cuerpo. Los dos niños han sido marcados. Y yo creo que es un poco la historia que quería contar. En la película se habla mucho de la violencia, aunque a mí me interesaba mucho más la parte de la amistad, pero sí es verdad también que el final de la película lo importante es, digamos, la eman-

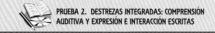

cipación de un niño. Yo <u>me</u> preguntaba <u>por</u> la simbología de la bola<u>, y</u> creo que es la <u>de un</u> niño que de pronto entiende que va a vivir por sí mismo. Hay una escena al principio de la película cuando se suben en la lanzadera en que le dice <u>Pablo</u>: "Yo llevo esta bola porque me da buena suerte", y le dice Alfredo, el personaje, "Yo no creo en esas cosas". <u>Yo</u> creo que cuando él tira la bola a la vía es que él sabe que va a tener que sobrevivir por sí mismo, que no hay nada que le ayude, no hay ningún fetiche ni ninguna superstición. Entonces se convierte en un ser mucho más racional. Yo creo que algo ha sacado de esa familia. Nunca se podrá saber qué ha pasado con el bola, quería dejarlo abierto de alguna manera, pero yo creo que la película es eso.

Tarea 3.

a. 1.º C; 2.º E; 3.º A; 4.º B; 5.º F; 6.º D.

Frases típicas de este tipo de textos: C. ha desarrollado un estudio/los hábitos de lectura y compra/correspondiente al presente año/los datos que se refieren a/la población española de 14 o más años; **E.** el 57,0% de la citada población/una vez al trimestre/tan solo al 43,7 % de la población/se le puede considerar/dato este muy similar al del año anterior/se aprecia una ligera tendencia a la subida/En cuanto al sexo/un mayor porcentaje de/esta diferencia no sea muy elevada/casi del 10%/el resultado no deja lugar a dudas/más del 90% de la población.; **A.** Otro dato relevante/Este estudio refleja que/mayor entre los más /a medida que la edad aumenta/el porcentaje de lectores disminuye/eso quiere decir que /entre la población de 35 a 54 años/se encuentran entre los motivos principales/con mayor frecuencia; **B.** Este estudio incorpora un nuevo dato/mientras que poco más del 1% lo hace/se aprecia un aumento considerable de/lo que hace pensar que/está despegando; **F.** quiero destacar otro dato que/Cerca de un 50% de la población/seguido muy de lejos por/está muy por debajo de estos porcentajes; **D.** A la vista de estos datos/Podemos afirmar que el perfil de.

b. **Vocabulario.** 1. resultados; 2. conclusiones; 3. señalan; 4. proporción; 5. promedio; 6. cantidad; 7. tendencia; 8. evaluación; 9. dato; 10. descenso; 11. obedecer; 12. inclusión; 13. explica; 14. caída; 15. aumentaron; 16. sugieren; 17. confirman; 18. concluyente; 19. señalan; 20. detrimento; 21. índices; 22. analizados; 23. confirman; 24. promedio; 25. barajar; 26. ver; 27. carece; 28. subrayar; 29. causas; 30. explicar; 31. atribuyen; 32. relacionados; 33. disponible; 34. sacar; 35. respecto; 36. apoyaría; 37. arroja; 38. deterioro; 39. restringe.

Más vocabulario y expresiones. Texto 2: está extendida la creencia de que/datos relativos a/la probabilidad de/resulta que/suponen el 1,90% de/sacar una conclusión/considerando la tabla de accidentes por edades /una cuarta parte completa de/están protagonizados por/ Analizando las estadísticas sobre/implicados en/llaman la atención/proclive a/respetuoso con/los patrones de infracción son similares/tendencia a. **Tarea 3 a:** dato relevante/este estudio refleja/aumenta el porcentaje de/disminuye/la población de 35 a 54 años/motivos/este estudio incorpora un nuevo dato/un 5,3% de la población encuestada/se aprecia un aumento considerable de/está despegando/estudio sobre los hábitos de/correspondiente al presente año/comentar los datos que se refieren a/A la vista de estos datos, podríamos afirmar que/El perfil del lector/el 57,0 % de la citada población/al menos una vez al trimestre/se le puede considerar lector frecuente/dato este muy similar al del año anterior/se aprecia una ligera tendencia a la subida/En cuanto a/se observa también un mayor porcentaje de /esta diferencia no es muy elevada, casi del 10%/En cuanto a/el resultado no deja lugar a dudas/los preferidos por más del 90% de la población./quiero destacar otro dato que me ha llamado la atención/cerca de un 50% de la población/seguido muy de lejos por/está todavía muy por debajo de estos porcentajes.

c. Los textos A y B corresponden ambos a la Situación 1.

> (!) **Comentario.** El texto que se te pide escribir tiene que tener características de los dos tipos de textos que has visto en las actividades: por un lado tiene que hacer referencias a datos, índices y porcentajes, a través de frases y vocabulario como los que has visto, pero no debe ser un resumen de un estudio o un informe de conclusiones. Lo que se te pide es una carta al director: las *Cartas al director* son un formato más o menos flexible de texto, en todo caso más flexible que los informes, en los que el autor refleja su opinión sobre un tema para que sea leído por una mayoría de personas, los lectores del periódico. No existen modelos fijos, como sí existen para los informes. Las referencias a los datos estadísticos deben funcionar como fundamento de las opiniones expresadas en el texto. En cualquier caso, la descripción del *Instituto Cervantes* de esta tarea establece que también te pueden pedir escribir un informe o una entrada en un blog. Como muestra de esos tipos de textos, tienes en estas actividades y en el modelo de examen algunos ejemplos que usan datos estadísticos.

Prueba 3. Destrezas integradas: Comprensión de lectura y Expresión e Interacción orales

Esta parte de El Cronómetro, *nivel C2* está dedicada a la **Prueba de Expresión e Interacción orales**. En el examen, a diferencia de las otras pruebas, no se presenta en un cuadernillo diferenciado. El material de la prueba lo administra el propio Centro de examen, y lo recibes en el momento de la entrevista. Nosotros lo vamos a integrar en las otras pruebas.

PREPARACIÓN	Tareas 1.	30 min.
TAREA 1	Monólogo: exposición oral.	
TAREA 2	Conversación sobre un tema expuesto.	20 min.
TAREA 3	Conversación sobre titulares.	

COMPRENSIÓN DE LECTURA Y EXPRESIÓN E INTERACCIÓN ORALES

¡Atención! En esta sección te propondremos grabarte a ti mismo para luego oírte. Ten a mano un 🎤 **micrófono**. Por otro lado, en el examen te preguntan si prefieres hablar de tú o de usted. En El Cronómetro hemos optado por el **tuteo**, pues es lo más frecuente en los exámenes.

● ● ● ● ● **Antes de empezar la Prueba 3.**

Responde a estas preguntas con lo que sabes o crees del examen.

1. ¿Cuántas tareas tiene esta prueba? ....
2. ¿Cuánto tiempo dura la prueba? ....
3. ¿Cuántas personas hay en la sala de examen? ....

Marca con una ✗.

	sí	no
4. ¿Tengo que tener pronunciación de nativo?	☐	☐
5. ¿Dispongo de un tiempo previo para preparar la prueba?	☐	☐
6. ¿Me darán material para preparar los temas de los que hay que hablar?	☐	☐
7. ¿Tengo que hablar como un especialista?	☐	☐
8. ¿Puedo dar mi opinión aunque contradiga la del material aportado?	☐	☐
9. ¿Habrá discusión sobre los temas?	☐	☐
10. Si cometo algún error al hablar, ¿seré penalizado?	☐	☐
11. ¿Me dicen si he aprobado o suspendido al terminar esta prueba?	☐	☐
12. (Otra)	☐	☐

Comprueba tus respuestas. Algunas preguntas las podrás responder solo al final de este modelo de examen.

Esta prueba tiene 3 tareas. Se prepara primero la tarea 1 en una sala diferente a la de la entrevista. Una parte del material (tarea 1) la recibes en esa sala, otra parte (tarea 3) te la da el entrevistador. La tarea 1 es la menos espontánea porque tienes que hablar solo, en la 2 ya puedes empezar a expresar opiniones y en la 3 tienes que improvisar más porque no puedes prepararla. Las tres exigen un estilo formal, aunque en la 3 puedes relajarte un poco más.

20 min.*

	¿Qué se evalúa?	¿En qué consiste la tarea?	¿De qué material dispone?	
TAREA 1	Que sabes comprender y transferir información de dos o tres textos y una o dos imágenes (gráficos, esquemas, humor gráfico, etc.), que presentan diferentes aspectos, circunstancias u opiniones sobre un mismo tema.	En mantener un monólogo en el que tienes que utilizar los materiales que te han proporcionado, adaptándote al **nivel de formalidad** que requiere una presentación preparada en una situación de examen.	Textos escritos y estímulos gráficos del ámbito académico, profesional o público, complejos y especializados. Indicaciones sobre el contenido o el tipo de monólogo que tiene que enunciar. Extensión: entre 700 y 800 palabras.	6-8 min.
TAREA 2	Que sabes intervenir en una conversación con el entrevistador, respondiendo de manera fluida a preguntas, argumentos y peticiones de aclaración o detalles por parte de su interlocutor.	En participar en un **debate formal** sobre el monólogo de la tarea 1, puntualizando y desarrollando la información que hayas presentado.	En esta tarea no se dispone de ningún material.	5-6 min.
TAREA 3	Que sabes improvisar y participar en una conversación informal con el entrevistador, intercambiando opiniones personales en torno a un tema.	A partir de una selección de titulares de periódicos participar en una **conversación informal**.	Lámina con varios titulares de periódicos que comentan aspectos de un mismo tema.	5-6 min.

Fuente: ✚ℸ✚ *Instituto Cervantes.*

*Para la preparación de la intervención oral de la tarea 1 dispones de **30 minutos** antes de la conversación con los miembros del tribunal. La preparación se realiza en una sala aparte.

¿Qué te ha sorprendido más de la descripción de esta prueba del examen? Anota aquí tu comentario.

....

....

CLAVES

1. La Prueba 3 tiene tres tareas. Primero se te proporcionará un material para preparar durante treinta minutos una exposición oral o monólogo sobre el tema que se propone. Tienes que exponer los principales puntos que aparecen en los textos, haciendo referencia a estos y comparando sus diferentes posturas. Después de escucharte, el entrevistador te hará algunas preguntas sobre el tema, iniciando así una pequeña conversación en la que quizá te pidan tu opinión sobre el asunto. En la última parte, el entrevistador te ofrece una lámina en la que aparecen varios titulares de periódicos. Se te pide que resaltes algún titular y que adoptes una postura ante el tema (de acuerdo o en desacuerdo) y se iniciará la tercera conversación con el entrevistador; **2.** La duración total de la prueba es de 20 minutos, además de los 30 minutos de preparación de la prueba 1. Serás citado por escrito ante un Tribunal examinador. Tu Centro de Examen decidirá y te informará con suficiente antelación del día, hora y lugar de celebración de la prueba. Esta prueba podrá ser anterior o posterior a las pruebas 1 y 2; **3.** La Prueba tiene lugar ante un tribunal compuesto por dos personas: un entrevistador, con el que tendrás que hablar exclusivamente, y un evaluador, que no interviene en la conversación y se limita a escuchar. Observa el dibujo aproximado de la situación y posición de las personas en la sala.

El entrevistador (1).
El candidato (2).
El evaluador (3).

Antes de empezar la prueba, se dedican unos minutos a una pequeña toma de contacto en la que el entrevistador te hará una serie de preguntas con el objetivo de relajar al candidato y favorecer tu desinhibición. Esta parte no será evaluada; 4. No necesariamente, pero sí es necesario que domines tanto el sistema fonético del español, como la entonación para marcar diferencias de significado. Tampoco es necesario tener una pronunciación como en el centro de España. Todas las variantes del español son válidas. Lo que sí es importante es no mezclar variantes, no tener elementos de distintos países; 5. Sí, de 30 minutos. El personal de apoyo te explicará que el examen tiene tres tareas y dispones de 30 minutos de preparación; 6. Sí. El material es propiedad del *Instituto Cervantes* y no puede ser publicado ni sacado del centro de examen. Una parte la recibes en el momento de la preparación. El personal de apoyo te dará a elegir el material necesario para la preparación de la tarea 1 (varios textos, gráficos, imágenes que versan sobre un tema) y una lámina con la instrucción de las prueba 3. A la sala de examen puedes llevar un guion, pero no lo puedes leer; 7. No exactamente, porque no se puede ser especialista en todo. Sí debes conoces y utilizar vocabulario especializado, procedente en parte del propio texto que vas a recibir como material de preparación, y en parte de tu propio conocimiento. Se espera que tengas el nivel de especialización propio de una persona culta de un país hispanohablante y una capacidad comunicativa similar a la de un nativo, aun conteniendo algunas anomalías; 8. Es un aspecto MUY IMPORTANTE. En el examen no hay que hablar de experiencias personales, por ejemplo, sino saber presentar ideas y argumentos coherentes y discutir a partir de los textos. No olvides en este sentido seguir siempre las instrucciones que aparecen en el material que te dan en la sala de preparación. En principio claro que puedes dar tu opinión, y de hecho una parte del examen consiste en hablar desde tu punto de vista, pero no en todas las tareas. En este modelo vas a ver cuándo debes expresar tu opinión, y cuándo debes limitarte a transmitir la información del material de preparación. Por ejemplo, en la tarea 1, buscando siempre un tono formal, tienes que hablar sobre los temas propuestos, evitando casos particulares, posturas personales y subjetivas; 9. Este punto está relacionado con el anterior. No es cuestión de discutir, sino de ir realizando unas tareas concretas. Una de esas tareas consiste en ir respondiendo a las preguntas del entrevistador. No se plantea exactamente como discusión, aunque se admite en parte que des tu opinión; 10. Los errores no se penalizan, se evalúa tu actuación en la tarea, la manera como respondes y reaccionas. En cualquier caso la autocorrección es positiva. Y no olvides que los nativos también se equivocan y a veces tienen que rectificar. Lo más importante es que, si te das cuenta de que has cometido un error, no te pongas nervioso y lo subsanes sin miedo; 11. No, solo te informan de cuándo vas a recibir el resultado del examen. Los examinadores no pueden dar información sobre el resultado de la prueba.

Comentario general

Como candidato al **Diploma de Español Nivel C2** para superar esta prueba debes contar con las siguientes características:

- Tomo parte sin esfuerzo en cualquier conversación o debate y soy capaz de intervenir activamente y tomar la iniciativa.
- Presento argumentos de forma clara y fluida, con un estilo adecuado al contexto y con una estructura lógica y eficaz que ayuda al oyente a fijarse en las ideas importantes y a recordarlas.
- Soy capaz de leer con facilidad prácticamente todas las formas de lengua escrita y estoy capacitado para exponer, narrar, describir, discutir, pedir información, explicar, opinar, reaccionar lingüísticamente ante problemas y, en general, actuar en español con una competencia muy cercana a la de un hablante nativo.
- Me expreso con fluidez y transmito diferencias de sentido con precisión. No cometo errores gramaticales ni léxicos.
- Si tengo un problema, sorteo la dificultad con tanta discreción que los demás apenas se dan cuenta.
- Mi vocabulario es rico, preciso y apropiado a todos los contextos, situaciones y temas.
- Mi capacidad de comprensión es muy amplia.
- Uso adecuadamente las formas de tratamiento, ajustándome al tono (culto, coloquial, familiar, etc.), al registro (formal, informal, etc.) y al canal (oral, no escrito) en cada caso que se te proponga.
- Tengo un dominio completo de la pronunciación, en una única variedad del español, sin mezclas con otras variedades.

Fuente: *http://diplomas.cervantes.es*

Prueba 3. Destrezas integradas: Comprensión de lectura y Expresión e Interacción orales

¡Atención! Las instrucciones del examen indican que dispones de **30 minutos** para preparar la tarea 1, pero ya sabes que la tarea 2 consiste en preguntas sobre el tema de la tarea 1, así que en la práctica puedes preparar las dos tareas en esos **30 minutos**.

● ● ● ● ● 🕐 **Pon el reloj.**

PREPARACIÓN

Tarea 1. Presentación oral

INSTRUCCIONES

LA EDUCACIÓN DEL SIGLO XXI

El desarrollo de las nuevas tecnologías de la información y la comunicación (TIC) en todos los sectores sociales ha tenido una repercusión directa en el sistema educativo y en los planteamientos vigentes sobre la enseñanza.

Prepare una presentación de 6-8 minutos sobre la enseñanza en los que le explique al entrevistador:
– las diferencias entre los modelos educativos potenciales y las nuevas tendencias educativas;
– el papel de las nuevas tecnologías en la educación;
– el futuro de la educación.

Para preparar su intervención cuenta con los siguientes materiales de apoyo. Utilícelos todos, seleccionando de cada uno de ellos la información que considere oportuna:

1. *Texto 1: La educación a distancia versus la educación presencial tradicional.*
2. *Texto 2: Internet y la enseñanza: ¿clases virtuales para todos?*
3. *Texto 3: Ventajas de la educación a distancia a través de Internet.*
4. *Gráfico: Encuesta sobre la formación on-line.*

TEXTO 1

LA EDUCACIÓN A DISTANCIA VERSUS LA EDUCACIÓN PRESENCIAL TRADICIONAL

Ya sabemos que las nuevas tecnologías permiten cada vez más una democratización constante del conocimiento. Sin embargo, también debemos tener en cuenta que los espacios de estudio reales se han convertido ahora en aulas virtuales. Es así como cada vez más universidades prestigiosas del mundo ofrecen cursos y especializaciones a distancia. Ciertamente es una gran oportunidad para todos aquellos que no tienen ni el tiempo ni el dinero para trasladarse a otra ciudad del planeta para seguir sus cursos favoritos. Se trata entonces de una educación más barata, más accesible. Lo que antes era una premisa fundamental de los centros de estudio (el aula) ha mutado para convertirse en un espacio irreal y no táctil, al cual podemos ingresar gracias a la magia de los ordenadores.

Es cierto que los ordenadores nos permiten disponer de la información necesaria para estudiar y realizar los trabajos que el centro de estudios nos asigne. Y nadie niega que es un gran avance y una oportunidad para quienes, en este mundo de tiempos cada vez más escasos, desean profundizar sus estudios. Sin embargo, creo que las aulas universitarias llegarán a añorarse. Ese vínculo social, el sentido de grupo, para mí es sumamente importante, es lo que yo denomino "una clase".

En ambos casos, estudios presenciales y estudios virtuales, tendremos a un maestro que nos orientará, pero el goce de sentir y admirar al profesor en manera presencial es otro sentimiento totalmente diferente. Los gestos, la manera de hablar, la forma de desenvolverse y hasta de llamar la atención y pedir silencio es algo de lo que nunca gozarán quienes opten por la educación a distancia. Se trata, a mi manera de ver de una relación más fría, casi indirecta, entre maestro y estudiante.

Sin lugar a dudas, esta nueva forma de enseñanza llamada educación a distancia tiene sus pros y sus contras. Queda entonces en las manos de cada quien decidir entre comodidad y tiempo versus relación directa. Cada una está diseñada para satisfacer distintas necesidades del estudiante, para adecuarse a un diferente tipo de aprendiz.

Algo que vale la pena destacar son los trabajos de grupo. En el caso de las clases presenciales, es obvio que ante una asignación grupal debemos reunirnos con nuestros colegas y amigos para cumplir con el proyecto. ¿Qué sucede en el caso de la educación a distancia? Pues ahora los integrantes del grupo pasan a formar parte de una comunidad virtual, donde de igual manera deberán verter sus opiniones, colaborar entre sí y discutir los temas. Sin embargo, el aspecto meramente social y lúdico queda de lado.

Otro aspecto que es necesario destacar es que la educación presencial tradicional hace uso de distintos elementos de investigación tales como libros, revistas, videos, e Internet. En el caso de la educación a distancia, básicamente la información la tenemos inmediatamente y sin restricciones gracias a su herramienta fundamental y gratuita: Internet.

Finalmente nos quedan las conclusiones de que la educación a distancia es más autónoma, independiente y hasta interactiva que la tradicional. Sin embargo, la educación tradicional presencial ofrece otros beneficios como la socialización directa, tan importante para el ser humano. Ahora que ya conoces básicamente la diferencia entre ambas, ¿por cuál te decides?

(Adaptado de *www.eliceo.com/opinion*)

TEXTO 2

INTERNET Y LA ENSEÑANZA: ¿CLASES VIRTUALES PARA TODOS?

En momentos en que la economía mundial se basa más que nunca en la capacidad intelectual y la innovación, en mayor medida que en las materias primas y el trabajo manual, para generar la riqueza, una buena educación se ha convertido en el factor clave para determinar quién tendrá éxito y quién se quedará atrás. Cuando los países del mundo en desarrollo reducen sus presupuestos al extremo, cuando la educación aparece abajo en la lista de prioridades de los gastos de algunos gobiernos, las apuestas parecen ser desfavorables a estos objetivos. La Organización de las Naciones Unidas para la Educación, la Ciencia y la Cultura (Unesco) considera que en los próximos 30 años será necesario educar a más personas que en toda la historia anterior.

Las estadísticas son elocuentes acerca del triste efecto que tiene en la población pobre la desatención en materia de educación. Si el 70% de los niños en los países de bajos recursos participa en la enseñanza primaria, la tasa de escolaridad para la enseñanza secundaria solo representa el 17%. Comparativamente, en los países industrializados la tasa de escolaridad, tanto en la enseñanza primaria como secundaria, se acerca al 100%. Son generaciones enteras de niños y jóvenes a los que se niega el beneficio de una enseñanza directa y están condenados a la pobreza si la enseñanza convencional sigue siendo la única vía para impartir el conocimiento y la especialización.

Una de las formas con las que los gobiernos han tratado de ampliar las oportunidades educativas al mayor número posible de personas sin aumentar excesivamente los costos es a través de la enseñanza a distancia. La enseñanza a distancia ha probado ser una solución atrayente para los que viven demasiado lejos de las escuelas o universidades, están demasiado ocupados en sus casas como para frecuentar las escuelas de manera regular o son demasiado pobres para pagar los cursos.

Con el surgimiento de Internet, la experiencia de la enseñanza a distancia se ha transformado completamente. Antes la enseñanza a distancia era esencialmente una experiencia aislada, en la que el estudiante se enfrentaba a una cantidad enorme de materiales de estudio enviados por correo, con contactos esporádicos y rígidos con un instructor tan lejano como de difícil acceso. Además, la interacción se limitaba a la relación individual entre el estudiante y su instructor, ya que no existía ningún tipo de comunicación de los estudiantes entre sí.

Por el contrario, Internet constituye una clase virtual cuya esencia es la interactividad intensa y la compartición de los recursos y la información. Desde hace algunos años, un cierto número de instituciones de enseñanza se han esforzado por desarrollar y sostener programas de enseñanza a distancia concebidos para los sistemas de teleconferencia. Pero los costos extremadamente altos del servicio han limitado su expansión. Para la mayoría de los países en desarrollo, la tecnología estaba muy lejos de su alcance. Además, la necesidad de una presencia en tiempo real hacía que el sistema fuese bastante rígido y no muy apropiado en momentos en que es fundamental la flexibilidad en los horarios de la enseñanza.

(Adaptado de *http://www.itu.int/newsarchive/wtd/2001/FeatureEducation-es.html*)

TEXTO 3

VENTAJAS DE LA EDUCACION A DISTANCIA A TRAVÉS DE INTERNET

La aplicación de las nuevas tecnologías informáticas en la educación de todas las áreas del conocimiento ha producido cambios notables en el proceso de enseñanza. En este contexto, la Educación a Distancia a través de Internet es en la actualidad una herramienta de formación y capacitación sumamente reconocida en todo el mundo.

La Educación a Distancia a través de Internet rompe definitivamente con las barreras geográficas, genera comunidades educativas en las cuales la interacción es un instrumento fundamental para el enriquecimiento de los temas, y permite establecer un nuevo y sólido vínculo entre los alumnos y sus docentes.

Además, permite a los alumnos organizar sus tiempos y espacios, adecuando los horarios de las clases de acuerdo con su conveniencia y posibilidades. Sin la necesidad de concurrir a las aulas tradicionales, los alumnos mismos son quienes establecen cómo desarrollan sus estudios y los momentos en que asisten a las clases. Solo es necesario que los estudiantes dispongan de una conexión a Internet, manejen herramientas básicas como el correo electrónico y la navegación por la Red.

Mediante la Capacitación a Distancia a través de Internet todas las personas tienen la posibilidad de acceder a capacitaciones que les resultan imposibles de tomar en las regiones en las cuales residen. Cada alumno puede regular los tiempos de aprendizaje: tomar sus clases durante los fines de semana, o en horarios atípicos, sin dejar de interactuar con su profesor y otros estudiantes. En todo momento, incluso sin estar conectados a Internet, tienen acceso permanente a las clases y los temas que se abordan en ellas.

Estos rasgos distintivos innovadores convierten a la Educación a Distancia a través de Internet en una herramienta de formación y perfeccionamiento irremplazable sumamente valorada por los alumnos de todo el mundo.

Por sus características, la Educación a Distancia a través de Internet constituye un modelo de enseñanza que permite a los alumnos ir aplicando los conocimientos adquiridos durante las clases progresivamente, y con notables posibilidades de éxito.

Debido a que la Educación a Distancia a través de Internet permite a los centros educativos realizar importantes ahorros, con costos significativamente menores a los de la educación presencial tradicional.

En la Educación a Distancia a través de Internet, las clases son individuales, personalizadas, estableciéndose entre el alumno y su profesor un estrecho vínculo comunicativo, mediante tutorías, comunicaciones telefónicas, foros y mensajes de correo electrónico.

A través de la Educación a Distancia a través de Internet millones de personas de todo el mundo tienen la posibilidad de acceder a los más modernos saberes, dando forma a un proceso de reciclamiento permanente del conocimiento, y por lo tanto a una mejor formación.

En estas clases el alumno aprovecha al máximo los conocimientos de su profesor y tiene posibilidades concretas de interactuar con él para hacerle consultas, aplicar conceptos, disipar dudas. El estudiante no asiste a la clase como un espectador, sino que se siente protagonista. Y es protagonista.

(Adaptado de *http://www.mediosmedios.com.ar/Ventajas.html*)

GRÁFICO

Pregunta 1: Preferencias a la hora de formarse.

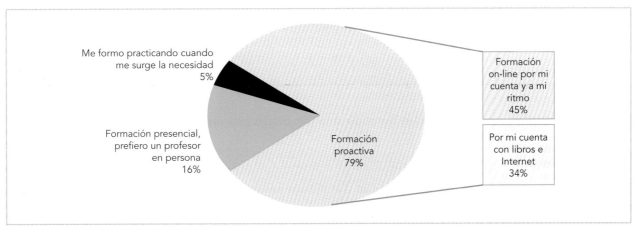

Pregunta 2: ¿Te plantearías hacer formación on-line?

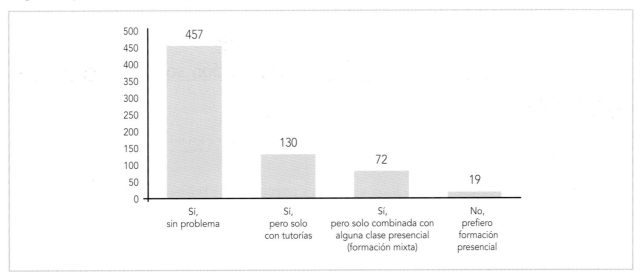

(Adaptado de *www.krasis.com*)

● ● ● ● ● 🕐 ¿Cuánto **tiempo** has tardado? Anótalo aquí: _____ min.

¡Atención! A continuación tienes las tareas de la prueba. Sigue las instrucciones. Primero tu exposición oral (tarea 1), luego las preguntas del entrevistador sobre el tema que has expuesto. Para tratar esta parte, en El Cronómetro, *nivel C2* vas a escuchar preguntas similares a las que te pueden hacer en el examen. Recuerda mantener el tono formal en todas las tareas, aunque haya discusión sobre ideas diferentes. Te aconsejamos 🎙 grabar tus respuestas para poderlas 🔊 oír después. Si prefieres, puedes pedir a un compañero o a tu profesor que te formule las preguntas que aparecen en el documento de transcripciones, sin olvidar su conversación. Para la tarea 3, donde tienes que establecer una conversación con el entrevistador sobre seis noticias de un tema de actualidad, puede ser útil disponer de la ayuda de un profesor o de un compañero para llevarla a cabo con la mayor fidelidad al examen.

● ● ● ● ● **Toma las notas** que has preparado y sigue las instrucciones.

Tarea 1. Presentación oral

¡Atención! Recuerda que no puedes leer tus notas, sino solo usarlas para organizar tu presentación.

INSTRUCCIONES

Usted debe hacer una presentación oral a partir de la lectura de varios textos. Dispone de entre 6 y 8 minutos para realizar esta tarea.

🎙 Graba **tus respuestas.**

Tarea 2. Conversación sobre la presentación

INSTRUCCIONES

Debe mantener una conversación con el entrevistador sobre la presentación y los textos de la tarea 1. Dispone de entre 5 y 6 minutos para realizar esta tarea.

 ¡Atención! La entrevistadora te va a hacer una serie de preguntas sobre la *Educación en el siglo XXI*. Escucha atentamente las preguntas y responde.

 Pon la pista n.° 9. Usa el botón de ⏸ *PAUSA* después de cada pregunta y responde. Vuelve a escuchar la pregunta
9 si lo necesitas.

🎙 Graba **tus respuestas.**

Tarea 3. Conversación sobre titulares de prensa

INSTRUCCIONES

A partir de una selección de titulares en torno a distintos aspectos de un mismo tema, improvise una conversación con el entrevistador, con intercambio de opiniones personales. Dispone de entre 5 y 6 minutos para realizar esta tarea.

10 Pon la **pista n.º 10**. Usa el botón de **⏸** *PAUSA* después de cada pregunta y responde. Vuelve a escuchar la pregunta si lo necesitas.

🎤 Graba tus respuestas.

Un mundo más verde, realidad o ficción

OMM propone urgente reducción emisiones CO_2 y adaptarse al cambio climático

La Organización Meteorológica Mundial propuso hoy en Ecuador una urgente reducción de emisiones de dióxido de carbono (CO2) y otros gases de efecto invernadero, así como adaptar a la sociedad mundial al calentamiento global.

(http://noticias.lainformacion.com/meteorologia/cambios-climaticos/

Ecofatiga o el cansancio de los ciudadanos ante la responsabilidad ecológica

Los ciudadanos se desenganchan y rebajan su conciencia ambiental.

La proliferación de mensajes alarmistas apelando a la responsabilidad ecológica está provocando una conducta de saturación mental en la sociedad que genera una respuesta de carácter contrario: los ciudadanos se desenganchan y rebajan su conciencia ambiental.

(http://www.lasprovincias.es/20111007/mas-actualidad/medio-ambiente/ecofatiga-cansancio-ciudadanos-ante-201110071154.html)

Etiqueta 'verde': ecologismo a medida

Los fabricantes y distribuidores emplean una multitud de sellos que confunden al consumidor. Los minoristas se quejan de que la conciencia medioambiental no es económicamente viable.

(http://www.sociedad.elpais.com/sociedad/2012/01/07/actualidad/1325901724_321870.html)

España cierra 2011 como líder mundial en solar termoeléctrica

España sigue aumentando su capacidad solar termoeléctrica y se consolida como la líder mundial de esta tecnología al superar ampliamente la barrera de los 1000 MW de potencia instalada.

(http://www.sitiosolar.com/NOTICIAS/Espana%20cierra%202011%20lider%20mundial%20solar%20termoelectrica.html)

España lidera Europa en reciclaje de papel

Es una muestra de que se están haciendo bien las cosas y de que la reducción de la contaminación viene disminuyendo año tras año en España. Pues, el país ibérico creció un 11,1% en reciclaje de papel y cartón durante 2010.

(http://www.energiverde.com/noticias/espana-lidera-europa-en-reciclaje-de-papel)

ANÁLISIS DE LA PRUEBA ORAL

 ¡Atención! Para esta parte es importante que escuches lo que hayas grabado.

> ## LA PREPARACIÓN

¿Cómo has preparado las **tareas** 1 y 2? Analiza aquí tu preparación.

		SÍ	NO
1.	He encontrado los puntos comunes de los tres textos.		
2.	He analizado las diferencias entre ellos.		
3.	He entendido el tema de las imágenes y del gráfico.		
4.	He anotado o marcado las ideas principales.		
5.	He anotado las ideas principales con frases completas.		
6.	He anotado las ideas principales con palabras importantes.		
7.	He elaborado una lista de palabras clave.		
8.	He hecho un esquema con las ideas importantes.		
9.	He anotado posibles preguntas del entrevistador.		
10.	He escrito posibles respuestas.		
11.	He señalado nuevos temas que no aparecen en los textos.		
12.	He necesitado menos de **30 minutos** para la preparación.		

 ¡Atención!

- Debes entender muy bien los textos propuestos y ser capaz de distinguir claramente las ideas principales y las secundarias. No olvides que debes utilizarlos todos y hacer referencia a ellos en tu presentación.
- Evita cambiar el sentido del texto. Debes transmitir fielmente la información.
- Durante la preparación es aconsejable que vayas elaborando tus propias opiniones sobre el tema. Las necesitarás para la tarea 2.
- Elabora un esquema para organizar tus ideas. En él es importante que aparezcan las ideas principales y secundarias, datos interesantes y concretos, las ventajas y desventajas, etc. Toma muy en cuenta para ello lo que se dice en la instrucción. De esta forma tu exposición tendrá una estructura clara y ordenada, ya que se evaluará cómo presentas el tema.
- Piensa en las posibles preguntas del examinador, y piensa en las posibles respuestas.
- Si en los textos aparece léxico que necesitas recordar, anótalo para utilizarlo en tu exposición.
- El tiempo de preparación es fundamental. Sácale la mayor rentabilidad posible. Recuerda que puedes preparar dos tareas, la 1 y la 2.

LA ENTREVISTA

Escucha tu presentación (tarea 1), tus respuestas (tarea 2) y tu diálogo (tarea 3) y responde a estas preguntas.

Esta tabla te puede servir para autoevaluarte y conocer tus progresos en la preparación. Complétala después de cada entrevista.

	TAREA 1	TAREA 2	TAREA 3
1. He usado todos los materiales de apoyo.			
2. He podido exponer todas las ideas principales.			
3. Mi presentación ha sido lógica, ordenada y bien organizada.			
4. He sabido dar mi opinión cuando me la han pedido.			
5. Ha sido fácil mantener un hilo argumentativo a lo largo de toda mi actuación.			
6. He pensado y ordenado lo que iba a decir.			
7. Me he dejado llevar por mi propia imaginación, sin pensar demasiado.			
8. He usado estructuras variadas.			
9. He cometido errores gramaticales.			
10. Me he autocorregido en mi intervención.			
11. He respondido a cada una de las preguntas con comodidad.			
12. He dudado en alguna de las preguntas.			
13. He presentado con claridad mis opiniones y argumentos.			
14. He reaccionado bien a los contrargumentos del entrevistador.			
15. He tenido buena entonación y pronunciación.			
16. He necesitado más tiempo de lo establecido para realizar las tareas.			
17. (Otra)			

¿Qué puedes hacer para mejorar esta parte la próxima vez? Anota aquí tu comentario.

¡Atención! Comentarios y consejos

- Si durante tu exposición te pones nervioso, pierdes el hilo y no sabes por dónde seguir, relájate y trata de seguir adelante. El examinador sabe que en el DELE es normal, de ahí que con total normalidad puedes decir: "Perdone, son los nervios", "Es que los nervios juegan malas pasadas", "Es que estoy un poco nervioso", "¿Por dónde iba."...

- Es importante que añadas ejemplos a tus argumentos, clarificando así tus ideas y haciendo que las explicaciones queden más claras.

- Para establecer claras diferencias entre las ideas de los autores y las tuyas propias, es importante utilizar en una exposición expresiones de opinión: *pienso/considero/creo/en mi opinión/es importante...*, y hagas referencias claras a las fuentes.

- Si no entiendes alguna pregunta, no dudes en pedir repetición o aclaración.

- Para pensar en la respuesta ante las preguntas del examinador, puedes repetir o reformular lo que te ha preguntado: "Si he comprendido bien, lo que usted quiere saber es...".

- Es importante que te corrijas si te das cuenta de que has cometido un error, gramatical, léxico o de pronunciación.

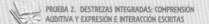

PRUEBA 1. USO DE LA LENGUA, COMPRENSIÓN DE LECTURA Y COMPRENSIÓN AUDITIVA   PRUEBA 2. DESTREZAS INTEGRADAS: COMPRENSIÓN AUDITIVA Y EXPRESIÓN E INTERACCIÓN ESCRITAS   **PRUEBA 3. DESTREZAS INTEGRADAS: COMPRENSIÓN DE LECTURA Y EXPRESIÓN E INTERACCIÓN ORALES**

Actividades sobre el Modelo n.º 1. Destrezas integradas: Comprensión lectora y Expresión e Interacción orales

¡Atención! En estas actividades vas a encontrar entrevistas a varios candidatos.

En el El Cronómetro, *nivel C2* vamos a preparar conjuntamente las tareas 1 y 2.

LA PREPARACIÓN

Tarea 1.

a. Observa las notas que ha realizado un candidato sobre el texto "Ventajas de la educación a distancia a través de Internet" (pág. 72). ¿Ha sacado las ideas principales?

Las nuevas tecnologías ➡ Rompe barreras geográficas

¿Porqué? ⎰ – <u>Herramienta</u> de formación reconocida y valorada.
      – Nueva <u>interacción</u> entre alumnos y docentes.
      – Clases individuales y <u>personalizadas</u>.
      – Importantes cambios en la enseñanza.

Necesidades de tener <u>conexión</u> a Internet.

El alumno es el verdadero protagonista.

    ↳ Importante <u>ahorro</u> a los centros educativos.

b. Aquí tienes algunas ideas del texto de la tarea 1. Señala cuáles son las ideas principales (**P**) y cuáles las secundarias (**S**).

		P	S
1.	Las TIC han supuesto importantes cambios en la enseñanza tradicional.		
2.	La educación a distancia ha supuesto la ruptura de las barreras geográficas.		
3.	Se produce una nueva interacción entre alumnos y docentes.		
4.	Ahora las clases son individuales y personalizadas.		
5.	Permite al estudiante organizar su tiempo y su espacio.		
6.	Es necesario tener conexión a Internet.		
7.	Permite ir ampliando los conocimientos adquiridos progresivamente.		
8.	El alumno es el verdadero protagonista.		
9.	Produce importantes ahorros a los centros educativos.		
10.	La educación a distancia es una herramienta reconocida y valorada.		

c. El candidato ha anotado las siguientes ideas para ampliar el tema de los textos tratados. ¿Cuáles crees que son apropiadas para la presentación y cuáles no?

continúa ➡

	Apropiadas	Inapropiadas
1. El año pasado realicé un curso online de Economía y hacía trabajos en grupo por Internet.		
2. Quienes apoyan la educación tradicional frente a la virtual señalan la falta de interacción entre otros estudiantes.		
3. Internet supone un complemento perfecto que permite disponer de la información necesaria para llevar a cabo cualquier tipo de tarea.		
4. Hacer un curso a distancia por Internet me permite ver las clases cuando quiera, incluso los fines de semana.		

Explica tu selección.

....

....

Tarea 2.

a. Un candidato ha imaginado algunas ideas que podría usar para completar las ideas de los textos. ¿Qué ideas te parecen apropiadas?

1. La educación ha evolucionado debido a los cambios en la sociedad y en las necesidades individuales.
2. Me parece genial que cada vez más en clase se utilicen más las nuevas tecnologías.
3. En Internet yo puedo encontrar toda la información que puede aparecer en cualquier libro.
4. Es verdad que las clases virtuales pueden ser más impersonales.
5. Cada vez más la gente es consciente de los aspectos positivos de la educación no presencial.

b. Otro candidato ha preparado algunas preguntas que cree que le va a hacer el entrevistador. ¿Qué preguntas crees que pertenecen al examen del nivel C2?

1. ¿Qué grandes oportunidades crees que ofrece la educación a distancia? ¿En qué consisten?
2. ¿Qué es lo que no te gusta de la educación tradicional?
3. ¿Cuáles crees que son esos aspectos positivos? ¿Podrías explicarlo con más detalle, por favor?
4. ¿Qué requerimientos son necesarios para llevar a cabo este tipo de educación?
5. ¿Sabes mucho de informática? ¿Te resulta útil?
6. ¿Qué cursos podrías hacer a distancia? ¿Por qué?
7. ¿Te parece que los gobiernos apuestan por la educación a distancia?
8. ¿Es importante Internet en las clases virtuales? ¿Por qué?

c. Lee estas dificultades que nos han proporcionado algunos candidatos sobre la preparación de estas dos tareas y selecciona las cinco dificultades que te parezcan más difíciles de superar.

☐ No poder preparar la conversación y tener que improvisar.

☐ No entender lo que quieren decir los textos.

☐ Tener una actitud negativa ante el examen.

☐ Dar tu opinión personal a una persona que no conoces.

☐ La presencia del evaluador.

☐ El estilo y distancia que tengo que tener en cada una de las tareas de la prueba oral.

☐ Tener que iniciar una conversación o tomar la iniciativa.

☐ Miedo a quedarme en blanco.

☐ Luchar contra el nerviosismo que puede generar la prueba.

ENTREVISTA

Tarea 1.

a. Aquí tienes algunos fragmentos de los tres textos que has tenido que leer con las palabras clave que ha marcado un candidato para su presentación. Señala a la derecha las palabras que consideres que **no** son necesarias.

TEXTO 1

a. Sin lugar a dudas, como en cualquier situación de esta vida, esta nueva forma de enseñanza llamada educación a distancia tiene sus pros y sus contras. Queda entonces en las manos de cada quien decidir entre comodidad y tiempo versus relación directa. ¿Qué escoges tú? Está claro que ninguna de las opciones es mejor que la otra. Cada una está diseñada para satisfacer distintas necesidades del estudiante, para adecuarse a un diferente tipo de aprendiz.

b. Finalmente nos quedan las conclusiones de que la educación a distancia es más autónoma, independiente y hasta interactiva (tecnológicamente hablado) que la tradicional. Sin embargo, la educación tradicional presencial, ofrece otros beneficios como la socialización directa, tan importante para el ser humano. Ahora que ya conoces básicamente la diferencia entre ambas, ¿por cuál te decides?

TEXTO 2

c. La enseñanza a distancia ha probado ser una solución atrayente para los que viven demasiado lejos de las escuelas o universidades, están demasiado ocupados en sus casas como para frecuentar las escuelas de manera regular o son demasiado pobres para pagar los cursos.

b. Por el contrario, Internet constituye una clase virtual cuya esencia es la interactividad intensa y la compartición de los recursos y la información. No queremos decir con esto que no hayan existido clases virtuales incluso antes de surgir Internet. Desde hace algunos años, un cierto número de instituciones de enseñanza se han esforzado por desarrollar y sostener programas de enseñanza a distancia concebidos para los sistemas de teleconferencia.

b. Aquí tienes parte de la actuación de un candidato que va a presentar el texto que tú has preparado. Lee la transcripción.

CANDIDATO: JOHN

► **Entrevistador:** Hola, buenas. ¿Cómo te llamas?

► **Candidato:** John Green.

► **E:** ¿Prefieres que te hable de tú o de usted?

► **C:** De tú, por favor.

► **E:** Perfecto, John… Bueno, ¿Y de dónde eres?

► **C:** Soy de Inglaterra, de Londres.

► **E:** ¿Y qué tal estás?

► **C:** Bien, mmm, un poco nervioso.

► **E:** No te preocupes… y relájate… que verás que todo pasa pronto. Bueno, John, y… ¿a qué te dedicas?

► **C:** Estudio Ingeniería… estoy en mi tercer año.

► **E:** ¿Y para qué necesitas el título?

continúa ➜

▶ **C:** Bueno, estuve el año pasado de Erasmus… en España y considero que es un buen momento para obtener un título que demuestre mi español. Además, creo que cuando termine mi carrera… voy a ir a trabajar a España. Tengo familia allí, y… es un país que me gusta.

▶ **E:** Muy bien. Bueno, pues vamos entonces a empezar el examen. Como sabes, has tenido tiempo para prepararte este tema, con los materiales que te hemos dado, para una presentación de unos 6 u 8 minutos. Así que cuando tú quieras.

▶ **C:** El tema que yo he elegido es esto, la Educación del siglo XXI. La buena educación es un hecho, un factor importante y principal para todas nuestras sociedades modernas. En estos textos pues se dice que hay, que aunque todavía hay países con bajas tasas de escolar, escola… rización… Perdón. Pues, mayoría de países consideran que es un primer tema primordial… que hay que tener en cuenta. Cada uno de nosotros y todas las personas… todos los países deben tener educación, oportunidad de educación, ir a las escuelas de forma presencial o a distancia. Cada vez más, los países apuestan por una educación a distancia, y muchas personas prefieren hacerlos y no asistir a ellos. Esto puede ser porque falta de tiempo, por sus trabajos. No sé, creo yo. En la gráfica dice que en España 97% estaría dispuesto a recibir formación *online*. Esto es importante dato porque demuestra

que es posible otro tipo de enseñanza, más moderna y actual. Una cosa más importante es que Internet ha dado esta oportunidad a una nueva educación. Yo pienso que gracias a Internet, se pueden hacer cursos *online*, en cualquier parte del mundo. En los textos que he leído dice que esto rompe barreras geográficas. Yo considero también que permite más libertad para los que quieren aprender temas diferentes, ya que cada persona se organiza su horario por sus intereses. Pero esta nueva forma de enseñanza llamada educación a distancia tiene pros y contras, todo depende de necesidades del estudiante. Pienso que uno de problemas es la relación y el trabajo con los compañeros, que no hay en los cursos a distancia. A mí no gusta mucho, por ejemplo, una clase de español a distancia. Necesito hablar con compañeros y con el profesor. Creo que no tenga mucho éxito. Si me vale para aprender español, ver vídeos, leer alguna noticia, pero no para aprender español… Prefiero ir a las clases.

Otra diferencia importante es que la educación a distancia utiliza sobre todo Internet como material para sus clases, frente a las clases presenciales que libros, revistas, vídeos, Internet… Hay un cambio importante entre la educación presencial y la educación a distancia. Antes el estudiante recibía la información del profesor, y ahora el estudiante busca esa información en Internet…

Evalúa su actuación.

EVALUACIÓN   John   Julie

1. Presenta las ideas principales de los textos.
2. Distingue claramente entre ideas principales y secundarias.
3. Prescinde de dar alguna opinión personal.
4. Usa todos los materiales de apoyo y se refiere a ellos.
5. Habla con seguridad y presenta con claridad sus argumentos.
6. A veces se bloquea pero sigue adelante.
7. Organiza bien su exposición y utiliza palabras que relacionan las ideas.
8. Tiene un léxico apropiado y variado.
9. Tiene buen dominio de la gramática.
10. Se autocorrige cuando comete algún error.

C. Aquí tienes la transcripción de otra candidata. Léela y valora su actuación. Puedes utilizar la tabla anterior.

CANDIDATA: JULIE

▶ **Entrevistador:** Hola, buenas. ¿Qué tal?

▶ **Candidata:** Bien, gracias.

▶ **E:** ¿Cómo te llamas?

▶ **C:** Julie.

▶ **E:** ¿Quiere que le trate de tú o de usted?

▶ **C:** De tú, por favor.

▶ **E:** ¿Y de dónde eres, Julie?

▶ **C:** Soy francesa, de Toulouse.

▶ **E:** ¿Y desde cuándo estudias español?

▶ **C:** Desde hace tres años.

▶ **E:** ¿Solo tres años? Pero, has vivido en España, ¿no?

▶ **C:** Sí, yo estuvo tres años trabajando en Madrid, como profesora de francés en una escuela.

▶ **E:** Ah, interesante, entonces eres compañera.

▶ **C:** Síí.

▶ **E:** Bien, pues vamos a empezar el examen. Te deseo mucha suerte.

▶ **C:** Gracias.

▶ **E:** ¿Qué tema has elegido?

▶ **C:** Yo he elegido la Educación en el siglo XXI.

▶ **E:** Muy bien. Como sabes, esta prueba consta de tres partes. En la primera parte tienes que hacer una presentación, de unos 6 u 8 minutos sobre el tema que has preparado siguiendo los textos. Cuando quieras puedes empezar.

▶ **C:** Perfecto. ¿Puedo usar mis notas?

▶ **E:** Sí, claro, pero intenta no leerlas, por favor, solo para apoyarte.

▶ **C:** Vale. (*pausa*). Tanto los textos como las imágenes hacen referencia al tema de la Educación del siglo XXI. La educación tradicional ha devenido o… pasado a un nuevo tipo de enseñanza, por a la incorporación en la sociedad de las nuevas tecnologías. El desarrollo de las nuevas tecnologías ha hecho posible el intercambio de ideas, experiencias y conocimientos entre las personas, y han traído importantes cambios en la educación,… han permitido que la información llegue a más personas y en menos tiempo. Un mundo donde cada vez hay más personas que necesitan una educación y donde en muchos países el acceso a la educación no es posible, y solo cuentan con una educación directa, presencial, y a veces escasa, la educación a distancia puede ser una buena forma para que llegue la educación a estas personas, que viven en pueblos aislados y que no pueden asistir frecuentemente a las escuelas.

La educación a distancia es… como una posibilidad real y eficaz… para mejorar la educación. Actualmente cada vez más instituciones opten para desarrollar cursos por este medio. Definitivamente la educación a distancia ha roto las fronteras geográficas. Cada vez más estudiantes de diferentes lugares optan para este tipo de educación. Aunque no está en un mismo espacio físico, existe la interacción que algunos añoran. Con Internet, la educación a distancia ha evolucionado, terminando con la forma de recibir la información en la educación tradicional, a través de libros, revistas, biblioteca. También ha acabado con esos métodos de enviar el material por correo y a veces la imposibilidad de contactar con el profesor que tenía lugar en muchos cursos a distancia. Ahora con Internet todo esto se hace inmediato, y la interacción ya no es solo con el profesor. Hay una interacción entre los alumnos y los docentes. De hecho las clases son más individuales, personalizadas, pero el contacto con otros estudiantes y con el profesor hace que nunca se esté solo. Según uno de los textos, este tipo de formación virtual pierde el sentido de grupo, el contacto con otros estudiantes y con el profesor. Pero no es así. El objetivo principal es que permite organizar el tiempo y el espacio de los estudiantes. Cada persona decide cuándo y qué estudiar en cada momento. Además, el estudiante decide qué temas pueden ser novedosos y cuáles se relacionan más a sus intereses. Es muy importante hablar de una característica de este tipo de educación a distancia y es que permite que los estudiantes usan los conocimientos adquiridos progresivamente, es decir, que se van actualizando su conocimiento. Ya no es el profesor el que da la información y el estudiante recibe la información. Ahora es el alumno el que decide, busca y selecciona la información. Otra de las ventajas es que es un gran ahorro para los centros educativos, porque solamente se necesita de una conexión a Internet para estar en contacto con miles de estudiantes sin necesidad de contar con un centro, aula, materiales, etc. Si nos preguntamos quiénes se deciden para este tipo de formación, diremos que especialmente las personas que disponen de menos tiempo y, menos posibilidad de trasladarse a un lugar y quien quiere una formación más barata. Pero este tipo de formación precisa de un ordenador, Internet y ciertos conocimientos informáticos. Pese a esta importancia de las nuevas tecnologías, todavía muchos profesores no lo utilizan en sus aulas, quizás por esta necesidad de ciertos conocimientos informáticos. Como conclusión, la enseñanza a distancia

continúa ➡

tiene como característica principal su autonomía e independencia del estudiante, pero que en la educación tradicional presencial tiene también sus beneficios como la socialización directa, tan importante para el ser humano. Lo importante es que el estudiante decida qué forma es la mejor para él, según sus intereses y necesidades.

Según los datos de algunas encuestas, la mayoría de la población apuesta por ese tipo de formación en línea, sin estar supeditados a horarios u otras limitaciones. Y es que la educación a distancia indudablemente se ha convertido en una propuesta práctica para responder a las necesidades de formación de nuestra nueva sociedad.

¿Cómo ves su actuación? Anota aquí tu comentario.

....

....

Tarea 2.

a. Escucha ahora una serie de preguntas del entrevistador y clasifícalas según la tabla.

 **Pon la pista n.º 11** y escucha las preguntas.

◗ PREGUNTAS SOBRE...	1	2	3	4	5	6	7	8	9	10
A. Ideas comentadas en la conversación.										
B. Ideas del texto no comentadas.										
C. Otras ideas, informaciones y temas relacionados con el principal.										
D. El contexto del propio candidato.										

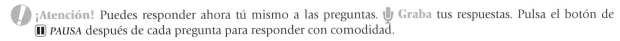 **¡Atención!** Puedes responder ahora tú mismo a las preguntas. 🎤 **Graba** tus respuestas. Pulsa el botón de ⏸ *PAUSA* después de cada pregunta para responder con comodidad.

b. Aquí tienes parte de la actuación de dos candidatos sobre los textos que tú has preparado. Lee la transcripción y evalúa sus actuaciones.

◗ CANDIDATO: CHIARA

▶ **Entrevistadora:** Bueno, pues ha terminado la tarea 1 de la presentación. En la tarea 2 vamos a seguir hablando sobre los mismos temas, pero entre los dos vamos a ir intercambiando nuestras opiniones. ¿Cómo crees que es la educación actual según los gráficos?

▶ **Candidata:** Como he dicho anteriormente, ahora hay unos alumnos nuevos que quieren una nueva educación y la educación tradicional no les deja seguir con esa formación. La enseñanza tradicional ha cambiado, debido a la incorporación de nuevas tecnologías para la enseñanza. Ahora los estudiantes tienen posibilidad a hacer cursos a distancia, utilizar Internet y hacer cursos *online*. Esto hace que no necesitan… necesiten ir a clase y gracias a Internet permite el acceso a la educación una mayor parte de la sociedad.

▶ **E:** ¿Tú crees que hay un mayor uso de las nuevas tecnología en la educación?

▶ **C:** Yo creo que sí. Ahora también en las clases el profesor utiliza nuevas tecnologías, usan ordenadores en las clases… eh… En mi escuela ahora hay pizarras digitales que permite acceder rápidamente a páginas web y hacer actividades *online*, y acceder a la información actual. Pienso que ha cambiado y es muy diferente que antes. Rápidamente puedes ver vídeos, leer artículos,…

continúa ➜

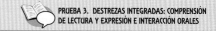
que antes era imposible acceder a ellos. Ahora puedes tener mayor información, sí, la información es más… no sé, es mejor.

▶ E: Respecto a lo que dices, ¿toda la información vale?

▶ C: Nooo… Hay mucha información en la Red, y el alumno debe decidir qué vale y no vale. Es importante la organización. Creo que es un tema importante. Se necesita organizar lo que hay que aprender. Yo recuerdo que hice un curso una vez y me dieron muchas páginas para consultar, mucho material. Era un poco de caos. No entendía cómo ordenarme. Y esto me frustraba.

▶ E: ¿Crees que este tipo formación en línea desdibuja la figura del profesor?

▶ C: ¿Cómo? ¿En qué sentido desdibuja?

▶ E: Que… ¿puede llegar a desaparecer?

▶ C: No creo que desaparezca, su figura es muy importe. Es verdad que ahora ha cambiado su rol, pero el estudiante tiene que tener a alguien que aclara sus dudas, les aclare cosas. Para que no se sientan que están solo, porque siempre han estado acostumbrados a él, en la educación tradicional. No sé.

▶ E.: Sí.

▶ C: Pues… esas limitaciones son que tienes que ir a clase, y quizás no puedes, no tienes tiempo y entonces pierdes la clase. No te da libertad. Creo que el alumno tenga clases con el profesor, o de los libros, pero exige menor esfuerzo. La información solo está en los libros,… no puedes ir a páginas web interesantes, leer artículos reales o ver vídeos interesantes, como he dicho. No sé, creo que tiene cosas positivas y negativas.

▶ E.: Entonces, ¿cuál crees que son las principales ventajas que ofrece la educación a distancia?

▶ C: Pues como he dichos antes, es muy importante que cualquier persona pueda ahora recibir formación. Solo le hace falta un ordenador, Internet, poco más. Todos podemos hacer cursos de estos tipos. También hay ahorro. Es que ahora hay más estudiantes y un profesor que enseña a todos en esas clases virtuales.

▶ E.: ¿Cuál es para ti la principal desventaja?

▶ C: Lo malo es la relación entre los estudiantes. Es más fría, con distancia. Los estudiantes pueden sentirse perdidos, no entienden qué tienen que hacer, y este es un problema. Es verdad, hay clases virtuales, y puedes interactuar y compartir cosas con otros estudiantes como tú, pero es algo más impersonal.

Evalúa su actuación con la tabla siguiente.

EVALUACIÓN

		Chiara
1.	Aporta su opinión personal sobre el tema.	
2.	Se centra en el tema del que se trata, no divaga.	
3.	Relaciona bien sus ideas con las palabras adecuadas.	
4.	Mantiene un tono formal en toda la conversación.	
5.	Su intervención resulta natural.	
6.	Habla con seguridad.	
7.	Hay pausas solo para establecer reformulaciones.	
8.	Integra en lo que dice lo que ha dicho la entrevistadora.	
9.	Tiene un léxico apropiado y variado.	
10.	Tiene buen dominio de la gramática.	
11.	Se autocorrige cuando comete algún error.	
12.	Intercala adecuadamente una forma de hablar coloquial en un discurso básicamente formal.	

c. Aquí tienes otro ejemplo de un candidato que ha preparado otro tema: "La importancia de las redes sociales en nuestra sociedad". Vas a intentar mejorar su presentación a través de un vocabulario más rico, variado y preciso. Sustituye las palabras y expresiones subrayadas en el texto por las que aparecen en el recuadro. Evalúa su actuación con la misma tabla de antes.

intensas • vincular • suprimido • ajenos a • fomentan • usuario • banalidades •
aportar • sumando a • su gran potencial • permiten • explotan • incidencia • nos identifican •
estrategias • activamente

○ CANDIDATO: BERNHARDT

▶ **Entrevistadora**: ¿Hacia dónde van las redes sociales?

▶ **Candidato**: Bueno, yo diría que hay dos sectores de desarrollo futuro, aunque es incierto, yo no tengo una bola de cristal para saberlo, pero yo diría, en mi país las redes sociales no aprovechan. Creo que puede tener una gran influencia en la política, economía, la sociedad en general. Y por otra parte, creo que las empresas todavía no han visto la gran posibilidad que tienen… el desarrollo empresarial, de desarrollo de… digamos… de una nueva forma de relacionar las empresas con los clientes, de encontrar nuevas oportunidades, nuevos mercados, etcétera, etcétera. Y yo veo estos dos desarrollos, la política por un lado y la social por otro.

▶ **E**: ¿Y la social? ¿Nos movemos a través de la Red?

▶ **C**: En el día de hoy está demostrado que sí. Por ejemplo, hemos visto que a través de Internet que han quitado impuestos en algunos países sobre las tasas que querían poner a Internet, hemos visto movimientos sociales… cada vez más estamos aprendiendo, vamos a ver cómo funciona esto en el futuro.

▶ **E**: Estamos viviendo en un mundo materialista, inmersos en una crisis de valores, ¿crees que las redes ayudan a fortalecer los valores o al contrario nos estamos volviendo más distantes, en la interacción personal?

▶ **C**: Según he leído, las personas que participan mucho en las redes sociales desarrollan habilidades comunicativas más fuertes que los demás, es decir, eh… personas que tienen más amigos en las redes tienen también más amigos en la vida real. Eh…

se desarrollan relaciones de carácter personal, se conoce gente, se hacen incluso parejas o matrimonios, conocidos en Twitter… En fin, yo creo por supuesto que las redes sociales pueden servir para transmitir los valores que tenemos, y considero que es positivo. Bueno, depende del uso por supuesto que cada uno le da a su red social.

▶ **E**: ¿Qué responsabilidad consideras importante para el uso de las redes sociales?

▶ **C**: Pues precisamente eso. Hay que usar las redes sociales responsable. Es que las redes sociales son herramientas, y puede ser utilizada… bien o mal utilizadas. Pueden ser utilizadas para escribir tonterías, para hacer perder el tiempo a los demás, para burlarse de la gente que quiere ofrecer cosas interesantes o pueden ser utilizadas para ofrecer cosas interesantes, que se añadan contenidos, razones,…bueno eso depende de cada uno… Las herramientas están… están a nuestra disposición, son gratuitas, y cada vez más millones de gentes se están sumando.

▶ **E**: ¿Hasta qué punto en tu entorno se hace uso de las redes sociales?

▶ **C**: Bueno, aunque yo soy abogado, también los abogados nos interesamos para las redes sociales, no estamos lejos de los desarrollos de la comunicación. Aunque nos dice que somos muy conservadores, cada vez más estamos usando estas nuevas tecnologías. Porque por una parte nos dejan desarrollar nuestra cultura jurídica, con nuevas maneras para llegar a un público más amplio, y también pienso que es un foro útil para defender el derecho.

Teniendo en cuenta que no conocemos los textos de referencia, ¿cómo ves su actuación? ¿Hay muchas diferencias con el anterior candidato? Anota aquí tu comentario.

....

....

Tarea 3.

a. Escucha estas preguntas que realiza el entrevistador y señala cuáles crees que pueden aparecer en esta tarea.

🔊 **Pon la pista n.° 12** y escucha las preguntas.
12

PREGUNTAS	1	2	3	4	5	6	7	8	9	10
Adecuadas a la tarea										
No adecuadas a la tarea										

Después de comprobar tu selección con las claves, escribe por qué no son apropiadas las no adecuadas Anota aquí tu comentario.

....

....

❗ **¡Atención!** Puedes 🎤 **grabarte** y responder a las preguntas adecuadas. Pulsa el botón de ⏸ *PAUSA* para dar tus respuestas.

b. Aquí tienes la intervención de un candidato sobre los titulares de las noticias que has preparado. Completa su actuación con las reacciones de la página siguiente. **Atención**, sobran tres reacciones.

○ CANDIDATO: MARTIN

► E: Bueno, pasamos ahora a la siguiente tarea. Es la tarea 3, que no te la han explicado pero yo paso a explicártela. La tarea tres consiste en que leas unos titulares sobre un tema y luego vamos a conversar sobre ellos. Lo lees, te doy un minuto y cuando lo termines, lo comentamos. Lee despacio los titulares, y luego me das tu opinión.

► C: Vale. (*pausa de un minuto*) Todos los titulares tratan del tema del medioambiente. Son noticias que continuamente podemos ver en cualquier periódico. Son muy habituales los problemas que tienen los países sobre esto. ¿Pero realmente hacen algo? No sé qué decir. Pero, sí estoy seguro que cada vez más... se están haciendo más esfuerzos por concienciar a la gente sobre estos problemas. Estos titulares pueden ayudar también a eso. Concretamente estoy de acuerdo con estas noticias. Creo que poco o poco se está haciendo grandes logros. Pero es muy, muy importante, como dice, promover esta conciencia ambiental. Para mí este es un tema muy importante y que me preocupa. Si todos hacemos algo para evitar cualquier problema ecológico, al final es bueno para el planeta y para nuestro futuro en el mundo. Pero creo que no es importante solo una conciencia individual, sino que

los gobiernos deben hacer medidas para evitar, por ejemplo la polución,... la contaminación.

► E: Es verdad que la contaminación es un grave problema, pero no el único. ¿Cuál crees que son los problemas ecológicos que se están produciendo hoy día en tu país?

► C: 1 ⬜

► E: Yo creo que esto tiene solución. Y que entre todos podemos.

► C: 2 ⬜

► E: Pero, ¿tú sabrías cómo solucionar esto?

► C: 3 ⬜

► E: Ah, eso está muy bien. Aquí en España también hay algunas ciudades que han hecho eso y es una buena idea, ¿verdad? ¿Y que se haga todo peatonal?

► C: 4 ⬜

► Cierto. Es verdad. Mira, según esta noticia, cada vez en España se recicla, especialmente papel. ¿Tú sueles reciclar?

► C: 5 ⬜

A. Bueno, no estoy del todo de acuerdo. Yo vivo en una gran ciudad, y poner peatonal todo el centro sería imposible, y nos afectaría más, y la gente evitaría ir al centro. Estamos creando otro problema para los comercios.

B. En mi país y en el mundo actual, en general, uno de los problemas medioambientales es el de los residuos. La economías, tanto desarrolladas como subdesarrolladas, general ingentes cantidades de estos, productos tanto de las actividades económicas como del consumo humano.

C. Que yo recuerde... Los vertidos en los pueblos es un grave problema. No tienen consideración. aunque hay mucho grupos ecologistas que cuidan este problema. Otro... mi ciudad está rodeada de bosque, a veces hay incendios, es un problema grande, no solo para los animales,... Recuerdo que el año pasado hubo problemas con las construcciones en esta zona. Sabes que cortan árboles y construyen casas... Otra cosa... Además de la contaminación.... Que es muy importante... siempre leo noticias sobre las fábricas que emiten muchos gases, o los coches...

D. Por ejemplo, recuerdo... ahora que por ejemplo los coches no pueden entrar en el centro de mi ciudad. Es algo bueno, pienso.

E. Sí, por supuesto. En mi casa, toda mi familia recicla. Además algo positivo en mi ciudad es que debes reciclar si no te pueden multas. Tengo amigos que no lo hacen y no lo entiendo. Creo que todos debemos empezar haciendo estas cosas si queremos cuidar el medioambiente.

F. No, no estoy de acuerdo contigo. Es un problema difícil de resolver, porque los gobiernos no hacen nada para evitarlo.

G. Yo también.

H. Sí, claro. Prácticamente el 90% de la basura doméstica es reciclable, por eso es importante que separemos en nuestra casa la basura y los depositemos en los contenedores adecuados.

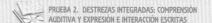

PRUEBA 1. USO DE LA LENGUA, COMPRENSIÓN DE LECTURA Y COMPRENSIÓN AUDITIVA   PRUEBA 2. DESTREZAS INTEGRADAS: COMPRENSIÓN AUDITIVA Y EXPRESIÓN E INTERACCIÓN ESCRITAS   PRUEBA 3. DESTREZAS INTEGRADAS: COMPRENSIÓN DE LECTURA Y EXPRESIÓN E INTERACCIÓN ORALES

CLAVES Y COMENTARIOS DE LAS ACTIVIDADES

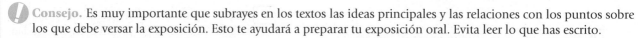

LA PREPARACIÓN

Tarea 1.

Consejo. Es muy importante que subrayes en los textos las ideas principales y las relaciones con los puntos sobre los que debe versar la exposición. Esto te ayudará a preparar tu exposición oral. Evita leer lo que has escrito.

a. Este candidato ha vacilado bastante en la extracción de las ideas principales del texto. En primer lugar, porque no queda clara la distinción entre las ideas principales y las secundarias. Teniendo en cuenta que es algo personal, te proponemos el siguiente esquema donde se reflejan las ideas principales del texto de una forma organizada.

Las TIC → importante cambios en la enseñanza.
↓

> ¿Por qué? → Rompe barreras geográficas: nueva interacción entre alumnos y docentes.
> — Las clases son individuales y personalizadas.
> — Nunca está solo
> → Permite organizar su tiempo y espacio.
> — Deciden cómo desarrollan sus estudios y cuándo asisten a clase.
> • Necesidades → conexión a Internet y conocer la lengua.
> — Temáticas novedosas según los intereses.
> — Permite ir aplicando los conocimientos adquiridos progresivamente.
> • reciclamiento permanente del conocimiento.
> — El alumno como verdadero protagonista.
> → Importante ahorro a los centros educativos.

↓
Herramienta de formación reconocida y valorada.

b. **Ideas principales (P):** 1, 2, 5, 9, 10. **Ideas secundarias (S):** 3, 4, 6, 7, 8.

c. **Apropiadas:** 2, 3. **Inapropiadas:** 1, 4.

Tarea 2.

a. 1, 4, 5.

b. Se consideran del nivel C2 las preguntas 1, 3, 4, 7 y 8.

Comentario. En esta tarea el candidato deberá responder de manera fluida a preguntas, argumentos y peticiones de aclaración o detalles por parte del examinador. Se trata de realizar un debate formal sobre el monólogo de la tarea 1. En el El Cronómetro, *nivel C2* hemos considerado importante que el candidato piense durante su preparación en las posibles preguntas que el entrevistador le pudiera hacer.

(LA ENTREVISTA)

Tarea 1.

a. **Texto 1: a.** *nueva forma, comodidad, aprendiz.* Proponemos: *nueva forma de enseñanza, ninguna mejor que la otra.* **b.** *ser humano.* **Texto 2: c.** *atrayente.* Proponemos: *solución atrayente.* **d.** *Por el contrario, surgir Internet.* Proponemos: *Internet, instituciones.*

b. **1.** Sí; **2.** No. No distingue bien entre las ideas principales, y esto hace que su información no quede clara, aportando solo las ideas generales de lo que ha leído. Saca las ideas de los textos y los presenta, pero no de una forma ordenada; **3.** Aporta erróneamente su opinión sobre el tema. En esta tarea la información que se aporte debe prescindir de nuestra opinión, que la dejaremos para la tarea 2; **4.** No. A veces nos da la sensación de que divaga en el tema; **5.** Sí. La presentación de John es clara y está estructurada, tiene fluidez, aunque tiene vacilaciones en los aspectos más complejos; **6.** Sí; **7.** No. La estructura que utiliza no es fácil de seguir, además, prescinde de la utilización de conectores que emplea, y los que utiliza los repite constantemente; **8.** Sí. Su repertorio lingüístico es amplio, lo que le permite expresarse con claridad, aunque no lo utiliza con precisión y comete errores. No se aprecia la precisión de sentido y el uso diferentes matices necesarios en el DELE C2. Comete algunos deslices; **9.** John no tiene buen control gramatical. No tiene un nivel de formalidad que se le exige en esta tarea; **10.** Sí. En varias ocasiones es capaz de autocorregirse.

Conclusión: Probablemente, con una actuación así, John no aprobaría esta prueba del examen.

c. Julie extrae la información principal de los textos y las estructura para presentarla de una forma clara y ordenada. Cuenta con un repertorio lingüístico amplio, preciso y variado. Su discurso está bien estructurado, cohesionado y sigue el grado de formalidad que se pide en esta tarea. Cuenta con un excelente dominio gramatical y con un nivel de complejidad elevado, propio del nivel C2.

Tarea 2.

🛈 **Comentario.** En esta parte de la prueba 3, el entrevistador te va a hacer preguntas sobre el tema presentado. Te aconsejamos preparar en los 30 minutos de preparación qué te puede preguntar y qué puedes responder. Recuerda mantener el tono formal también en esta tarea.

a. **A.** 7, 9; **B.** 1, 5; **C.** 4, 10; **D.** 2, 3, 6, 8.

b. **1.** Sí; **2.** No; **3.** Sí; **4.** Sí; **5.** Sí; **6.** Sí; **7.** Sí; **8.** Sí; **9.** No, tiene una riqueza lingüística no muy variada, sin matices de sentido; **10.** Comete algunas incorrecciones, se autocorrige en algunas ocasiones; **11.** Sí; **12.** Sí.

🛈 **Conclusión:** Aunque Chiara tiene bastante fluidez y dominio lingüístico, la exposición de sus ideas no están organizadas, lo que hace que sea difícil seguir sus argumentos. No consideramos que su actuación se ciña a los criterios del nivel C2. En este caso, con esta actuación, probablemente no aprobaría esta prueba del examen.

c. aprovechan: *explotan;* influencia: *incidencia;* la gran posibilidad: *su gran potencial;* relacionar: *vincular;* quitado: *suprimido;* mucho: *activamente;* fuertes: *intensas;* desarrollan: *fomentan;* tenemos: *nos identifican;* uno: *usuario;* tonterías: *banalidades;* ofrecer: *aportar;* lejos de: *ajenos a;* usando: *sumando a;* dejan: *permiten;* maneras: *estrategias.*

🛈 **Conclusión:** En este caso, con esta actuación, Bernhardt probablemente sí aprobaría esta prueba del examen.

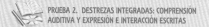
Comentario. Si observas el cuadro que propone *el Marco común de referencia para las lenguas*, puedes comprobar que Chiara está más en el nivel C1 que en el C2, y que Bernhardt, al contrario cumple las características del nivel C2.

	C1	C2
EXPRESIÓN ORAL	Presento descripciones claras y detalladas sobre temas complejos que incluyen otros temas, desarrollando ideas concretas y terminando con una conclusión apropiada.	Presento descripciones o argumentos de forma clara y fluida y con un estilo que es adecuado al contexto y con una estructura lógica y eficaz que ayuda al oyente a fijarse en las ideas importantes y a recordarlas.
INTERACCIÓN ORAL	Me expreso con fluidez y espontaneidad sin tener que buscar de forma muy evidente las expresiones adecuadas. Utilizo el lenguaje con flexibilidad y eficacia para fines sociales y profesionales. Formulo ideas y opiniones con precisión y relaciono mis intervenciones hábilmente con las de otros hablantes.	Tomo parte sin esfuerzo en cualquier conversación o debate y conozco bien modismos, frases hechas y expresiones coloquiales. Me expreso con fluidez y transmito matices sutiles de sentido con precisión. Si tengo un problema, sorteo la dificultad con tanta discreción que los demás apenas se dan cuenta.

(Fuente: *Marco común europeo de referencia para las lenguas*)

Tarea 3.

Comentario/Consejo. En esta tarea tienes que demostrar tu nivel de español leyendo los titulares de las noticias, dando tu opinión sobre los temas tratados y desarrollando una discusión no preparada, casi un debate como los que se escuchan en la prueba de **Comprensión auditiva**. De hecho, puedes aprovechar esas audiciones como modelo de conversación para esta tarea. La función del entrevistador es presentar y mantener y animar la conversación a través de preguntas, comentarios, opiniones, silencios, etc. En el examen dispones de solo un minuto para leer los titulares. Ten en cuenta siempre el tema que aparece en la parte de arriba de la hoja con los titulares.

a. **Adecuadas:** 2, 3, 5, 7, 9. **No adecuadas:** 1, 4, 6, 8, 10. Consideramos que aunque todas las preguntas son posibles en esta tarea, ya que se busca la opinión del candidato, las que hemos señalado como "adecuadas" se acercan más a preguntas que se podrían hacer en el examen DELE nivel C2.

Comentario/Consejo. La tarea 3 está planteada como una conversación no preparada. Por eso, no puedes prever las preguntas que te van a hacer, y de hecho surgen de la propia conversación. Sí sabes por esta actividad que hay preguntas más o menos apropiadas, aunque la decisión finalmente la toma el entrevistador. Lo que se evalúa es tu capacidad para responder espontáneamente en un debate de opiniones en el que los hablantes expresan opiniones, se contradicen, se interrumpen, etc., manteniendo siempre el nivel de formalidad necesario. Sin perderlo nunca, puedes tú mismo interrumpir al entrevistador, contradecir sus argumentos, y mantener tu iniciativa.

b. **1.** C; **2.** H; **3.** E; **4.** A; **5.** F.

Sobran las reacciones: B (Es demasiado formal para esta prueba), D (No guarda ninguna relación con las preguntas del entrevistador) y G (En esta tarea puede contradecir o reafirmar la opinión del entrevistador, pero hay que evitar hacerlo de esta forma).

DELE C2

Modelo de examen n.° 2

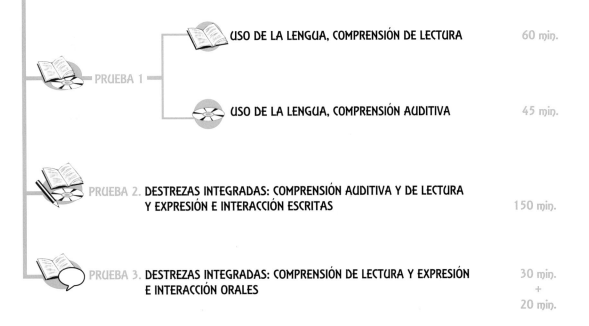

Claves, comentarios, consejos y actividades sobre este modelo de examen.

En este modelo...

Ya conoces la estructura del examen y las dificultades principales. También conoces parte de las habilidades que necesitas para aprobarlo. Quizá tienes que desarrollar algunas habilidades y profundizar en algunos contenidos gramaticales o léxicos. En este modelo vamos a trabajar con las dificultades que plantean los textos (la estructura, el vocabulario, el tipo de texto...), y en el siguiente nos vamos a centrar en las dificultades de las tareas propiamente dichas. El **objetivo** es que dispongas de una visión amplia y ajustada de los temas y textos que pueden aparecer en el examen, y las dificultades que estos pueden plantear.

Prueba 1. Primera parte: Uso de la lengua, comprensión de lectura

● ● ● ● ● Antes de empezar la parte de Comprensión de lectura.

a. Relaciona los tipos de textos con la tarea en la que pueden aparecer. Ten en cuenta la información del cuadro de la pág. 8.

	TAREA 1	TAREA 2	TAREA 3
1. Reseñas de libros de literatura policíaca.			
2. Extracto de una novela.			
3. Resúmenes de un congreso sobre videojuegos en España.			
4. Reflexión sobre la adquisición del lenguaje.			
5. Artículo de opinión sobre la influencia de los medios de comunicación en la sociedad.			
6. Sinopsis de conferencias sobre medioambiente.			
7. Teoría sobre un género literario.			
8. Encuentro dedicado a la musicología en Colombia.			
9. Un cuaderno de viaje sobre África.			
10. Un cuento del escritor peruano Mario Vargas Llosa.			
11. Artículo periodístico sobre el poder de la música.			
12. Estudio internacional sobre estudiantes universitarios.			
13. Fragmento de la autobiografía de un escritor argentino.			
14. Ponencias de un Congreso Internacional de Psicología en España.			
15. Artículo sobre la música como signo de identidad.			
16. Artículo divulgativo sobre medioambiente e historia de Argentina.			
17. Artículo que relaciona cocina y ciencia.			
18. Artículo biográfico sobre un inventor español.			
19. Congreso sobre las culturas del Caribe.			
20. Artículo de opinión sobre la felicidad y su sustrato químico.			
21. Fragmento de la autobiografía de un filósofo.			
22. Reseñas de libros de historia de varios países de habla hispana.			

b. De la lista de textos, ¿cuáles crees que han aparecido ya en alguna convocatoria de examen?

....

....

....

c. Aquí tienes grupos de palabras procedentes de algunos de esos textos. Señala junto a cada grupo el texto de procedencia. Anota el número de la lista anterior.

Palabras	TEXTO	%
A. *fruncir, trenza, vestidura, remoto, circundar, silente, calcinado, trepanado, horrendo, mohín…*		
B. *ejercer, innegable, por ende, perjudicial, cohesión, tal, ingente, flujo, difundir, discriminar…*		
C. *establecer, vincular, enmarcar, elaborar, presupuesto, resaltar, fonográfico, por demás, inclusión, arreglos…*		
D. *réplica, pasar por alto, propulsar, iniciar, adición, cámara estanca, regeneración, poner en evidencia, carbón de coque, embargo…*		
E. *a medida que, ínfimo, niñez, arroyito, magnitud, chaparrón, asombro, oportunismo, pavoroso, entre comillas…*		
F. *vincular, historiografía, régimen, perdurar, emergencia, referente, periférico, consistir en, líneas maestras, partir de…*		
G. *inclinarse a, vocación, convincente, estampa, acaecimiento, discernir, peculiar, llevar cuenta, suceso, de paso…*		
H. *atuendo, inspirar, oleada, poner la carne de gallina, evocar, discriminar, melodía, indagar, innato, sonoro…*		
I. *renovar, consola, monitor, geolocalización, emergente, híbrido, disponer de, plantearse, sustentar, avatar…*		
J. *aditivo, ir mucho más allá de, a lo largo de, escrupuloso, exhaustivo, culinario, espuma, gratinar, avalancha, toparse con…*		
K. *entorno, asignado, impulso, énfasis, cánones artísticos, de corte europeo, hermana, apreciado, da a conocer, patrimonialización, revitalizar…*		
L. *daño, principio inflamable, estar/poner sobre el tapete, pronóstico, implicación, enigmático, convertirse a, indisimulable, capa de ozono…*		

Añade ahora en la tercera columna el porcentaje de palabras que conoces de cada lista.

(!) **¡Atención!** Antes de seguir con el modelo de examen, comprueba tus respuestas.

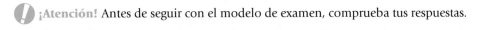

CLAVES

a. **Tarea 1:** 2, 9, 10, 13, 16, 20, 21. **Tarea 2.** 4, 5, 7, 11, 12, 15, 17, 18. **Tarea 3.** 1, 3, 6, 8, 14, 19, 22.

b. Los textos que han aparecido en las convocatorias hasta la publicación de El Cronómetro, *nivel C2* son: 3, 5, 7, 8, 10, 13, 15, 16, 17, 18, 19, 22.

c. **A.** texto 10; **B.** Texto 5; **C.** Texto 8; **D.** Texto 18; **E.** Texto 13; **F.** Texto 20; **G.** Texto 7; **H.** Texto 11; **I.** Texto 3; **J.** Texto 17; **K.** Texto 19; **L.** Texto 16.

¡Ya puedes empezar esta parte de la Prueba 1!

Prueba 1. Uso de la lengua, comprensión de lectura y auditiva

🛈 **¡Atención!** En este modelo de examen vas a medir por separado cuánto tiempo necesitas en cada tarea.

• • • • • 🕐 **Pon el reloj** al principio de cada tarea.

La **Prueba 1** tiene una duración total de 105 minutos. Contiene seis tareas y 52 preguntas:

– Comprensión de lectura: 3 tareas, 26 preguntas, 60 minutos.
– Comprensión auditiva: 3 tareas, 26 preguntas, 45 minutos.

Marque las opciones únicamente en la Hoja de respuestas. A continuación debe realizar las tareas de Comprensión de lectura.

Tarea 1

INSTRUCCIONES

Lea el texto y complete los huecos (1-12) con la opción correcta (A, B o C). Marque las opciones elegidas en la Hoja de respuestas.

ESCASA LA MESA, FECUNDO EL LECHO

Del gran sociólogo brasileño ya fallecido, Josué De Castro, he tomado la idea para el encabezamiento de este artículo. En sus dos estupendos libros "Geopolítica del hambre" y "Geografía del hambre", retrata con mano _____(1)_____ , lo que el primero de ellos traslada de un adagio popular: "La mesa del pobre es escasa, pero el lecho es fecundo". Es un retrato _____(2)_____, espeluznante, del drama de los pobres multiplicándose en escala geométrica en tanto la miseria, representada fundamentalmente en el hambre, crece en la misma proporción, por cuanto la _____(3)_____ de alimentos –progresión aritmética– no corresponde a la excesiva demanda como ya en su oportunidad Malthus lo había _____(4)_____ al referirse al crecimiento inversamente proporcional entre alimentos y población. No pretendo hacer comparaciones entre el monje inglés y el científico brasileño, pero De Castro, sociólogo con estudios de campo y, por lo tanto, viajero _____(5)_____ cumpliendo misiones de la FAO, nos llevará a un conocimiento del hambre como flagelo, _____(6)_____ de múltiples causas y de innumerables consecuencias, en el cual la política y los grandes intereses económicos de los hoy llamados países desarrollados, _____(7)_____ un papel de primera importancia en el mantenimiento de la misma en más de dos tercios de la humanidad; porque más interesa a los fines de las grandes potencias el sostenimiento de su poderío apoyado en el arsenal _____(8)_____ que a la vez sirve para el dominio y explotación de las materias primas de los países que sufren el hambre, que invertir los inmensos recursos que _____(9)_____ el armamentismo en la erradicación del flagelo. Si los países desarrollados se desprendieran un poco del egoísmo brutal que sostienen para _____(10)_____ de prestigio, poderío y equilibrio de fuerzas y dirigieran parte de su riqueza, ciencia y tecnología, a eliminar la pobreza; convertir en zonas fértiles y prósperas muchas de las zonas áridas de la tierra;

_____(11)_____ un trato justo en el pago de las materias primas de los territorios que las producen; contribuir a cambiar los hábitos alimentarios que por costumbre son causas también creadoras de hambre; limitar el aporte de armas a los países pobres que hasta el momento han servido a grupos oligárquicos para _____(12)_____ a las masas, esos países desarrollados no solo contribuirían a retribuir parte de la inmensa riqueza sacada de esos pueblos, sino a crear un mundo de justicia social donde la miseria y sus secuelas: el hambre y la superpoblación, desaparecerían. ¿Utopía? Posiblemente.

(Adaptado de El carabobeño, Venezuela

http://www.el-carabobeno.com/articulo/articulo/25015/desde-el-meridiano-68---alfonso-betancourt)

Modelo de examen n.º 2

> ## OPCIONES
>
> | | | |
> |---|---|---|
> | **1.** a) maestra | b) trémula | c) sagaz |
> | **2.** a) crudo | b) pícaro | c) benévolo |
> | **3.** a) retribución | b) compraventa | c) producción |
> | **4.** a) avizorado | b) oteado | c) enmendado |
> | **5.** a) errático | b) contumaz | c) reacio |
> | **6.** a) producto | b) principio | c) interés |
> | **7.** a) inscriben | b) despliegan | c) representan |
> | **8.** a) utilitario | b) bélico | c) ideológico |
> | **9.** a) absorbe | b) genera | c) disipa |
> | **10.** a) pavonear | b) alardear | c) alabarse |
> | **11.** a) merecer | b) percibir | c) practicar |
> | **12.** a) juzgar | b) abusar | c) sojuzgar |

● ● ● ● ●   ¿Cuánto **tiempo** has tardado para realizar **esta tarea?** Anótalo aquí: _____ min.

INSTRUCCIONES

Lea el siguiente texto, del que se han extraído seis párrafos. A continuación lea los siete fragmentos propuestos (A-G) y decida en qué lugar del texto (13-18) hay que colocar cada uno de ellos. HAY UN FRAGMENTO QUE NO TIENE QUE ELEGIR. Marque las opciones elegidas en la Hoja de respuestas.

LA BORRACHERA MÁS FESTIVA DEL RENACIMIENTO

Tomando como referencia un tema clásico, en 1523 Tiziano imaginó *La bacanal de los andrios* como una oda al erotismo y al estado febril que emerge con la ingesta del vino. El pintor es uno de los protagonistas del magnífico coleccionable de este mes de la revista *Descubrir el Arte* sobre el Prado.

13. _____. Si lo era o no el que tomaban los antiguos, es algo que aventuro nunca sabremos, al menos con total seguridad. Pero debía de serlo a tenor de lo que Filóstrato el Viejo, un escritor del siglo III, afirma: "Hace a los hombres ricos, dominantes en la asamblea, dadivosos con los amigos, guapos y, si son bajos, de cuatro codos de altura".

14. _____. Los antiguos conocían muy bien esa prodigiosa cualidad transformadora del vino, y por eso se la atribuyeron a Dioniso, dios de la embriaguez divina. Ante su presencia, el mundo cotidiano se transfiguraba y un torrente de vida surgía de maternales profundidades. **15.** _____.

A Tiziano no debió de costarle gran esfuerzo imaginar cómo pudiera ser una celebración báquica en este paraje griego pues, según su contemporáneo Francesco Priscianese, tenía un excelente gusto para los vinos. De hecho, *La bacanal de los andrios* fue el último cuadro que pintó, entre 1523 y 1526, para el llamado camerino de alabastro que Alfonso I d'Este, tercer duque de Ferrara, tenía en el corredor que unía el castillo de San Michele con el nuevo palacio ducal. **16.** _____. Pero, por diversas circunstancias, resultó del todo imposible culminarlo según el proyecto inicial.

Como el resto de pintores, Tiziano tuvo que atenerse a un preciso programa iconográfico cuyo significado, sin embargo, aún no se ha aclarado. En este caso, el pintor se ciñó a lo narrado por el propio Filóstrato en un pasaje en que describe un cuadro antiguo que representaba la llegada de Dioniso a la isla de Andros, donde aguardaban, ebrios, sus habitantes. **17.** _____.

Durante el festín previo a la llegada del dios, los andrios se entregan a los placeres de la bebida, al movimiento acompasado de la danza, a la repetición monótona de la música y a los devaneos amorosos. **18.** _____. Alejado de los afanes del mundo, retirado en la soledad de su estudio y rodeado por bellísimas pinturas que celebraban el poder fascinante del vino, del amor y de la música, Alfonso podría recordar, o incluso volver a leer aquellos versos en que Horacio se preguntaba: "¿A quién no hicieron hablar las copas colmadas, a quién no aliviaron en su estrecha pobreza?".

(Adaptado de *http://www.elmundo.es/suplementos/magazine/2009/506/1244105875.html*, España)

FRAGMENTOS

A. De hecho, el vino estuvo asociado a la civilización en el mundo helénico arcaico y clásico. Centauros y cíclopes, que no lo conocían y no podían controlar sus efectos, estaban al margen de la cultura y de la humanidad misma.

B. Según se recoge en una leyenda antigua, y ha contado después maravillosamente Walter F. Otto, todos los 5 de enero manaba vino en el templo de Dioniso de la isla de Andros, y seguía haciéndolo durante siete días porque sus habitantes eran los más fieles en el culto al dios.

C. Que el vino es, junto con la cerveza y el *whisky*, una de las bebidas más maravillosas que uno pueda echarse al coleto es algo que nadie en su sano paladar puede poner en duda, sobre todo, si es de calidad.

D. Parece como si el único objetivo del artista hubiera sido trasladar ese sentimiento de alegre indolencia a su comitente, el duque de Ferrara.

E. Enlazando las diversas posturas, e incluso superponiendo unas figuras con otras, Tiziano elaboró una composición compleja para traducir en puro ornamento las emociones internas de los distintos personajes de la obra.

F. Sin lugar a dudas, se trata de una de las estancias más bellas del Renacimiento, pues el programa decorativo que el duque había previsto para ese gabinete privado habría estado formado por una serie de cuadros realizados por pintores tan notables como Fra Bartolommeo, Giovanni Bellini, Dosso Dossi, Rafael y el propio Tiziano.

G. Los griegos bebían unos caldos tan fuertes –aunque los diluían con agua o miel– que bastaban unas pocas copas para quedar al borde del delirio, ese estado febril en que uno deja de lado justo lo que nunca debe olvidar: su cuerpo.

● ● ● ● ● 🕐 ¿Cuánto **tiempo** has tardado para realizar **esta tarea**? Anótalo aquí: _____ min.

A continuación tiene seis textos (A-F) y ocho enunciados (19-26). Léalos y elija el texto que corresponde a cada enunciado. RECUERDE QUE HAY TEXTOS QUE DEBEN SER ELEGIDOS MÁS DE UNA VEZ. Marque las opciones elegidas en la Hoja de respuestas.

RESEÑAS SOBRE LIBROS DE CONVIVENCIA EN LA ESCUELA

A.

Convivencia infantil y discapacidad. Ann Lewis.

Los niños discapacitados tienen más oportunidades de superar sus limitaciones cuando se educan en un ambiente de amor, respeto y aceptación. En este sentido, la autora presenta interesantes aportaciones al debate en torno a la inclusión de alumnos minusválidos en grupos de escuelas convencionales. El libro describe una experiencia de integración entre alumnos procedentes de escuelas especiales, con dificultades severas de aprendizaje, y alumnos no discapacitados en una escuela convencional. Un programa educativo que puso en práctica a lo largo de un año, con el fin de analizar de qué manera la comunicación abierta y la convivencia permanente entre niños con características diferentes, permite que los pequeños con discapacidad se desarrollen mejor y que los demás aprendan a respetar sus diferencias, sepan ser amigos y "tutores" de sus compañeros y los reafirmen en sus capacidades y valores humanos.

B.

La convivencia sin violencia. Recursos para educar. Anastasio Ovejero Bernal.

Este libro surge como resultado de un minucioso trabajo realizado en escuelas con padres de alumnos adolescentes. Presenta las claves necesarias para educar a los jóvenes en un clima positivo alentado por el respeto, la tolerancia y la empatía –entre otros factores– que se ofrecen como alternativa a la violencia y a la intimidación presente en las aulas y en la sociedad actual. A lo largo de varias sesiones, los autores desarrollan un programa de entrenamiento de habilidades sociales destinado a prevenir y a modificar conductas violentas. Proponen un método con numerosos recursos útiles orientado al aprendizaje de hábitos saludables, a mejorar la comunicación con los jóvenes, a establecer acuerdos y a negociar con ellos, así como a desarrollar la responsabilidad y la autonomía personal.

C.

Convivimos. La no violencia y el trabajo en equipo. Guía práctica para padres y profesores. Ed. Mad.

Esta obra surge como resultado de la puesta en práctica del proyecto Convivimos que un equipo de profesionales realizó durante varios cursos en escuelas de Primaria. Durante la experiencia, y a través de distintos recursos educativos, se promueve en los alumnos la reflexión sobre aspectos como la importancia del diálogo para solucionar conflictos y la consideración del otro para la consecución de objetivos comunes. En el libro se aborda la cuestión de la no violencia y el trabajo en equipo desde distintas fórmulas. Se utilizan para ello estrategias, actividades interactivas y el empleo de una metodología basada en la transmisión de valores. De esta forma se propicia la formación de individuos capaces de relacionarse positivamente con los demás y se logra un nivel de convivencia aceptable.

D.

Mediación educativa y resolución de conflictos. Ed. CEP.

El autor pone al conflicto en un contexto histórico y social. Pero suma otro mérito importante al aportar a los docentes muchas sugerencias procedimentales. La temática central que sobrevuela a toda la obra es el desarrollo de competencias para abordar los conflictos que las interacciones personales ponen cotidianamente en las escuelas. Por esto, adquiere especial relieve la propuesta del RAD (Resolución Activa de Disputas). El autor acentúa una posición educativa. Es patente su preocupación por enseñar, por enriquecernos a todos y por empoderar a los docentes para abordar situaciones que muchas veces los desbordan. El señalamiento de las potencialidades positivas del conflicto, su distinción con respecto a la violencia, la insistencia en el respeto por los derechos humanos y la posibilidad de construir una "paz positiva", la referencia al aparato normativo escolar y un análisis del contexto comunicacional, son algunos de los contenidos relevantes.

Convivencia y disciplina en la escuela. El aprendizaje de la democracia. J. C. Torrego y J. M. Moreno.

E.

Los crecientes problemas de disciplina en los centros escolares, y en particular la violencia escolar, se perciben como una suerte de epidemia transnacional que se mueve y extiende de país en país, cambiando por completo el paisaje de nuestros sistemas escolares y la identidad de la profesión docente. Esta enfermedad de la posmodernidad carece de un diagnóstico claro y convincente, lo que la convierte en causa de profunda perplejidad tanto para los profesores como para las familias de nuestros estudiantes. Por eso es urgente hablar hoy del aprendizaje de la convivencia y, por ende, de la democracia, como la principal responsabilidad que tienen los centros y el profesorado en la sociedad contemporánea. Los autores presentan en este libro el resultado del trabajo realizado a lo largo de una extensa trayectoria de investigación y de asesoramiento directo a instituciones educativas en relación con el tema de la convivencia y la disciplina.

Los conflictos. Cómo desarrollar habilidades como mediador. J. M. Fernández Millán y M.ª Mar Ortiz Gómez.

F.

En un mundo en el que proliferan los conflictos interpersonales e internacionales, y en el que se valora cada vez más la intervención profesional de mediadores, este manual se presenta como una guía para descubrir, a través de ejemplos y ejercicios, las habilidades y los conocimientos que debe poseer el profesional que desee adentrarse en este campo de intervención. La obra ofrece, en primer lugar, los conceptos fundamentales sobre la teoría de conflictos, así como lo más relevante acerca de las habilidades de comunicación, las estrategias de negociación y los mecanismos de mediación. En segundo lugar, presenta un enfoque aplicado desde el que orientar la intervención psicosocial en situaciones de conflicto, aplicando los conceptos descritos a casos concretos y variados.

(Adaptado de *http://www.librosaulamagna.com/libro*)

PREGUNTAS

19. El análisis de los problemas de convivencia que se realiza en esta obra llega al lector con el aval de haber sido contrastado con la práctica en los centros y aulas.

   A)   B)   C)   D)   E)   F)

20. Este libro describe de qué manera la convivencia con niños con capacidades normales pueden influir positivamente en el desarrollo de los que no las tienen.

   A)   B)   C)   D)   E)   F)

21. En esta obra se destacan las habilidades que debe poseer y los principios que deben guiar la intervención de quien interviene en conflictos para lograr eficacia en la resolución de dichos conflictos.

   A)   B)   C)   D)   E)   F)

22. Según este libro, esta manera de trabajar es una de las fórmulas principales para la resolución de conflictos.

   A)   B)   C)   D)   E)   F)

23. Esta obra trata de dar respuesta educativa al tema de los problemas de convivencia, y contribuye con propuestas para mejorar la actuación por parte del profesorado.

   A)   B)   C)   D)   E)   F)

24. Este libro trata el tema de la falta de disciplina en los centros educativos en un contexto político concreto.

   A)   B)   C)   D)   E)   F)

25. Este manual trata de dotar a los jóvenes de los medios necesarios para que sean competentes socialmente.

   A)   B)   C)   D)   E)   F)

26. En esta obra su autor narra un caso real donde confirma que una adecuada participación e integración de los estudiantes permite obtener resultados muy satisfactorios.

   A)   B)   C)   D)   E)   F)

● ● ● ● ● 🕐 ¿Cuánto **tiempo** has tardado para realizar **esta tarea**? Anótalo aquí: _____ min.

CLAVES

Tarea 1: **1.** a; **2.** a; **3.** c; **4.** a; **5.** b; **6.** a; **7.** c; **8.** b; **9.** a; **10.** b; **11.** c; **12.** c.
Tarea 2: **13.** C; **14.** G; **15.** B; **16.** F; **17.** E; **18.** D.
Tarea 3: **19.** E; **20.** A; **21.** F; **22.** C; **23.** D; **24.** E; **25.** B; **26.** A.

¡Atención! Recuerda que es recomendable que completes esta tabla inmediatamente después de hacer la prueba 1 del modelo de examen. Te va a ayudar a saber cómo progresa tu preparación.

¿Qué dificultades has tenido y dónde?	Tarea 1	Tarea 2	Tarea 3
No estoy familiarizado con el tipo de texto.			
No conozco el vocabulario específico del tema.			
No conocía algunas palabras de las opciones.			
Me ha desorientado el tipo de tarea.			
No he entendido bien la relación entre la pregunta o fragmento y el texto.			
He perdido mucho tiempo leyendo y releyendo.			
(Otro)			
Respuestas correctas.			
Tiempos parciales de cada tarea.			
Tiempo total utilizado.			
Nivel de estrés (de 1 –mínimo– a 5 –máximo–).			

¿Qué puedes hacer para mejorar los resultados la próxima vez? Anota aquí tu comentario.

....

....

Actividades sobre el Modelo n.º 2. Uso de la lengua, comprensión de lectura

 En las actividades de este modelo vas a desarrollar habilidades para enfrentarte a algunas de las dificultades descritas en el modelo 1 (página 18).

Tarea 1.

a. Lee este fragmento con algunas palabras marcadas y subraya la palabra del texto con la que se combina.

"Quien siembra vientos cosecha tempestades de furia" dice un refrán popular que hoy podemos aplicar a nuestro gobernante de turno, portador de una ejecutoria política de carácter tribal y primitivo, cuyo asidero esencial fue la toma del poder a través de la violencia. Fracasado en su intento, y abonado el terreno político por unas circunstancias que le favorecieron, el asalto al poder se hizo entonces por las vías convencionales de una democracia electoral, que en el fondo desprecia. Desde entonces solo ha existido un único propósito: la concentración sobre su persona de todo el poder imaginable que le garantice la perpetuidad en el mando de la nación. Para ello se ha valido de todo tipo de tretas y procesos camaleónicos apuntalados por una habilidad hacia lo mediático nada despreciable. El entramado legal lo utiliza discrecionalmente para perseguir y hostigar a sus adversarios, tanto los reales como los figurados. La política la entiende en un sentido muy primario y atroz: la confrontación perenne y estridente hasta el logro de sus objetivos. No hay medias tintas.

(*http://www.eluniversal.com/opinion/110208/historia-de-un-disimulo*, Ángel Lombardi, Venezuela)

Mira la solución en la página 112 y completa después las siguientes frases con la opción correcta.

 ¡Atención! Las palabras en negrita son las que determinan la elección de la opción correcta. Míralas.

1. Desde joven _____1_____ los **ideales** del socialismo, en una corriente que jamás gobernó en ningún lado, el trotskismo.

   a) inspiré   b) abracé   c) avisté

2. Hacen falta sueños para _____2_____ **firmemente** a la realidad. Se suele decir que, sea cual sea la verdad, la gente ve lo que quiere ver.

   a) ajustarse   b) amarrarse   c) aferrarse

3. La ocasión se ha aprovechado para _____3_____ **de milagro** de un compromiso que se había venido haciendo algo molesto y que amenazaba con empañar esa amistad.

   a) redimirse   b) renegar   c) librarse

4. Una gran **profusión de** _____4_____ procedentes de fuentes espirituales y literarias inspiraron sus monumentales obras.

   a) constantes   b) ideas   c) infundios

continúa →

5. Un trato minucioso se ha dedicado a los asistentes y parece ser que también se les **ha colmado de** _____ 5 _____.

a) obligaciones   b) sugerencias   c) atenciones

6. Su intervención consistió en hallar y _____ 6 _____ **argumentos** convincentes para persuadir al resto de participantes.

a) encabezar   b) esgrimir   c) concluir

7. En su segundo año al frente de la corporación le ha tocado _____ 7 _____ **con** las **dificultades** del momento.

a) trabajar   b) pactar   c) lidiar

8. Occidente debe _____ 8 _____ una **responsabilidad** extra con el cambio climático.

a) asumir   b) imputar   c) soslayar

9. Se ha impuesto como ideal que profesores y profesoras **anhelen** _____ 9 _____ que los estudiantes aprendan mediante competencias educativas simples.

a) violentamente   b) fervientemente   c) angustiosamente

(Adaptado de *http://corpus.rae.es*)

b. Señala en cada lista la combinación **incorrecta** para cada una de las palabras propuestas.

1. inducir
a. …a engaño
b. …al delito
c. …a la adicción
d. …con cautela
e. …maliciosamente

2. bandera
a. levar…
b. izar…
c. arriar…
d. …a media asta
e. enarbolar…

3. a regañadientes
a. obedecer…
b. admitir…
c. disculpar…
d. conocer…
e. retirarse…

4. a engaño
a. constatar…
b. inducir…
c. llevar…
d. llamarse…
e. exponerse…

5. a reventar
a. estar…
b. encontrarse…
c. atiborrarse…
d. lleno…
e. llenar…

6. dar(se) por
a. …vencido
b. …empleado
c. …supuesto
d. …enterado
e. …satisfecho

7. palabra
a. …bífida
b. …de honor
c. …inconexa
d. …hiriente
e. …precisa

8. empedernido
a. fumador…
b. admirador…
c. melómano…
d. ciudadano…
e. mujeriego…

9. dinero
a. inyectar…
b. manejar…
c. dilapidar…
d. blanquear…
e. acuñar…

10. a ciencia cierta
a. saber…
b. averiguar…
c. asegurar…
d. distinguir…
e. divulgar…

11. de medios
a. escatimar…
b. disponer …
c. dotar…
d. sobrado…
e. valer(se)…

12. miedo
a. …atroz
b. …mortal
c. …cerval
d. …instintivo
e. …escénico

13. prestar
a. …asistencia
b. …recaudo
c. …servicio
d. …juramento
e. …oído

14. una paliza
a. dar…
b. encajar…
c. propinar…
d. arrear…
e. arremeter…

15. expediente
a. cubrir…
b. instruir…
c. tramitar…
d. archivar…
e. impartir…

16. en palabras
a. cruzar…
b. prodigarse…
c. expresar…
d. poner…
e. ahorrarse…

17. parco en
a. …palabras
b. …frases
c. …elogios
d. …detalles
e. …comidas

18. levantar
a. …escollos
b. …una sanción
c. …la veda
d. …ampolla
e. …interés

Completa ahora este fragmento con las palabras de la columna de la derecha.

(!) **¡Atención!** En este caso no se han marcado las palabras que establecen la combinación correspondiente, pero sí en las claves.

En el _____1_____ barrio de Chamberí, más cerca del _____2_____ de aguas que de Cuatro Caminos, vivía no ha muchos años un hidalgo de buena estampa y _____3_____ peregrino, no aposentado en _____4_____ solariega, pues por allí no las hubo nunca, sino en plebeyo _____5_____ de alquiler de los baratitos, con ruidoso _____6_____ de taberna, merendero, cabrería y estrecho patio interior de habitaciones numeradas. La primera vez que tuve _____7_____ de tal personaje y pude observar su _____8_____ militar de antiguo cuño, algo así como una reminiscencia pictórica de los tercios viejos de Flandes, dijéronme que se llamaba don Lope, nombre que trasciende al polvo de los teatros o a romance de los que traen los librillos de retórica; y, en efecto, nombrábanle así algunos amigos maleantes; pero el respondía por don Lope Garrido. Andando el _____9_____, supe que la partida de _____10_____ rezaba don Juan López Garrido, resultando que aquel sonoro don Lope era composición del caballero, como un precioso afeite aplicado a embellecer la personalidad; y tan bien caía en su _____11_____ enjuta, de líneas firmes y nobles, tan buen acomodo hacia el nombre con la espigada tiesura del _____12_____, con la _____13_____ de caballete, con su despejada _____14_____ a sus _____15_____ vivísimos, con el _____16_____ entrecano y la _____17_____ corta, tiesa y provocativa, que el sujeto no se podía llamar de otra manera. O había que matarle o decirle don Lope.

bautismo
frente
tiempo
mostacho
casa
cuarto
populoso
nariz
depósito
perilla
cara
conocimiento
cuerpo
ojos
catadura
nombre
vecindario

(Tomado de *Tristana*, Benito Pérez Galdós)

c. Vas a ver ahora cómo la opción correcta forma parte de **expresiones idiomáticas** o de **frases hechas**. Selecciona la opción correcta.

1. Para su puesta en práctica nos explicaron **por activa y por** _____1_____ que no iban a cambiar la legislación laboral.

a) activo
b) pasiva
c) paciente

2. Entonces, se deberían valorar a los dos candidatos **por el mismo** _____2_____.

a) grado
b) ras
c) rasero

continúa ➔

3. En la sesión **pusieron en** ____3____ **de juicio** nuestros conceptos sobre lo real, y relegaron a la categoría de hipótesis nuestras teorías.

 a) tela b) falta c) día

4. Y ello ni siquiera contradice a Calderón de la Barca, porque el sueño mismo no es otra cosa que vida **en** ____4____.

 a) principios b) firme c) ciernes

5. **A** ____5____ **pronto**, nadie hubiese dado un duro por aquel par de criados de tez blanquecina.

 a) bote b) primer c) voz de

6. Carmen Engaza **lloró a moco** ____6____ cuando se enteró de su calamitosa situación.

 a) suelto b) tendido c) limpio

7. La pregunta, **a** ____7____, no lo hace trastabillar. Él seguía impertérrito.

 a) pronto b) bocajarro c) cara

8. No podemos suscribir **a pie** ____8____ la tesis según la cual los hombres que envejecen se tornan intolerantes, quisquillosos y hasta terribles.

 a) juntillas b) junto c) literal

9. A veces, parecían que **tenían el** ____9____ **de la ubicuidad** y forcejeaban abiertamente por el control efectivo del poder político.

 a) poder b) poderío c) don

10. Convendría que todos estuviéramos de acuerdo en el propósito, porque si no iría **a** ____10____ **y barrancas**.

 a) trancas b) penas c) tragos

11. Todas las palabras eran conocidas **de** ____11____ **a rabo** para mí. Sin embargo, los enunciados de muchas frases resultaban ambiguos.

 a) punta b) cabo c) lado

12. Allí entró el mismísimo comisario captando toda clase de emisiones o traduciendo **de** ____12____, sin el menor error, el *Times* o *Le Figaro*.

 a) carreras b) repaso c) carrerilla

13. Los hombres las miraban codiciosamente; los acompañados de sus familias las examinaban **a** ____13____, temerosos de una reprimenda.

 a) hurtadillas b) cuclillas c) rapapolvos

14. Su superior confabuló contra ellos y cometió una imprudencia, pero no iba a **ser más** ____14____ **que el Papa** y denunciar tal situación.

 a) mesurado b) papista c) practicante

(Adaptado de *http://corpus.rae.es*)

Tarea 2.

a. Aquí vamos a ver cómo la relación entre el fragmento y el texto se establece **a través de elementos gramaticales**. Observa estos ejemplos que han aparecido en El Cronómetro, *nivel C2* y elige el fragmento que le acompaña. Guíate por el vocabulario.

 ¡Atención! Ten en cuenta que el fragmento en este caso va siempre después del texto.

◯ TEXTOS

1. La guía es muy completa y consta de un total de 135 páginas con datos estadísticos de todo tipo. Si queréis profundizar más en ella, al final de esta entrada os dejo un enlace para que podáis echarle un vistazo más tranquilamente. Hoy aquí os vamos a mostrar solo un extracto de esa información,

2. Este estudio refleja que hay un hábito de lectura mayor entre los más jóvenes, y a medida que la edad aumenta el porcentaje de lectores disminuye.

3. Madrid es con diferencia la Comunidad Autónoma donde hay más lectores de libros en tiempo libre, seguida de la Comunidad Autónoma Vasca y La Rioja.

4. Es cierto que se aprecia un aumento considerable de la lectura en este soporte (*e-reader*) durante el último cuatrimestre del año, lo que hace pensar que, aunque despacio, la lectura en este soporte está despegando.

5. Y una de dos, o los fabricantes no habían previsto la demanda y habían puesto poco género en el mercado, o los consumidores (supongo que lectores) nos hemos lanzado a por este producto de forma masiva, o quizás lo que haya pasado es que se ha juntado el hambre con las ganas de comer,

6. Yo, en mi ignorancia, pensaba que eran los grandes almacenes e hipermercados los que en este aspecto ganaban la partida,

7. La respuesta educativa a este nuevo alumnado se enmarca dentro del principio de atención a la diversidad,

8. De ahí que el dinamismo de la vida de la metrópoli constituya el mecanismo más importante de avance y transformación de la sociedad contemporánea,

9. Las nuevas tecnologías permiten cada vez más una democratización constante del conocimiento.

◯ FRAGMENTOS

A. y que _____ proceso vaya configurando el futuro de la humanidad.

   a) este   b) dicho   c) el cual

B. _____, os contaré que este año regalé a mi hija por Reyes un dispositivo de estos (yo ya lo tengo desde el verano pasado y reconozco que es una maravilla) y la verdad es que me las vi y me las deseé para conseguir uno.

   a) De ahí   b) Por cierto   c) A colación de esto

C. _____, adquiere especial relieve la propuesta del RAD (Resolución Activa de Disputas).

   a) En conclusión   b) Por esto   c) Además

D. _____, el pintor se ciñó a lo narrado por el propio Filóstrato.

   a) O sea   b) En este caso   c) Entonces

E. _____, poca previsión del fabricante y una demanda compulsiva.

   a) es decir   b) por ejemplo   c) en definitiva

F. _____, también debemos tener en cuenta que los espacios de estudio reales se han convertido ahora en aulas virtuales.

   a) Sin embargo   b) Incluso   c) En todo caso

G. No es _____ un mal dato después de todo, eso quiere decir que nuestra juventud apuesta por la lectura.

   a) dicho   b) este   c) esta

H. _____ se refiere, fundamentalmente, a lecturas y lectores de libros en tiempo libre de la población española de 14 o más años, y al *ranking* de títulos.

   a) por ello   b) la que   c) a la que

I. _____ objetivo es su desarrollo individual e integración social en el marco de una escuela para todos.

   a) cuyo   b) el cual   c) con un

continúa ➔

10. Como el resto de pintores, Tiziano tuvo que atenerse a un preciso programa iconográfico cuyo significado, sin embargo, aún no se ha aclarado.

11. En el libro se aborda la cuestión de la no violencia y el trabajo en equipo desde distintas fórmulas. Se utilizan para ello estrategias, actividades interactivas y el empleo de una metodología basada en la transmisión de valores.

12. La temática central que sobrevuela a toda la obra es el desarrollo de competencias para abordar los conflictos que las interacciones personales ponen cotidianamente en las escuelas.

J. _____ por lo visto, nada más lejos de la realidad.

a) pero   b) entonces   c) asimismo

K. _____ se propicia la formación de individuos capaces de relacionarse positivamente con los demás y se logra un nivel de convivencia aceptable.

a) En suma   b) Por ejemplo   c) De esta forma

L. _____ Andalucía es la Comunidad donde menos se lee.

a) Por el contrario   b) En concreto   c) A propósito

Selecciona ahora la opción que permita la relación entre el fragmento y el texto.

Según el elemento que relaciona fragmento y texto, podemos establecer dos tipos de relaciones.

A. El elemento del fragmento (conjunciones, preposiciones, etc.) contribuye a ordenar las partes del texto, a establecer causas o consecuencias, a ejemplificar, reformular, etc.

B. El elemento del fragmento (pronombres relativos o demostrativos, sobre todo) hace referencia a ideas o palabras anteriores o posteriores.

Escribe qué ejemplos de los anteriores corresponden a cada tipo de relación texto-fragmento.

Ejemplos: _____

Ejemplos: _____

b. En esta actividad vamos a ver la relación entre el fragmento y el texto mediante la aparición de **palabras equivalentes**. Subraya en los fragmentos las palabras equivalentes a las palabras del texto correspondiente.

● TEXTOS	● FRAGMENTOS

EJEMPLO

Científicamente se ha demostrado que son necesarios cinco cumplidos seguidos para borrar las huellas perversas de un insulto. Los que tienen la manía de contradecir siempre al que está delante no gozan de tiempo material para paliar el efecto perverso de su ánimo contradictor.

¿Cómo podemos aplicar en la vida cotidiana los resultados de este hallazgo experimental? ¿Cómo podemos coadyuvar a que la ciencia penetre en la cultura popular? Es evidente que los experimentos efectuados sobre los méritos relativos del cumplido y de la anatema del contrario pueden ayudar a mejorar la vida en común de la pareja.

(http://www.eduardpunset.es/1065/general/hacen-falta-cinco-cumplidos-para-resarcir-un-insulto)

1.

Me refiero al abismo que se ha creado entre los jóvenes y los mayores en Europa. Miles de doctorandos estudian las causas de las dificultades de transmitir conocimiento y tecnología entre los países ricos y pobres.

Se ha llegado a la conclusión de que es relativamente fácil transferir tecnología explícita –la que está en los manuales–, pero muy difícil transferir los conocimientos implícitos en la manera de ser, el saber hacer individual o la cultura de un colectivo.

(http://www.eduardpunset.es/95/general/un-abismo-entre-generaciones)

2. He de confesar que casi he escrito *El alma del mundo* como una invocación. Pensé, desde mis cuarenta y pocos años, en qué sería lo mejor que me podía pasar cuando fuera mayor. Y creo que debe de ser precioso enamorarse a los noventa, cuando ya no tienes nada que perder y decides disfrutar a tope el tiempo que te queda de vida.

Y así surgió esta historia de amor de dos ancianos que deciden reinventarse y probar, apostar por una aventura que no han podido vivir hasta ese momento.

(http://www.inteligenciaemocionalysocial.com/967/uncategorized/el-alma-del-mundo)

3. La región en donde se encontraban enclavados los puertos chontales aquí mencionados, está conformada por una intrincada red de ríos, arroyos y lagunas. Lugares pantanosos e inhóspitos que, por ser propensos a las inundaciones, son inadecuados para habitarse. A través de las narraciones de Bernal Díaz o de Hernán Cortés se pueden imaginar aquellas explanadas que ellos describen cubiertas por densa vegetación que a veces no dejaba pasar los rayos del sol.

Planicies cortadas por el laberinto de las numerosas corrientes, tan profundas en unos casos, o pantanosas en otros, que constituían una seria amenaza para los conquistadores y sus cabalgaduras. Las alturas sobre el nivel del mar coadyuvan en la aparente naturaleza inhóspita del paisaje. Efectivamente hacia los siglos VII-VIII, o tal vez desde mucho antes en las llanuras Intermedias, el territorio en cuestión estuvo ocupado, casi en su totalidad, por el grupo chontal.

(www.revistas.unam.mx/index.php/antropología)

C. Completa el texto seleccionando los fragmentos de la página siguiente. Ten en cuenta las palabras marcadas en el texto.

La nanotecnología

A menudo se ha hablado en este blog sobre algunas de las interesantes aplicaciones de la nanotecnología en campos tan diversos como la construcción, con la fabricación de nuevos materiales "autolimpiables" a base de nanopartículas de TiO_2; la electrónica, con la aparición de la tinta y el papel electrónicos; la medicina y la farmacéutica, con la producción de medicamentos específicamente dirigidos a una región muy concreta del cuerpo, donde liberan el principio activo; o la industria energética, con la fabricación de células solares de alto rendimiento. _____1_____.

Estamos hablando de la moda, y, en general, la industria textil. Tal vez os preguntéis cómo es posible que dos cosas tan aparentemente alejadas una de otra puedan encontrar un punto en común. Sin embargo, pensemos por un momento en una típica imagen futurista: gente vestida con simples camisetas cuyos motivos pictóricos cambian con una orden del dueño, que pasan del rojo al verde o al amarillo en función del estado de ánimo de quien las lleva. _____2_____.

Un ejemplo lo encontramos en las fibras desarrolladas por un grupo de investigadores del MIT (*Massachusetts Institute of Technology*), dirigido por el profesor Yoel Fink. _____3_____.

Una de las grandes ventajas de estas fibras, que las ha hecho tan interesantes para la industria textil, es su gran flexibilidad, _____4_____. Una vez incorporadas, sería posible, en principio, cambiar el rango de longitudes de onda reflejadas y obtener así un color diferente en la prenda, bien cambiando el grosor de las capas, bien modificando el índice de refracción de alguno de los materiales.

Por el momento habrá que esperar a un mayor desarrollo y mejora de estos nuevos materiales antes de verlos circulando en la industria de la moda. Sin embargo, las fibras del grupo de Fink ya han encontrado una aplicación directa en la fabricación de uniformes militares. La idea consiste en coser en los uniformes unos "códigos de barras" tejidos con estas fibras. _____5_____.

(Extraído de http://blogs.creamoselfuturo.com/nano-tecnologia/2010/01/08/la-nanotecnologia-en-la-moda-i/)

continúa →

PRUEBA 1. USO DE LA LENGUA, COMPRENSIÓN DE LECTURA Y COMPRENSIÓN AUDITIVA   PRUEBA 2. DESTREZAS INTEGRADAS: COMPRENSIÓN AUDITIVA Y EXPRESIÓN E INTERACCIÓN ESCRITAS   PRUEBA 3. DESTREZAS INTEGRADAS: COMPRENSIÓN DE LECTURA Y EXPRESIÓN E INTERACCIÓN ORALES

◯ FRAGMENTOS

A. Este equipo ha conseguido combinar finas capas concéntricas de plástico y vidrio para formar un hilo capaz de reflejar la mayor parte de la luz que incide sobre él en un determinado rango de longitudes de onda.

B. Pues bien, esto, que parece producto de una mente demasiado fantasiosa, podría ser posible gracias a la nanotecnología (salvando las distancias, por supuesto).

C. que permitiría que pudieran ser tejidas para fabricar prendas de vestir.

D. Fabricando las fibras de manera que reflejen específicamente una región de longitudes de onda en el infra-rrojo, permitirían a los soldados distinguir amigos de enemigos en situaciones de mala visibilidad, como combates nocturnos o entre densas capas de humo o niebla.

E. Sin embargo, existen otros usos para los productos derivados de la nanotecnología, que no por ser menos mencionados son menos interesantes.

Marca ahora en los fragmentos un equivalente de las palabras marcadas en el texto.

Tarea 3.

a. Algunas de las preguntas de esta tarea son **resúmenes de los textos**. Observa cómo esta reseña del modelo 2 de *El Cronómetro, nivel C2* tiene dos preguntas asociadas a este texto, pero solo una de ellas resume la idea general.

A. *Convivencia infantil y discapacidad.* **Ann Lewis.**

Los niños discapacitados tienen más oportunidades de superar sus limitaciones cuando se educan en un ambiente de amor, respeto y aceptación. En este sentido, la autora presenta interesantes aportaciones al debate en torno a la inclusión de alumnos minusváli-dos en grupos de escuelas convencionales. El libro describe una experiencia de integración entre alumnos procedentes de escuelas especiales, con dificultades severas de aprendizaje, y alumnos no discapacitados en una escuela convencional. Un programa educativo que puso en práctica la propia autora a lo largo de un año, con el fin de analizar de qué manera la comunicación abierta y la convivencia permanente entre niños con características diferentes, permite que los pequeños con discapacidad se desarrollen mejor y que los demás aprendan a respetar sus diferencias, sepan ser amigos y "tutores" de sus compañeros y los reafirmen en sus capacidades y valores humanos.

20. *Este libro está dirigido a padres y educadores que tienen vinculaciones con niños cuya enseñanza requiere una atención especial.*

26. *En esta obra su autor narra un caso real donde confirma que una adecuada participación e integración de los estudiantes permite obtener resultados muy satisfactorios.*

Lee las reseñas de libros sobre *Alergología* que aparecen a continuación y elige la pregunta que mejor resuma el contenido de todo el texto.

⚠ **¡Atención!** Las dos opciones pueden ser correctas.

A. *Alergia. Abordaje clínico, diagnóstico y tratamiento.* **R. Cardona Villa y C. Serrano Reyes.**

Una excelente herramienta de consulta y estudio para estudiantes de Medicina y una amplia gama de profesionales como alergólogos, pediatras, médicos internistas, dermatólogos, neumólogos, farmacólogos, toxicólogos, oftalmólogos, otorrinolaringólogos, reumatólogos. Abarca, desde los aspectos básicos inmunológicos y moleculares hasta los diferentes síndromes clínicos, pasando por temas de gran actualidad científica e interés general, y contribuye a la unificación de criterios, sin caer en dogmatismos. Incluye temas no encontrados en los textos tradicionales de alergia como por ejemplo los efectos de los cambios del medioambiente sobre las enfermedades alérgicas; la relación entre cerebro, inmunidad e inflamación; la evidencia actual del tratamiento de las enfermedades alérgicas, el manejo del asma basado en fenotipos y las diferentes entidades relacionadas con alergia ocular, entre otros.

1. *Esta obra permite a estudiantes y especialistas del campo de la alergología conocer los distintos síndromes clínicos para el tratamiento de las enfermedades.*

2. *Este libro se constituye como una obra de consulta donde se recogen los conceptos básicos del sistema inmunológico y el conjunto sistemático desde un punto de vista actual e innovador.*

B. *Alergia. Enfermedad Multisistémica. Fundamentos básicos y clínicos.* **J. I. Méndez, J. G. Huerta, J. A. Bellanti, R. Ovilla.**

Las alergias y su tratamiento son un tema muy complejo debido a que desde su diagnóstico hasta su tratamiento conjunta diversas disciplinas: inmunología, fisiología, biología molecular y farmacología. Esta obra surge como respuesta a la necesidad que genera el incremento de las enfermedades alérgicas a nivel mundial, y tiene el objetivo de actualizar los conocimientos médicos de diferentes especialidades en técnicas de laboratorio y tratamientos para el manejo del paciente alérgico. Abarca aspectos básicos y clínicos que se integran y explican de forma accesible y fluida. Los capítulos están organizados en una secuencia lógica que facilita el estudio de los temas. Se incluyen fotografías, gráficas y tablas, así como una tabla general que muestra los medicamentos más frecuentemente utilizados en el tratamiento antialérgico. El propósito general es ofrecer un mejor entendimiento de la fisiopatología, del diagnóstico y del tratamiento, de las indicaciones, beneficios y limitaciones de los exámenes actuales, así como de los procedimientos usados en los pacientes con enfermedades alérgicas.

1. *Esta obra actualiza los conocimientos médicos de diversas disciplinas y da a conocer de una forma muy visual las diferentes técnicas y tratamientos en pacientes alérgicos.*

2. *En esta obra se recogen los fundamentos básicos y clínicos que se llevan a cabo actualmente con pacientes con enfermedades alérgicas.*

C. *Alergias e intolerancias alimentarias.* **Marta González Caballero.**
Una alimentación equilibrada y variada en todos los grupos de alimentos mantiene nuestro organismo sano. Esto parece fácil pero se complica cuando una persona debe excluir un determinado alimento porque daña su salud, incluso pone en peligro su vida o a padecer carencias nutricionales. Para el buen entendimiento de este libro hay que tener claro, como mínimo tres conceptos: reacción adversa a un alimento, alergia o hipersensibilidad alimentaria e intolerancia alimentaria. Entre las más frecuentes se encuentran la enfermedad celíaca o intolerancia al gluten de los cereales y las intolerancias a los azúcares como la lactosa, fructosa o galactosa. Este libro pretende ser una guía útil y de fácil comprensión para hacer frente a las dudas e inquietudes sobre alimentación que se presentan ante la aparición de una alergia o intolerancia alimentaria, las falsas alergias o pseudoalergias, aquellas reacciones adversas de aditivos alimentarios, a los alimentos transgénicos y a los medicamentos.

1. *Este libro tiene como objetivo ser una obra de consulta sobre la alimentación en casos de alergia e intolerancia alimentaria.*

2. *En esta obra se analizan conceptos básicos como la reacción adversa a un alimento, alergia e intolerancia alimentaria.*

(Adaptado de *http://www.libroscr.es*)

PRUEBA 1. USO DE LA LENGUA, COMPRENSIÓN DE LECTURA Y COMPRENSIÓN AUDITIVA   PRUEBA 2. DESTREZAS INTEGRADAS: COMPRENSIÓN AUDITIVA Y EXPRESIÓN E INTERACCIÓN ESCRITAS   PRUEBA 3. DESTREZAS INTEGRADAS: COMPRENSIÓN DE LECTURA Y EXPRESIÓN E INTERACCIÓN ORALES

b. En esta actividad tienes que relacionar el **título** de unas conferencias sobre *Turismo y desarrollo* con su resumen correspondiente.

TÍTULOS

1. *Fomento institucional de la colaboración público-privada como factor clave del desarrollo turístico.* Ana Isabel Muñoz Mazón, Universidad Antonio de Nebrija, España.

2. *Desarrollo sostenible y comercialización turística del patrimonio.* Alberto Jonay Rodríguez Darias, Universidad de La Laguna, España.

3. *Turismo y desarrollo: Mezcales, un caso de observación local en el contexto turístico de la costa sur del estado de Nayarit, México.* Ulises Castro Álvarez y María Alicia Fonseca.

4. *Imagen y turismo.* Raymundo Castillo Bautista y Alejandra Juárez Anguiano, UNAM, México *Morales*, Universidad Autónoma de Nayarit, México.

5. *Actores socioeconómicos en turismo región noroeste de Chihuahua, México.* Tomás Jesús Cuevas-Contreras e Isabel Zizaldra-Hernández, Universidad Autónoma de Ciudad Juárez, México.

6. *La fidelidad al destino turístico Puerto de la Cruz medida y análisis mediante el modelo Rasch.* Diana Martín Azami, Universidad de La Laguna, España.

7. *Territorialidad e impactos de la actividad turística: capacidad de carga como medida de la sostenibilidad.* M.ª Pilar Flores Asenjo y M.ª Concepción Parra Meroño, Universidad Católica San Antonio de Murcia, España.

8. *La oferta turística en la isla de Tenerife: un análisis de su evolución.* Yenis Marisel González Mora y Raquel Martín Rivero, Universidad de La Laguna, España.

9. *El turismo desde la gestión del conocimiento.* Zulma Hasbleidy Vianchá Sánchez, Coinvestigadora CREPIB, Colombia.

10. *¿Qué es el turismo?: una discusión teórica.* Maximiliano Korstanje, Universidad de Palermo, Argentina.

PREGUNTAS

a. El presente trabajo tiene como objetivo fundamental realizar un análisis descriptivo de la oferta turística en la zona, mostrando el progreso de las principales variables durante el período 1999-2007.

b. Este trabajo, como avance de investigación sobre esta temática, expone la necesidad de vincular la imagen de una localidad con el turismo que esta consigue.

c. Este trabajo pone de manifiesto la situación del desequilibrio existente en el desarrollo territorial de la costa-interior de este país, así como los impactos, positivos y negativos, de la actividad turística, útiles para la toma de decisiones y la planificación y regulación de la actividad turística.

d. El propósito de este trabajo es obtener medidas fiables y válidas de la confianza del turista que permita la correcta gestión de la misma.

e. Esta ponencia es una reflexión acerca de la influencia de las relaciones entre agentes en el desarrollo y la importancia de que las instituciones fomenten la colaboración entre todos los grupos de interés turísticos que interactúan dentro de los límites de un destino.

f. El siguiente artículo tiene como fin discutir críticamente las diferentes definiciones que se encuentran en la bibliografía clásica sobre el turismo.

g. Esta ponencia pretende mostrar una recopilación conceptual sobre el tema del modelo de gestión y su relación con el turismo, y cómo se puede adaptar para los contextos específicos de los municipios atendidos en el proyecto en ejecución.

h. La presente ponencia tiene por objetivo suscitar el debate en torno a la sostenibilidad de los procesos relacionados con la comercialización de elementos patrimoniales a través del turismo.

i. El presente ensayo es una aproximación a la comprensión de las condiciones socioeconómicas de esta zona, con relación a la actividad del turismo.

j. En esta conferencia se señala que el turismo se ha convertido en un modelo para la promoción del desarrollo regional en zonas como esta, y pone en tela de juicio la oportunidad de alcanzar un verdadero desarrollo para la población autóctona.

(Tomado de *http://www.eumed.net/eve/2turydes-pon.htm*)

¿Cómo puedes trabajar los **títulos** de las ponencias o reseñas para hacer la tarea? Anota aquí tu comentario.

....

....

c. Al leer cada uno de los resúmenes, es muy importante identificar rápidamente las **palabras clave** del texto para relacionarlo con su título e identificar las ideas principales del texto. En esta actividad tienes que relacionar cada serie de palabras con cada uno de los textos en los que puede aparecer.

TIPOS DE TEXTOS	PALABRAS CLAVE
1. Reseñas sobre artículos de Biología.	A. *registro de la propiedad, catastro, vivienda de protección oficial, subrogar una hipoteca, pagar la contribución/el IBI, expropiación.*
2. Extractos sobre un congreso de sociología sobre el trabajo.	B. *ciclo educativo, programación, sílabo, currículo, ponencia, simposio, homologar, convalidar los estudios, trasladar el expediente académico, archivar un expediente.*
3. Conferencias sobre la vivienda actual.	C. *instrucción, docencia, adquisición, enfoque, metodología, conductismo, humanismo, cognitivismo, instruido, ilustrado, cultivado.*
4. Resúmenes de ponencia sobre Ecología.	D. *cadenas alimentarias, desechos, saneamiento, desperdicios, erario público, deposiciones animales, ciclo agrícola.*
5. Simposio sobre aprendizaje y enseñanza.	E. *prevención, vacunación, sarampión, paperas, trasplante, pronóstico, quedar secuelas, estar convaleciente, sufrir una recaída, lumbalgia, migraña, jaqueca, lipotimia, convulsiones.*
6. Sinopsis de libros sobre el sistema educativo.	F. *biología molecular, ameba, bacteria, germen, hongo, glóbulo blanco/rojo, microbio.*
7. Congreso sobre la institución familiar.	G. *desembolso, depósito, amortización, vencimiento de un préstamo, fondo de pensiones, tramitar un cobro, invertir fondos, subrogación de la hipoteca, liquidar un préstamo.*
8. Artículos sobre los servicios financieros.	H. *monogamia, poligamia, matriarcado, patriarcado, casta, alcurnia, linaje, primogénito, relación paternofilial, lazos de sangre, entroncar, inculcar valores.*
9. Ponencias sobre enfermedades comunes.	I. *empleo remunerado, sociedad de gananciales, trabajo arduo, contrato por obra y servicio, de interinidad, indefinido, aferrarse a un cargo.*
10. Reseñas sobre Economía.	J. *pleito, apelación, querella, indulto, amnistía, sentencia, apelar, querellarse, inculpar, fallar (una) sentencia, emitir un veredicto, vulnerar la ley, actuar en legítima defensa, estar en libertad condicional, salir bajo fianza, hecha la ley, hecha la trampa.*
11. Sinopsis de libros legislativos.	K. *devoción, espiritualidad, misticismo, religiosidad, santidad, sincretismo, santería, credo, creencia, confesión, blasfemar, renegar de la fe, profesar una religión.*
12. Conferencias sobre la historia de las religiones.	L. *domiciliación, privatización, finanzas, capital, tesoro público, suspensión de pagos, dinero contante y sonante, tener liquidez, demostrar solvencia, despilfarrar, inflación, devaluación, fondo de inversión, Letras del Tesoro, bonos del Estado.*

CLAVES Y COMENTARIOS DE LAS ACTIVIDADES

Tarea 1.

a. **Fragmento:** aplicar: *refrán*; carácter: *tribal y primitivo*; abonado: *el terreno*; asalto: *al poder*; mando: *de la nación*; camaleónicos: *tretas y procesos*; hostigar: *perseguir, a sus adversarios*; perenne: *confrontación, estridente.*

Opciones de las frases: 1. b; **2.** c; **3.** c; **4.** b; **5.** c; **6.** b; **7.** c; **8.** a; **9.** b.

b. ⚠️ **¡Atención!** En la tarea 1 debes tener en cuenta tu conocimiento de las combinaciones de las palabras. Conocer y ejercitarse en el conocimiento de estas combinaciones te pueden ayudar a determinar cuál es la respuesta correcta. En el Apéndice 1 (📖 **ELEteca**) puedes trabajar otras combinaciones. Te recomendamos trabajar con el *Diccionario combinatorio del español contemporáneo REDES*, Editorial SM.

1. d. con cautela (Se utiliza con verbos de comportamiento: *actuar, obrar*, o de acepción: *recibir, tomar, aprobar*); **2.** a (Se dice *levar el ancla*); **3.** d (Aparece con verbos de acción "hacer algo con repugnancia", pero no con verbos de pensamiento: *conocer*); **4.** a (El verbo *constatar* se combina con *debidamente/de primera mano/fehacientemente/por escrito*); **5.** c (*Atiborrarse* es sinónimo de *reventar*, pero no se combina con él); **6.** b (Lo correcto sería *dar por bien empleado*); **7.** a (Lo correcto es *lengua bífida*); **8.** d (El adjetivo *empedernido* se combina con sustantivos de persona que designan al que realiza una acción, como fumar, al que admira a alguien, una acción lúdica, como escuchar música, o al que practica algún hábito, lo que descarta su relación con *ciudadano*); **9.** e (Se dice *acuñar una moneda*); **10.** e (Se diría *divulgar la ciencia*); **11.** a (Lo correcto es *escatimar dinero, medios, recursos*); **12.** b (El adjetivo *mortal* se combinaría con *odio*); **13.** b (Existe la combinación *dejar a buen recaudo*); **14.** e (Se combinan con *arremeter: a golpes, a patadas, a puñetazos*); **15.** e (Podemos decir *impartir una enseñanza* pero no *un expediente*); **16.** a (Lo correcto sería *cruzar la palabra con alguien*); **17.** b (Existe la combinación *parco en el fraseo*); **18.** e (Podemos *levantar sorpresa, expectación, admiración, curiosidad*, y *despertar interés*).

⚠️ **¡Atención!** Entre paréntesis señalamos las palabras del texto con las que se combina cada opción correcta.

1. populoso (barrio); **2.** depósito (de aguas); **3.** nombre (peregrino); **4.** casa (solariega); **5.** cuarto (de alquiler); **6.** vecindario (ruidoso); **7.** conocimiento (tuve); **8.** catadura (militar); **9.** tiempo (andando el); **10.** bautismo (partida de); **11.** cara (enjuta); **12.** cuerpo (espigada, tiesura); **13.** nariz (de caballete); **14.** frente (despejada); **15.** ojos (vivísimos); **16.** mostacho (entrecano); **17.** perilla (corta, tiesa, provocativa).

c. ⚠️ **Comentario.** El conocimiento de las frases hechas es también importante para esta tarea. Aunque su aparición no es muy frecuente, puede suponer una dificultad importante. Además, conocerlas y tenerlas en cuenta te puede servir para el resto de las pruebas.

> ### Bibliografía recomendada
>
> Edi numen   *Lo dicho.* Cristina Palanca y Geir Stale Tennfjord.

1. b; **2.** c; **3.** a; **4.** c; **5.** a (Es incorrecta la forma *A voz de pronto*); **6.** b; **7.** b (Existe *de pronto* y *a la cara*); **8.** a (Otra forma similar es *al pie de la letra*); **9.** c; **10.** a (Con la opción *b* queremos decir *a duras penas* y con *c, a tragos*); **11.** b (Existe *de punta a cabo* y *de sobra*); **12.** c (Con la *c* se relacionan *tomar/decir de memoria/de carrerilla*); **13.** a (Existe la combinación *en cuclillas*); **14.** b.

Tarea 2.

a. **1.** H, b; **2.** G, b; **3.** L, a; **4.** B, c; **5.** E, a; **6.** J, a; **7.** I, a; **8.** A, b; **9.** F, a; **10.** D, b; **11.** K, c; **12.** C, b.

⚠ **Comentario.** Es muy importante reconocer estos elementos gramaticales, ya que te pueden ayudar a establecer las relaciones entre el texto y el fragmento. Conocer el significado de estos marcadores o conectores es fundamental en esta tarea.

A. Ejemplos 3, 5, 6, 9, 10, 11 12. **B.** Ejemplos 1, 2, 4, 7, 8.

b. **Texto 1:** estudian: *se ha llegado a la conclusión*; transmitir: *transferir*; conocimiento: *conocimientos implícitos*; tecnología: *tecnología explícita*. **Texto 2:** enamorarse: *historia de amor*; a los noventa: *dos ancianos*. **Texto 3:** la región: *el territorio*; puertos chontales: *grupo chontal*; intrincada red: *laberinto*; ríos, arroyos: *corrientes*; lagunas, lugares pantanosos: *pantanosas*; explanadas: *llanuras*; densa vegetación: *naturaleza inhóspita*; no dejaba pasar: *cortadas*; Bernal Díaz, Hernán Cortés: *conquistadores*.

⚠ **Comentario.** Tanto en el texto como en el fragmento pueden aparecer palabras sinónimas o equivalentes que son las que establecen la relación texto-fragmento. Recomendamos ampliar el conocimiento del vocabulario mediante el uso del diccionario.

c. **1.** E; **2.** B; **3.** A; **4.** C; **5.** D.

Aplicaciones: *usos, productos derivados de la nanotecnología*; **Imagen futurista:** *mente, fantasiosa*; **Grupo de investigadores:** *equipo*; **Fibras:** *finas capas concéntricas de plástico y vidrio, tejidas, prendas de vestir*; **Fabricación:** *fabricando*.

Tarea 3.

a. **A.** 2; **B.** 1; **C.** 1.

⚠ **Consejo.** Muchas de las preguntas que aparecen en el texto constituyen el resumen del texto. Te recomendamos subrayar las ideas principales del texto y relacionarlas con palabras o ideas de las preguntas.

b. **1.** e; **2.** h; **3.** j; **4.** b; **5.** i; **6.** d; **7.** c; **8.** a; **9.** g; **10.** f.

⚠ **Consejo.** Los títulos de las conferencias o de las reseñas te pueden dar una primera pista para localizar la pregunta correspondiente. La estrategia consiste en hacer una primera selección de la pregunta a partir únicamente de los títulos, y confirmar o completar la selección después con una lectura intensa de los textos siguiendo esa primera selección. Hemos comprobado que en algunas convocatorias una parte importante de las preguntas se responden usando solo los títulos.

c. **1.** F; **2.** I; **3.** A; **4.** D; **5.** C; **6.** B; **7.** H; **8.** G; **9.** E; **10.** L; **11.** J; **12.** K.

⚠ **Consejo.** Para la comprensión del texto no es solo importante que conozcas el vocabulario específico del tema, sino también aquellas expresiones, vocabulario y estructuras característicos de un registro escrito elevado. Conocer estas palabras también te pueden ayudar a conocer el tema del texto y a relacionarlo con el título al que corresponde.

Prueba 1. Segunda parte: Uso de la lengua, comprensión auditiva

• • • • • • Antes de empezar la parte de Comprensión auditiva.

a. Marca con una ✗ si has pensado alguna de estas cosas al hacer las tareas del modelo 1 y en qué tarea. No tienes que marcar en todas las frases si no compartes el comentario.

	TAREA 4	TAREA 5	TAREA 6
1. *Uf, cuánta información, he perdido el hilo.*			
2. *Vaya, hay demasiadas palabras especializadas.*			
3. *Hay demasiadas personas hablando, ya no sé quién dice qué.*			
4. *Voy a anotar al margen algunas palabras antes de que empiece la audición.*			
5. *Sí, esta palabra de la pregunta es importante, y esta y esta. Esta no.*			
6. *Esta frase es demasiado general, no creo que sea correcta.*			
7. *Estas dos frases se contradicen, seguro que es una de las dos.*			
8. *A ver, estas frases representan actitudes, y estas, información.*			
9. *¿Ha dicho "actitud" o "aptitud"? Lo anoto para la segunda audición.*			
10. *Ajá, acaba de decir esta palabra. Entonces, aquí está la información.*			
11. *Pero, ¿cuántas ideas diferentes ha dicho en una misma frase?*			
12. *Ah, aquí hablan solo dos personas, así es más fácil.*			
13. *Bueno, no es exactamente un debate, no discuten, solo habla una vez cada persona. Así es más fácil.*			
14. *Mira, ha dicho "dinero invertido" y aquí pone "inversión", es casi lo mismo.*			
15. *Uf, no me dan tiempo para leer las preguntas, tengo que leerlas mientras escucho.*			
16. (Otra)			

¿Cuáles de las frases corresponden a dificultades de la prueba y cuáles a formas de superar esas dificultades? ¿Te han dado alguna idea sobre esta prueba del examen? Anota aquí tu comentario.

....

....

....

❗ ¡Atención! En el apartado de claves puedes encontrar algunos comentarios.

b. Aquí tienes una lista de distintos temas de conferencias y debates. Marca a qué tarea crees que puede corresponder cada uno.

	TAREA 4	TAREA 5	TAREA 6	~⌐⌐
1. Problemas del medioambiente y la energía.				
2. El derecho de las mujeres a darse de baja cuando tienen un hijo.				
3. La inteligencia y el talento.				
4. Los beneficios del ejercicio físico.				
5. La mejora de la oferta televisiva.				
6. Las condiciones del trabajador que trabaja a distancia.				
7. Cómo hacen los artistas para vivir de su arte.				
8. La relación entre la forma de vestir y la identidad personal.				
9. Los sueños a través de la historia.				
10. Disquisiciones y teorías sobre un género literario.				
11. El plástico.				
12. El consumo responsable.				
13. Leer la mente.				
14. Ganarse la vida como músico.				
15. Neurología y sinestesia.				
16. El trabajo del corresponsal.				

¿Cuáles crees que han aparecido ya en las convocatorias de examen? Márcalas en la última columna (~⌐⌐).

¡Ya puedes empezar esta parte de la Prueba 1!

Prueba 1. Uso de la lengua, comprensión de lectura y auditiva

13-15 **Pon el disco de** la pista n.° 13 a la pista n.° 15 y sigue las instrucciones. No detengas la audición hasta el final de la pista 15.

La **Prueba 1** consta de tres tareas de Comprensión auditiva. La duración aproximada de estas tres tareas es de 45 minutos. Usted tiene que responder a 26 preguntas.

Tarea 4

INSTRUCCIONES

Usted va a escuchar un fragmento de una conferencia en la que se tomaron algunas notas. Entre las doce opciones que aparecen debajo (A-L), usted deberá elegir las cinco que corresponden a esta conferencia. Escuchará la audición dos veces. Marque las opciones elegidas en la Hoja de respuestas.

Ahora dispone de un minuto para leer las opciones.

OPCIONES

A) A menudo la elección de una profesión es algo espontáneo.

B) Cuando se dedica mucha energía a la vocación personal, el fracaso está garantizado.

C) Cuando realizamos una labor de nuestro agrado, es como si no trabajáramos.

D) Dios le impuso al hombre el trabajo como condena.

E) La universidad debería hacer el trabajo vocacional más placentero.

F) Se pone en duda la relación entre felicidad y capacidad económica.

G) La universidad actual se caracteriza por sus carencias.

H) Una labor fundamental de la universidad debe ser la de fomentar la especialización.

I) El concepto *Humanidades* está reñido con el de *especialización*.

J) Los gobiernos actualmente favorecen la especialización.

K) La gente será menos desdichada en un mundo especializado.

L) El éxito de una sociedad no se puede medir en índices de resistencia a las desgracias.

Señale las opciones elegidas por orden alfabético.

27	28	29	30	31

Tarea 5

Modelo de examen n.º 2

INSTRUCCIONES

A continuación escuchará dos conversaciones. En la primera, un hombre y una mujer hablan sobre las redes sociales. En la segunda, un hombre y una mujer hablan sobre consumismo. Deberá marcar de las 7 opciones que se le dan en la primer conversación (32-38) y de las 7 de la segunda conversación (39-46), qué ideas expresa el hombre (H), cuáles la mujer (M) y cuáles ninguno de los dos (N). Escuchará la conversación dos veces. Marque las opciones elegidas en la Hoja de respuestas.

Ahora dispone de 30 segundos para leer las frases de la primera conversación.

CONVERSACIÓN 1

32. Muestra satisfacción por haber ayudado a crear una red social.

33. Defiende la capacidad de las redes sociales para actualizar y publicar contenidos.

34. Destaca en las redes sociales una oferta de contactos con más posibilidades que las precedentes.

35. Opina que las redes sociales permiten compartir una gran cantidad de información.

36. Estima que sería prematuro medir en estos momentos el éxito de las redes sociales.

37. Comenta que muchos usuarios se dan de baja de algunas redes sociales que resultan demasiado difusas.

38. No está de acuerdo con la medición del éxito a partir del número de altas.

Ahora dispone de 30 segundos para leer las frases de la segunda conversación.

CONVERSACIÓN 2

39. La gente actualmente está cambiando su forma de consumir.

40. A pesar de la crisis el sector del comercio suele mantenerse abierto.

41. El consumidor actual es menos racional que el de antes.

42. También las personas sin problemas económicos consumen menos por temor.

43. Después de la recesión, los hábitos de consumo serán los mismos de antes.

44. En las festividades actualmente se consume menos que antes.

45. Hay una tendencia a demostrar el afecto a través del regalo.

46. El cambio en el consumidor supondrá una adaptación del comercio.

Tarea 6

INSTRUCCIONES

Usted va a escuchar un fragmento de una entrevista. Después debe contestar a las preguntas (47-52). Seleccione la opción correcta (A, B o C). Escuchará la entrevista dos veces. Marque las opciones elegidas en la Hoja de respuestas.

PREGUNTAS

47. La entrevistada dice que la dermatología psiquiátrica...

    a) es una nueva especialidad.
    b) estudia la interrelación entre problemas de piel y problemas psicológicos.
    c) se inspira en el comportamiento de embriones.

48. Sobre las enfermedades cutáneas, Marta afirma que...

    a) las más visibles y persistentes provocan conflictos mentales.
    b) la psoriasis empeora a causa de tratamientos agresivos.
    c) la dermatitis atópica provoca que el paciente se rasque compulsivamente.

49. Según Marta García, la adrenalina...

    a) tiene efectos lenitivos contra la psoriasis.
    b) agudiza las alteraciones dermatológicas.
    c) puede usarse para erradicar una epidemia del siglo XXI.

50. La entrevistada dice que las alteraciones cutáneas...

    a) aumentan la producción de cortisona en el organismo.
    b) dificultan el intercambio de comunicación celular.
    c) con frecuencia son causadas por el estrés.

51. Para la entrevistada, los pacientes de enfermedades de la piel...

    a) aceptan de buen grado los tratamientos agresivos.
    b) reaccionan de modo diverso.
    c) expresan alivio al descubrir la relación piel-mente.

52. Marta García afirma que los enfermos de acné o psoriasis...

    a) a menudo viven fuera de la realidad social.
    b) se esfuerzan por mejorar sus relaciones sociales.
    c) pueden encontrar más obstáculos a nivel profesional.

CLAVES

● ● ● ● ● **Antes de empezar la parte de** Comprensión auditiva.

a. Frases relacionadas sobre todo con la **tarea** 4: 1, 2, 4, 5, 7, 10, 11, 14. Frases relacionadas sobre todo con la **tarea 5**: 3, 5, 8, 9, 12, 13, 14. Frases relacionadas sobre todo con la **tarea 6**: 2, 4, 5, 6, 7, 9, 14, 15.

Dificultades: 1, 2, 3, 11 y 15. **Formas de superar** esas dificultades (estrategias de examen): 4, 5, 6, 7, 8, 9, 10, 12, 13, 14.

Dificultad 1: Aunque haya mucha información, no toda es relevante. Tienes que habituarte a seleccionar la información útil para cada pregunta. **Dificultad 2**: El léxico siempre es muy especializado. Es importante desarrollar la habilidad de concentrarse y activar todo el vocabulario específico del tema que conozcas para reconocerlo durante la audición. **Dificultad 3**: En algunos casos hay muchas personas hablando. Ten en cuenta, en todo caso, que las preguntas aparecen en orden de intervención. Además, las preguntas no se refieren al moderador, si lo hay, sino solo a los invitados al debate. **Dificultad 11**: Al tratarse de temas complejos con mucha frecuencia aparecen oraciones largas o muy largas. Debes desarrollar la habilidad de aprender a seleccionar dentro de esas frases o párrafos largos la información necesaria para seleccionar la respuesta correcta. **Dificultad 15**: En la tarea 1 el tiempo disponible para leer las preguntas antes de empezar la audición es de 1 minuto. En la tarea 5 dispones de 30 segundos para cada conversación. **En la tarea 6 no se da tiempo previo** para leer las preguntas, lo cual aumenta su dificultad.

b. Temas de la tarea 4 (**conferencias**): 1, 9, 10, 13, 14. Temas de la tarea 5 (**debates**): 2, 5, 7, 8, 11, 12, 13. Temas de la tarea 6 (**entrevistas**): 3, 4, 6, 15, 16. **Todos** estos temas han salido en alguna convocatoria hasta la fecha de publicación de El Cronómetro, *nivel C2*.

Tarea 4: 27. C; **28.** D; **29.** F; **30.** I; **31.** J.

Tarea 5: 32. H; **33.** H; **34.** N; **35.** M; **36.** H; **37.** N; **38.** M; **39.** H; **40.** H; **41.** N; **42.** M; **43.** M; **44.** N; **45.** M; **46.** N.

Tarea 6: 47. b; **48.** a; **49.** b; **50.** c; **51.** b; **52.** c.

Modelo de examen n.º 2

¿Qué dificultades has tenido y dónde?	Tarea 4	Tarea 5	Tarea 6
No estoy familiarizado con el tipo de texto.			
No conozco el vocabulario general del tema.			
No conocía palabras concretas.			
Me ha desorientado el tipo de tarea.			
No he entendido bien la relación entre la frase o la pregunta y el texto.			
El acento o la velocidad de los interlocutores me ha desorientado.			
La cantidad de información me ha desorientado.			
(Otro)			
Respuestas correctas.			
Nivel de estrés (de 1 –mínimo– a 5 –máximo–).			

PRUEBA 1. SEGUNDA PARTE
Modelo de examen n.º 2

Actividades sobre el Modelo n.º 2. Uso de la lengua, comprensión auditiva

Tarea 4.

a. La audición de los textos de la tarea 4 tiene una serie de dificultades específicas. Anota de las siguientes, las que corresponde a cada una de las audiciones de los dos modelos que se señalan. Para ello, puedes volver a escucharlas, incluida la que aparece en la página web del Instituto Cervantes (): *http://diplomas.cervantes.es/sites/default/files/2011-11-19-c2-1-04_0_1.mp3.*

⚠ **¡Atención!** La última pregunta es personal.

		Modelo 1 ⊙ 1	Modelo 2 ⊙ 13	⊣⊢
1.	Hay mucha información.			
2.	El conferenciante lee su conferencia.			
3.	El conferencia improvisa su conferencia.			
4.	El conferenciante se contradice.			
5.	Hay desorden en las ideas, el conferenciante vuelve a ideas mencionadas.			
6.	Se usa mucho vocabulario técnico y específico del tema.			
7.	Hay algunos elementos coloquiales.			
8.	Se escuchan ruidos.			
9.	Hay pausas para pensar o para reformular ideas.			
10.	Se presentan ideas predecibles una vez conocido el tema.			
11.	El tema no me es familiar, no tengo mucha idea del tema del que habla.			

b. Vamos a trabajar en esta actividad con 4 temas de conferencias que pueden aparecer en esta tarea. Selecciona para cada tema de la primera lista una de las opciones de examen de la segunda.

⚠ **¡Atención!** Recuerda que en las instrucciones de la tarea no aparecen ni el título ni el tema de la conferencia. Lo puedes deducir solo leyendo las notas. Ten en cuenta, además, la variedad de temas que has visto en la tarea previa **b.** (pág. 93).

Temas

1. *Libertad, valores y educación.*

2. *Los sueños y la historia.*

3. *Sueños de inmortalidad: envejecimiento y cáncer.*

4. *Esto no es música. El malestar de la cultura de masas.*

◗ OPCIONES DE EXAMEN   ◉ TEMAS

A. En la restauración de una catedral se requiere la participación de profesionales de disciplinas diversas.

B. La filosofía a lo largo de su historia se ha caracterizado por prejuzgar el carácter universal.

C. Los nuevos periodistas tienen escaso contacto con los conflictos reales.

D. La biología molecular da las claves para entender el origen de la vida y las enfermedades.

E. Los griegos creían en la predestinación profesional.

F. La técnica usada para sustituir las estatuas es muy limitada.

G. El estado onírico se manifiesta de modo diferente en cada estatus social.

Escribe un tema posible para las otras tres opciones.

C. Vas a escuchar 4 fragmentos de 4 conferencias. Subraya en las opciones las palabras que consideres clave para identificar el tema de cada conferencia. Además de escucharlos, escribe los posibles temas en la segunda tabla.

1.
a) Para los persas, la educación era sinónimo de especialización.
b) Los griegos creían en la predestinación profesional.

2.
a) El estado onírico se manifiesta de modo diferente en cada estatus social.
b) El contenido de los sueños y la forma de soñar cambian en cada nueva época.

3.
a) El método reduccionista se puede representar con la imagen de una sola molécula.
b) La biología molecular da las claves para entender el origen de la vida y las enfermedades.

4.
a) La consideración de la filosofía como especialidad se debe al modo de expresión de algunos filósofos.
b) La filosofía a lo largo de su historia se ha caracterizado por prejuzgar el carácter universal.

Anota, a partir del tema que has definido, **8 palabras** que crees que pueden aparecer en cada uno de los fragmentos de conferencia.

FRAGMENTO 1	FRAGMENTO 2	FRAGMENTO 3	FRAGMENTO 4
Tema:	Tema:	Tema:	Tema:

Escucha ahora los fragmentos y elige la opción correcta de acuerdo con la información de los textos.

16 Pon la pista n.° 16. No uses el botón de ⏸ *PAUSA*.

En el examen, ¿cómo te pueden ser útiles las actividades **b.** y **c.**? Anota aquí tu comentario.

....

....

d. Vas a escuchar una serie de grupos de palabras correspondientes a otros tantos temas de conferencias. Tienes que relacionar cada grupo con su tema. Lee primero los temas.

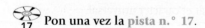

17 Pon una vez la pista n.° 17. y anota en la 1.ª columna el número del grupo al que corresponda.

◯ TEMAS	GRUPO	INTRUSO	INTRUSO
A. El cerco a la libertad.			
B. ¿Qué justicia ante el final del terrorismo? Lecciones desde la perspectiva comparada.			
C. El arduo problema de la terminología en los psicotropos.			
D. Totems, chamanismo y espiritualidad.			
E. Las consecuencias de los cambios económicos y políticos en la industria gráfica de México.			
F. Los barrios de Arrecife: su historia y nuestra memoria.			

En cada grupo de palabras hay dos que no corresponden al tema. Vuelve a escuchar los grupos de palabras e identifica los dos "intrusos". Escríbelos en las dos columnas de la derecha.

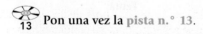

17 Pon una vez la pista n.° 17.

e. Volvemos a la tarea 4 de este modelo de examen. Las siguientes opciones son muy parecidas a algunas frases de la conferencia, pero tienen algunas palabras diferentes. Tienes que marcar las palabras que son diferentes y decidir a partir de esa diferencia si las opciones son correctas o no.

13 Pon una vez la pista n.° 13.

◯ OPCIONES

A.	Dedicar la existencia a la propia inclinación, conlleva tener más posibilidades de tener éxito.
B.	No se tiene la sensación de trabajar si el proyecto nos gusta.
C.	Trabajar en lo que a uno le gusta no representa una esclavitud.

D.	Elegir la profesión pensando en el beneficio económico es un acierto.
E.	Es una mentira monumental identificar la felicidad con el éxito político.
F.	La universidad contemporánea ha adquirido otro tipo de carencias.
G.	La universidad tiene que favorecer enérgicamente la especialización.
H.	Para la existencia de la escultura es importante sentir una emoción estética.
I.	Las Humanidades nos recuerdan que esencialmente somos los mismos.
J.	Las Humanidades aparecen como un impedimento para conseguir la eficacia.
K.	Se debe conciliar la jerarquización con el recuerdo permanente de los quehaceres.
L.	El verdadero éxito en una sociedad es reducir al máximo la dicha humana.

Señala las opciones correctas por orden alfabético.

27	28	29	30	31

Aquí tienes tres posibles explicaciones de por qué son correctas las opciones correctas. Selecciona la que corresponde a esas cinco opciones.

 ¡Atención! Antes de leer las explicaciones, comprueba en las claves que has seleccionado las opciones correctas.

EXPLICACIÓN 1	EXPLICACIÓN 2	EXPLICACIÓN 3
Las opciones correctas reproducen exactamente lo que dice la audición en diferentes momentos, solo hay cambios de posición de palabras.	En las opciones correctas se usa una palabra equivalente a otra de la audición (por ejemplo, un sinónimo), equivalente al menos en el contexto de la audición.	Las opciones correctas presentan estructuras equivalentes a frases de la audición, incluyendo cambios de preposiciones, frases relativas, aposiciones, etc.

Tarea 5.

a. La audición de los debates de la tarea 5 tiene también una serie de dificultades específicas. Anota de las siguientes, las que corresponde a cada una de las audiciones de los dos modelos que se señalan. Para ello, puedes volver a escucharlas, incluida la que aparece en la página web del ⊶ *Instituto Cervantes:*

http://diplomas.cervantes.es/sites/default/files/2011-11-19-c2-1-05_1.mp3.

 ¡Atención! La última pregunta es personal.

	Modelo 1	Modelo 2	
	2	14	

1. Hablan más de tres personas.

2. Hay discusión sobre el tema, ideas diferentes, debate.

3. Son fragmentos de discusiones.

4. Los participantes no terminan las frases, se interrumpen.

5. Hay ruidos de fondo.

6. Los participantes se apoyan mutuamente en sus argumentos.

7. El locutor interviene con ideas propias.

8. Las ideas están muy concentradas, poco desarrolladas.

9. Se repiten las ideas.

10. Son conversaciones demasiado cortas.

11. Las voces me resultan todas similares.

b. El objetivo de la tarea 5 es doble: el reconocimiento de ideas y la asociación de estas con una persona. Vamos a centrarnos en esta actividad en el reconocimiento de ideas. A continuación tienes 6 afirmaciones (normalmente son 15 las opciones) tomadas del examen real referido en la actividad anterior. Escucha dos veces la audición y escribe la palabra, grupo de palabras o frase a las que se refieren las opciones.

Escucha la audición de la actividad anterior del ᵃᵇ. Usa el botón de ⏸ *PAUSA* si lo necesitas.

OPCIONES	PALABRAS O FRAGMENTOS DEL TEXTO
32. Percibía que su trabajo estaba incompleto.	
33. Preveía un desarrollo más rápido de sus planes.	
34. Considera que existe una interpretación errónea del objetivo del permiso.	
35. Estima que no se han alcanzado muchos logros todavía en este ámbito.	
36. Muestra satisfacción por la sintonía establecida con otras personas.	
37. Afirma que, para seguir las recomendaciones internacionales de salud, no se debería trabajar durante los seis meses posteriores al parto.	

A continuación tienes la transcripción del texto que has oído. Comprueba si coincide con tus notas y subraya la información correspondiente a cada opción.

◔ TRANSCRIPCIÓN

▶ HOMBRE: Cuando logramos que se aprobara la Ley María, que es la licencia de paternidad, ese día, el día que firmamos la ley, yo dije: "Nuestro próximo paso tiene que ser ampliar la licencia de maternidad. Han transcurrido casi diez años".

▶ MUJER: Y es que es esa mirada que tenemos de que la licencia de maternidad es como un regalo que se le da a la mamá y al niño, y entonces hay que aguantarse que la señora esté en licencia, sin mirar lo que esto significa en términos de inversión para el desarrollo…

▶ HOMBRE: Así es.

▶ MUJER: … y el crecimiento de la población del país.

▶ HOMBRE: Así es. Así es, absolutamente. El primer proyecto que tuve terminado, listo para radicar fue este. Así lo hice y encontramos, además, una feliz coincidencia con un grupo de senadoras muy, muy diligentes, que tenían iniciativas encaminadas a propósitos similares. Logramos un hermoso consenso para que se pudiera, finalmente, aprobar la ley. Claro, hay que decir, esa felicidad enorme también declara cuál es nuestro próximo paso: seguir en esa ampliación… Ya logramos, por lo menos, estar en el… en el… rango de las recomendaciones de la OIT, pero tenemos mucho por recorrer.

▶ MUJER: Se dijo hasta el cansancio, y lo hemos repetido una y otra vez, que el ideal, en este momento y de acuerdo con la Organización Mundial de la Salud, es que la lactancia sea exclusiva materna durante seis meses por lo menos. Eso significaría que esos seis meses la mamá estuviera en licencia. Esos seis meses de lactancia, ¿cómo se puede tener lactancia exclusiva materna si la mamá está trabajando? Pero… pero sí me parece importante, pasamos de doce a catorce semanas, con una gran batalla.

(Extraído de ➕: *http://diplomas.cervantes.es/sites/default/files/dele_c2_transcripcion_prueba_oral_191111_0_0.pdf*)

¿Hay algo que te haya llamado la atención en relación con las opciones? Anota aquí tus comentarios:

....

....

c. En la tarea 5 del modelo 2 los entrevistados hablan de las redes sociales y emplean un lenguaje relacionado con la informática. Clasifica las palabras del cuadro en los 3 apartados siguientes y luego traduce cada palabra a tu lengua.

Partes del ordenador y accesorios	Comunicación y redes sociales	Otros
....	....	....
....	....	....
....	....	....

archivo adjunto	arroba	contraseña	descargar	cibercafé
correo electrónico	chatear	directorio	navegar	usuario
buscador	escáner	impresora	teclado	ratón
pantalla	memoria	contacto	red social	barra de herramientas
programa	perfil	icono	página web	lápiz USB
online	programador	computadora	periférico	asunto

Vuelve a escuchar la grabación correspondiente a la tarea 5 del modelo 2 y marca las palabras de la lista que aparecen en la grabación.

 Escucha una vez la pista n.º 14.

Tarea 6.

a. Aquí tienes las dificultades específicas de la tarea 6. Marca las que corresponden a cada una de las audiciones de los dos modelos que se señalan. Para ello, puedes volver a escucharlas, incluida la que aparece en la página web del **Instituto Cervantes**: http://diplomas.cervantes.es/sites/default/files/2011-11-19-c2-1-06_1.mp3

> ⚠ **¡Atención!** La última pregunta es personal.

		Modelo 1 (3)	Modelo 2 (15)	
1.	No hay tiempo para leer las preguntas: hay que leer y escuchar al mismo tiempo.			
2.	No se entiende muy bien la intención de la persona entrevistada.			
3.	No se puede interpretar lo que quiere decir.			
4.	La persona entrevistada no termina las frases.			
5.	Hay ruidos.			
6.	Se refiere a hechos o circunstancias personales.			
7.	Se refiere a hechos o circunstancias nacionales o mundiales.			
8.	El locutor insiste en temas o aspectos no desarrollados por el entrevistado.			
9.	No se distingue entre la opinión objetiva y la ironía en las opiniones del entrevistado.			
10.	Usa expresiones coloquiales o modismos.			
11.	No estoy acostumbrado al acento del entrevistado.			

b. Escucha la grabación y responde a las preguntas.

> 🔊 **15** **Pon la pista n.° 15.** Usa el botón de ⏸ *PAUSA* después de para escribir tus respuestas.

1. ¿Cuántas personas hablan? ....

2. ¿Qué relación hay entre esas personas? ....

3. ¿Se trata de un debate, una conversación distendida, una tertulia o una entrevista? ....

Vas a escuchar ahora una serie de fragmentos de audiciones de dos modelos de examen reales. Tienes que responder a las siguientes preguntas. La tercera es personal.

		FRAGMENTO 1	FRAGMENTO 2
A.	¿Cuántas personas hablan?		
B.	¿De qué tipo de conversación se trata?		
C.	¿Cuál te ha resultado más fácil de entender? ¿Por qué?		

> 🔊 **18** **Pon una vez la pista n.° 18.** Usa el botón de ⏸ *PAUSA* después de cada fragmento para escribir las respuestas en la tabla.

Fuente de las audiciones: *Instituto Cervantes.*

c. Vas a escuchar una serie de instrucciones de examen. Tienes que seleccionar las que corresponden a audiciones que pueden aparecer en la tarea 6 del examen del nivel C2. Marca SÍ o NO en la tabla. Explica después por qué lo crees.

🎧 **19** Pon una vez la **pista n.º 19**. Usa el botón de ⏸ *PAUSA* espués de cada instrucción para escribir tu justificación.

	SÍ	NO	◑ PORQUE...
1.			
2.			
3.			
4.			
5.			

El tema de la entrevista o del debate no aparece en la instrucción del examen sino que normalmente lo nombra el locutor al principio de la entrevista. ¿Cómo crees que te puede ayudar escuchar bien el enunciado de la tarea antes de que empiece? Anota aquí tu comentario.

....

....

d. A continuación vas a escuchar un fragmento de una entrevista titulada "Música, emociones y neurociencia". Antes de escuchar el texto, puedes prever la aparición de algunas palabras. Subraya del grupo que sigue las palabras que crees que pueden aparecer en la entrevista.

memoria	electrón	fotón	electrodo	partícula	corriente	letra
refracción	cerebro	terapeuta	microscopio	láser	autista	empatía
aprehender	teletransporte	emoción	átomo	sonido	lenguaje	onomástica

🎧 **20** Escucha una vez la **pista n.º 20** y comprueba tus previsiones.

Añade a la lista otras palabras del mismo tema que no aparecen en el cuadro de la actividad anterior.

🎧 **20** Puedes volver a escuchar la pista **n.º 20** para completar tu lista.

Otras palabras:

....

Modelo de examen n.º 2

CLAVES Y COMENTARIOS DE LAS ACTIVIDADES

Tarea 4.

a. Modelo 1, 🔊 1: 1, 2, 6, 10.

Modelo 2, 🔊 9: 2, 10.

Modelo del 🔊: 2, 7, 10.

> **Comentario.** Como has visto, algunas de las dificultades descritas no se reflejan en las audiciones. Se han detectado en otras convocatorias y aparecen en los otros modelos de examen de El Cronómetro, *nivel C2*. En este sentido, te recomendamos aprovechar esta lista para analizar las audiciones de los siguientes modelos de examen y las de otras convocatorias de examen a las que puedas tener acceso.

b. B-4; D-3; E-1; G-2. Propuestas de temas. A: Restauración de catedrales. C: La profesión del periodista. F: Restauración de obras de arte.

c. Palabras clave: A) inclinación (en el texto: *vocación*); B) proyecto (*trabajo*); C) esclavitud (*servidumbre*); D) acierto (*error*); E) político (*económico*); F) carencias (*deficiencias*); G) favorecer (*combatir*); H) escultura (*pintura*); I) esencialmente (*en lo fundamental*); J) impedimento (*obstáculo*); K) jerarquización (*especialización*); (L) dicha (*infelicidad*).

Opciones correctas. 1. a; 2. b; 3. b; 4. a.

> **Consejo.** En el cuadernillo donde aparecen las preguntas de esta tarea no aparece el título de la conferencia. Solo se nombra en la grabación. Eso supone una dificultad importante porque, por ejemplo, no puedes predecir el vocabulario o las ideas. Puedes hacerte una idea del tema y activar el léxico rápidamente a partir de las opciones, justo antes de escuchar la grabación.

d. **A.** Grupo 6. Intrusos: reducción de los índices de la natalidad / fondeadero. **B.** Grupo 1. Intrusos: ancestros / adictivo. **C.** Grupo 3. Intrusos: grupo indígena / cierre cautelar. **D.** Grupo 2. Intrusos: coacción / drogadicto. **E.** Grupo 5. Intrusos: echar el ancla / asesoría jurídica. **F.** Grupo 4. Intrusos: extorsión e incertidumbre económica / tasa de crecimiento.

> **Consejo.** En el documento de las transcripciones que tienes a tu disposición en la 🖥 **ELEteca** aparecen los enlaces de las conferencias de las que proceden esos grupos de palabras. Te recomendamos aprovechar dichos enlaces para escuchar algunas conferencias más: https://eleteca.edinumen.es

e. 27. A; 28. C; 29. F; 30. I; 31. J. Las opciones correctas corresponden a la **explicación n.º 2**.

> **Comentario.** En los casos de las opciones correctas se usa un sinónimo (*esclavitud/servidumbre*). En los casos de las opciones incorrectas, o bien se usa un antónimo (*acierto/error*), o bien algún concepto diferente (*jerarquización/especialización*). Trabajaremos sobre esto en las actividades del modelo 3.

Tarea 5.

a. Modelo 1, 🔊 2: 2, 9.

Modelo 2, 🔊 10: 1, 6, 9, 10.

Modelo del 🔊: 2, 4, 5, 6, 9.

32. *nuestro próximo paso tiene que ser ampliar la licencia de maternidad;* **33.** *Han transcurrido casi diez años;* **34.** *hay que aguantarse que la señora esté en licencia, sin mirar lo que esto significa en términos de inversión para el desarrollo;* **35.** *(No* *hay información en la audición);* **36.** *Logramos un hermoso consenso;* **37.** *el ideal, en este momento y de acuerdo con la Organización Mundial de la Salud, es que la lactancia sea exclusiva materna durante seis meses por lo menos. Eso significaría que esos seis meses la mamá estuviera en licencia.*

b. **Comentario.** La clave en el texto puede corresponder a veces a una palabra o grupo de palabras, a una frase corta o a varias líneas. No hay correspondencia en el texto –porque no se habla de esa idea– para la opción 35. En otros casos, puede que en el texto aparezca una idea contraria a lo que se afirma, o que sea solo parcialmente verdadera. En todos estos casos, la opción a elegir será N (ninguno de los dos).

c. Partes del ordenador y accesorios: computadora, periférico, ratón, teclado, escáner, impresora, lápiz USB, pantalla. Comunicación y redes sociales: archivo adjunto, arroba, chatear, correo electrónico, contraseña, asunto, usuario, perfil, red social, contacto. Otros: descargar, navegar, directorio, cibercafé, icono, buscador, programa, página web, barra de herramientas, memoria, programador, *online*.

Aparecen en la grabación: contacto, red social, usuario, programador, *online*.

Tarea 6.

a. Modelo 1, ✂ 3: 1, 7, 8
Modelo 2, ✂ 11: 1, 7, 8, 10.
Modelo del �--: 1, 2, 4, 5, 7, 8, 10.

Comentario. Como has visto, también aquí algunas de las dificultades descritas no se reflejan en las audiciones. Insistimos en la recomendación de la tarea 4.

b. 1. Dos personas. 2. Entrevistador- invitada. 3. Se trata de una entrevista. El hombre pregunta y la mujer responde. En el debate, una o más personas discuten sobre un tema.
Fragmentos. A. Fragmento 1: 4 Fragmento 2: 2. B. Fragmento 1: debate Fragmento 2: entrevista.

Comentario. El fragmento 2 es, a priori, más fácil porque se oyen solo dos voces, la del entrevistador y la del invitado, mientras que en el primer fragmento, aunque las preguntas sigan el orden, hay que distinguir la respuesta de tres personas diferentes. En el examen puede aparecer en esta tarea un debate, una tertulia o una entrevista de tipo televisivo o radiofónico.

c. Las únicas que pueden aparecer en esta tarea son la 1 y la 4, pues tratan temas complejos. La 2 no puede aparecer porque no se escuchan discusiones de tema político. La 3 no corresponde al nivel C2 por tratarse de un tema no complejo. La 5 no puede aparecer porque la tertulia televisiva de tipo escandaloso, como los programas de cotilleos, están fuera de los temas propios del examen.
Fuente de las instrucciones 1 y 5: �-- *Instituto Cervantes.*

Consejo. Como comentábamos, es importante escuchar bien el enunciado que precede a las entrevistas, para activar rápidamente el léxico específico del tema que se trate.

d. Palabras que aparecen en la entrevista: *cerebro, memoria, emociones, sonidos, letra, autistas, aprehenden, lenguaje, terapeutas, empatía.*

Prueba 2. Destrezas integradas: Comprensión auditiva y de lectura y Expresión e Interacción escritas

● ● ● ● ● **Antes de empezar la Prueba 2.**

a. ¿Cuáles son para ti las principales dificultades de las tareas de esta prueba? Marca en la siguiente tabla las afirmaciones con las que te identificas. Piensa en cada tarea individualmente.

Mis dificultades de la prueba tarea a tarea	TAREA 1	TAREA 2	TAREA 3
1. Hay demasiada información y no consigo organizarla.			
2. No estoy acostumbrado a trabajar con textos escritos y auditivos a la vez.			
3. No conozco bien el tipo de texto que pide la tarea del examen.			
4. Tengo dudas sobre el uso del vocabulario especializado.			
5. Me resulta difícil dar unidad a un texto a partir de fuentes tan diferentes.			
6. Me cuesta pasar de un tipo de texto a otro tipo de texto diferente.			
7. Tengo problemas para "meterme en la situación".			
8. Creo que cometo muchos errores de gramática.			
9. Escribo demasiado.			
10. Escribo demasiado poco.			
11. Me cuesta corregir, sobre todo los acentos, las comas y los puntos.			
12. No consigo calcular bien el tiempo que necesito.			

b. Aquí tienes algunos materiales de examen. Identifica la tarea a la que corresponden.

	TAREA 1	TAREA 2	TAREA 3	-ñ-
1. Texto de opinión sobre hábitos alimentarios.				
2. Transcripción de una entrevista a una escritora.				
3. Texto de opinión sobre problemas psicológicos en el trabajo.				
4. Transcripción de una conferencia sobre el libro electrónico.				
5. Datos obtenidos de una encuesta sobre hábitos televisivos.				
6. Fragmento de un ensayo sobre las nuevas tecnologías.				

7. Notas para la redacción del acta de una reunión.

8. Gráfico con una estadística sobre fumadores.

9. Noticia relacionada con los peligros de la publicidad.

10. Notas sueltas tomadas en una conferencia sobre un personaje histórico.

11. Gráfico que muestra una habilidad académica de cierta población de estudiantes de una ciudad.

12. Resultados de una encuesta de opinión sobre confianza que inspiran las instituciones públicas españolas en los ciudadanos.

13. Gráfico con datos sobre horas dedicadas a la lectura en bibliotecas públicas.

14. Ideas principales de una campaña publicitaria.

15. Texto con consejos sobre cómo cuidar los montes.

Consejo. Antes de continuar con esta prueba del examen, te aconsejamos leer las claves de esta actividad previa.

CLAVES

● ● ● ● ● **Antes de empezar la Prueba 2.**

¡Atención! La actividad previa **a.** no tiene claves porque supone respuestas personales. Por otro lado, las frases están relacionadas con los principales **aspectos generales** que debes tener en cuenta a la hora de escribir tus textos y los aspectos que sirven para la **evaluación** de las mismas:

– recoger la información de los textos de entrada (preguntas 1 y 2);
– desarrollar la situación planteada en la instrucción, que incluye la intención y el motivo del texto (pregunta 7);
– mantener el tipo de texto (preguntas 3 y 6);
– escribir un número de palabras dentro de los límites establecidos (preguntas 9 y 10);
– utilizar un vocabulario específico (pregunta 4);
– mantener la corrección gramatical y de los signos de puntuación y acentuación (pregunta 11);
– desarrollar una estructura clara con ideas bien organizadas y bien relacionadas (pregunta 5).

b. **Tarea 1:** 1, 3, 6, 9, 15. **Tarea 2:** 2, 4, 7, 10, 14. **Tarea 3:** 5, 8, 11, 12, 13.
No han salido en ninguna convocatoria: 8, 12, 13 (es del modelo 1 de El Cronómetro).
Son del modelo de examen que el *Instituto Cervantes* ofrece como ejemplo en su página web: 4, 5 y 15.
Han salido en alguna convocatoria: 1, 2, 3, 6, 7, 9, 10, 11, 14.

¡Ya puedes empezar esta prueba!

Prueba 2. Destrezas integradas: Comprensión auditiva y de lectura y Expresión e Interacción escritas

¡Atención! En este modelo vas a medir el tiempo que necesitas en cada tarea.

La **Prueba 2** contiene **3 tareas**. Duración: **150 minutos**.

• • • • • 🕐 **Pon el reloj** al principio de la tarea.

Tarea 1

INSTRUCCIONES

Los padres del instituto de secundaria donde estudia su hijo están muy preocupados por el rendimiento de los chicos, por lo que uno de los padres ha propuesto crear una asignatura para estimular las capacidades cognitivas de los muchachos, entre ellas la memoria. Prepare un texto para la próxima reunión de la asociación de padres en el que defienda esa asignatura y en el que proponga algunas prácticas que se desarrollarían en ella. Para su texto dispone de un audio con una conferencia, una entrevista a un científico, y una entrada en un blog. Redacte su presentación seleccionando de cada una de las fuentes la información que considere oportuna.

Número de palabras: entre 400 y 450.

🔊 **AUDIO**

A continuación va a escuchar una conferencia titulada "Cómo funciona el cerebro". Escuchará la audición dos veces. Tome notas de lo que se dice para luego poderlas utilizar en su escrito.

💿 Pon dos veces la **pista n.° 21**. No detengas en ningún momento la audición.
21

TEXTO 1

EL ALMA ESTÁ EN LA RED DEL CEREBRO

Antes se pensaba que las ideas, los recuerdos o los conocimientos estaban alojados en distintos módulos cerebrales. El neurocientífico español radicado en los Estados Unidos, Joaquim Fuster, fue uno de los primeros en desafiar este concepto. Eduardo Punset lo ha entrevistado para el programa REDES.

Eduardo Punset: Joaquim, vamos a ver, hay una cosa en materia del cerebro que me ha preocupado toda la vida. Y estoy seguro que nuestra audiencia estará encantada también de descubrir, por fin, qué es lo que nos pasa por dentro. El motivo por el que una memoria es tan firme, tan sólida y tan duradera, son las circunstancias emocionales en que se adquirió la memoria. A mí me cuentan, me contáis, los médicos y los físicos... que, efectivamente, se me van muriendo las neuronas, que las células se renuevan...Y, sin embargo, oye, la memoria de una cara, de una persona me queda *forever*. Puedo llegar a los 80 años y allí está. ¿Dónde está? ¿Dónde se pone? ¿Dónde guardo este recuerdo en células que han muerto o desaparecido?

Joaquim Fuster: En primer lugar, el motivo por el que una memoria es tan firme, tan sólida y tan duradera, el motivo principal, son las circunstancias emocionales en que se adquirió la memoria, en general... Se forman firmemente con las emociones, con el clima emocional en que se adquieren las memorias. Además, en el curso de la vida se ejercitan estas memorias, repetidamente. Luego hay otro factor importante, que es el tipo de memoria que queda. Hay muchas clases de memoria. Está la memoria semántica, más bien abstracta, del conocimiento. Luego está la memoria episódica de los detalles, de la vida, del nombre, de la cara. Se van ejercitando en el curso de la vida y así subsisten. Claro, al mismo tiempo, se van debilitando algunas de estas conexiones y se pierden memorias y se pierden neuronas y se pierden sinapsis, pero se van creando nuevas. Entonces, el truco para adquirir nueva memoria es el ejercicio, el ejercicio del cerebro.

Eduardo Punset: Claro, yo a mis alumnos y, en general, a la gente, siempre le digo, oiga, además del ejercicio físico... Porque los veo allí que hacen *jogging*...

Joaquim Fuster: Claro... No... Es la gimnasia mental. Claro.

Eduardo Punset: Oye, hablabas de distintos tipos de memorias. Y, no sé por qué, me acuerdo de una que me hizo gracia. Y es cuando me pongo la camisa, por ejemplo por la mañana, a lo mejor me pica algo de la camisa, pero al cuarto de hora me he olvidado. El cerebro tiene que inhibir las memorias que no vienen al caso

Joaquim Fuster: Te has olvidado, y es que la suprimes, y es que la inhibes. El cerebro tiene que inhibir las memorias que no vienen al caso, para dejar espacio y para dejar vitalidad a las que son importantes en aquel momento.

(Adaptado de *http://www.rtve.es/television/20111111/alma-esta-red-del-cerebro/474693.shtml*)

TEXTO 2

OCHO EJERCICIOS PARA ENTRENAR TU CEREBRO

Es de sobra conocido que el cerebro es un músculo más, es decir, que si no se entrena se 'oxida'. Hay muchas maneras de entrenar el cerebro. Últimamente están de moda los juegos de memoria, rapidez y destreza mental, pero además hay otros modos de ejercitar tu cerebro.

1. Juegos para el cerebro
Son los que más de moda están ahora mismo, y son muy buenos para mejorar memoria y rapidez mental.

2. Entrena tu cerebro
Entrenar el cerebro es una de las mejores cosas para mantenerse "en forma" a todos los niveles. Hay varias formas y aspectos que tienes que tener en cuenta a la hora de entrenar tu cerebro:

– Memoriza. Intenta recordar cualquier lista o esquema que te propongas. Otras opciones son, por ejemplo, recordar cada cigarro que has fumado durante el día o cada *post* que has leído en cada blog.
– Visualiza. Visualiza cada cosa que quieras recordar. Por ejemplo, si quieres recordar el nombre de un perro, visualiza cómo es, cómo ladra, cómo huele, etc.
– Razona. Razonar e intentar entender algo es la mejor manera de recordar y fijar ideas para retenerlas mejor y posteriormente recordarlas.

También puedes entrenar estos mecanismos con algunos problemas de lógica e ingenio.

3. Realiza tareas complejas
En este ejemplo se centran en que hagas tu propia declaración de la renta. Al ser un tema complicado, tienes que poner mucho esfuerzo en comprender cada punto, por lo que estás forzando tu cerebro y a la vez entrenándolo. Cualquier actividad que requiera atención y concentración es válida.

4. Construye tu "reserva cognitiva"
Este punto se refiere a que cuanta más educación tengas y más conocimientos adquieras a lo largo de tu vida, sobre todo desde joven, como cambiar de trabajo, te obliga a no acomodarte, por lo que adquieres mayores niveles de actividad mental y a la vez su declive por la edad es menos pronunciado y más lento. Si de jóvenes hacemos cosas para producir un cerebro sano, veremos los beneficios a medida que vamos envejeciendo.

5. Recuerda contraseñas

Procura recordar todas tus contraseñas sin ayuda del ordenador. De esta manera estás obligando al cerebro a mantener el hábito de tener que recordar.

6. Evita el apalancarte

Es decir, recuerda que lo que quieres es encontrar actividades que estimulen y pongan a prueba tu cerebro. Si solo realizas actividades repetitivas, acabarás apalancándote y aplatanándote. Cuando domines una actividad, procura darle la vuelta para estimular tu cerebro.

7. Aprende otro idioma

Ya he leído varios estudios últimamente que dicen que hablar dos o más idiomas mejora la "calidad del cerebro" y retrasa su envejecimiento. En este caso se trata de aprender otro idioma o una habilidad mecánica. Es importante encontrar actividades que nos gusten, como *hobbys* con el fin de reducir el estrés, lo que ayuda a un mejor funcionamiento del cerebro.

8. Haz ejercicio

Lo que es bueno para el cuerpo es bueno para el cerebro. Todos los estudios indican que el ejercicio y una buena dieta es lo mejor que puedes hacer para mantener en plena capacidad y en pleno rendimiento tus capacidades mentales.

(Adaptado de *http://refugioantiaereo.com/2007/01/8-ejercicios-para-entrenar-tu-cerebro*)

• • • • • 🕐 ¿Cuánto **tiempo** has necesitado para completar esta tarea? Anótalo aquí: _____ min.

Tarea 2

Usted trabaja como corrector de traducciones en una empresa de traductores. Ha recibido la siguiente noticia traducida del original por un traductor automático, y se le pide que lo corrija. Para ello, haga uso de todos los recursos que considere necesarios: adapte su texto al registro adecuado, dele una estructura coherente, corrija la puntuación, seleccione el léxico más preciso y elimine los posibles errores gramaticales.

Número de palabras: **entre 150 y 200.**

Una nieve algo extraño: es hoy en día que entran en el valle del Po. Esto no es normal por nieve, que nieve "química": cristales hexagonales similares en todos los aspectos de las escamas, pero de hecho genera la combinación de los vientos fríos procedentes de Rusia y la contaminación atmosférica, en la área de Milán , Brescia y Verona. Milán, el área de la unidad C: a la mitad. "El fenómeno es muy rara pero posibles", dijo el Corriere della Sera Vicente Levizzani Instituto de Ciencias de la Atmósfera y el Clima de la National Research Council, "y es causado por ciertas sustancias químicas producidas por la contaminación industrial, tales como el sulfuro cobre , óxido de cobre, yoduro de mercurio, plomo o cadmio y silicatos. A baja temperatura y la humedad abundante son los requisitos básicos para que esto suceda. Smog, pulmones riesgo para los niños. "Afortunadamente", dijo Levizzani, "de este tipo de nieve no pueden durar mucho tiempo. No obstante es el signo inequívoco de una grave situación del medioambiente con los niveles que requieren una acción decidida para remediarlo".

• • • • • 🕐 ¿Cuánto **tiempo** has necesitado para completar esta tarea? Anótalo aquí: _____ min.

Tarea 3

INSTRUCCIONES

Un conocido suyo está pensando en abrir un establecimiento de turismo rural en España y le ha pedido consejo sobre el asunto. A partir de los siguientes gráficos, prepare un texto en el que le aconseja sobre el asunto: en qué países hacer publicidad y cómo, cómo mantener la ocupación todo el año, etc.

GRÁFICO

Pernoctaciones en apartamentos turísticos de los viajeros residentes en el extranjero según su procedencia en %.

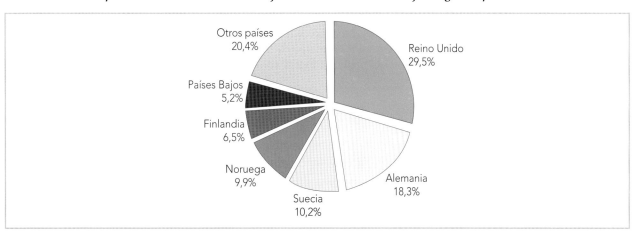

Evolución de los grados de ocupación por plazas y por plazas en fin de semana en alojamientos de turismo rural.

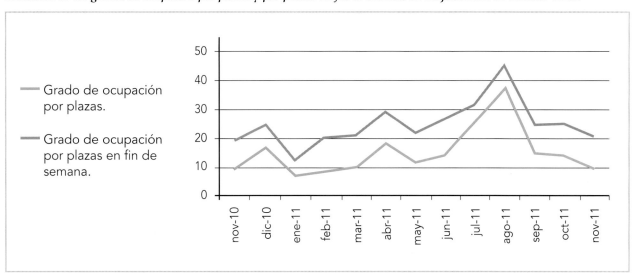

(Adaptado de *Instituto Nacional de Estadística*, España)

Número de palabras: entre 200 y 250.

● ● ● ● ● 🕐 ¿Cuánto **tiempo** has tardado? Anótalo aquí: _____ min.

CLAVES

Tarea 2.

 ¡Atención! Esta es solo una propuesta de corrección.

Una nieve algo extraña hay caído hoy en el valle del Po. Aparentemente podría tratarse de nieve "química" formada por cristales hexagonales similares en todos los aspectos a las escamas, pero en realidad creados por la combinación de vientos fríos procedentes de Rusia y la contaminación atmosférica. El fenómeno tuvo lugar en el área de Milán, Brescia y Verona, en concreto en el centro de la capital milanesa. "El fenómeno se da con muy poca frecuencia, aunque de hecho es posible", dijo al *Corriere della Sera* Vicente Levizzani, del Instituto de Ciencias de la Atmósfera y el Clima del Consejo de Investigación Nacional, y añadió que "es causado por ciertas sustancias químicas producidas por la contaminación industrial, tales como el sulfuro de cobre, el óxido de cobre, el yoduro de mercurio, el plomo o el cadmio y algunos silicatos. La baja temperatura y la humedad constituyen las condiciones necesarias para que esto suceda. El aumento de la polución supone, además, un riesgo serio para los niños, por su incidencia en enfermedades pulmonares. "Afortunadamente", concluyó Levizzani, "este tipo de nieve no suele durar mucho tiempo. No obstante es el signo inequívoco de una grave situación del medioambiente en niveles que requieren una acción decidida para remediarla".

¿Qué dificultades has tenido y dónde?	Tarea 1	Tarea 2	Tarea 3
No estoy familiarizado con el tipo de texto.			
No he entendido bien los textos de entrada.			
Me ha faltado vocabulario.			
No he entendido bien algunas ideas.			
Me han faltado ideas.			
No he organizado bien las ideas.			
No he relacionado adecuadamente las ideas.			
No he entendido las instrucciones..			
He perdido tiempo al pasar el borrador a limpio.			
(Otro)			
Tiempo parcial utilizado en cada tarea.			
Tiempo total utilizado.			
Nivel de estrés (de 1 –mínimo– a 5 –máximo–).			

PRUEBA 2
MODELO DE EXAMEN N.º 2

Actividades sobre el Modelo n.º 2.

Tarea 1.

a. Aquí tienes una serie de notas tomadas por un candidato durante la audición de la conferencia de la tarea 1. Indica cuáles corresponden a lo que se dice en la audición y cuáles no. Las notas han sido corregidas.

Pon una vez la pista n.º 21.

	Sí	No
1. Hay 4 funciones de la memoria: entrada, duración...		
2. El ejemplo de los números:...		
3. Fuerza bruta está en contra de la memoria.		
4. Seleccionar en la memoria es lo mismo que olvidar.		
5. Lo significativo se puede recordar más...		
6. El método permite no depender del azar.		
7. Todo depende de cómo se valore la memoria porque...		
8. El ejemplo de Funes representa que es necesario...		
9. ...a partir de lo viejo.		
10. Aprender es recordar a... plazo.		

Algunas notas no están completas. Intenta completar la información que les falta. Si lo necesitas, vuelve a escuchar la conferencia.

b. Escucha la conferencia de la prueba de comprensión auditiva del modelo 1 y toma 10 notas como si perteneciera a esta prueba del examen. Ten en cuenta el consejo que hay en las claves sobre las notas incompletas (página 145).

Pon dos veces la pista n.º 1.

NOTAS DE UNA CONFERENCIA

1. ....
2. ....
3. ....
4. ....

Modelo de examen n.º 2

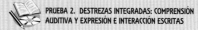

5. ....

6. ....

7. ....

8. ....

9. ....

10. ....

C. Aquí tienes el primer párrafo de dos textos de examen correspondientes a otro modelo de examen. Cada uno tiene un estilo diferente. Lee primero los textos e identifica el estilo de cada uno. Después, escribe dos introducciones para el texto de la tarea 1 de este modelo de examen siguiendo cada uno de los estilos reflejados en estos textos.

¡Atención! También les falta el título. Ponles uno.

TEXTO 1

Título: ....

Otro examen

En su artículo, la autora habla de "terror a la vejez" y si somos ciertos, todos pensábamos alguna vez sobre el tiempo después del trabajo con un poco de angustio. Pero va a llegar, sí queremos o no, y este artículo va tomar unos temas que seguramente importan a mayores personas. Ustedes probable se pregunten que haya que evitar y que convengan desarrollar en este tiempo de su vida personal para seguramente disfrutar los lados positivos que obvio existen. Los siguientes líneas dedican esa pregunta.

TEXTO 2

Sería realmente dura la vida después jubilación? Vivimos en un mundo que no trata esconder su aprecio para la juventud, lo que muchas veces nos hace pensar sobre nuestras valores sociales y la muchas veces incómodo significación que le suele ser atribuido a la vida de los viejas. Sin embargo, hay varios aspectos positivos que pueden ser mencionados cuando nos pensemos sobre esos cuestionamientos. Sobre eso vamos a discurrir en esta artículo, además de los aspectos no tan secundarios de la salud y el de la manutención de viejos o el desarrollo de nuevos relacionamientos.

¡Atención! Lee los comentarios sobre los dos textos antes de escribir (página 145).

Este modelo de examen

....

....

....

....

....

....

....

....

Tarea 2.

a. ¿Qué es necesario tener en cuenta para corregir una traducción? Anota aquí tu comentario.

....

....

Consejo. Antes de hacer la siguiente actividad, te aconsejamos leer el comentario de esta actividad anterior en las claves (página 146).

b. Aquí tienes una serie de textos mal traducidos con un traductor automático. Corrige las traducciones.

¡Atención! Por si te puede ayudar, tienes en las claves el texto original de cada traducción.

Texto 1

El sarcófago descubierto en la tumba estaban en muy buenas condiciones, por lo que Boraiq Mansour, un alto funcionario del Ministerio de Antigüedades, de acuerdo con el diario británico "Daily Mail". Después de la información Boraiqs que el ataúd se abrió esta semana por especialistas. Se supone que los arqueólogos con una máscara de momia, la tumba el modelo se encuentra en la cara.

A causa de los artefactos hallados por los arqueólogos en el sitio de la tumba, que asumen que la mujer ha cantado durante toda su vida en el Templo de Karnak. La central es considerada una del más famosa y más grande de la época faraónica. El cantante se dice que han llevado el nombre de la diosa Bastet empresa. Al igual que el "Daily Mail", informó interpretar la segunda parte del nombre indica que la mujerera vista como Bastet la diosa gato protegida.

Texto 2

El Audi A4 es el coche más conble. Al evaluar los resultados de la investigación principal de más de 15 millones de vehículos en los últimos dos años promedio general, el Audi A4 llegó a la cima y gana los coches grandes comprobar la DEKRA informe de autos utilizados 2012. En segundo lugar y tercer lugar, el Mercedes Clase C y Audi A6. El coche con el mejor índice de defectos ("Mejor clasificación individual"), el Opel Astra (96,9 por ciento), para que pueda ser ganador del año pasado Opel Insignia (96,0 por ciento) y el Renault Mégane (95,9 por ciento) por detrás.

Texto 3

La inscripción de un intercambio entre una capitanía y jefe del Costa Concordia demuestran que éstos rehusaron ir a bordo de para evacuar la pasajeros. Cómo grabar un conversación telefónica de entre un capturó capitán de puerto y el capitán del barco Costa Concordia podría agravar de la crítica formuladas con respecto a este último. Según la transcripción de conversaciones de difusión por la agencia noticiosa italiana Ansa, el capitán se negó subir a bordo para evacuar a los viajeros. A las 1:46 a m cuando cientos de personas todavía necesitan ser evacuados, un oficial de las órdenes del maestro al comandante Francisco Schettino, se unió en su ordenador portátil, para volver a la nave. "Ahora usted va a la proa, se sube la escalera que coordinar la ayuda y la evacuación. Usted debe decirnos cuántos todavía hay gente, niños, mujeres, los pasajeros, el número exacto por categoría,"dijo la voz del oficial en el registro en uno de los cajas de negro, incautados por investigadores.

Texto 4

British Airways ha disculpado hoy por algún error que dejó a los pasajeros a bordo de un vuelo de Miami a Londres en presa del pánico y shock. Los pasajeros que viajen en el vuelo 206 de British Airways fueron cerca de tres horas en su vuelo de la mañana del viernes cuando un anuncio les advirtió que se preparan para un amerizaje de emergencia porque la avión estaba a punto de caer. "Esto es una emergencia. Dentro de poco va a hacer un aterrizaje de emergencia sobre el agua", dijo el mensaje grabado, jugado en las 3 am en el vuelo durante la noche. La cabina hizo erupción en pánico mientras los pasajeros se despertó sobresaltado al anuncio y temían por sus vidas. "Mi esposa lloraba y gritando los pasajeros eran" un pasajero de Escocia dijo a The Telegraph. "Pensé que fuimos morir". La tripulación ha jugado un segundo anuncio de un minuto después, sin embargo, decir a los pasajeros a pasar por alto la advertencia. En realidad, el avión navegaba de manera segura una altura de 35.000 pies, a medio camino entre Miami y el Aeropuerto de Heathrow en el momento. El vuelo continuó manera segura a Londres, donde los pasajeros que desembarcaban encontramos con representantes británica Airways entrega de cartas disculpándose por la error.

Tarea 3.

a. A continuación tienes dos textos de dos candidatos sobre el tema, aunque no la misma instrucción, de este modelo de examen. Léelos y marca los errores que veas.

⬤ CANDIDATO 1

En este informe voy a analizar los resultados de dos encuesta sobre el índice de satisfacción de los turistas extranjeros en el año pasado y anunciar unas líneas de acción para el próximo año.

Lo primero que tengo que mencionar es que los más contentos de los encuestados eran aquellos que viajaban por el motivo de visitas a Natura, y luego los con motivos de cultura. Lo menos contentos eran los viajeros con fines de negocios y trabajo en Costa Rica. Parece que es necesario hacer cambios en este sector urgentemente. La gente que viajaba para ir de compras y usar servicios y ocio también quedó bastante satisfecha. El primer gráfico muestra un grado de 4,2 sobre 5. El grado de contento de los participantes de los congresos y ferias es relativamente bajo. Así que hace falta mejorar la calidad de este tipo de eventos comerciales. El resto de los resultados está entre los puntos previamente mencionados. No presentan un nivel crítico, pero sí siempre se pueden mejorar.

Si ordenamos a los turistas por su país de origen, vamos a ver que los más satisfechos con un grado de 4,2 son los viajeros desde Canadá y Alemania. Los menos contentos son los viajeros españoles e italianos. Entonces, es necesario fomentar las relaciones con España y Italia. Tal vez pueda ser útil aumentar la cantidad de servicios disponibles en la lengua italiana para hacer la estancia de la gente de aquel país más confortable.

224 palabras

⬤ CANDIDATO 2

Nuestros encuestros dicen que los más satisfaccionados turistas son los naturales y los culturales y los menos felices son los turistas que vienen por razones del negocio. También sabemos que los más satisfaccionados son los turistas que vienen de la canadá o de Alemania y los de Italia y España no disfrutaron su tiempo como los demás. Entonces que podemos hacer para cambiar esto? Primero hay que preguntarse por que los que vienen por el negocio no sean felices en Costa Rica? Este grupo trae mucho dinero con ellos y entonces sería muy importante cambiar la situación para ellos. También hay que pensar en el imagen de nuestro país en extranjero. Como puede ser que españoles y italianos que de su mentalidad son mas parecidos a nosotros que por ejemplo los del reino unido o la Canadá no disfrutan su tiempo aquí? Parece que el conocimiento de inglés de nuestros empleados de servicio no es problematico, porque lo de la lengua materna inglés se sienten cómodos. Entonces debe ser otra cosa.

También puede ser buena idea hacer otro encuentro que combina los dos estadísticos para que sabemos si por ejemplo son los italianos que vienen por negocios que no son felices y si son los británicos que vienen para parques naturales o si la situación es más complicada que nos podemos imaginar! Lo que sea, tenemos que cambiar algo para mejorar la satisfacción de los turistas que vienen para visitar nuestra patria!

230 palabras

Elige una de las siguientes instrucciones para esos dos textos. Los dos deben responder a la misma instrucción.

◑ Instrucción 1

En la oficina de turismo estatal de su país han realizado una encuesta centrada en el índice de participación de los turistas extranjeros en ofertas culturales y naturales y cómo han quedado de satisfechos. Usted trabaja en la oficina de prensa de una cadena de hoteles y le han pedido que escriba un informe en el que analice los resultados e indique líneas de acción para el próximo año.

◑ Instrucción 2

La revista de turismo para la que usted trabaja le ha pedido que escriba un informe sobre la afluencia de turistas a las costas de su país para incluirlo en el próximo número dedicado a ese tema. Escriba un artículo de opinión en el que valore los resultados de la encuesta y los compare con los resultados en los países del entorno.

◑ Instrucción 3

El Ministerio de Turismo de Costa Rica ha solicitado varias encuestas a una empresa privada sobre el grado de satisfacción de sus turistas extranjeros. Usted trabaja en el ministerio y debe escribir el informe que acompaña a la encuesta. En el informe debe comentar los resultados, valorarlos y proponer qué aspectos de la política turística del país deben modificarse.

 Recuerda. En el examen se debe seguir **escrupulosamente** las instrucciones del examen, así lo indica la página web del Instituto Cervantes:

En la prueba de expresión escrita, se han de seguir **rigurosamente** las instrucciones facilitadas en el enunciado de la prueba sobre número de palabras y formato del texto.

(╬ *Instituto Cervantes*: *http://diplomas.cervantes.es/informacion/niveles/nivel_c2.html*)

Corrige ahora los dos textos.

b. Evalúa los textos de la actividad **a.** siguiendo los siguientes criterios. Marca con una ✗.

	TEXTO 1	TEXTO 2
1. Responde correctamente a la situación del examen planteada en las instrucciones.		
2. El número de palabras está dentro de los límites de la tarea.		
3. El tipo de texto corresponde a lo que se pide en las instrucciones.		
4. Los signos de puntuación y la acentuación son correctos.		
5. No comete errores gramaticales, o solo en frases muy complejas.		
6. El vocabulario: tiene precisión y variedad. Usa recursos para no repetir palabras.		
7. Las ideas son claras y están bien estructuradas.		
8. Mantiene en todo el texto un registro formal adecuado, sin elementos orales o informales.		
9. Hace referencias a los gráficos y estadísticas de la tarea.		
10. Tiene una introducción y una conclusión claras e identificables.		

 Consejo. Utiliza esta tabla para evaluar tus propios textos.

Modelo de examen n.º 2

C. Aquí tienes dos textos sobre el tema de la tarea de este modelo de examen. Son textos que comentan datos estadísticos. Completa los huecos con las palabras y expresiones de la lista.

! **¡Atención!** En cada lista hay más palabras de las que necesitas y algunas se pueden repetir.

⬤ TEXTO 1

España ____(1)____ las pernoctaciones hoteleras en la UE en 2009

España siguió ____(2)____ en 2009 las pernoctaciones hoteleras en la UE, con 251 millones de noches, lo que ____(3)____ un descenso del 6,5% con respecto al ejercicio anterior, según ____(4)____ proporcionadas hoy por la oficina nacional de estadística, Eurostat. A España le siguen Italia, con 238 millones de pernoctaciones (-4,3%), Alemania, con 216 millones (-1,4%), Francia, con 191 millones (-5,6%) y Reino Unido, que con 170 millones de pernoctaciones ____(5)____ un retroceso del 1,7%. Estos cinco países ____(6)____ más del 70% del total de número de noches en la Europa de los 27. En la Europa de los 27 ____(7)____ en 2009 un total de 1500 millones de pernoctaciones, lo que supone un retroceso del 5,1% ____(8)____ año anterior tras haber descendido un 0,2% durante 2008. El descenso de las pernoctaciones ha ido ralentizándose durante 2009, según los ____(9)____ de Eurostat, ya que en el primer cuatrimestre (enero-abril) ____(10)____ un 8%, en términos interanuales, en el segundo (mayo-agosto) un 4,1% y en el tercero (septiembre-diciembre) un 3,6%.

Las pernoctaciones hoteleras descendieron en todos los países miembros excepto en Suecia, donde ____(11)____ un 0,1%. Los mayores ____(12)____ se registraron en Letonia (-23,3%), Lituania (-20,4%), Chipre (-19,7%) y Eslovaquia (-18,1%). Con respecto a las pernoctaciones hoteleras de los no residentes, España siguió liderando el *ranking* europeo con 142 millones, lo que ____(13)____ un descenso interanual del 8,9%, y seguida de Italia, con un descenso del -17,5%, Francia (-11,1%) Reino Unido (-7,8%) y Austria (-4,6%). España ____(14)____ entre los países en los que se registraron mayores ____(15)____ en las pernoctaciones de los ciudadanos residentes con 109 millones de noches, de lo que ____(16)____ un retroceso del 3,1% y por detrás de Reino Unido, con 111 millones y un aumento del 2,2%, Francia, con 127 millones (-2,5%), Italia , con 135 millones (-1,9%) y Alemania, con 173 millones (-0,6%).

representa
abunda
liderando
desarrollando
registró
anotó
escasea
contabilizan
registran
lideró
desarrolló
con respecto al
relación a
se registraron
cifras
datos
descendieron

se sitúa
acaba
supone
resulta
retrocesos
aumentos
niveles
noches
visitas
aumentaron
descendieron
retrocedieron

(Adaptado de *http://www.cincodias.com/articulo/economia/espana-lidero-pernoctaciones-hoteleras-ue-2009/20100222cdscdseco_9/*)

◗ TEXTO 2

En junio las pernoctaciones extrahoteleras ____(1)____ un 12%, las hoteleras, un 6,4%

El Instituto Nacional de Estadísticas ____(2)____ los números relacionados con las pernoctaciones para junio último: en principio se pudo ____(3)____ que durante este mes los turistas, tanto internos como extranjeros, ____(4)____ más por los hoteles baratos que por otro tipo de ____(5)____ . Mientras que, en comparación con el año pasado, las pernoctaciones en apartamentos, camping y albergues rurales descendieron en un 12%, y ____(6)____ en los 8,3 millones, las noches en hoteles registraron una ____(7)____ interanual del 6,4%, alcanzando unos 26,1 millones de pernoctaciones. De cualquier modo, esta bajada del 12% en los ____(8)____ extrahoteleros es un tanto menor a la registrada en mayo último, cuando el ____(9)____ alcanzaba el 14,6%. ____(10)____ la acumulación en el primer semestre del año, la cifra negativa en lo relacionado con los alojamientos extrahoteleros se ubicó en el 11,4% ____(11)____ con el mismo periodo del 2008.

Si se analizan los guarismos ____(12)____ turismo extranjero y al interno, se puede observar que los visitantes foráneos registraron una baja interanual más abrupta ____(13)____ número de pernoctaciones, del 18,3%, ____(14)____ en el caso de los españoles esta caída fue de solo 1,1%. Las pernoctaciones en apartamentos turísticos, ____(15)____ , disminuyeron un 18,1% en junio ____(16)____ mismo mes del año pasado, con más de 5,1 millones. Este descenso fue más pronunciado ____(17)____ los no residentes, ____(18)____ tasa interanual cayó un 21,7%, ____(19)____ entre los residentes las pernoctaciones bajaron un 7,1%.

porcentaje
cayeron
subieron
se ubicaron
llegaron
observar
deducir
optaron
alojamiento
en contraste
a diferencia
dio a conocer
conoció
hospedajes
en lo que
  respecta a
caída
incremento

de acuerdo al
entre
en contraste
mientras que
cuya
por su parte
con respecto al
en cuanto al
mientras

(Adaptado de *http://termometroturistico.es/stag/pernoctaciones.html*)

 d. En este último texto debes sustituir las palabras subrayas por una de la lista.

❗ ¡Atención! Debes buscar palabras que funcionen en la misma posición, no necesariamente sinónimos. Pueden suponer cambios en el resto de la frase. También en este caso hay más opciones de las necesarias.

Un (1) <u>alojamiento</u> de turismo rural en la comarca de Sanabria

M.J.F. El turismo rural de la provincia no solo esquiva el (2) <u>descenso</u> registrado en los establecimientos hosteleros de carácter general durante el año pasado, sino que consigue mejorar sus (3) <u>resultados</u>. Los (4) <u>alojamientos</u> rurales cerraron 2010 con 108 000 pernoctaciones, 5 028 más que durante el año anterior, cuando se contabilizaron 102 942. Como es lógico, el (5) <u>aumento</u> de estancias ha venido acompañado de un (6) <u>incremento</u> de viajeros que optaron por el turismo rural en la provincia, 47 000 en 2010 frente a los 42 728 del año anterior.

disminución
subida
desarrollo
mejoría
evolución
establecimientos
hoteles
cifras
cantidades
oferta

En el (7) conjunto de la región, Castilla y León continuó (8) líder en turismo rural en España durante 2010, a pesar de la (9) reducción de las pernoctaciones del 5,3 por ciento y del 3,1 en el número de viajeros. Estas caídas no evitaron que la Comunidad albergue todavía una quinta parte de este (10) tipo de turismo en el conjunto nacional, donde ambos (11) parámetros cayeron de forma más moderada que en la Comunidad, concretamente un 3,8 y un 2,4 por ciento, respectivamente. De este (12) modo, y según los (13) datos definitivos publicados ayer por el Instituto Nacional de Estadística (INE), Castilla y León perdió a lo largo de 2010 casi 80 000 pernoctaciones, hasta situarse en 1,4 millones, es decir, un 5,3 por ciento menos, frente a los 7,6 millones de España, que cayeron un 3,8.

(14) Por otro lado, el albergue de peregrinos «Ciudad de Zamora» ha registrado la visita de 1556 peregrinos entre los meses de enero a mayo, (15) frente a los 1306 recibidos en el mismo periodo del año anterior. Un incremento que se produce (16) a pesar de la celebración del Año Jacobeo en 2010. (17) Además, la Oficina Municipal de Turismo y el Punto de Información Turística de la capital ha atendido 347 peregrinos en lo que va de año, (18) en comparación con los 337 del mismo periodo de 2010. El albergue, de carácter gratuito, ha ampliado su horario de 13.00h a 22.00h en horario ininterrumpido.

índices
resultados
cálculos
sector
a la cabeza
caída
manera
toda
ámbito

aún cuando
encima
en contraste con
comparado con
hay que añadir
desde otro punto de vista

(Adaptado de http://www.laopiniondezamora.es/zamora/2011/06/18/turismo-rural-sumo-subida-5000-pernoctaciones-2010/525876.html)

e. Aquí te ofrecemos tres fotos relacionadas con la tarea 3 de este modelo de examen. Selecciona una para tu texto que al mismo tiempo ilustre el contenido y ofrezca más información.

Foto n.º 1

Foto n.º 2

Foto n.º 3

¿Cómo te puede ayudar en el examen el visualizar imágenes como estas a la hora de escribir tus textos? Anota aquí tu comentario.

CLAVES Y COMENTARIOS DE LAS ACTIVIDADES

Tarea 1.

a. **Notas.** Todas corresponden a la audición menos la 4: seleccionar en la memoria no es lo mismo que olvidar, sino que se selecciona para recordar, la selección es una función complementaria del olvido. Propuesta de notas completas:

1. Hay 4 funciones de la memoria: entrada, retención, duración y recuperación. **2.** El ejemplo de los números: uno de los números se borra de la mente. **5.** Lo significativo se puede recordar más fácilmente. **7.** Todo depende de cómo se valore la memoria porque hay principios orientadores como el interés y la libertad de elección. **8.** El ejemplo de Funes representa que es necesario seleccionar y olvidar para que la memoria funcione bien en la vida real. **9.** Lo nuevo se aprende a partir de lo viejo. **10.** Aprender es recordar a largo plazo.

Consejo. En el examen puede suceder que no tomes notas completas por no entender bien la audición o por falta de tiempo. Es importante tomar notas completas para poder reflejar correctamente la información en el texto. Recuerda que la audición se escucha dos veces, y que si no tomas una nota completa en la primera audición, la puedes completar en la segunda audición.

c. **Comentario.** La diferencia entre los dos fragmentos está más en el estilo que en la gramática, aunque uno (Texto 2) evidentemente tiene más errores que el segundo. Los dos estilos son perfectamente válidos, pero hay que leer bien la instrucción para saber cuál es el más adecuado. Dado que el segundo (Texto 2) es más personal y en cierta manera más subjetivo, parece tratarse de un texto dedicado a personas que estén en la situación descrita en el texto, y podría aparecer en una revista dirigida a esas personas. Parece más un artículo de opinión, un ensayo o una carta al director que un artículo divulgativo o de investigación. El primero (Texto 1), es más objetivo, y por tanto, parece ser el encabezamiento de un artículo más divulgativo, con lo que podría aparecer en una revista más genérica o en un periódico.

Propuesta de corrección de los textos y propuesta de título.

● TEXTO 1

Título: *¿Cómo será la vida después de la vida laboral?*

En su artículo, la autora habla del "terror a la vejez" y, para ser honestos, hay que reconocer que todos hemos pensado alguna vez con un poco de angustia en la época de nuestra vida después de la vida laboral. Pero va a llegar, querámoslo o no, y este artículo va a tocar unos temas que con seguridad deben importar a las personas mayores. Ustedes probablemente se pregunten qué hay que evitar y qué conviene desarrollar en esta época de su vida personal para disfrutar con seguridad de los aspectos positivos que evidentemente tiene. Las siguientes líneas se dedican a responder a esa pregunta.

● TEXTO 2

¿Será realmente dura la vida después jubilación? Vivimos en un mundo que no trata de esconder su aprecio por la juventud, lo que muchas veces nos hace pensar en nuestros valores sociales y en el muchas veces incómodo significado que se le suele atribuir a la vida de las personas mayores. Sin embargo, hay varios aspectos positivos que pueden ser mencionados. De eso va a tratar el presente artículo, además de los aspectos no tan secundarios de la salud y de la nutrición de las personas mayores.

Otro examen

Modelo de examen n.º 2

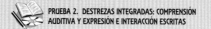

Tarea 2.

a. **Comentario.** Para corregir la traducción es necesario atender a los siguientes elementos:

- el **tipo de texto**, si es una noticia, un aviso o un fragmento de una entrevista. Este aspecto es quizá el más importante, pues influye tanto en el léxico (estilo formal/coloquial) como en la estructura, con frases propias del tipo de texto.
- posibles **errores de léxico**, tanto de léxico general y de combinaciones de palabras (como lo comentado en la prueba de Comprensión de lectura del modelo 1, página 30), como de léxico especializado del tema.
- posibles **errores gramaticales**, en especial en cuanto a la diferencia indicativo / subjuntivo, el imperativo, los pronombres, los tiempos del pasado, las preposiciones (en concreto, la preposición obligatoria de algunos verbos, como "disfrutar **de**" o "pensar **en**"), la concordancia adjetivo / sustantivo, los artículos.

b. ¡**Atención!** Estas son solo propuestas de corrección, no son las únicas posibles.

Texto 1

Original

Der in dem Grab entdeckte Sarkophag befände sich in einem bemerkenswert guten Zustand, so Mansour Boraiq, leitender Beamter des Ministeriums für Altertümer, laut der britischen Tageszeitung „Daily Mail". Nach Boraiqs Angaben soll der Sarg in dieser Woche von Spezialisten geöffnet werden. Er nehme an, dass die Archäologen eine Mumie mit einer modellierten Grabesmaske auf ihrem Gesicht vorfinden werden. Aufgrund der Artefakte, die die Archäologen in der Grabesstätte vorfanden, gehen sie davon aus, dass die Frau zu Lebzeiten im Karnak-Tempel gesungen hat. Die Anlage gilt als eine der berühmtesten und größten aus der pharaonischen Zeit. Die Sängerin soll den Namen Nehmes Bastet getragen haben. Wie die „Daily Mail" berichtet, deute der zweite Namensteil darauf hin, dass die Frau als Schutzbefohlene der Katzengöttin Bastet galt.

Posible corrección

El sarcófago descubierto en la tumba estaba en muy buenas condiciones, según Mansour Boraiq, un alto funcionario del Ministerio de Antigüedades, transmitido por el diario británico "Daily Mail". Según la información de Boraiq, los especialistas abrieron esta semana el ataúd. Él supone que los arqueólogos encontraron una momia con una máscara modelada de la cara. En base a los efectos personales que los arqueólogos encontraron en el yacimiento arqueológico donde se encuentra la tumba, se presupone que la mujer había sido durante su vida cantante en el Templo de Karnak. El área de exploración está considerada como una de las más famosas y más grandes de la época faraónica. La cantante debía de llevar impreso el nombre de la diosa Bastet. El "Daily Mail" informó igualmente que la interpretación de la segunda parte del nombre indica que la mujer tenía la función de proteger a la diosa gato Bastet.

Texto 2

Original

Der Audi A4 ist das zuverlässigste Auto. Bei der Auswertung der Hauptuntersuchungs-Ergebnisse von mehr als 15 Millionen Fahrzeugen der letzten beiden Jahre schnitt insgesamt der Audi A4 am besten ab und gewinnt den großen Gebrauchtwagen-Check der Dekra Gebrauchtwagenreport 2012. Auf Platz zwei und drei folgen die Mercedes C-Klasse und der Audi A6. Das Auto mit dem besten Mängelindex ("Beste Einzelwertung") ist der Opel Astra (96,9 Prozent), damit lässt er den Vorjahressieger Opel Insignia (96,0 Prozent) sowie den Renault Mégane (95,9 Prozent) hinter sich.

Posible corrección

El Audi A4 es el coche más fiable. Al evaluar los resultados de una investigación de más de 15 millones de vehículos en los últimos dos años por término medio el Audi A4 ocupó los puestos más altos y supera a los coches grandes, según demostró el informe de automóviles usados de DEKRA. En segundo y tercer lugar, el Mercedes Clase C y el Audi A6, respectivamente. El coche con mejor índice de defectos ("Mejor clasificación individual") es el Opel Astra (96,9 por ciento), por lo que deja atrás al ganador del año pasado, el Opel Insignia (96,0 por ciento), así como al Renault Mégane (95,9 por ciento).

Texto 3

◖ Original

L'enregistrement d'un échange entre une capitainerie du port et le commandant du Costa Concordia montre que ce dernier a refusé de remonter à bord pour évacuer les passagers.

L'enregistrement d'une conversation téléphonique captée entre une capitainerie du port et le commandant du navire Costa Concordia risque d'accentuer les critiques faites à l'égard de ce dernier .Selon la retranscription de cette conversation, diffusée par l'agence de presse italienne Ansa, le capitaine a refusé de remonter à bord pour évacuer les passagers.

À 1h46 du matin, alors que des centaines de personnes doivent encore être évacuées, un officier de la capitainerie ordonne au commandant Francesco Schettino, joint sur son portable, de retourner sur le navire. «Maintenant vous allez à la proue, vous remontez par l'échelle de secours et vous coordonnez l'évacuation. Vous devez nous dire combien il y a encore de gens, enfants, femmes, passagers, le nombre exact dans chacune des catégories», indique la voix de l'officier dans l'enregistrement contenu dans l'une des boîtes noires, saisies par les enquêteurs.

◖ Posible corrección

El registro de un intercambio verbal entre la autoridad portuaria y el jefe del Costa Concordia demuestra que estos se negaron a subir a bordo para evacuar a los pasajeros. El registro de la conversación telefónica grabada entre un capitán del puerto y el comandante del barco Costa Concordia podría agravar la crítica formulada con respecto a este último. Según la transcripción de la conversación difundida por la agencia de noticias italiana Ansa, el capitán se negó a subir a bordo para evacuar a los viajeros. A la 1:46 a.m., cuando cientos de personas todavía necesitaban ser evacuadas, un oficial de la capitanía dio órdenes al comandante Francesco Schettino, conectado a través de su ordenador portátil, de que volviera al navío. "Vaya usted a la proa, suba la escalera y coordine la ayuda y la evacuación. Debe decirnos cuántos pasajeros hay todavía, contando niños y mujeres, el número exacto por categoría", decía la voz del oficial en el registro de una de las cajas negras, incautadas por los investigadores.

Texto 4

◖ Original

British Airways apologized today for an error that left passengers on board a flight from Miami to London in a state of panic and shock. Passengers traveling on British Airways Flight 206 were about three hours into their flight early Friday morning when an announcement warned them to brace themselves for an emergency water landing because the plane was about to go down. "This is an emergency. We will shortly be making an emergency landing on water," the taped message said, played at around 3 a.m. on the overnight flight. The cabin erupted in panic as startled passengers woke to the announcement and feared for their lives. "My wife was crying and passengers were screaming," a passenger from Scotland told The Telegraph. "I thought we were going to die." The crew played a second announcement a minute later, however, telling passengers to ignore the warning. In reality, the plane was cruising safely at an altitude of 35,000 feet and halfway from Miami to London's Heathrow Airport at the time. The flight continued safely to London, where the disembarking passengers were met by British Airways representatives handing out letters apologizing for the error.

◖ Posible corrección

British Airways se ha disculpado hoy por el error que llevó al pánico a los pasajeros a bordo de un vuelo de Miami a Londres. Los pasajeros que viajaban en el vuelo 206 de British Airways llevaban cerca de tres horas de vuelo la mañana del viernes cuando un aviso por megafonía les advirtió de que se prepararán para un amerizaje de emergencia porque el avión estaba a punto de caer. "Esto es una emergencia. En breve va a haber un aterrizaje de emergencia sobre el agua", dijo el mensaje grabado, reproducido a las 3 a.m. La cabina entera entró en pánico mientras los pasajeros se despertaban sobresaltados por el anuncio temiendo por sus vidas. "Mi esposa lloraba y gritaban los pasajeros", relató un pasajero escocés al *The Telegraph*. "Pensé que íbamos a morir". La tripulación emitió un segundo anuncio un minuto después advirtiendo a los pasajeros de que pasaran por alto la advertencia. En realidad, el avión volaba en aquel momento de manera segura a una altura de 35 000 pies, a medio camino entre Miami y el Aeropuerto de Heathrow. El vuelo continuó de manera segura hasta Londres, donde los pasajeros que desembarcaban se encontraron con representantes de British Airways, quienes les entregaron cartas de disculpa por el error.

Tarea 3.

a. La instrucción es la n.º 3. Propuesta de corrección de los textos.

◗ CANDIDATO 1

En este informe voy a analizar los resultados de dos encuestas sobre el índice de satisfacción de los turistas extranjeros durante el año pasado y a proponer una serie de líneas de acción para el próximo año.

Lo primero que tengo que mencionar es que los más contentos de los encuestados fueron aquellos que viajaban para visitar la naturaleza. Después, los que lo hicieron por motivos culturales. Los menos contentos fueron los viajeros con fines de negocios y trabajo en Costa Rica. Parece que es necesario hacer urgentemente cambios en este sector. La gente que viajó para ir de compras y disfrutar de servicios y ofertas de ocio también quedó bastante satisfecha. El primer gráfico muestra un grado de 4,2 sobre 5. El grado de satisfacción de los participantes de los congresos y ferias es relativamente bajo. Así que hace falta mejorar la calidad de este tipo de eventos. El resto de los resultados está entre los puntos previamente mencionados. No presentan un nivel crítico, pero siempre se pueden mejorar.

Si ordenamos los turistas por su país de origen, vamos a ver que los más satisfechos, con un índice del 4,2, son los viajeros de Canadá y Alemania. Los menos contentos son los viajeros españoles e italianos. Por tanto, es necesario fomentar las relaciones con España e Italia. Tal vez pueda ser útil aumentar la cantidad de servicios disponibles en la lengua italiana para hacer la estancia de la gente de ese país más confortable.

◗ CANDIDATO 2

Nuestras encuestas dicen que los turistas más satisfechos son los que vinieron con intereses naturales y culturales y los menos satisfechos son los turistas que vienen por razones de negocios. También sabemos que los más satisfechos son los turistas que vienen de Canadá o de Alemania, y que los de Italia y España no disfrutaron su tiempo como los demás. ¿Qué podemos hacer para cambiar esta situación? Primero: hay que preguntarse por qué los que vienen por negocios no quedan satisfechos en Costa Rica. Este grupo aporta mucho dinero y sería muy importante cambiar la situación para ellos. También hay que pensar en la imagen de nuestro país en el extranjero. ¿Cómo puede ser que los españoles y los italianos, que por su mentalidad son más parecidos a nosotros que por ejemplo los del Reino Unido o Canadá, no disfruten de su estancia aquí? Parece que el conocimiento del inglés de nuestros empleados de servicio no es un impedimento, porque los de la lengua materna inglesa se sienten cómodos. Así que debe de ser otra cosa. También sería buena idea de hacer otra encuesta que combine los datos estadísticos para que sepamos si, por ejemplo, son los italianos que vienen por negocios los que no se van felices o si son los británicos que vienen por los parques naturales, o si la situación es más complicada de lo que nos podemos imaginar. Sea lo que sea, tenemos que cambiar algo para mejorar la satisfacción de los turistas que vienen para visitar nuestra patria.

b. **Texto 1**: 1, 2, 3, 4, 5, 6, 7, 8, 9, 10. **Texto 2**: 1, 2, 3, 7, 9, 10.

⚠ **Comentario.** El problema principal del texto 2 está en los puntos 4, 5, 6 y 8. El problema de la ortografía es especialmente grave, pero también lo es el problema del registro. Aunque el texto tiene un aire ligero y directo, le falta seriedad y la distancia necesaria en este tipo de textos. Probablemente no pasaría el examen. El texto 1 sí corresponde más a lo que se pide en el examen y prácticamente no comete errores.

c. **Texto 1:** 1. lideró; 2. liderando; 3. representa; 4. cifras; 5. registró; 6. contabilizan; 7. se registraron; 8. con respecto al; 9. datos; 10. descendieron; 11. aumentaron; 12. retrocesos; 13. supone; 14. se sitúa; 15. niveles; 16. resulta.

Texto 2: 1. cayeron; 2. dio a conocer ; 3. observar; 4. optaron; 5. alojamiento; 6. se ubicaron; 7. caída; 8. hospedajes; 9. porcentaje; 10. En lo que respecta a; 11. en contraste; 12. de acuerdo al; 13. en cuanto al; 14. mientras que; 15. por su parte; 16. con respecto al; 17. entre; 18. cuya; 19. mientras que.

d. 1. oferta; 2. disminución; 3. cifras; 4. establecimientos; 5. subida; 6. mejoría; 7. toda; 8. a la cabeza; 9. caída; 10. sector; 11. índices; 12. manera; 13. resultados; 14. Desde otro punto de vista; 15. en contraste con; 16. aún cuando; 17. Hay que añadir; 18. comparado con.

e. A priori, la foto más adecuada para ilustrar el texto de esta tarea es la foto n.º 3 porque se relaciona con alojamientos de turismo rural. La foto n.º 1 está más relacionada con el llamado turismo de playa, y la foto n.º 2, aunque representa el turismo rural, no representa tan específicamente el tipo de alojamiento del que trata la tarea.

⚠ **Comentario.** En el examen no se te ofrecen imágenes, pero hay muchos estudios que demuestran que visualizar las situaciones sobre las que hay que hablar o escribir contribuye decisivamente a activar los recursos lingüísticos necesarios para llevar a cabo la tarea encomendada y estimular tu creatividad. Por eso, desde *El Cronómetro, nivel C2,* te animamos a **visualizar** siempre con imágenes concretas las situaciones que te plantea el examen, ya sea en la prueba de expresión escrita o en la de expresión oral.

Prueba 3. Destrezas integradas: Comprensión de lectura y Expresión e Interacción orales

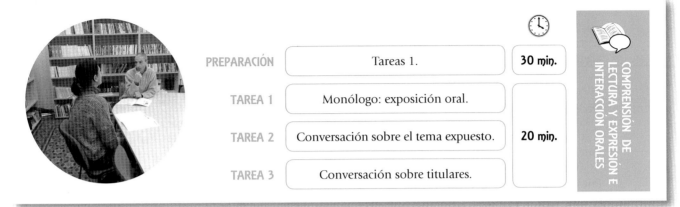

PREPARACIÓN	Tareas 1.	30 min.
TAREA 1	Monólogo: exposición oral.	
TAREA 2	Conversación sobre el tema expuesto.	20 min.
TAREA 3	Conversación sobre titulares.	

COMPRENSIÓN DE LECTURA Y EXPRESIÓN E INTERACCIÓN ORALES

● ● ● ● ● **Antes de empezar la Prueba 3.**

a. Observa estas preguntas que ha hecho el entrevistador a un candidato en la prueba oral y señala a qué tarea de la prueba corresponden.

	Preguntas de contacto	Tarea 2	Tarea 3
1. ¿Le parece adecuado el método descrito en el texto para erradicar la pobreza?			
2. ¿Cómo ve la situación de este tema en su país?			
3. ¿Prefiere que le hable de tú o usted?			
4. ¿Hay algún tema que le sorprenda de los planteados en las noticias?			
5. ¿Me podría explicar con más detalle a qué se debe el cambio climático?			
6. ¿Ha hecho antes algún otro examen de español?			
7. ¿Cómo es la situación en su país respecto a los temas que se plantean?			
8. ¿Se le ocurre alguna otra sugerencia para mejorar el *merchandising*?			
9. ¿Hay algún titular que le parezca escandaloso o exagerado?			
10. ¿Cuánto tiempo lleva estudiando español?			
11. ¿Qué actitud percibe en la gente ante la promoción de un estilo de vida saludable?			
12. ¿Hay algún titular que le llame la atención más que otros?			
13. ¿Qué podemos hacer para evitar la polución en las zonas rurales?			
14. ¿Realmente cree que ese tipo de noticias son tendenciosas?			
15. ¿Es usted partidario de la utilización de la energía nuclear?			
16. ¿Qué opina sobre la demanda de alquileres en las grandes ciudades que se menciona en el segundo texto?			

b. Lee los siguientes fragmentos de la intervención de un candidato y señala a qué tarea corresponden.

🟡 Los fragmentos ya están corregidos.

	Tareas	
1	2	3

A Pues sí, el turismo en mi país está en auge. No solo como país receptor, sino también como emisor. En cuanto al tipo de destinos, indudablemente prefieren ir al sur de Europa, Italia, España… Son muchas las ofertas cuyos destinos son el sol, las playas… También mucha gente prefiere algún viaje cultural por el centro de Europa, pero menos.

B Bueno, creo que en relación con ese titular puedo decir que en mi país sí hay también algunas iniciativas. Por ejemplo, hay campañas en las escuelas para no comer bollos y más cereales,… es que hay mucha obesidad infantil y eso es muy peligroso. En mi familia sí se sigue la dieta mediterránea, comemos fruta, pasta, arroz,… casi todos los días. Pero también verduras. Intentamos seguir una variedad.

C Pues después de leer todos estos textos y gráficos, todo esto nos muestra la importancia del turismo en la sociedad actual, en los países desarrollados. Según la Organización Mundial del Turismo en este siglo se producirá una rápida expansión del turismo en los países desarrollados, especialmente en Asia y en Pacífico.

D Para responder a esa pregunta yo diría que como país receptor, la gente prefiere visitar nuestras grandes ciudades. Por ejemplo, la mayoría de los turistas en mi país visita Bruselas, Brujas o Gante. Entonces son estas zonas turísticas donde se cuida más al turismo y se enfoca todo más al turismo.

E Este aumento del turismo no solo se producirá en los destinos de sol y playa, sino que cada vez más aumentan otros tipos de destinos, como el turismo de aventura, de naturaleza, cultural… Este aumento del turismo también se ve en el gráfico de la OMT que dice que va a haber una mayor llegada de turistas internacionales y de ingresos. En otro texto dice que el turismo es un factor muy importante,…

CLAVES

a. Preguntas de contacto: 3, 6, 10. Tarea 2: 1, 2, 5, 8, 11, 13, 15, 16. Tarea 3: 4, 7, 9, 12, 14.

🟡 **¡Atención!** Recuerda que en la tarea 1 no hay previsto hacer preguntas. Si no cumples el tiempo, puede que el entrevistador te haga alguna, del estilo de las de la tarea 2, pero en principio no te van a hacer preguntas en esa tarea.

b. A. 2; B. 3; C. 1; D. 2; E. 1.

🟡 **Consejo.** En la tarea 3 de la prueba de **Expresión Escrita** (página 135) has encontrado una situación relacionada con los textos aquí tratados. Aunque el tipo de texto que se te pedía allí era diferente al que tienes que desarrollar aquí, puedes retomar algunas ideas elaboradas en esa parte para desarrollar tu presentación. Recuerda, además, que en el examen se te ofrecen 30 minutos para que prepares la **tarea 1**, pero que puedes aprovechar ese tiempo para preparar también la **tarea 2**.

¡Ya puedes empezar esta prueba!

Prueba 3. Destrezas integradas: Comprensión de lectura y Expresión e Interacción orales

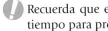

Recuerda que en el examen dispones de **30 minutos** para preparar la tarea 1, pero que puedes aprovechar ese tiempo para preparar también la 2.

● ● ● ● ● 🕐 **Pon el reloj.**

PREPARACIÓN

Tarea 1. Presentación oral

INSTRUCCIONES

GEOGRAFÍA DEL TURISMO

El turismo ha experimentado en las últimas décadas un continuo crecimiento y una profunda diversificación, hasta convertirse en uno de los principales actores del comercio internacional, y representa al mismo tiempo una de las principales fuentes de ingresos de numerosos países en desarrollo.

*Prepare una presentación de **6-8 minutos** sobre el turismo en la que explique al examinador:*

– el papel que ocupa el turismo dentro del proceso de globalización económica;

– la importancia de promover un turismo sostenible y las posibles maneras de hacerlo;

– el futuro del turismo a nivel mundial.

Para su preparación dispone de los siguientes materiales de apoyo. Úselos todos, seleccionando de cada uno de ellos la información que necesite:

1. *Gráfico 1: El turismo internacional.*
2. *Gráfico 2: El turismo: fuente de riqueza.*
3. *Texto 1: El turismo del siglo XXI: motor del crecimiento global.*
4. *Texto 2: Turismo de masas vs. turismo responsable.*
5. *Texto 3: Turismo sostenible.*

GRÁFICO 1

EL TURISMO INTERNACIONAL:
Un sector con gran potencial de expansión

■ 1995

■ 2012

Fuente: OMT

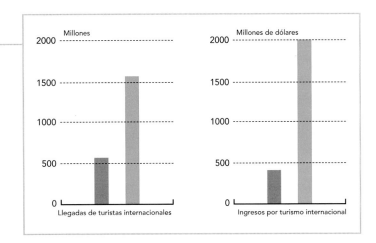

EL TURISMO:
FUENTE DE RIQUEZA ECONÓMICA

	ALOJAMIENTO COLECTIVO	RESTAURACIÓN	AGENCIAS DE VIAJES
VOLUMEN DE NEGOCIO	16. 217	42.012	17.868
NÚMERO DE EMPRESAS	22.547	78.553	10.714
PERSONAL OCUPADO	262.052	969.196	56.566
GASTOS DE PERSONAL	6.461	11.989	1.488
SALARIO MEDIO	20.137	13.740	23.391

Fuente: INE (Encuesta Anual de Servicios) España. 2010.

TEXTO 1

EL TURISMO DEL SIGLO XXI: MOTOR DEL CRECIMIENTO GLOBAL

El turismo es un sector que puede suponer un importante impulso económico para los países en desarrollo. Mediante el turismo es posible obtener un flujo de ingresos exteriores sin desplegar grandes inversiones y sin disponer de tecnologías avanzadas, generándose al mismo tiempo un elevado volumen de empleo.

Las previsiones de la Organización Mundial del Turismo (OMT) apuntan a que en las primeras décadas del siglo actual continuará la rápida expansión del turismo, con un ritmo de crecimiento del número de turistas internacionales un poco por encima de la tasa de aumento del producto interior bruto mundial. No obstante, este crecimiento no estará distribuido igualmente. De entre las áreas receptoras de turismo destaca el Asia Oriental y el Pacífico, que al crecer a un ritmo muy superior a la media, llegará a superar a las Américas como la segunda mayor región receptora, alcanzando una cuota del 25% en 2020, frente al 18% de las Américas. África y Oriente Medio también presentan buenas perspectivas, con una expansión por encima del promedio. En cuanto a Europa, aunque se cree que su crecimiento será inferior a la media, seguirá siendo la región más visitada del mundo.

Por países, los mayores receptores de la actualidad seguirán en cabeza de la clasificación, pero se producirán novedades. China pasará a encabezar el *ranking*. Otra notable incorporación a los primeros lugares será la Federación Rusa, que alcanzará el noveno puesto.

El mayor crecimiento económico de los países emergentes comportará que amplias capas de la población de diversas partes del mundo dediquen una parte de sus ingresos a viajes al extranjero. De este modo, también se producirán variaciones en el mapa de los emisores de turistas. En las primeras décadas del siglo XXI el aumento de la demanda de viajes internacionales en Asia Oriental y el Pacífico ocasionarán que esta región pase a ser la segunda emisora, desplazando a las Américas. Europa, a pesar de un crecimiento menor, continuará siendo la región más emisora del mundo, con una cuota del 47%.

Además, entre las tendencias que se apuntan para las primeras décadas del siglo actual se remarca la importancia de los desarrollos tecnológicos. Estos permiten, por ejemplo, un acceso inmediato e interactivo a ofertas de productos turísticos a través de Internet. También se espera que los avances tecnológicos reduzcan los costes de transporte y, por tanto, puedan favorecer la demanda de viajes. La evolución del contexto sociolaboral, al tenderse a dividir las vacaciones, impulsará viajes más lejos y más a menudo, pero con estancias más cortas. Por otro lado, tomará mayor importancia el deseo de experiencias únicas mediante los viajes.

(Adaptado de *http://www.lacaixa.comunicacions.com*)

TEXTO 2

TURISMO DE MASAS VS. TURISMO RESPONSABLE

En épocas de crisis como la actual, el turismo se presenta como la solución a todos los males. Se trata de un instrumento generador de empleo y riqueza, dicen unos, o de eliminación de las desigualdades sociales y económicas, dicen otros. En muchos casos, nada más lejos de la realidad, ya que la industria turística se convierte en un agente destructivo, colonizador y que solo produce beneficios para unos pocos.

Pero al final, lo que tendría que convertirse en una oportunidad de progreso para todos, acaba por transformarse en un arma de doble filo. Desde la perspectiva del que recibe, puede provocar rechazo social por tener que sufrirlo todos los días.

Desde la perspectiva del que visita, la visión no es más alentadora. Que el turismo tradicional de masas refuerza los estereotipos es algo que queda fuera de toda duda. Los estereotipos se refuerzan en tres vertientes: el de las agencias y *tour* operadores, que buscan atraer a la mayor cantidad de turistas posible; el de los propios turistas, que no se molestan en integrarse y descubrir la realidad del destino en el que se encuentran; y, por último, el de la propia población local que, bien por imposición o bien por necesidad, acaban asumiendo ciertos comportamientos y costumbres como propias.

¿A dónde puede parar este crecimiento desmedido? Volvemos a la disyuntiva calidad versus cantidad, ya que de alguna manera se tiene que mantener en niveles aceptables la ocupación de la gigante planta hotelera con la que contamos en la actualidad. La consecuencia, en muchos casos, es una guerra de precios que dificulta cualquier atisbo de giro hacia un turismo de mayor calidad y en donde prima llenar los hoteles por encima de cualquier otro aspecto.

Pero, ¿está todo perdido? Desde luego que no. Se trata de fomentar una perspectiva mucho más romántica del concepto de viajar y de hacer turismo. Algo que recuerde a esos antiguos viajeros que se lanzaban a descubrir el mundo, mochila a la espalda, descubriendo nuevos destinos, integrándose en sus costumbres, palpando centímetro a centímetro y convirtiéndose en uno más del lugar, sin prisa pero sin pausa. Un concepto que dista mucho de lo que solemos estar acostumbrados hoy en día en gran parte del mundo.

(Adaptado de *http://www.revistanamaste.com/turismo-de-masas-vs-turismo-responsable/*)

TEXTO 3

TURISMO SOSTENIBLE

Una de las funciones que el medio natural ofrece a la sociedad es la posibilidad de disfrute recreativo en zonas naturales, siendo el escenario de las distintas modalidades turísticas. La demanda turística en España, tanto nacional como extranjera, ha optado desde hace décadas por la opción del llamado turismo de "sol y playa" que lleva aparejado un importante impacto socioeconómico y ambiental, especialmente en las zonas del litoral mediterráneo.

En la última década, los hábitos de consumo de ocio han ido variando y por tanto, también el tipo de turismo demandado. Los destinos turísticos son más diversos y esta diversificación ha potenciado el auge del llamado turismo de interior. El turismo interior forma parte de las nuevas modalidades no ligadas ni física ni perceptualmente a los espacios litorales ni a sus manifestaciones ambientales, urbanísticas y económicas y está asociado al turismo cultural y, especialmente, al turismo asociado al uso y disfrute de naturaleza.

Por tanto, conviven en España varios tipos de turismo, el turismo de sol y playa que se mantiene y moderniza, y el emergente turismo de interior en sus distintas modalidades. El turismo de calidad, de naturaleza rural o agroturística, permite, en el caso de realizarse una gestión adecuada, generar empleo y beneficios económicos en la población local, puede asentar población en determinadas zonas rurales y representa un motivo extra para el mantenimiento y pervivencia de algunas tradiciones y costumbres con gran arraigo social, que pueden, a su vez, constituir un reclamo turístico.

Este modelo de turismo en España masificado y sin planificación, está afectando principalmente a las zonas litorales, además de los crecientes impactos en las zonas de montaña, donde se lleva produciendo en los últimos años un crecimiento acusado del número de segundas residencias que lleva implícito procesos de urbanización y de construcción de infraestructuras de transporte que deberían tener un control más riguroso a efectos de garantizar el adecuado suministro de recursos con una ocupación sostenible del territorio. El riesgo de insostenibilidad se reafirma debido al auge inmobiliario provocando una mayor masificación de las zonas litorales con el aumento parejo de las externalidades, la pérdida de calidad ambiental y la insatisfacción de los turistas.

Es necesaria la diversificación del turismo español centrado en un turismo de sol y playa hacia un modelo de desarrollo más sostenible. El turismo interior hacia zonas de alto valor natural y cultural, hacia espacios naturales y rurales tiene una implicación directa con las zonas en las que se desarrolla tanto a nivel económico, social, como ambiental y cultural.

(Fuente: *OSE, Fundación Biodiversidad (2010): Informe Empleo verde en una economía sostenible*)

● ● ● ● ● 🕐 ¿Cuánto **tiempo** has necesitado para preparar las tareas? Anótalo aquí: _____ min.

> **ENTREVISTA**

❗ ¡Atención! A continuación tienes las tareas de la prueba. Primero tu exposición oral (tarea 1), luego las preguntas del entrevistador sobre el tema que has expuesto (tarea 2). Recuerda mantener el tono formal en todas las tareas. Te aconsejamos 🎤 **grabar** tus respuestas para poderlas 🔊 **oír** después. Si prefieres, puedes pedir a un compañero o a tu profesor que te formule las preguntas que aparecen en el documento de transcripciones que tienes a tu disposición en la 💻 *ELEteca*. Recuerda que para llevar a cabo la tarea 3 (titulares) te puede ser útil la ayuda de un profesor o de un compañero.

Toma las notas que has preparado y sigue las instrucciones.

Tarea 1. Presentación oral

INSTRUCCIONES

Usted debe hacer una presentación oral a partir de la lectura de varios textos. Dispone de entre 6 y 8 minutos para realizar esta tarea.

❗ ¡Atención! Recuerda que no puedes leer literalmente tus notas, sino solo usarlas para organizar tu presentación.

🎤 **Graba** tu presentación.

Tarea 2. Conversación sobre la presentación

Debe mantener una conversación con el entrevistador sobre la presentación y los textos de la tarea 1. Dispone de entre 5 y 6 minutos para realizar esta tarea.

 ¡Atención! El entrevistador te va a hacer una serie de preguntas sobre la "Geografía del turismo". Escucha atentamente las preguntas y responde. Recuerda que en la práctica la tarea consiste en realizar un debate formal sobre la presentación de la tarea 1, con lo que las preguntas se suelen encadenar de forma más dinámica.

 Pon la pista n.° 22. Usa el botón de ❚❚ *PAUSA* después de cada pregunta y responde. Vuelve a escuchar la pregunta si lo necesitas.
22

 Graba tus respuestas.

Tarea 3. Conversación sobre titulares de prensa

A partir de una selección de titulares en torno a distintos aspectos de un mismo tema, improvise una conversación con el entrevistador, con intercambio de opiniones personales. Dispone de entre 5 y 6 minutos para realizar esta tarea.

 ¡Atención! Lee los siguientes titulares de prensa sobre hábitos alimentarios. A continuación, inicia una conversación con el entrevistador. Coméntale qué te parecen dichos titulares y cuál o cuáles destacarías.

 Pon la pista n.° 23. Usa el botón de ❚❚ *PAUSA* después de cada pregunta y responde. Vuelve a escuchar la pregunta si lo necesitas.
23

 Graba tus respuestas.

¿CÓMO COMEMOS?

Dieta mediterránea, un seguro de vida

Ser fiel a este tipo de alimentación reduce el riesgo de muerte y enfermedades graves.

Además de mantener alejadas las enfermedades cardiovasculares y el cáncer, la dieta mediterránea también nos protege de una mortalidad prematura o de sufrir Parkinson y Alzheimer.

(http://www.elmundo.es)

La dieta mediterránea en peligro de extinción

Especialistas españoles de la Federación Europea de Sociedades de Nutrición (FENS) han alertado hoy del «peligro» de que la dieta y el estilo de vida mediterráneos desaparezcan, ya que el estrés socio-laboral y el precio de los productos impiden prácticamente una alimentación equilibrada.

(http://www.abc.es/salud/noticias)

Promoverán actividades relacionadas con nutrición

Más de 540 mil estudiantes tabasqueños de educación básica durante la Semana Nacional de la Alimentación Escolar promoverán actividades relacionadas con la nutrición, la higiene y la educación alimentaria, con la finalidad de abatir los índices de sobrepeso y obesidad.

(http://www.oem.com.mx/elheraldodetabasco/notas/n2705168.htm)

Predominan en México los malos hábitos alimentarios

Leticia Guel Serna, jefa del Departamento de Nutrición de la Universidad Autónoma de Aguascalientes, señaló que en México el consumo de vegetales es muy bajo, y que por el contrario, se debe reducir el consumo de productos cárnicos y derivados de animales.

(http://www.oem.com.mx/eloccidental/notas/n2380884.htm)

La televisión fomenta la mala alimentación de niños, adolescentes y adultos

Según investigadores de la Universidad Loughborough de Inglaterra, ver la televisión está fuertemente asociado con el consumo de alimentos y bebidas energéticas, así como de comida rápida; y con un bajo consumo de frutas y verduras.

(http://www.tendencias21.net)

 ANÁLISIS DE LA PRUEBA ORAL

LA PREPARACIÓN

¿Cómo has preparado las **tareas 1** y **2**? Analiza aquí tu preparación.

		SÍ	NO
1.	He entendido bien el tema de los tres textos.		
2.	He analizado las diferencias entre ellos.		
3.	He entendido el tema de los gráficos.		
4.	He subrayado las ideas principales del texto.		
5.	He anotado las ideas principales con frases completas.		
6.	He anotado las ideas principales con palabras importantes.		
7.	He elaborado una lista de palabras clave.		
8.	He hecho un esquema con las ideas importantes.		
9.	He anotado posibles preguntas del entrevistador.		
10.	He escrito posibles respuestas.		
11.	He preparado nuevos temas que no aparecen en los textos.		
12.	🕐 He necesitado menos de **30 minutos** para la preparación.		

¡Atención! Para esta parte es importante que ◄)) **escuches** lo que hayas grabado.

LA ENTREVISTA

◄)) Escucha tu presentación (tarea 1), tus respuestas (tarea 2) y tu diálogo (tarea 3) y responde a estas preguntas.

Esta tabla te puede servir en la preparación de toda la prueba oral para autoevaluarte y conocer tus progresos en la preparación. Intenta completarla después de cada entrevista.

		TAREA 1	TAREA 2	TAREA 3
1.	He podido utilizar todos los materiales ofrecidos.			
2.	He podido exponer las ideas principales.			
3.	Mi presentación del tema ha sido lógica y ordenada.			
4.	He dado con claridad mi opinión sobre el tema.			
5.	He podido mantener un hilo argumentativo a lo largo de toda mi exposición.			
6.	He pensado y ordenado lo que iba a decir.			
7.	He usado estructuras variadas en mi exposición.			
8.	He usado distintas estructuras para expresar perspectivas diferentes.			
9.	Me he autocorregido en mi intervención.			
10.	He respondido con comodidad a las preguntas.			
11.	He reaccionado bien a los argumentos del entrevistador.			
12.	He mantenido buena entonación y una buena pronunciación.			
13.	He cometido pocos errores gramaticales.			
14.	He dudado en alguna de las preguntas al dar mi opinión.			
15.	Me he dejado llevar por mi propia imaginación, sin pensar demasiado.			
16.	🕐 He necesitado más tiempo del establecido para realizar la tarea.			
17.	(Otra)			

¿Qué puedes hacer para mejorar esta prueba la próxima vez? Anota aquí tu comentario.

....

....

Actividades sobre el Modelo n.º 2. Destrezas integradas: Comprensión lectora y Expresión e Interacción orales

LA PREPARACIÓN

Tarea 1.

a. Observa las notas que han escrito estos tres candidatos sobre el texto 1. Las notas ya están corregidas. ¿Qué puedes comentar de la preparación de cada uno de ellos?

CANDIDATO 1

El turismo → importante impulso económico / sin grandes inversiones / sin tecnologías avanzadas / volumen de empleo.

– **Previsiones** → expansión, crecimiento.

– **Destinos** → sol y playa, vacaciones combinadas, de aventura, de naturaleza, etc.

– **Desarrollos tecnológicos** → ofertas / Internet. Demanda de viajes.

Conclusión → crecimiento del turismo, futuro brillante.

CANDIDATO 2

El turismo supone un importante impulso económico para los países en desarrollo. Con él se obtiene un flujo de ingresos exteriores sin grandes inversiones y sin tecnologías avanzadas, generándose un elevado volumen de empleo.

En cuanto a las **previsiones** (OMT): en las primeras décadas del siglo actual continuará la rápida expansión del turismo: Asia Oriental y el Pacífico crecen a un ritmo muy superior a la media. Los destinos de sol y playa cobrarán mayor importancia, aumentarán, las vacaciones combinadas con visitas turísticas y el turismo de aventura. El turismo de naturaleza adquirirá un mayor impulso.

Tienen mucha importancia los **desarrollos tecnológicos** que permiten el acceso inmediato e interactivo a ofertas de productos turísticos a través de Internet.

En definitiva: el potencial de crecimiento del turismo es muy elevado, especialmente en los países en vías de desarrollo, pero se deben cumplir dos condiciones:

– Entorno económico y político-social estable.

– No podrán progresar como destinos turísticos aquellos que sean percibidos como peligrosos.

CANDIDATO 3

El turismo → Importante impulso económico para los países en desarrollo.

  ¿Qué produce? Con ingresos exteriores y un elevado volumen de empleo.

Previsiones OMT → continuará la rápida expansión del turismo.

  –¿A qué destinos? Asia Oriental y el Pacífico (ritmo muy superior: China encabeza el ranking), Europa (crecimiento será inferior a la media).

  –¿País emisor? Europa, región más emisora del mundo. → Ejemplo de mi país.

Favorecen la demanda de viajes → Internet: **¿Por qué?** Acceso inmediato a ofertas.

Conclusión: Crecimiento del turismo, importante motor del crecimiento económico.

  ¿En qué casos no? –entorno económico y político-social no estable.

    –destinos turísticos percibidos como peligrosos.

Hablar sobre el futuro: oportunidades.

b. Lee las siguientes ideas que se han extraído de los materiales aportados en esta prueba y señala a qué documento pertenecen.

		GRÁFICOS		TEXTOS		
○ IDEAS PRINCIPALES		1	2	1	2	3
A.	En España hay varios tipos de turismo: el turismo de sol y playa y el turismo de interior.					
B.	En España el turismo generó en 2010 muchos ingresos especialmente en restauración y en puestos de empleos.					
C.	El turismo es un importante impulso económico para los países en desarrollo.					
D.	El turismo genera empleo y riqueza y elimina las desigualdades sociales y económicas.					
E.	El potencial de crecimiento del turismo es muy elevado, especialmente en los países en desarrollo.					
F.	Se ha de fomentar un turismo sostenible y apelar a la responsabilidad del turista a la hora de viajar.					
G.	Según las previsiones de la Organización Mundial del Turismo continuará la rápida expansión del turismo.					
H.	Previsión de una mayor llegada de turistas internacionales y aumento de los ingresos.					
I.	El turismo de "sol y playa" en España conlleva un importante impacto socioeconómico y ambiental.					

c. Selecciona una de estas dos perspectivas (a favor del turismo de playa o a favor del turismo de interior) y ordena las ideas anteriores de más (1.º) a menos (9.º) relevante. Ten en cuenta las fotos que aparecen aquí.

Foto n.º 1

Foto n.º 2

+ relevante	A FAVOR DEL TURISMO DE PLAYA						- relevante
1.º	2.º	3.º	4.º	5.º	6.º	7.º	8.º	9.º

+ relevante	A FAVOR DEL TURISMO DE INTERIOR						- relevante
1.º	2.º	3.º	4.º	5.º	6.º	7.º	8.º	9.º

Modelo de examen n.º 2

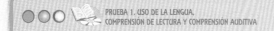
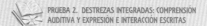
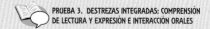
¿Te puede ayudar de alguna manera visualizar imágenes como las que ilustran esta actividad para preparar la presentación? Anota aquí tu comentario.

. . . .

. . . .

d. Aquí tienes un texto que ha redactado un candidato no experimentado. Como sabes, no se puede leer un texto sino solo usar ideas o esquemas. Ayúdale a subrayar las ideas o palabras claves del texto que le permitan realizar una exposición ordenada sin necesidad de leer el texto.

> **¡Atención!** Es muy importante que subrayes en los textos las ideas principales y lo relaciones con los puntos sobre los que debe versar la exposición. Esto te ayudará a preparar tu exposición oral. Evita leer lo que has escrito y reproducir fielmente lo que dicen los textos.

El turismo es una de las actividades con mayor relevancia a nivel mundial, de gran importancia para el desarrollo socioeconómico y cultural de un país. El turismo es una herramienta fundamental para el desarrollo sostenible de las comunidades locales y acerca a las comunidades generando intercambio de experiencias, pero si esta actividad se lleva a cabo de manera desorganizada, descontrolada y poco planificada puede causar daños tanto al medio natural como al cultural. Por esta razón la implantación de actividades turísticas conlleva una serie de impactos positivos y negativos en un lugar.

Yo opino que una de los aspectos positivos son los beneficios económicos, es una fuente de ingresos debido a la constante necesidad de viajar de las personas. También genera dinero gracias al número de visitantes extranjeros y nuevos empleos. Otra cualidad importante es la experiencia de conocer y darse a conocer frente a otras culturas. También la actividad turística hace que la población local proteja su entorno.

Por otro lado, el turismo trae consigo efectos negativos. Creo que uno de los más importantes es el impacto al medioambiente. La actividad turística a veces deteriora el medio ambiente natural, con la construcción de hoteles, destruyendo ecosistemas, contaminación de los suelos, extinción de especies de fauna y flora,... Además la creación de autopistas deteriora el paisaje natural. Otro aspecto negativo pueden ser las diferencias entre la población local y los visitantes, ya que en algunos lugares, los residentes llegan a convertirse en "criados" de los turistas, esto crea en la población local algún resentimiento hacia los visitantes. Por esto las culturas indígenas se adaptan a las culturas de los visitantes y se puede destruir las costumbres que los caracterizan.

En conclusión puedo decir que el turismo es una actividad que genera muchos beneficios, pero también conlleva efectos negativos que perjudican la población local. Por esto la importancia de desarrollar la industria de una forma que no solo beneficie el mercado nacional e internacional, sino también el local por medio de estrategias que busquen minimizar los efectos negativos.

Tarea 2.

a. Aquí tienes algunas preguntas de la tarea 2. Busca en los textos las respuestas a estas preguntas.

1. ¿Es importante el desarrollo del turismo para un país?
   . . . .

2. ¿Qué principales consecuencias positivas tiene el turismo para un país?
   . . . .

3. ¿Qué efectos negativos crees que tiene el turismo en una zona?
   . . . .

4. ¿Qué factores se consideran un impedimento para el desarrollo del turismo?
   . . . .

5. ¿A qué crees que se debe el aumento del turismo de naturaleza?
   . . . .

6. ¿Qué es el turismo sostenible?
   . . . .

7. ¿Crees que las ofertas a través de Internet potencian el turismo?
   . . . .

Modelo de examen n.º 2

b. Este candidato ha escrito de forma muy esquemática posibles respuestas para contestar a las preguntas anteriores. Escribe a qué pregunta anterior se refiere cada respuesta.

○ **IDEAS PARA RESPUESTAS** ○ **PREGUNTAS**

A. turismo impulso económico países en desarrollo crea riqueza, puestos de trabajo,…

B. factores en contra: que no se dé una situación económica o política estable, o que haya problemas sociales que pongan en peligro a los turistas.

C. de acuerdo con esa idea: permite contar con un acceso inmediato a las ofertas, paquetes turísticos, comparar productos. Reduce costes y favorece demanda.

D. sociedad actual conciencia problemas del medioambiente. Cada vez más familias este tipo de viajes, cansados de las aglomeraciones de las costas.

E. se produce con ello aumento de los ingresos, crea de empleo y riqueza.

F. tema que me preocupa. Destructivo: colonizador, masificaciones, injusto: los beneficios solo para unos pocos.

G. actividades turísticas respetuosas con el medio natural, cultural y social, y con los valores de una comunidad. Intercambio de experiencias con los residentes.

H. el turismo debería verse como una forma de obtener una vida mejor para países o zonas con poco recursos.

I. rechazo social en los que sufren el turismo. No ven los beneficios que puede producir, lo relacionan con abuso o inseguridad.

J. apelar más a la responsabilidad del turista a la hora de viajar. Reparto equitativo de los beneficios, los visitantes tienen una actitud participativa.

K. a veces se necesita mucha mano de obra, pero como trabajo informal, no cualificado y falta la capacitación de las personas. Muchas zonas pierden su identidad, y temen el impacto destructivo ambiental que pueda ocasionar.

L. El turismo de calidad genera empleo y beneficios económicos en la población local, puede asentar población en determinadas zonas rurales y representa un motivo para el mantenimiento de tradiciones, reclamo turístico.

M. genera empleo y desarrollo económico, fomenta el intercambio de culturas, fuente de promoción internacional, rompe estigmas e incentiva la inversión extranjera.

N. Una gestión inadecuada del sector turístico tiene repercusiones en las áreas turísticas a todos los niveles: sobre las condiciones sociales de la población local, sobre el medioambiente, sobre los recursos naturales, sobre la economía y la cultura del área.

Ñ. El turismo es una de las actividades con mayor relevancia a nivel mundial, además es de gran importancia para el desarrollo socioeconómico y cultural de un país. También es una herramienta fundamental para la conservación de los sistemas naturales, contribuye al desarrollo de las comunidades locales y acerca a las comunidades generando intercambio de experiencias. Si esta actividad se lleva a cabo de manera desorganizada, descontrolada y poco planificada puede causar daños tanto al medio natural como al cultural.

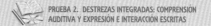
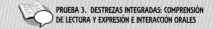
c. A continuación tienes una serie de palabras extraídas de los textos. Con ellas un candidato ha escrito frases para el examen. En algunos casos el uso de esas palabras, marcadas en las frases, es incorrecto. Selecciona esos usos incorrectos.

◗ DEL TEXTO 1

1. En mi región el turismo no puede suponer un impulso económico porque es una región muy industrial.
2. Esos grupos no han obtenido el reconocimiento de su identidad cultural.
3. La empresa hotelera piensa desplegar dos nuevas inversiones en la costa del Caribe.
4. El turismo de interior tiene muchas previsiones si se hace una buena campaña publicitaria.
5. Muchos habitantes de la zona esperan que les distribuyan a ellos parte de los beneficios.
6. Esa empresa hotelera no quiere alcanzar una cuota, solo tener beneficios rápidos.
7. No creo que el turismo de ese país suponga el promedio de la actividad económica de todo el país.
8. Los hoteles por supuesto encabezan el turismo de playa.
9. Muchas empresas de vuelos baratos han incorporado condiciones muy negativas en sus vuelos.
10. La destrucción del ecosistema marino de esa costa ocasionará la construcción del nuevo hotel.

◗ DEL TEXTO 2

11. La promoción oficial no puede generar esa cuota de turismo de interior.
12. No todos los países en desarrollo tienen un arma de doble filo.
13. Las perspectivas de mejora son ahora más alentadoras y muchas empresas invierten aquí.
14. El turismo de playa y el de interior son dos disyuntivas muy diferentes.
15. Para mí no prima dónde paso las vacaciones.

◗ DEL TEXTO 3

16. Han construido un medio natural al lado del hotel.
17. Muchas empresas turísticas de mi país han optado mal y ahora sufren la crisis del sector.
18. Los turistas demandan muchas quejas que normalmente no tienen respuesta.
19. Se trata de un sector muy emergente y va a dar grandes sorpresas y muchos beneficios.
20. Lo bueno es que la naturaleza en mi país tiene mucha diversificación.

Tarea 1.

> LA ENTREVISTA

a. Aquí tienes la actuación de una candidata.

◗ CANDIDATA

▶ **Entrevistador:** Hola, buenas tardes. ¿Qué tal?
▶ **Candidata:** Bien, gracias.
▶ **E:** ¿Cómo te llamas?
▶ **C:** Eva.
▶ **E:** ¿Prefieres que hablemos de tú o de usted?
▶ **C:** De tú, por favor.
▶ **E:** ¿Y de dónde eres, Eva?

▶ **C:** Soy de Portugal, de Oporto.
▶ **E:** ¿Y dónde has aprendido español?
▶ **C:** En la universidad. Estudio Filología Hispánica en la Universidad de Coimbra.
▶ **E:** ¿Cuántos años llevas estudiando español?
▶ **C:** Cuatro años, aunque he estado un año de Erasmus en Barcelona.

continúa ➔

▶ E: Ah, interesante. Bien, pues vamos a empezar el examen. Te han explicado que consta de tres tareas y tú has preparado la primera. ¿Qué tema has elegido?

▶ C: Geografía del Turismo.

▶ E: Muy bien. Como sabes, esta prueba consta de tres partes. En la primera parte tienes que hacer una presentación, de unos 6 u 8 minutos sobre el tema que has preparado, siguiendo los textos y los gráficos. Puedes empezar cuando quieras.

▶ C: Vale. Pues después de leer todos estos textos y gráficos, todo esto nos muestra la importancia del turismo en la sociedad actual, en los países desarrollados. Según la Organización Mundial del Turismo en este siglo se producirá una rápida expansión del turismo en los países desarrollados, especialmente en Asia y en Pacífico. Este aumento del turismo no solo se producirá en los destinos de sol y playa, sino que cada vez más aumentan otros tipos de destinos, por ejemplo, el turismo de aventura, el de naturaleza, cultural… Este aumento del turismo también se ve en el gráfico de la OMT que dice que va a haber una mayor llegada de turistas internacionales y de ingresos en un futuro. En otro texto dice que el turismo es un factor muy importante,… es fundamental en la economía de un país, y es que esto repercute también en lo social y político. Los efectos del turismo pueden ser positivos, mejorando la actividad económica de un lugar, o negativos, causa masificaciones, contaminación en los suelos, delincuencia… Voy a pasar a explicar los efectos del turismo positivos. Estos se centran en la economía, es un aspecto económico,… pero también los hay de tipo social o cultural. El turismo produce ingresos, eso está claro, porque llegan y gastan mucho dinero los visitantes extranjeros. Creo que entre los aspectos económicos más importantes, está que genera empleo. Por ejemplo, en las zonas de la costa, de la playa,… aumenta el empleo cuando llegan los turistas, pero qué tipo de empleo, eso es un gran problema, porque no es de calidad. Otro aspecto positivo es la "promoción internacional", ¿qué es esto? Que se promociona al país, lo conocen más en otros lugares… Pues porque en el extranjero se conoce más esa zona y puede atraer la inversión extranjera. Desde el punto de vista social, el turismo trae intercambio o contacto de culturas, con los viajes la gente se conoce más, se conoce más a otras culturas, ah… y esto rompe los estereotipos. Esto es muy importante. Rompe los tópicos. (pausa) Ahora hablo de los efectos del turismo de tipo negativo, creo que son sobre todo sociales, pero también económicos y de medioambiente. Es verdad que el turismo genera trabajo, lo he dicho antes, pero a veces, esto…"mano de obra", mucha gente no está preparada, cualificada para ese trabajo. También es un trabajo temporal… Otro tema negativo, es que a veces hay masificación de turistas. Yo conozco sitios que están prácticamente ocupados por población extranjera. También esto afecta al medioambiente. La masificación produce contaminación. En el último texto trata sobre el turismo en España, donde se dice que en España ha aumentado el turismo del interior, porque hay mucha masificación de las zonas costeras…

Evalúa su actuación con la tabla siguiente.

EVALUACIÓN   SÍ   NO

1. Presenta las ideas principales de los textos.

2. Distingue claramente entre ideas principales y secundarias.

3. Prescinde de dar alguna opinión personal.

4. Se centra en el tema del que se trata, no divaga.

5. Habla con fluidez y defiende con seguridad sus argumentos.

6. A veces se bloquea en sus ideas pero sigue adelante.

7. Organiza bien su exposición y utiliza palabras que relacionan las ideas.

8. Tiene un léxico apropiado y variado.

9. Tiene buen dominio de la gramática.

10. Se autocorrige cuando comete algún error.

Escucha 🔊 tu propia actuación y evalúala con esas mismas preguntas.

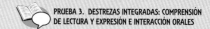
Tarea 2.

a. Escucha una serie de preguntas que va a hacer el entrevistador y clasifícalas según la siguiente tabla.

🔄 **24** **Pon la** pista n.° 24 y escucha las preguntas.

❗ **¡Atención!** Puedes 🎤 **grabarte** y responder a estas preguntas. Pulsa el botón de ⏸ *PAUSA* para dar tus respuestas.

⚪ **PREGUNTAS SOBRE...**

	1	2	4	5	6	7	8	9	10	11
A. Ideas del texto comentadas en la entrevista.										
B. Ideas del texto que no se han comentado.										
C. Para aportar alguna idea o dato nuevo.										
D. La experiencia del candidato o en su país.										

b. Observa las respuestas que este candidato ha dado a las preguntas del entrevistador. ¿Cuáles te parecen adecuadas?

⚪ **PREGUNTAS Y RESPUESTAS**

A. ▶ E: ¿Y qué efectos negativos crees que tiene el turismo en tu país?
▶ C: Pues yo creo que el turismo puede provocar ciertas aglomeraciones en unas determinadas zonas. Por ejemplo, en la zona del sur de mi país, hay demasiados hoteles. Se ha perdido la esencia de esos pueblos y todo está enfocado al turismo. Por ejemplo cerca de mi ciudad hay un parque natural y han construido unas casas para el turismo. Esto perjudica el medioambiente. Además, los trabajadores se quejan de las condiciones laborales.

B. ▶ E: Has hablado de los efectos negativos, pero ¿y qué me puedes decir de los efectos en el medioambiente?
▶ C: Antes he puesto el ejemplo del parque natural. Y esto es un algo desastroso. Han tenido que talar una zona cerca del lago. Claro, y todo esto además con los problemas de contaminación que se puede ocasionar… Es horrible esto. Muchas asociaciones ya han quejado… y están ahí luchando para evitarlo. También esto hace que cambie el medio… el "hábitat" de los animales, que tienen que huir de estas zonas.

C. ▶ E: Has mencionado que es necesario un turismo de calidad. ¿Consideras que es mejor un turismo de cantidad o de calidad?
▶ C: Estoy totalmente de acuerdo. Sé que económicamente es más importante el número que se reciba, pero creo que en el futuro es peor. Pienso que es mejor poco, pero que con ciertas garantías. No podemos coger a muchos turistas y luego no atenderles bien, porque no hay medios.

D. ▶ E: Decías que era importante desarrollar un turismo sostenible. Pero, ¿qué es para ti el turismo sostenible?
▶ C: Pues es difícil esta pregunta. Creo que es aquel que cuida el medio natural. No sé, no contamina… y que no perjudica la zona.

E. ▶ E: ¿Qué tipo de turismo está en aumento en tu país?
▶ C: En cuanto al tipo de destinos, indudablemente prefieren ir al sur de Europa, Italia, España… Son muchas las ofertas cuyos destinos son el sol, las playas… También mucha gente prefiere algún viaje cultural por el centro de Europa, pero menos. Como país receptor, la gente prefiere visitar nuestras grandes ciudades. Por ejemplo la mayoría de los turistas en mi país visita Bruselas, Brujas o Gante. Entonces son estas zonas turísticas donde se cuida más al turismo y se enfoca todo más al turismo.

EVALUACIÓN	SÍ	NO
1. Aporta su opinión personal.		
2. Responde al tema, no divaga.		
3. Relaciona bien sus ideas con los recursos adecuados.		
4. Mantiene un tono formal.		
5. Su intervención resulta natural.		
6. Se intuye cierta fluidez y seguridad.		
7. Hay pausas solo para hacer reformulaciones.		
8. Tiene un léxico apropiado y variado.		
9. Tiene buen dominio de la gramática.		
10. Se autocorrige cuando comete algún error.		
11. Utiliza una forma de hablar más coloquial si es necesario.		

Escucha 🔊 tu propia actuación y evalúala con esas mismas preguntas.

Tarea 3.

a. Relaciona estas ideas con cada uno de los titulares que has visto en las págs. 155 y 156.

IDEAS PRINCIPALES	TITULAR
A. La dieta mediterránea puede desaparecer debido al estrés en el trabajo y al aumento de los precios.	
B. En este país existe un mal hábito saludable debido a la escasa ingesta de verduras y frutas.	
C. Una de las causas de la mala alimentación es la televisión, ya que aumenta el consumo de bebidas y alimentos insanos.	
D. La dieta mediterránea reduce el riesgo de ciertas enfermedades.	
E. Es muy importante la educación alimentaria y nutricional.	

b. Vas a escuchar una nueva serie de preguntas. Responde a todas ellas.

🔀 **25** Pon la pista n.º 25 y escucha las preguntas. Pulsa el botón de ❚❚ *PAUSA* para dar tus respuestas.

🎤 Grábalas.

🔊 Ahora escucha tus respuestas y escribe una **pregunta** que **cuestione o ponga en duda** tus propias respuestas.

c. Lee las respuestas que ha dado una candidata sobre los titulares anteriores y completa la tabla.

◯ CANDIDATA

► **Entrevistadora**: Bueno, pasamos ahora a la tarea 3. Aquí tienes unos titulares y tienes que comentarlos.

► **Candidata:** ¿Pero tengo que relacionar los titulares?

► E: Bueno, como tú veas. Todo está relacionado. Me das tu opinión sobre esto. Lee despacio los titulares, y luego me das tu opinión.

► C: Pues en estos titulares se habla de la alimentación, de los hábitos alimenticios…perdón, alimentarios, que se están produciendo en nuestra sociedad. Es verdad que estos cambios están afectando a la dieta mediterránea, que hasta ahora es un buen ejemplo de alimentación.

► E: ¿Tú sueles llevar una dieta mediterránea?

► C: Yo creo que sí, porque yo suelo comer muchos cereales, verduras, frutas. Ah, y también uso el aceite de oliva, y el consumo de pescado y carnes blancas. Creo que hago una dieta equilibrada y… variada, porque es muy buena para la salud.

► E: ¿Qué principal beneficio tiene esta dieta?

► C: Pues los países que tienen dieta mediterránea tienen más longevidad más salud. Por ejemplo, el aceite de oliva ayuda a no tener infartos o padecer menos cáncer. También es muy útil para el colesterol, relacionado con las enfermedades del corazón, ayuda a la circulación. Además la dieta es muy variada, como he dicho antes, porque utiliza variedad de frutas y verduras y, especialmente porque es muy sencilla, son productos que puedes encontrar fácilmente.

► E: Dices que es una dieta sencilla, ¿tú crees que la gente la sigue?

► C: Yo creo que por el ritmo de vida, la gente no la sigue como debería. No comemos cuatro veces al día, y la comida más importante es la comida. Es normal, porque hoy la gente come en media hora, rápidamente, en el trabajo, y para ellos la comida con mayor energía es la cena. Esto no es aconseja-

ble porque se van a acostar y no necesitan comer tanta cantidad, no necesitan tanta energía antes de dormir.

► E: ¿Crees que puede llegar a desaparecer?

► C: No creo, es muy importante que la dieta mediterránea no se pierda, porque es muy buena para la salud, y el cuerpo… Además se ha incluido dentro del Patrimonio Inmaterial de la Unesco, y es porque es muy importante que no se pierda.

► E: ¿Qué otros factores conoces que afectan a la dieta?

► C: El estrés, la falta de tiempo. Hay que intentar seguir esto, la dieta mediterránea, como lo que he dicho antes, pero como hay falta de tiempo para seguirla, la gente come en la oficina, esto no es bueno,… hay que descansar durante la digestión, no trabajar. Otro factor importante son los ejercicios físicos, hacer deportes todos los días, andar, o dos veces a la semana.

► E: Es cierto que ahora en muchos países se están llevando a cabo iniciativas para que los jóvenes sigan una alimentación sana, ¿verdad?

► C: Sí, es verdad. En mi país hay también algunas iniciativas, como aparece también en esta noticia. Por ejemplo, hay campañas en las escuelas para no comer bollos y más cereales,.. es que hay mucha obesidad infantil y eso es muy peligroso. En mi familia sí se sigue la dieta mediterránea, comemos fruta, pasta, arroz,… casi todos los días. Pero también verduras. Intentamos seguir una variedad.

► E: ¿Has notado algún cambio en la alimentación de tu país?

► C: Sí ha cambiado, por el tema del trabajo. La gente no cocina mucho, y comen sándwich, hamburguesas, más comida basura. Dedican solo los fines de semana a comer bien. Creo que igual que en España, entre semana comen rápido y no tienen tiempo para prestar atención a la comida.

Evalúa su actuación con la tabla siguiente.

EVALUACIÓN   SÍ   NO

1. Expresa claramente su opinión sobre los diferentes titulares.

2. Mantiene su opinión aunque el entrevistador la cuestiona.

3. Muestra su desacuerdo con el entrevistador.

4. Mantiene un tono formal en la expresión de sus ideas.

5. Se apoya en las ideas que se transmiten en los titulares.

6. Hace valoraciones sobre los temas que aparecen.

7. Valora los pros y los contras de determinadas opiniones.

8. Aunque no se evalúan, el candidato tiene y usa ciertos conocimientos sobre el tema.

9. Integra en lo que dice lo que ha dicho el entrevistador.

10. Tiene un léxico apropiado y variado.

11. Tiene buen dominio de la gramática.

12. Se autocorrige cuando comete algún error.

Escucha 🔊 tu propia actuación y evalúala con esas mismas preguntas.

d. Escucha 🔊 tu propia actuación y compárala con lo que ha expuesto la candidata. Responde a las siguientes preguntas.

1. ¿Se diferencian mucho las opiniones de la candidata de las tuyas?

....

2. ¿Tus comentarios han sido más largos que los de la candidata?

....

3. ¿Cuál crees que han sido los errores que ha cometido la candidata? ¿Y los tuyos?

....

4. ¿Te parece que podría aprobar esta parte de la prueba? ¿Y tú?

....

Modelo de examen n.º 2

CLAVES Y COMENTARIOS DE LAS ACTIVIDADES

(LA PREPARACIÓN)

Tarea 1.

a. **Candidato 1.** Utiliza un esquema muy simple. Ha sabido extraer las palabras clave y le pueden ser útiles, pero solo ha anotado palabras. No ha formulado preguntas que le puede hacer el entrevistador, hipótesis, temas con los que puede relacionar, etc. Una preparación así es demasiado abierta, y su intervención depende en buena medida de la improvisación para cubrir el tiempo establecido. El entrevistador puede hacerle entonces preguntas para completar el tiempo.

Candidato 2. Ha escrito parte del diálogo que va a decir. Esta preparación es muy cerrada, y luego no podrá leerla. Por otro lado, las ideas aportadas son interesantes, así que manifiesta cierta creatividad que puede aprovechar durante la entrevista, pero con cuidado, porque el objetivo es reflejar las ideas de los textos y gráficos.

Candidato 3. Ha sabido extraer las ideas del texto y las ha plasmado jerárquicamente: ideas principales e ideas secundarias. Además, ha imaginado las posibles preguntas que le podrá hacer el entrevistador y anota su respuesta. Corresponde al tipo de preparación más adecuado para el examen porque ha seleccionado y organizado las ideas y ha incluido aquello que le podría preguntar el entrevistador.

b. **A.** Texto 3; **B.** Gráfico 2; **C.** Texto 1; **D.** Texto 2; **E.** Texto 1; **F.** Texto 2; **G.** Texto 1; **H.** Gráfico 1; **I.** Texto 3.

c. **Comentario.** Si quieres defender el turismo de playa frente al interior, debes seleccionar y ordenar las ideas de una determinada manera. Si defiendes el turismo de interior, las seleccionarás de otra manera. Por ejemplo, la idea de que el turismo de interior destruye la idiosincrasia de los pueblos y sus tradiciones a causa de la imposición de los estereotipos, no tendrá relevancia si defienden el turismo de interior. La selección y orden es relativo, pero no subjetivo. El objetivo de la actividad es que desarrolles la habilidad de ordenar y valorar ideas en función de perspectivas.

¡Atención! Este es un posible orden de ideas.

A favor del turismo de playa: F, C, E, D, B, G, H, I, A. A favor del turismo de interior: I, F, C, E, D, G, H, B, A.

Consejo. Los materiales del examen no incluyen imágenes. Sin embargo, en muchas presentaciones profesionales hay imágenes, además de gráficos. Las imágenes tienen un gran poder porque te pueden ayudar a concentrarte en el tema, a explorar sus posibilidades y a estimular tu creatividad. Lo que puedes hacer durante la preparación es activar en tu mente imágenes concretas relacionadas con el tema que te toque.

d. Posible respuesta:

El turismo es una de las actividades con mayor relevancia a nivel mundial, de gran importancia para el desarrollo socioeconómico y cultural de un país. El turismo es una herramienta fundamental para el desarrollo sostenible de las comunidades locales y acerca a las comunidades generando intercambio de experiencias, pero si esta actividad se lleva a cabo de manera desorganizada, descontrolada y poco planificada puede causar daños tanto al medio natural como al cultural. Por esta razón la implantación de actividades turísticas conlleva una serie de impactos positivos y negativos en un lugar.

Yo opino que una de los aspectos positivos son los beneficios económicos, es una fuente de ingresos debido a la constante necesidad de viajar de las personas. También genera dinero gracias al número de visitantes extranjeros y nuevos empleos. Otra cualidad importante es la experiencia de conocer y darse a conocer frente a otras culturas. También la actividad turística hace que la población local proteja su entorno.

Por otro lado, el turismo trae consigo efectos negativos. Creo que uno de los más importantes es el impacto al medioambiente. La actividad turística a veces deteriora el medio ambiente natural, con la construcción de hoteles, destruyendo ecosistemas, contaminación de los suelos, extinción de especies de fauna y flora,... Además la creación de autopistas deteriora el paisaje natural. Otro aspecto negativo pueden ser las diferencias entre la población local y los visitantes, ya que en algunos lugares, los residentes llegan a convertirse en "criados" de los turistas, esto crea en la población local algún resentimiento hacia los visitantes. Por esto las culturas indígenas se adaptan a las culturas de los visitantes y se puede destruir las costumbres que los caracterizan.

En conclusión puedo decir que el turismo es una actividad que genera muchos beneficios, pero también conlleva efectos negativos que perjudican la población local. Por esto la importancia de desarrollar la industria de una forma que no solo beneficie el mercado nacional e internacional, sino también el local por medio de estrategias que busquen minimizar los efectos negativos.

Tarea 2.

a. **1.** Gráfico 1: *sector con gran potencial de expansión, que generaron múltiples ingresos en 2010*; Gráfico 2: *el turismo es fuente de riqueza, creación de puestos de trabajo*; Texto 1: *supone un importante impulso económico*; Texto 2: *instrumento generador de empleo y riqueza, eliminación de las desigualdades sociales y económicas*. **2.** Gráfico 2: *el turismo es fuente de riqueza*; Texto 1: *flujo de ingresos exteriores sin grandes inversiones ni tecnologías avanzadas, elevado volumen de empleo*. **3.** Texto 2: *agente destructivo, colonizador y solo produce beneficios para unos pocos, el turismo de masas refuerza los estereotipos*; Texto 3: *impacto socioeconómico y ambiental*. **4.** Texto 2: *la guerra de precios que dificulta el turismo de calidad*. **5.** Texto 3: *el turismo de naturaleza es un turismo de mayor calidad, turismo masificado de las zonas litorales*. **6.** Texto 3: *menos masificado, con planificación, que garantiza el adecuado suministro de recursos con una ocupación sostenible del territorio*. **7.** Texto 1: *reducen los costes de transporte y favorece la demanda de viajes*.

b. **A.** 1; **B.** 4; **C.** 7; **D.** 5; **E.** 2; **F.** 3; **G.** 6; **H.** 1; **I.** 3; **J.** 6; **K.** 3; **L.** 5; **M.** 2; **N.** 3; **Ñ.** 1.

c. Frases incorrectas: 3 (realizar), 4 (posibilidades), 5 (que se distribuya entre ellos), 7 (la mitad), 8 (dirigen, dominan en), 10 (será ocasionada por), 14 (opciones, posibilidades), 15 (es importante), 16 (zona verde), 17 (decidido, tomado decisiones equivocadas), 18 (ponen, hacen), 19 (un sector emergente, sin "muy"), 20 (diversidad).

LA ENTREVISTA

Tarea 1.

a. **1.** Sí (El candidato hace un recorrido por los diferentes textos y sabe extraer las ideas principales. Apoya constantemente su exposición en los diferentes materiales. Es importante que relacione los textos en su exposición y esto lo hace. Sería erróneo si su exposición se basara en el uso del parafraseo de cada uno de los textos aportando ideas, pero sin mucha relación unas con otras. Sabe organizar bien las ideas y las presenta de forma ordenada y cohesionadas); **2.** Sí; **3.** Sí (En una parte, donde dice "Yo conozco sitios…" aporta su opinión personal. Hubiera estado mejor haber dejado esta opinión para la tarea 2 y basarse solo en los datos que aportan los textos); **4.** Sí; **5.** Sí; **6.** Sí (Se ven algunos casos de pausas que puede indicar o bien esa dubitación o bloqueo, o pausa para continuar con sus argumentos); **7.** Sí; **8.** Sí (Consideremos que su nivel de lengua es bastante aceptable y se adapta al nivel requerido); **9.** Sí; **10.** Sí.

Tarea 2.

a. **A.** 1, 4, 8; **B.** 7, 9, 11; **C.** 3, 5; **D.** 2, 6, 10.

b. **Respuestas adecuadas:** A, B, E.

Evaluación: **1.** Sí; **2.** No (Solo en las opciones A, B, E. En el resto divaga y no da una respuesta clara a lo que se le pregunta); **3.** No (En sus intervenciones vemos ideas más bien sueltas que no deja ver una clara organización de ideas. Le falta centrar más sus respuestas, de una manera clara y detallada); **4.** No (En esta tarea se pide un cierto grado de formalidad que no lleva a cabo, de ahí que su intervención sea muy informal. El objetivo es mantener una conversación formal, pero no llegando a lo coloquial); **5.** Sí; **6.** Sí (Aunque no es una prueba grabada, intuimos cierta fluidez en su lenguaje, que no impide la comunicación, y está segura cuando emite sus argumentos, aunque a veces no queden claros para el interlocutor); **7.** No (En muchas de las pausas encontramos signos de que no sabe desarrollar esa idea, de ahí que sirvan esas pausas para proponer o desarrollar otro ejemplo. Además aprovecha esos espacios en blanco para proponer algunos ejemplos personales); **8.** No (No muestra dominio léxico en su intervención, con algún caso de error); **9.** No (Utiliza estructuras gramaticales sencillas que no muestran que su nivel sea el exigido. Su intervención está exenta de estructuras complejas, propias de este nivel); **10.** Sí; **11.** Sí.

Tarea 3.

a. **A.** 2; **B.** 4; **C.** 5; **D.** 1; **E.** 3.

Comentario. En esta parte de la prueba oral te piden, entre otras cosas, que expreses y defiendas tus propias opiniones a partir de los titulares, porque el entrevistador intentará contradecirte, pero recuerda que dispones de poco tiempo para leer los titulares de la noticia y sacar las ideas principales.

c. **1.** No (Toma el tema general de las noticias y lo desarrolla. Convendría hablar más sobre los diferentes temas y después, centrarse en alguno con el que esté o no de acuerdo); **2.** Sí (Aporta su opinión, y en este caso muestra su acuerdo con el entrevistador. No parece apoyar una idea en la que no crea); **3.** No (No hay ejemplos que corroboren esta idea); **4.** No (Según se requiere en esta tarea, el tono es informal y es el que sigue el candidato); **5.** Sí (Después de leer los titulares utiliza el tema para mostrar su opinión y mantener esta conversación con el entrevistador); **6.** Sí (Hay algún caso donde relaciona su información con el titular); **7.** Sí (Desarrolla los aspectos positivos y negativos sobre el tema tratado); **8.** No (Sabe defender la idea y sabe desarrollar, pero no profundiza en ello. En su intervención no muestra elevados conocimiento sobre este tema. Sin embargo está informada sobre el tema, ya que sabe que la dieta mediterránea pertenece al Patrimonio Inmaterial de la Humanidad); **9.** Sí; **10.** Sí (Tiene un léxico no muy extenso. Su nivel léxico no es propio del C2, ya que no utiliza expresiones, modismos, estructuras propias de este nivel); **11.** No (No utiliza estructuras complejas propias del nivel, y su intervención se reduce a frases cortas y sencillas); **12.** Sí.

DELE C2
Modelo de examen n.º 3

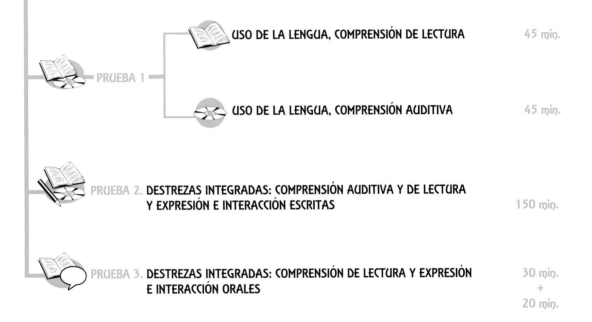

USO DE LA LENGUA, COMPRENSIÓN DE LECTURA — 45 min.

PRUEBA 1

USO DE LA LENGUA, COMPRENSIÓN AUDITIVA — 45 min.

PRUEBA 2. **DESTREZAS INTEGRADAS: COMPRENSIÓN AUDITIVA Y DE LECTURA Y EXPRESIÓN E INTERACCIÓN ESCRITAS** — 150 min.

PRUEBA 3. **DESTREZAS INTEGRADAS: COMPRENSIÓN DE LECTURA Y EXPRESIÓN E INTERACCIÓN ORALES** — 30 min. + 20 min.

Claves, comentarios, consejos y actividades sobre este modelo de examen.

En este modelo...

Después de trabajar en el modelo anterior las dificultades que presentan los textos propuestos por el examen (su tipología, su vocabulario, etc.), en este modelo vas a trabajar las dificultades propias de las tareas del examen. Tienes que tener en cuenta lo que sabes de los textos y las habilidades y conocimientos que necesitas para entenderlos y para realizar las tareas. Además, deberás medir los tiempos parciales de las tareas, para saber en qué tarea necesitas más o menos tiempo, y poder así organizarte mejor.

Prueba 1. Primera parte: Uso de la lengua, comprensión de lectura

● ● ● ● ● **Antes de empezar la parte de** Comprensión de lectura.

a. Señala a qué tarea pertenecen las siguientes opciones, fragmentos de textos y preguntas. Proceden de exámenes vistos anteriormente.

	Tareas		
	1	2	3

A. Yo pienso que uno de los contactos más maravillosos que tuve de niña fue el paisaje, digamos, lo que yo veía durante el día y la noche.

B. Es un retrato _____2_____, espeluznante, del drama de los pobres multiplicándose en escala geométrica en tanto la miseria...

   a) crudo   b) pícaro   c) benévolo

C. En esta ponencia se revisa las medidas que actualmente se están tomando en relación con la inmigración en España para mejorar una futura integración.

D. Pero quiero decir también que el escenario urbano ofrece incontables alternativas, exhibe vivos contrastes y refleja una heterogeneidad deslumbrante.

E. Esta obra trata de dar respuesta educativa al tema y contribuir a una mejor actuación por parte del profesorado ante problemas de convivencia.

F. Parece como si el único objetivo del artista hubiera sido trasladar ese sentimiento de alegre indolencia a su comitente, el duque de Ferrara.

G. En una psicoterapia, la palabra es dicha en el contexto de un tratamiento, es dirigida a otro, un terapeuta que _____5_____ sobre esa palabra, la interpreta, le da nuevos significados.

   a) opera   b) negocia   c) aplica

H. Se presenta en esta ponencia la opinión de los españoles acerca de la inmigración.

I. Es obvio que las urbes son los epicentros de un sinfín de abrumadores problemas sociales y económicos; que la ciudad ofrece un inmejorable caldo de cultivo para el abuso, para el abandono, o el crimen.

J. Este trabajo plantea la inclusión de la expresión corporal en la práctica circense.

K. Este trabajo habla de las políticas restringidas de inmigración llevada a cabo por algunos gobiernos.

L. "Escribir me organiza, es más fácil leer un pensamiento en el papel que leerlo en la cabeza, es una especie de _____11_____ a tierra", decía.

   a) alambre   b) hilo   c) cable

b. Aquí tienes otras opciones de respuestas de cada una de las tareas de la prueba de Comprensión de Lectura. No corresponden al formato del examen. Elige de las dos opciones la que explica en cada caso de por qué no corresponde al formato de examen.

Tarea 1.

a) brizna   b) augurar   c) propio de

a) Porque cada opción corresponde a una categoría gramatical diferente.

b) Porque el nivel de las palabras no corresponde al nivel C2.

Tarea 2.

FRAGMENTOS

A. estableciendo las normas referentes a la presentación y elaboración de

a) Porque el fragmento empieza por un gerundio.

b) Porque es un fragmento de un fragmento, no tiene sentido completo.

Tarea 3.

19. Con esta ponencia el autor quiere hacerse un hueco en el mundo literario hispanoamericano.

A)   B)   C)   D)   E)   F)

a) Las preguntas del examen no deben hacer referencia a aspectos exteriores a los propios textos.

b) Las preguntas del examen no deben evaluar conocimientos del contexto en el que aparecen los textos.

¡Atención! Antes de seguir con el modelo de examen, comprueba tus respuestas.

CLAVES

a. **A.** 2; **B.** 1; **C.** 3; **D.** 2; **E.** 3; **F.** 2; **G.** 1; **H.** 3; **I.** 2; **J.** 3; **K.** 3; **L.** 1.

b. **Tarea 1:** a; **Tarea 2:** b; **Tarea 3:** a. Las otras opciones también son criterios de redacción de preguntas de examen.

¡Ya puedes empezar esta parte de la Prueba 1!

Prueba 1. Uso de la lengua, comprensión de lectura y auditiva

La **Prueba 1** tiene una duración total de 105 minutos. Contiene seis tareas y 52 preguntas:

– Comprensión de lectura: 3 tareas, 26 preguntas, 60 minutos.
– Comprensión auditiva: 3 tareas, 26 preguntas, 45 minutos.

Marque las opciones únicamente en la Hoja de respuestas. A continuación debe realizar las tareas de Comprensión de lectura.

🕐 Tienes **60 minutos** para esta parte. Pon el reloj al principio de cada tarea.

Tarea 1

INSTRUCCIONES

Lea el texto y complete los huecos (1-12) con la opción correcta (A, B o C). Marque las opciones elegidas en la Hoja de respuestas.

UNA REPUTACIÓN

La cortesía no es mi fuerte. En los autobuses suelo disimular esta carencia con la lectura o el abatimiento. Pero hoy me levanté del asiento automáticamente, ante una mujer que estaba de pie, con un vago aspecto de ángel anunciador.

La dama beneficiada por este rasgo involuntario lo agradeció con palabras tan _____(1)_____, que atrajeron la atención de dos o tres pasajeros. Poco después se desocupó el asiento inmediato, y al ofrecérmelo con leve y significativo además, el ángel tuvo un hermoso gesto de _____(2)_____. Me senté allí con la esperanza de que viajaríamos sin _____(3)_____ alguna.

Pero ese día me estaba destinado, misteriosamente. Subió al camión otra mujer, sin alas aparentes. Una buena ocasión se presentaba para poner las cosas en su sitio: pero no fue _____(4)_____ por mí. Naturalmente, yo podía permanecer sentado, destruyendo así el germen de una falsa reputación. Sin embargo, débil y sintiéndome ya _____(5)_____ con mi compañera, me apresuré a levantarme, ofreciendo con reverencia mi asiento a la recién llegada. Tal parece que nadie le había hecho en toda su vida un homenaje parecido: llevó las cosas al extremo con sus _____(6)_____ palabras de reconocimiento.

Esta vez no fueron ya dos ni tres las personas que _____(7)_____ sonrientes mi cortesía. Por lo menos la mitad del pasaje puso los ojos en mí, como diciendo: "He aquí un caballero". Tuve la idea de abandonar el vehículo, pero la deseché inmediatamente, sometiéndome con honradez a la situación, _____(8)_____ la esperanza de que las cosas se detuvieran allí.

Dos calles más adelante bajó un pasajero. Desde el otro extremo del autobús, una señora me designó para ocupar el asiento vacío. Lo hizo solo con una mirada, pero tan _____(9)_____, que detuvo el ademán de un individuo que se me adelantaba; y tan suave, que yo atravesé el camino con paso _____(10)_____ para ocupar en aquel asiento un sitio de honor. Algunos viajeros masculinos que iban de pie sonrieron con desprecio. Yo adiviné su envidia, sus celos, su resentimiento, y me sentí un poco angustiado. Las señoras, en cambio, parecían protegerme con su efusiva _____(11)_____ silenciosa.

Mis compromisos para con el pasaje habían aumentado de una manera decisiva. Todos esperaban de mí cualquier cosa. Yo _____(12)_____ en aquellos momentos los ideales femeninos de caballerosidad y de protección a los débiles. La responsabilidad oprimía mi cuerpo como una coraza agobiante.

(Adaptado de Juan José Arreola, *Confabulario personal*. México)

OPCIONES

1. a) efusivas   b) lastimeras   c) rebosantes
2. a) desencanto   b) alivio   c) desamparo
3. a) serenidad   b) parsimonia   c) desazón
4. a) beneficiada   b) ejecutada   c) aprovechada
5. a) deudor   b) cobijado   c) comprometido
6. a) cargadas   b) vanas   c) turbadas
7. a) sancionaron   b) aprobaron   c) atosigaron
8. a) alimentando   b) arrojando   c) brindando
9. a) atónita   b) esquiva   c) imperiosa
10. a) vacilante   b) renqueante   c) gélido
11. a) mueca   b) refutación   c) aprobación
12. a) compendiaba   b) personificaba   c) personalizaba

● ● ● ● ● ¿Cuánto **tiempo** has tardado en completar **esta tarea**? Anótalo aquí: _____ min.

INSTRUCCIONES

Lea el siguiente texto, del que se han extraído seis párrafos. A continuación lea los siete fragmentos propuestos (A-G) y decida en qué lugar del texto (13-18) hay que colocar cada uno de ellos. HAY UN FRAGMENTO QUE NO TIENE QUE ELEGIR. Marque las opciones elegidas en la Hoja de respuestas*.*

UN ABISMO ENTRE GENERACIONES

¿Se puede reflexionar sobre un tema del que no sabemos nada o muy poco? Se trata de un problema, no obstante, tan importante o más que la incomunicación con el mundo en vías de desarrollo pero más próximo. De la brecha que separa no a países, géneros o etnias sino a generaciones. 13. _____. Se ha llegado a la conclusión de que es relativamente fácil transferir tecnología explícita –la que está en los manuales–, pero muy difícil transferir los conocimientos implícitos en la manera de ser, el saber hacer individual o la cultura de un colectivo.

14. _____. Un abismo insondable los separa. Son dos civilizaciones totalmente incomunicadas. Los mayores son más que antes, algo más cultos –por el alargamiento de la esperanza de vida– y siguen igualmente divididos en derechas e izquierdas, moros y cristianos.

Los jóvenes pueblan ahora un espacio mucho más grande que antaño, en donde han acampado con sus propios resortes de poder como los de intimidar, sentenciar, vigilar y castigarse a sí mismos. 15. _____. En lugar de cuatro *teenagers* durante cuatro años, ha surgido una verdadera civilización con su propia cultura y valores. ¿Podemos barruntar estos valores? ¿Existe alguna vía de comunicación entre esos dos hemisferios? Ahí van algunas sugerencias.

En lugar de pertenecer a un grupo o clase social, se pertenece a un colectivo virtual que se diferencia del resto por símbolos, a menudo exóticos o triviales. Lo importante no es tanto el reconocimiento por parte del resto del mundo, como del colectivo virtual.

16. _____. De la misma manera que antaño la especialización geográfica generaba su propia expresión idiomática, la especialización generacional se expresa en un lenguaje y cultura gestual propios.

Ausencia total de modelos a los que imitar ya sea en el mundo político –caracterizado por el continuismo de los intereses establecidos–; en el mundo académico, ensimismado en el gremialismo docente; o en la actividad empresarial, volcada en la especulación inmobiliaria a costa de la degradación del entorno.

17. _____.

¿Podemos identificar esos puntos de referencia todavía en los barrios en rebelión de París, Móstoles o Copenhague? ¿O son eventos estos aislados que no forman parte de los puntos de referencia? ¿Cuáles son las coordenadas de la nueva cultura que está emergiendo?

18. _____. De este debate hasta ahora inexistente deberían salir los ladrillos para edificar un modelo que integrara de nuevo a las dos civilizaciones separadas a las que me refería al comienzo.

(Adaptado de *http://www.eduardpunset.es/95/general/un-abismo-entre-generaciones*)

A. La distancia entre madurez sexual –a edades cada vez más tiernas–, y madurez intelectual –liberación económica y social– se ha agrandado sobremanera.

B. Me refiero al abismo que se ha creado entre los jóvenes y los mayores en Europa. Miles de doctorandos estudian las causas de las dificultades de transmitir conocimiento y tecnología entre los países ricos y pobres.

C. Los puntos de referencia –quiero decir ¿cuál es la misión? ¿cuáles los objetivos que deben alcanzarse para cumplir la misión? ¿qué procesos hay que activar para dar con los objetivos?–, se han esfumado.

D. La revolución de las tecnologías de la información ha concedido a esos colectivos autonomía de comunicación y convocatoria.

E. Tal vez la aparente falta de cohesión social refleje una liberación y autorrealización a nivel individual y de grupo susceptible de conjugar por métodos menos onerosos la estabilidad y la innovación social. O tal vez no.

F. Nadie estudia, sin embargo, la ausencia total de transferencia de conocimiento y valores entre la juventud por una parte y los mayores, que hoy son ya mayoría en países como España.

G. Dentro del abismo entre los dos hemisferios –jóvenes y mayores– existe una misma realidad objetiva de la vida. Esta es la que produce la perseverancia para llegar al método o camino de la felicidad individual y en ciertos casos colectiva (es una idea rápida del destino de la vida), que está escrita en los genes de todo ser humano.

● ● ● ● ● 🕐 ¿Cuánto **tiempo** has tardado en completar **esta tarea**? Anótalo aquí: _____ min.

A continuación tiene seis textos (A-F) y ocho enunciados (19-26). Léalos y elija el texto que corresponde a cada enunciado. _RECUERDE QUE HAY TEXTOS QUE DEBEN SER ELEGIDOS MÁS DE UNA VEZ._ Marque las opciones elegidas en la Hoja de respuestas.

RESÚMENES DE TESIS SOBRE PSICOLOGÍA BÁSICA

A.

Ansiedad, estrés y trastornos psicofisiológicos. María Isabel Casado Morales.

La presente tesis doctoral aborda, en primer lugar, el desarrollo histórico y los modelos explicativos de los conceptos de ansiedad y estrés. Centrándose ya de forma directa sobre los trastornos psicofisiológicos, se reseñan las distintas formas de abordaje, los factores determinantes y los modelos explicativos de la génesis de los mismos, así como su forma de clasificación. Finalmente, se desarrollan tres estudios empíricos cuyo objetivo central es estudiar la relación entre distintas variables psicológicas y determinados trastornos psicofisiológicos, en concreto hipertensión esencial y úlcera péptica, que nos permita establecer perfiles psicológicos asociados a dichos trastornos. Las variables seleccionadas son: ansiedad, solución y afrontamiento de problemas, ira y rasgos de personalidad como control emocional y extroversión.

B.

Apego al lugar: ámbitos, dimensiones y estilos. M. Carmen Hidalgo Villodres.

Se pretende llevar a cabo un análisis de los sentimientos de apego que las personas generan hacia determinados lugares, especialmente los lugares de residencia, para determinar el ámbito de apego preferido, analizar las variables predictoras de este al lugar, demostrar su existencia a la dimensión física de los lugares, además de la dimensión social, y comprobar la adecuación de los estilos infantil y adulto. Se comprueba que el ámbito de apego más importante para las personas es la casa, seguido de la ciudad, y en último lugar del barrio. En cuanto a las variables predictoras, el referido al lugar no depende básicamente de características tales como la edad, el sexo o la clase social.

C.

El papel de las imágenes en la comprensión de programas. Raquel Navarro Prieto.

El objetivo de este trabajo experimental es estudiar el papel de las imágenes en la comprensión de textos. Para alcanzar este objetivo se han conectado los principales resultados y metodologías de la investigación en psicología de la programación y del procesamiento de imágenes. Basados en esta investigación la hipótesis que guía el trabajo es que los lenguajes con imágenes permiten la construcción de un modelo mental basado en las relaciones de flujo de datos en un programa de ordenador con mayor rapidez que los lenguajes de texto. Los resultados muestran evidencia a favor de que los programadores de hojas de cálculo desarrollan representaciones mentales basadas en el flujo de datos en todas las situaciones, mientras que los programadores de C crearon representaciones basadas en el flujo de control.

D.

Estrategias cognitivas y metacognitivas en la elaboración del mensaje escrito: estudio bidireccional inglés-español, español-inglés. Ed. CEP.

Análisis y definición del patrón de uso del lenguaje escrito en lengua materna y en lengua extranjera, atendiendo al planteamiento de la tarea, el tratamiento de los modos del discurso reflexivo y extensivo y al uso de estrategias cognitivas y metacognitivas en el desarrollo del texto. Para ello se tomaron dos muestras de alumnas –tres canadienses y tres españolas– a las que se pidió que realizaran dos tareas, una en su lengua materna y otra en la extranjera, y mientras lo hacían, que verbalizaran todos los pensamientos que acudieran a sus mentes. Los resultados ponen de manifiesto que el proceso de elaboración de los grupos es diferente en cuanto al planteamiento de la tarea, el tratamiento de los modos del discurso utilizado y las estrategias de desarrollo del texto.

E.

Variables cognitivas implicadas en el ajuste al trauma y asociadas a la comunicación emocional. N. Ramos Díaz.

El objetivo es analizar la adaptación de los individuos a sucesos traumáticos. Concretamente, determinar cómo la comunicación emocional facilita dicha adaptación y en qué situaciones es más beneficiosa. Para dicho fin, trabajamos con mujeres de la Facultad de Psicología que eran expuestas a un vídeo sobre agresiones sexuales analizando las respuestas cognitivas y emocionales ante dicha experiencia. Los resultados de la investigación pusieron de manifiesto que hablar y, más exactamente, hacerlo ante personas que confrontan de manera adecuada nuestros sentimientos y pensamientos relacionados con la experiencia estaba asociado con una mejor adaptación a la experiencia. Cuando los individuos no tienen la oportunidad de expresar sus emociones manifiestan, de forma contraria, una peor adaptación a la situación.

F.

Mensajes subliminales en la publicidad. Dolores Lucía Sutil Martín.

Se ha investigado la influencia de los mensajes subliminales presentados en dos anuncios publicitarios sobre diversos aspectos de la conducta (procesos cognitivos, procesos afectivos, atracción sexual e intención de compra). Se ha analizado la influencia del tipo de mensaje subliminal (verbal o pictórico) y su ubicación (arriba-derecha, arriba-izquierda, centro, abajo-derecha, abajo-izquierda). Se han utilizado 165 sujetos; 60 varones y 95 mujeres de edades comprendidas entre 18 y 25 años, estudiantes de los primeros cursos de Psicología. Realizado el análisis pertinente se puede afirmar que los mensajes subliminales tanto verbales como pictóricos son recibidos por el sujeto. Se encuentra una mayor incidencia de los mensajes subliminales sexuales pictóricos que verbales. En el mensaje pictórico, la posición abajo-derecha tiene mayor incidencia en la intención de compra de cerveza y en la atracción sexual en la colonia.

(Adaptado de *http://dialnet.unirioja.es*)

PREGUNTAS

19. Los procesos cognitivos tratados en esta obra reflejan lo descubierto en la investigación sobre las posibilidades terapéuticas de la palabra.

    A)   B)   C)   D)   E)   F)

20. Esta tesis viene a diferenciar entre las respuestas infantiles y las adultas al estímulo estudiado.

    A)   B)   C)   D)   E)   F)

21. En este trabajo se analizan los mecanismos a través de los cuales la comunicación de emociones y pensamientos puede ser clave para superar experiencias dramáticas.

    A)   B)   C)   D)   E)   F)

22. La presente tesis aborda el estudio de la aparición de cierto tipo de alteraciones psicológicas y su relación con una serie de criterios asociados a las mismas.

    A)   B)   C)   D)   E)   F)

23. El propósito principal de este trabajo es determinar si existen unas pautas de uso del lenguaje escrito común a la lengua materna y a una lengua extranjera.

    A)   B)   C)   D)   E)   F)

24. Esta tesis explica que, tras los efectos de un acontecimiento trágico, y gracias entre otros a procedimientos cognitivos, puede producirse una recuperación afectiva.

    A)   B)   C)   D)   E)   F)

25. En este trabajo se pretende identificar las explicaciones, fundamentalmente sociales, que ayuden a predecir el desarrollo de los procesos descritos en la propia tesis.

    A)   B)   C)   D)   E)   F)

26. Esta tesis investiga la importancia del componente visual en el proceso de la comprensión textual.

    A)   B)   C)   D)   E)   F)

● ● ● ● ● 🕐 ¿Cuánto **tiempo** has tardado en completar **esta tarea**? Anótalo aquí: _____ min.

Modelo de examen n.º 3

CLAVES

Tarea 1: 1. a; **2.** b; **3.** c; **4.** c; **5.** c; **6.** c; **7.** b; **8.** a; **9.** c; **10.** a; **11.** c; **12.** b.

Tarea 2: 13. B; **14.** F; **15.** A; **16.** D; **17.** C; **18.** E.

Tarea 3: 19. F; **20.** B; **21.** E; **22.** A; **23.** D; **24.** E; **25.** B; **26.** C.

¡Atención! Para controlar tu preparación es muy importante que completes esta tabla siempre inmediatamente después de hacer la prueba del modelo de examen.

¿Qué dificultades has tenido y dónde?	Tarea 1	Tarea 2	Tarea 3
El tipo de texto ha influido en el resultado de la tarea.			
No he entendido la diferencia sutil entre palabras que aparece en la tarea.			
No conocía algunas palabras de las opciones, fragmentos o preguntas.			
Me ha desorientado el parecido entre las distintas opciones, fragmentos o preguntas.			
No he entendido bien la relación entre la pregunta o fragmento y el texto.			
He perdido mucho tiempo leyendo y releyendo.			
(Otro)			
Respuestas correctas.			
Tiempos parciales de cada tarea.			
Tiempo total utilizado.			
Nivel de estrés (de 1 –mínimo– a 5 –máximo–).			

PRUEBA 1. PRIMERA PARTE
MODELO DE EXAMEN N.º 3

¿Qué puedes hacer para mejorar los resultados la próxima vez? Anota aquí tu comentario.

....

....

PRUEBA 1. USO DE LA LENGUA, COMPRENSIÓN DE LECTURA Y COMPRENSIÓN AUDITIVA   PRUEBA 2. DESTREZAS INTEGRADAS: COMPRENSIÓN AUDITIVA Y EXPRESIÓN E INTERACCIÓN ESCRITAS   PRUEBA 3. DESTREZAS INTEGRADAS: COMPRENSIÓN DE LECTURA Y EXPRESIÓN E INTERACCIÓN ORALES

Actividades sobre el Modelo n.º 3. Uso de la lengua, comprensión de lectura

Tarea 1.

a. Vamos a trabajar la selección de la opción correcta en función de la presencia de una determinada **preposición, muchas veces las que acompaña a un verbo o un adjetivo**. Completa los siguientes ejemplos con la preposición correcta.

Aquí tienes ejemplos de los modelos de El Cronómetro, *nivel C2* y del ╉ *Instituto Cervantes* a los que hemos añadido la opción correcta pero hemos quitado las preposiciones.

Modelo 1

Primero fue la llamada "cura por la palabra", inaugurada a fines del siglo XIX por una paciente histérica del neurólogo Joseph Breuer, que bautizó _____ (1) _____ el término "deshollinar" a su necesidad de hablar sobre los traumas que la enfermaban.

En una psicoterapia, la palabra es dicha en el contexto de un tratamiento, es dirigida a otro, un terapeuta que opera _____ (2) _____ esa palabra, la interpreta, le da nuevos significados.

Modelo 2

Si los países desarrollados se desprendieran un poco del egoísmo brutal que sostienen para alardear _____ (3) _____ prestigio, poderío y equilibrio de fuerzas…

…limitar el aporte de armas a los países pobres que hasta el momento han servido a grupos oligárquicos para sojuzgar _____ (4) _____ las masas,…

Modelo 3

Una buena ocasión se presentaba para poner las cosas en su sitio: pero no fue aprovechada _____ (5) _____ mí.

Las señoras, en cambio, parecían protegerme _____ (6) _____ su efusiva aprobación silenciosa.

╉

Un buen escritor de cuentos tarda años en dominar la técnica del género, que se adquiere _____ (7) _____ la práctica más que _____ (7) _____ el estudio.

"Cuento" quiere decir llevar cuenta de un hecho. La palabra proviene _____ (8) _____ latín *computus*, y es inútil tratar de rehuir el significado esencial que late en el origen de los vocablos.

Ahora presta atención a la preposición marcada en negrita al seleccionar la opción correcta.

⚠ **¡Atención!** El resto de las opciones son incorrectas porque requieren una preposición diferente.

1. La empresa estaba _____ **por** un equipo de profesionales altamente cualificados y especializados en el sector editorial.

   a) integrada   b) dedicada   c) diversificada

2. La mayoría de los accidentes suelen _____ **con** una multa por una falta de imprudencia.

   a) incurrir   b) saldarse   c) extenderse

3. La zona a la que me refiero _____ **de** un paisaje que provoca la afluencia de visitantes durante los fines de semana.

   a) goza   b) hace referencia   c) se emplaza

continúa →

Modelo de examen n.º 3

4. Es imprescindible conseguir una óptima ingesta calórica _____ **con** las necesidades derivadas de los cambios fisiológicos, como el de otras variables como talla, biotipo, grado de actividad física, etcétera.

    a) acorde   b) centrada   c) adecuada

5. Las empresas que comercian *online* no pueden _____ **de** ofrecer "ayuda en vivo" a sus clientes.

    a) compadecerse   b) conformarse   c) prescindir

6. Contamos con un equipo desorganizado, sin dirección, sin juego, sin esperanza, _____ **a** un destino incierto.

    a) desligado   b) amenazado   c) rendido

7. Se ha _____ **de** las acusaciones que hizo contra el presidente de sala.

    a) reafirmado   b) rebelado   c) retractado

8. La comprobación de que la muerte _____ **por** ella, le infundió el coraje que necesitaba para reiterarle el juramento de su fidelidad eterna.

    a) había sucumbido   b) había intercedido   c) se había librado

9. Sus piernas apenas le responden, el cuerpo _____ **de** las lesiones sufridas tras su operación.

    a) se resigna   b) se resiente   c) se debilita

10. En estas circunstancias, sostener lo contrario es _____ **a** la realidad.

    a) evadirse   b) desistirse   c) cegarse

11. Este artículo _____ **sobre** la dependencia extrema del celular, convirtiendo la *nomofobia* en la fobia del siglo XXI.

    a) versa   b) arremete   c) pone en duda

12. El lector ha descubierto también ese sistema y _____ **de** lo que se le muestra.

    a) recela   b) apela   c) se incomoda

13. Es necesario explicar cuál es el coste por _____ **sin** blanca, al descubierto, en una cuenta corriente y el coste por no poder hacer frente a las cuotas hipotecarias o de préstamos.

    a) quedar   b) ponerse   c) quedarse

14. El recuerdo le atormentaba obsesivamente. Antes, si alguna vez _____ **de** ese hecho, sabía que no había pasado nada, que estaba vestido, pero cuando el recuerdo irrumpió como obsesión comenzó a dudar todo.

    a) acordaba   b) se acordaba   c) recordaba

15. Carrión conocía bien la enfermedad y los riesgos a los que se exponía si su hipótesis se confirmaba. Como todo científico, _____ firmemente **a** esta idea y buscó la forma de demostrarla.

    a) renegó   b) se aferró   c) se decidió

16. La producción agrícola se ha incrementado enormemente en muchos lugares del mundo para atender las crecientes necesidades de la población. Está al alcance de la humanidad el _____ **de** los trabajos penosos gracias al progreso tecnológico y a la explotación de nuevas fuentes de energía.

    a) renunciar   b) eliminar   c) librarse

(Fuente: *www.corpus.rae.es*)

¿Qué preposiciones requieren las opciones incorrectas? Escríbela junto a cada opción.

b. Muchas palabras tienen significados similares que solo se diferencian por ciertos matices. Eso hace que sean **equivalentes** en unos contextos y en otros no. Observa unos ejemplos.

🟢 EJEMPLO	🟢 EXPLICACIÓN
1. *La profesora es muy* **afectuosa** / **amable** *con todos sus estudiantes.*	El adjetivo *afectuoso* se relaciona con un sentimiento asociado al cariño y *amable* se vincula con la manifestación de atención, cortesía y respeto.
2. *Las inundaciones* **deterioraron** / **devastaron** *las viviendas.*	En este otro caso, la diferencia está en la intensidad (es más o menos intenso).
3. *Aquellos desconocidos interrumpieron sorprendentemente su paso para* **asaltarle** / **atracarle** / **robarle**.	Aunque los tres significan abordar a alguien, tienen matices diferentes. El verbo *asaltar* no implica ningún tipo de robo, frente a *robar*, que es un término neutro. *Atracar* implica los dos términos anteriores, que se aborda a alguien por sorpresa con intención de robarle.
4. *La* **unión** / **mezcla** *de aceite, aceitunas e hierbas frescas lo convierte en un plato único.* *La* **unión** / ***mezcla** *hace la fuerza.*	En el primer contexto *unión* y *mezcla* son sinónimos, pero no en el segundo.
5. *Con las prisa me caí y me hice una* **raja** / **brecha** *en la frente.* *La artillería abrió varias* **brechas** / ***rajas** *en la fortaleza durante el asedio.*	En la primera son sinónimos, al referirse a una herida, frente al significado militar de *brecha* (golpear la muralla de una fortaleza hasta derribar un trozo de ella).
6. *Cuando llegó el tiempo* **alumbró** / **dio a luz** *a un niño muy robusto y hermoso.* *Mientras lloraba como un niño desvalido, una macabra idea* **alumbró** / ***dio a luz** *mi mente enferma.*	En el primer contexto son sinónimos, pero no en el segundo, donde *alumbrar* tiene el significado de sacar a la luz o aclarar alguna cuestión.
7. *Con su trabajo nos mostró que era un hombre* **eficaz** / **eficiente**. *La ingesta de ese medicamento le resultó* **eficaz** / ***eficiente** *para su recuperación.*	*Eficiente* se aplica a personas y *eficaz* a cosas y a personas, de ahí que en la segunda frase no sean sinónimos.

Teniendo en cuenta las explicaciones anteriores, selecciona en las siguientes frases la opción correcta.

1. El software de dominio público es aquel por el que el autor lo dona a la humanidad o cuyos derechos de autor _____ , por lo que no es necesario solicitar ninguna licencia y cuyos derechos de explotación pertenecen a todos por igual.

    a) han extinguido   b) han expirado   c) han fenecido

2. Al recibir la inesperada noticia y tirando las sangrientas monedas al piso, corrió por la vereda como _____ emponzoñada.

    a) saeta   b) ballesta   c) escopeta

3. La sociedad en la que vivimos nos incita no solo a consumir, sino al consumismo, al consumo _____ .

    a) fútil   b) caduco   c) superfluo

continúa →

Modelo de examen n.º 3

4. Adornó todo con sus mejores galas y nos ofreció una serie de platos _____ .

   a) generosos   b) dadivosos   c) desprendidos

5. Lentamente, como quien paladea con _____ su felicidad, fui avanzando por las calles estrechas de la ciudad.

   a) gula   b) glotonería   c) voracidad

6. Los escritos de Freyre se manifestaban con un _____ lenguaje oficial, deteniéndose continuamente en divagaciones aristotélicas.

   a) pomposo   b) ostentoso   c) lujoso

7. Y se acercó a él una mujer de unos veinte años, de cuerpo esbelto, débil, _____ y vacilante.

   a) quebradizo   b) quebrantable   c) perecedero

8. La mayoría de los _____ que presentan los trabajadores en sus reclamaciones por escrito están dirigidos a los más altos cargos de la compañía o al departamento de recursos humanos.

   a) ultrajes   b) agravios   c) vilipendios

9. Con la vista del cielo _____ y brillante cambió de expresión el rostro de Martín.

   a) traslúcido   b) cristalino   c) diáfano

10. Le encontré recostado en su silla, con una expresión serena, _____ , abatida y en cierto modo risueña.

    a) hosca   b) curtida   c) indolente

11. Le acompañó hasta la puerta, donde se despidieron estrechándose las manos. Él se fue con gesto _____ y grave, como si algo le hubiera entristecido de súbito.

    a) taciturno   b) apesadumbrado   c) abatido

12. Siempre evocaba, como llevado por una _____ necesidad, aquellos lugares de su juventud.

    a) afligida   b) añorante   c) atormentada

13. Cuando gritaron se despertó pesaroso porque sabía que ya no volvería a verlo después de lo que le había hecho. En ese momento la culpa _____ todo su cuerpo.

    a) inundó   b) anegó   c) rebosó

14. El hielo del estanque tenía _____ y era peligroso patinar sobre él.

    a) fisuras   b) resquicios   c) resquebrajaduras

15. Afirmó que rara vez citaba autores antiguos sin mostrar su absoluta _____ en las materias sobre que tan intrépidamente discurría.

    a) impericia   b) tosquedad   c) incompetencia

Casi todos los ejemplos corresponden a un mismo tipo de texto: literario. ¿Crees que este tipo de texto es más difícil que otros tipos? Anota aquí tu comentario.

....

....

c. Ahora completa un texto como en el examen. Ten en cuenta todo lo visto hasta ahora.

La experiencia nos _____(1)_____ que el _____(2)_____ es una pulsión legítima y necesaria para la solvencia, que muestra la _____(3)_____ humana y nos permite _____(4)_____ .

Tal vez por eso se puede _____(5)_____ hasta convertirlo en un impulso capaz de _____(6)_____, bajo la convicción de estar defendiéndose. Esto parece estar ocurriendo en nuestros escenarios públicos en los últimos tiempos. Por una parte, asistimos con _____(7)_____ a la continuidad de la justificación del uso de las armas, la amenaza y la muerte, para lograr objetivos políticos, una justificación que niega la prioridad de la vida humana sobre cualquier otro objetivo, una estrategia que parece _____(8)_____ de ver que por esta vía solo hay sufrimiento, _____(9)_____ y alejamiento de las metas. Por otra, la política de la plaza pública, la que ennoblece al ser humano, el arte de acordar con la palabra, con el compromiso de _____(10)_____ como miembros de la misma especie y de la misma comunidad humana, sometidos a la _____(11)_____ y la muerte, y ennoblecidos por las _____(12)_____ de aprender, amar y perdonar; esa política que vincula, y es lugar de reconocimiento y proyección del futuro común, está perdiendo su rumbo.

(*Adaptado de: "Pido la paz y la palabra", A. Bosh, C. Oriol y C. Magallón*)

1. a) enseña	b) educa	c) ilustra	7. a) ineptitud	b) impotencia	c) incapacidad
2. a) pánico	b) espanto	c) agobio	8. a) incapaz	b) inepto	c) incompetente
3. a) inestabilidad	b) fragilidad	c) lasitud	9. a) dolor	b) escollo	c) dificultad
4. a) custodiarnos	b) prevenirnos	c) protegernos	10. a) aprobarnos	b) admitirnos	c) reconocernos
5. a) manipular	b) manosear	c) usar	11. a) dolencia	b) enfermedad	c) molestia
6. a) arremeter	b) embestir	c) agredir	12. a) capacidades	b) aptitudes	c) destrezas

d. Hay huecos cuya opción correcta depende de la presencia de un **marcador** (*aunque, sin embargo, en cambio, por eso*, etc.) que determina que la opción correcta dependa además de una tercera palabra del texto. Obsérvalo en este ejemplo explicado.

◗ **EJEMPLO**

Los seres humanos disponemos de dos biografías, _____(1)_____ entre sí, **pero** dependientes una de otra. A lo largo de nuestra existencia biológica construimos ambas alternativamente.

a) iguales   **b) dispares**   c) homogéneas

◗ **EXPLICACIÓN**

Con el conector "pero" estamos indicando que la palabra que viene a continuación (*dependientes*) es opuesta a la que debe aparecer anteriormente. De ahí que no sean correctas las opciones *iguales* ni *homogéneas*, por ser equivalente a *dependientes*. Buscamos un antónimo. En este caso, la opción correcta es *b) dispares*, porque se opone a *dependiente*.

┽┠ *Instituto Cervantes.*

¡Atención! Tienes que prestar atención a las palabras usadas antes y después, y a los conectores argumentativos.

continúa ➜

Elige la opción correcta para los siguientes casos.

Modelo 3

Algunos viajeros masculinos que iban de pie sonrieron con desprecio. Yo adiviné su envidia, sus celos, su resentimiento, y me sentí un poco angustiado. Las señoras, en cambio, parecían protegerme con su efusiva _____ silenciosa.

a) mueca   b) refutación   c) aprobación

1. La gente del mundo se divide en dos grupos. Por una parte, está el humano _____ y el que saca provecho de los demás. No obstante está también el humilde, que se ayuda entre si, sin pretender recibir nada a cambio.

a) modesto   b) sumiso   c) endiosado

2. Las erupciones de los volcanes siembran muerte y destrucción. Pero _____ al entorno gran parte del oxígeno, hidrógeno, calcio, cloro, nitrógeno, azufre, cobre y diamantes.

a) añaden   b) aportan   c) esparcen

3. Los italianos permitieron que la gente se adaptara a la lengua que se hablaba en ese país. Aunque también terminaron por _____ algunas palabras.

a) imponer   b) exigir   c) consentir

4. Es cierto que los celulares han beneficiado a la sociedad con su avance tecnológico convirtiéndolos en esenciales. En cambio, debemos recordar que son _____, es decir, podemos vivir sin ellos. Es más, muchas veces limita y esconde a muchos mostrando algo que realmente no son.

a) substanciales   b) primordiales   c) accesorios

En los siguientes casos, no se han marcado las palabras que necesitas para seleccionar la opción correcta.

5. Existe sin duda una fuerte creencia entre muchas agencias publicitarias internacionales sobre la efectividad de la publicidad emocional, dado que favorece la conexión emocional con sus consumidores. Aunque es cierto que _____ de una fórmula mágica para que una publicidad sea exitosa.

a) dispone   b) se carece   c) se habla

6. La tendencia hasta hace unos años fue la de ver al hombre como un ser perfectamente _____. Por el contrario, la incapacidad de sus modelos para explicar la realidad de una forma objetiva, unida a importantes hallazgos en el campo de la psicología cognitiva, están conduciendo a desechar esta premisa.

a) irracional   b) racional   c) taciturno

7. La marca es algo que reside en la mente de los consumidores. Es una entidad perceptual que está enraizada en la realidad, sin embargo, _____ las apreciaciones más simbólicas, emocionales e intangibles de las personas hacia un determinado producto.

a) reflejan   b) arraigan   c) enmascaran

8. Los humanos tenemos 42 músculos diferentes en la cara. Dependiendo de cómo los movemos, expresamos unas determinadas emociones u otras. Por ejemplo, hay sonrisas diferentes dependiendo de la cultura, que expresan diferentes grados de alegrías. Sin embargo, los trabajos del psicólogo estadounidense Paul Ekman revelan que estos códigos son _____ y reconocibles por todas las culturas.

a) innatos   b) particulares   c) universales

9. La preocupación ambiental siguió creciendo en toda América Latina desde la década de 1970, y es especial en los años noventa, cuando se logra toda una nueva generación de normas. Son el resultado de años de lucha de ambientalistas y científicos. Aunque los problemas ambientales _____ y en varios casos se agravan, todos estos han sido pasos importantes para su erradicación.

a) se generan   b) persisten   c) concluyen

10. En el "Día Mundial del Ambiente" a los más recientes problemas ambientales del continente se les suma el regreso de estas viejas ideas. La protección ambiental no es un _____ al desarrollo, sino una condición indispensable para hacerlo posible.

a) impedimiento   b) logro   c) factor

Marca los conectores y las palabras del texto que justifican la elección de las opciones correctas.

Tarea 2.

a. En la primera columna de la siguiente tabla tienes las distintas maneras en las que se relacionan **palabras del mismo tipo de significado o contexto.** Subraya en el texto y en el párrafo esas palabras atendiendo a cada relación.

◗ RELACIONES	◖ TEXTOS	● PÁRRAFOS
1. Sinónimos o palabras equivalentes	El jefe de la expedición observó las esferas, espió la marcha de los planetas y me aseguró, como predicción de profeta, haber leído en los astros la fortuna de nuestra aventura.	Confiado en ese vaticinio espero tranquilamente llegar a nuestro destino: el Polo Sur. *(www.biblioteca.org.ar/libros/300708.pdf)*
2. Nombres propios	El 10 de septiembre de ese año se celebró en la Universidad de París una conferencia donde se ponía el énfasis en la dimensión social de la educación superior, entendida como un bien público.	Se acentúan en la Sorbona los vínculos investigación-educación superior, incluyendo plenamente los estudios de doctorado. *(www3.unileon.es/pecvnia/pecvnia05/05_107_144.pdf)*
3. Nombre de persona / Profesión o reconocimiento	Philip Pullman, autor de la trilogía *La materia oscura* y *Contra la identidad*, prologado por Fernando Savater, ha ganado el XII Premio Reino de Redonda.	El escritor y ensayista además, ha sido nombrado Duque de Cittàgazze. *(cultura.elpais.com/cultura/2012/05/08/.../1336477659 _782196.html)*
4. Título de la obra / Referencia a la obra	Con *La Fiesta del Chivo*, Vargas Llosa narra los últimos días del dictador Rafael Leonidas Trujillo ofreciéndonos una visión general de su dictadura.	Con este clásico contemporáneo da voz, entre otros personajes históricos, a este impecable e implacable general, apodado el Chivo, y al sosegado y hábil doctor Balaguer. *(www.mecd.gob.es/dms-static/48868126...y.../ixcongreso. pdf)*

continúa →

PRUEBA 1. USO DE LA LENGUA, COMPRENSIÓN DE LECTURA Y COMPRENSIÓN AUDITIVA | PRUEBA 2. DESTREZAS INTEGRADAS: COMPRENSIÓN AUDITIVA Y EXPRESIÓN E INTERACCIÓN ESCRITAS | PRUEBA 3. DESTREZAS INTEGRADAS: COMPRENSIÓN DE LECTURA Y EXPRESIÓN E INTERACCIÓN ORALES

5.	Idea general / Ejemplo de esa idea	Hegel formuló las leyes fundamentales de la dialéctica que rigen el proceso de las ideas y los pensamientos, y mostró su concatenación y la convertibilidad de unos en otros. La dialéctica de Hegel, incluía asimismo graves defectos.	Por ejemplo, el fundamental consiste en su carácter idealista. Desde el punto de vista de Hegel, al desarrollo basado en las leyes dialécticas no se someten los objetos y los fenómenos del mundo material, sino únicamente la idea, que adquiere el aspecto de ellos. *(pcoe.net/Libros%20digitales%20autores/.../filosofia%201.html)*
6.	Una acción / Su explicación	En 1967 se creó la *Pesquisa Nacional por Amostra de Domicilios* en Brasil con la finalidad de producir informaciones básicas para el desarrollo para el estudio del desarrollo socioeconómico del país.	Para ello se llevó a cabo una encuesta por domicilios, de periodicidad anual, que investiga diversos temas (educación, trabajo, ingresos y vivienda). *(www.eclac.cl/deype/mecovi/docs/TALLER1/11.pdf)*
7.	Una acción / Datos relacionados	Diversos investigadores de la Universidad de Tel Aviv han intentado encontrar el origen genético de la felicidad humana, es decir, los genes que favorecen el optimismo y el bienestar.	Se ha descubierto que, entre las personas estudiadas, aquellas que habían heredado dos copias de la variante "larga" del gen 5-HTLPR eran más optimistas. Los individuos con este gen, que es el encargado de transportar un neurotransmisor llamado serotonina, tendían por naturaleza más que otras personas a evitar las imágenes negativas, prefiriendo más las positivas de un conjunto de imágenes mostradas durante las pruebas. *(www.tendencias21.net › TENDENCIAS CIENTÍFICAS)*
8.	Palabras e ideas / Su explicación	Tenía la voz tan firme como las convicciones, y un gesto que, al principio, parecía hosco y que muy pronto revelaba ternura.	Aunque era extremadamente afable, persona clara y con claros principios, Labordeta nunca perdió cierto aire montaraz, agreste, "olor a campo", que en los pasillos del Congreso siempre se recordará. *(www.publico.es/culturas/337532/el-beduino-afable)*

b. Vamos a trabajar con el hecho de que, para localizar el fragmento correcto, tienes que atender a las **relaciones lógicas** entre las ideas del texto y las de los fragmentos. Aunque a veces no haya relaciones de significado entre las palabras, sí hay conectores argumentativos. Escribe estas explicaciones de las relaciones de ideas entre el texto y el fragmento en la columna correspondiente.

 Consejo. Guíate por las palabras marcadas.

■ Referencias al mismo espacio temporal o al mismo momento del pasado
■ Cambio de perspectiva
■ Situación genérica / Situación concreta
■ Ampliación de una idea
■ Correspondencia gramatical

■ Causa / Efecto
■ Referencias de lugar
■ Idea particular / Idea general
■ Referencias de modo
■ Ejemplo/prueba/elemento sobre la idea
■ Aclaración de una idea

Modelo de examen n.º 3

● TEXTOS

1. Los datos evidencian que las restricciones al monto y a la periodicidad de las remesas familiares, por parte del gobierno norteamericano, no lograron la disminución esperada del flujo, ni mucho menos han asfixiado económicamente al régimen. _____.

2. Cuando en una población se presenta una mutación (a nivel genético o cromosómico), dicho cambio es transmitido a su prole de manera natural. La formación de una nueva población a partir de la nueva descendencia y su permanencia en el ecosistema madre, puede dar origen a una nueva especie. _____.

3. Se entiende por sociedad tecnológica aquella que se caracteriza por la automatización progresiva del aparato material e intelectual que regula la producción, la distribución y el consumo. _____.

4. En el mundo de la creación, es muy común visitar esa web, porque muestra las tendencias y las modas en el campo del diseño artístico mundial. _____.

5. La Ciencia que estudia los materiales que componen la tierra, la geología, jugó un papel muy importante en las ideas evolucionistas de la época, ya que si la tierra y su corteza tenían cambios dramáticos era muy probable que las especies también cambiaran a través del tiempo. _____.

6. El mito es una clase de relato, caracterizada normalmente por tratar temas fabulosos o ficticios sobre dioses y héroes de un pasado remoto, cuya temporalidad es radicalmente distinta a la de la historia. _____.

7. En las familias afectadas por la emigración suele ocurrir un traspaso de cuotas de "poder familiar" hacia la persona que está trabajando en el extranjero. _____.

● FRAGMENTOS

La gente, cuando quiere ayudar, enviar dinero a Cuba, lo hace, y para ello busca formas de evadir los controles gubernamentales.

(www.cubaencuentro.com › Opinión › Artículos)

En este momento, decimos que se ha presentado la evolución de la especie progenitora.

(www.buenastareas.com › Inicio › Temas Variados)

Es decir, un aparato que se extiende tanto a las esferas públicas de la existencia como a las privadas, tanto al dominio cultural como al económico y político.

(tecnologiaedu.us.es/tecnoedu/images/stories/soc_ed.pdf)

Además es una forma de dar a conocer tus trabajos. Es más, en esa web está colgado el portfolio de los diseñadores nóveles.

(www.laopiniondemalaga.es)

Una evidencia de esto era el hallazgo de fósiles como los encontrados por Smith, en diferentes partes del mundo que parecía tenían alguna relación entre sí.

(www.acguanacaste.ac.cr/rothschildia/v2n1/textos/22.html)

Desde otro punto de vista, y en relación con el fenómeno de la racionalidad, el mito ha sido definido como «una explicación errónea de los fenómenos», en contraposición a la verdadera explicación de las cosas ofrecida por la ciencia y la filosofía.

(www.profesorenlinea.cl/castellano/MitoyLeyenda.htm)

Evidentemente, la razón tiene que ver con el sacrificio que conlleva estar lejos del hogar y con el aporte económico que recibe la familia.

(www.cubaencuentro.com › Opinión › Artículos)

○ RELACIONES

continúa ➡

Modelo de examen n.º 3

PRUEBA 1. USO DE LA LENGUA, COMPRENSIÓN DE LECTURA Y COMPRENSIÓN AUDITIVA   PRUEBA 2. DESTREZAS INTEGRADAS: COMPRENSIÓN AUDITIVA Y EXPRESIÓN E INTERACCIÓN ESCRITAS   PRUEBA 3. DESTREZAS INTEGRADAS: COMPRENSIÓN DE LECTURA Y EXPRESIÓN E INTERACCIÓN ORALES

8. El mundo de la literatura se parece al bosque de *Sueño de una noche de verano*, la comedia de Shakespeare. En ella, dos parejas de jóvenes se esconden para vivir sus amores. _____.

Es una noche de verano y el bosque se puebla de hadas y duendes que deciden jugar con ellos cuando se quedan dormidos.

(elpais.com/elpais/2012/06/11/opinion/133941 0688 _870357.html)

9. El arte del siglo XX, al igual que el resto de facetas de la sociedad humana de este siglo, experimentó una evolución continua con movimientos artísticos que se sucedían de forma rápida. _____.

A los artistas de este siglo no les interesaba reflejar fielmente la realidad, sino representarla e interpretarla de una forma personal y subjetiva.

(www.slideshare.net/andygates/el-arte-del-siglo-xx- 3353756)

10. Creo que, a la hora de construir nuestros propios relatos, debemos poner cierta atención también en el cómo contarlos, y no solo en lo que queremos contar. _____.

En apariencia, el modo natural de contar una historia es narrarla de principio a final.

*(www.ociozero.com/.../**como-contar**-una-historia-descripcion-vs-narra...)*

11. Las virtudes son el patrimonio moral del hombre. _____.

Ellas le ayudan a comportarse bien en toda circunstancia, es decir, a hacerle bueno en el sentido más verdadero y completo.

(www.aciprensa.com › Recursos › Moral Católica)

---

c. Observamos ahora que hay palabras o ideas del fragmento o del texto que se relacionan porque aparecen palabras que tienen el **mismo significado pero distinta categoría gramatical**.

◗ TEXTOS

Cuanto más fuerte sea la represión de la emoción, más potente y explosiva será la expresión y liberación de esa emoción en algún momento de la vida. A la larga las emociones y sentimientos reprimidos terminan teniendo una expresión que va más allá de la respuesta normal.

La materia tiene su existencia en movimiento, se manifiesta o revela a través de él.

Nos convencen de ellos los hechos cotidianos, el desarrollo de la ciencia y la práctica. Tomemos, por ejemplo, la formación del átomo.

◗ FRAGMENTOS

Dice Don Colbert: "Las emociones que quedan reprimidas dentro de la persona buscan resolución y expresión. Esto forma parte de la naturaleza de las emociones, porque deben sentirse y expresarse.

Existe como cuerpo material determinado porque se mueven las partículas "elementales" que lo forman. Lo mismo ocurre con cualquier otro cuerpo; basta con que cese el metabolismo (este es también un tipo de movimiento) para que el organismo vivo muera en el acto.

Completa ahora el siguiente texto teniendo en cuenta las relaciones de ideas descritas en la actividad anterior. Recuerda que hay un párrafo que no debes elegir.

● ● ● ● ● 🕐 **Pon el reloj.**

La concepción de la vida

Pero ahora quisiera, antes de concluir, dejar un poco más avanzada la definición de "nuestra vida". Hemos visto que es un hallarse ocupándose en esto o lo otro, un hacer. Pero todo hacer es ocuparse en algo para algo. 1._____. Ese para en vista del cual hago ahora esto y en este hacer vivo y soy, lo he decidido yo porque entre las posibilidades que ante mí tenía he creído que ocupar así mi vida sería lo mejor. Cada una de estas palabras es una categoría y como tal su análisis sería inagotable. Resulta según ellas que mi vida actual, la que hago o lo que hago de hecho, la he decidido: es decir, que mi vida antes que simplemente hacer es decidir un hacer –es decir mi vida. Nuestra vida se decide a sí misma, se anticipa. 2._____. El mundo vital se compone en cada instante para mí de un poder hacer esto o lo otro, no de un tener que hacer por fuerza esto y solo esto. 3._____. Y en un mundo indeterminado, en que todo es igualmente posible, no cabe decidirse por nada. 4._____. Esto expreso con la categoría "circunstancias". No se vive en un mundo vago, sino que el mundo vital es constitutivamente circunstancia, es este mundo, aquí, ahora. Vivir es vivir aquí, ahora –el aquí y el ahora son rígidos, incanjeables, pero amplios–. Toda vida se decide a sí misma constantemente entre varias posibles. Vida es, a la vez, fatalidad y libertad, es ser libre dentro de una fatalidad dada. Nosotros aceptamos la fatalidad y en ella nos decidimos por un destino. Vida es destino. Espero que nadie entre los que me escuchan crea necesario advertirme que el determinismo niega la libertad. El determinismo, en el mejor caso es, más exactamente, era una teoría sobre la realidad del Universo. 5._____. Traer, pues, en este plano esa cuestión equivaldría a no saber bien lo que es el determinismo ni lo que es el análisis de la realidad primordial, antes de toda teoría. Ni se eche de menos que al decir yo: la vida es, a la par, fatalidad y libertad, es posibilidad limitada pero posibilidad, por tanto, abierta, no se eche de menos que razone esto que digo. 6._____. A prevenir tristes observaciones, como esta que no quiero suponer en ustedes, venía la advertencia demasiado elemental que al principio hice. Y ahora –entre paréntesis– me permito hacer notar que la teoría determinista, así, sin más, hoy no existe ni en filosofía ni en física.

(Adaptado de Ortega y Gasset, *La concepción de la vida*)

◗ FRAGMENTOS

A. Por otra parte, esas posibilidades no son ilimitadas –en tal caso no serían posibilidades concretas, sino la pura indeterminación.

B. La ocupación que somos ahora radica en y surge por un propósito –en virtud de un para, de lo que vulgarmente se llama una finalidad.

C. Por lo tanto, aunque yo fuese determinista no podría dejar que esa teoría ejerciese efectos retroactivos sobre la realidad primaria e indubitable que ahora describimos.

D. No solo no puedo razonarlo, es decir, probarlo, sino que no tengo que razonarlo –más aún, tengo que huir concienzudamente de todo razonar y limitarme pulcramente a expresar en conceptos, a describir la realidad originaria que ante mí tengo y que es supuesto de toda teoría, de todo razonar y de todo probar.

E. Para que haya decisión tiene que haber a la vez limitación y holgura, determinación relativa.

F. Pero consiste en una decisión porque vivir es hallarse en un mundo no hermético, sino que ofrece siempre posibilidades.

G. Una de las mecánicas del hermetismo mental a las cuales aludía consiste en que al oír algo y ocurrírsenos una objeción muy elemental no pensamos que también se le habrá ocurrido al que habla o escribe y que verosímilmente somos nosotros quienes no hemos entendido lo que él dice.

● ● ● ● ● 🕐 ¿Cuánto tiempo has necesitado? Anótalo aquí: _____ min.

Subraya ahora las palabras del texto que tienen el mismo significado pero distinta categoría gramatical que sus equivalentes en los fragmentos.

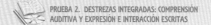

PRUEBA 1. USO DE LA LENGUA, COMPRENSIÓN DE LECTURA Y COMPRENSIÓN AUDITIVA   PRUEBA 2. DESTREZAS INTEGRADAS: COMPRENSIÓN AUDITIVA Y EXPRESIÓN E INTERACCIÓN ESCRITAS   PRUEBA 3. DESTREZAS INTEGRADAS: COMPRENSIÓN DE LECTURA Y EXPRESIÓN E INTERACCIÓN ORALES

d. Marca las palabras clave alrededor del hueco en el siguiente texto y en los fragmentos. Después, inserta los fragmentos en el texto.

● ● ● ● ● 🕐 **Pon el reloj.**

Metaevolución

La palabra "evolución" proyecta en nuestras mentes imágenes de libros de Biología, interpretaciones artísticas de trilobites nadando en el mar de la abundancia del paleozóico o grabados de cinco o seis homínidos en fila india esforzándose por caminar tan erguidos como el homo sapiens que los precede.

Si en un concurso de la tele nos preguntaran por el padre de la teoría de la evolución deberíamos responder que fue Charles Darwin, a pesar de que Darwin nunca pretendió haber descubierto la evolución y ni tan siquiera la llamó por ese nombre. Todos sabemos, porque nos han pasado la voz, que las especies vivas se desarrollan, pero no incluimos el sol que nos alumbra ni el quiosco de la esquina en la lista de especies en evolución. 13._____. ¿Qué queremos decir con esto? El análisis de cómo ha cambiado la evolución de la materia nos dará las claves para comprender este nuevo concepto, el concepto de la metaevolución.

Que las especies vivas han evolucionado y evolucionan aún hoy en día es un hecho bien conocido. No es necesario investigar fósiles de especies extinguidas para confirmarlo. Un vistazo a la historia de seres con vidas cortas en comparación con la nuestra nos muestra el funcionamiento de la evolución biológica. 14._____. Una historia de muchas generaciones en la que se combinan mutaciones, variabilidad y un entorno más hostil para ciertos individuos que para otros para producir un resultado en el que la vida nos muestra su flexible cintura.

De la mano de Charles Darwin la evolución pasó de la categoría de hipótesis a la de teoría y, desde entonces, cada nuevo descubrimiento ha contribuido a afianzarla, cada nueva matización la ha hecho más sólida. El descubrimiento del ADN por ejemplo, nuestro código de barras biológico, que está presente en las células de todos los seres vivos, nos emparienta a todos y nos diferencia a la vez a unos de otros. El ADN confirma nuestra idea de un origen evolutivo común.

15._____. De la misma forma que las especies biológicas no son una parte inmutable del universo y han evolucionado de acuerdo con las reglas del juego de la selección natural que Darwin nos mostró, las especies moleculares también han evolucionado a lo largo de los eones, siguiendo, eso sí, sus propias reglas basadas en las leyes de la química.

En el universo no siempre ha habido ADN, ni hemoglobina, ni agua, ni oxígeno. En algún momento tuvieron que aparecer, pero ¿cómo lo hicieron? 16._____. Y los componentes de estos, ¿han existido siempre? ¿Hasta donde podemos remontarnos en este proceso de metaevolución?

La que sigue es una descripción impresionista de este proceso. Una visión de "flash" de una secuencia metaevolutiva que empezó con el big-bang y un universo en expansión y enfriamiento en el que la energía se congeló en materia y la materia no cesó de autoorganizarse, exprimiendo orden del caos.

Quarks materiales que forman núcleos atómicos antes de que existieran los átomos. Núcleos que se asocian con electrones en atómica simbiosis. Átomos capaces de compartir electrones con otros para formar moléculas.

17._____. Superestructuras moleculares en forma de pompa de jabón que brindan una primera oportunidad a la química para sublimarse en biología. Protocélulas primitivas individuales y egoístas que aprenden a comer y a perpetuarse, pero también a cooperar para formar células complejas y de paso respirar mejor.

Células sociales que se organizan en tejidos y tejidos especializados en el desarrollo de órganos funcionales. Individuos orgánicos complejos cuyos tipos se cuentan por millones, suficientes como para reventar el arca de Noé. Múltiples poblaciones entrelazadas por nudos ecológicos. 18._____. Una conciencia que les ha permitido mirar hacia atrás y comprender.

(http://*e-ciencia.com/blog/divulgacion/metaevolucion_016/*)

FRAGMENTOS

A. Ahí tenemos por ejemplo la asombrosa adaptación de especies bacterianas resistentes a los antibióticos.

B. Complejos individuos sociales acolmenados, algunos de los cuales han llegado a desarrollar un cierto nivel de conciencia.

C. Pero antes, ¿qué evolución era posible? La respuesta es una evolución química.

D. Entes moleculares cada vez más grandes y complejos, que llegan a formar estructuras supramoleculares burlando las leyes del azar y la probabilidad.

E. A su vez, también los átomos que forman las moléculas han evolucionado, siempre, claro está, obedeciendo a las leyes de la física.

F. La palabra evolución nos sugiere imágenes de especies animales colgadas del árbol de la vida. Pero la evolución no siempre ha trabajado sobre sistemas vivos.

G. Y, sin embargo, todo evoluciona; los seres vivos, la materia inerte...; la propia evolución evoluciona.

● ● ● ● ● 🕐 ¿Cuánto tiempo has necesitado? Anótalo aquí: _____ min. Compara con los tiempos anteriores.

Ahora indica las relaciones de significado entre las palabras, según las tablas de las actividades **a.** y **b.**

Tarea 3.

a. En esta actividad vamos a ver cómo muchos enunciados recurren a la **repetición** de **palabras** o a la utilización de **sinónimos** y **antónimos**. Vamos a trabajar con el modelo de examen de El Cronómetro, *nivel C2*. Marca las palabras relacionadas con los enunciados que establecen su correspondencia.

❗ ¡Atención! Alguno de estos enunciados son diferentes a los aparecidos en el modelo de examen.

ENUNCIADOS

1. Esta tesis intenta demostrar que los sujetos, pese a sus características sociodemográficas, desarrollan notoriamente sentimientos afectivos de arraigo.

2. Esta tesis explica que, tras los efectos de un acontecimiento trágico, puede producirse una recuperación emocional.

TEXTOS

Apego al lugar: ámbitos, dimensiones y estilos. **M. Carmen Hidalgo Villodres.**

Se pretende llevar a cabo un análisis de los sentimientos de apego que las personas generan hacia determinados lugares, especialmente los lugares de residencia, para determinar el ámbito de apego preferido, analizar las variables predictoras de este al lugar, demostrar su existencia a la dimensión física de los lugares, además de la dimensión social, y comprobar la adecuación de los estilos infantil y adulto. Se comprueba que el ámbito de apego más importante para las personas es la casa, seguido de la ciudad, y en último lugar del barrio. En cuanto a las variables predictoras, el referido al lugar no depende básicamente de características tales como la edad, el sexo o la clase social.

Variables cognitivas implicadas en el ajuste al trauma y asociadas a la comunicación emocional. **Natalia Ramos Díaz.**

El objetivo es analizar la adaptación de los individuos a sucesos traumáticos. Concretamente, determinar cómo la comunicación emocional facilita dicha adaptación y en qué situaciones es más beneficiosa. Para dicho fin, trabajamos con mujeres de la Facultad de Psicología que eran expuestas a un vídeo sobre agresiones sexuales analizando las respuestas cognitivas y emocionales ante dicha experiencia. Los resultados de la investigación pusieron de manifiesto que hablar y, más exactamente, hacerlo ante personas que confrontan de manera adecuada nuestros sentimientos y pensamientos relacionados con la experiencia estaba asociado con una mejor adaptación a la experiencia. Cuando los individuos no tienen la oportunidad de expresar sus emociones manifiestan, de forma contraria, una peor adaptación a la situación.

continúa ➡

Modelo de examen n.º 3

3. Esta tesis investiga sobre la importancia del componente visual en el proceso de la comprensión textual.

El papel de las imágenes en la comprensión de programas. **Raquel Navarro Prieto.**

El objetivo de este trabajo experimental es estudiar el papel de las imágenes en la comprensión de textos. Para alcanzar este objetivo se han conectado los principales resultados y metodología de la investigación en psicología de la programación y del procesamiento de imágenes. Basados en esta investigación la hipótesis que guía el trabajo es que los lenguajes con imágenes permiten la construcción de un modelo mental basado en las relaciones de flujo de datos en un programa de ordenador con mayor rapidez que los lenguajes de texto. Los resultados muestran evidencia a favor de que los programadores de hojas de cálculo desarrollan representaciones mentales basadas en el flujo de datos en todas las situaciones, mientras que los programadores de C crearon representaciones basadas en el flujo de control.

¿Qué sentido tiene que los enunciados estén a la izquierda en esta tabla? Escribe tu comentario.

b. Ahora vamos a ver cómo muchos enunciados expresan por medio de un rodeo de palabras algo que hubiera podido decirse con menos o con una sola. Marca las palabras relacionadas con los enunciados que establecen su correspondencia.

 ¡Atención! Alguno de estos enunciados son diferentes a los aparecidos en el modelo de examen.

ENUNCIADOS   **TEXTOS**

1. Con este estudio se intenta poner de manifiesto que algunos estímulos recibidos inconscientemente pueden afectar al comportamiento de las personas, incitándoles a actuar de una determinada manera.

Mensajes subliminales en la publicidad. **Dolores Lucía Sutil Martín.**

Se ha investigado la influencia de los mensajes subliminales presentados en dos anuncios publicitarios sobre diversos aspectos de la conducta (procesos cognitivos, procesos afectivos, atracción sexual e intención de compra). Se ha analizado la influencia del tipo de mensaje subliminal (verbal o pictórico) y su ubicación (arriba-derecha, arriba-izquierda, centro, abajo-derecha, abajo-izquierda). Se han utilizado 165 sujetos; 60 varones y 95 mujeres de edades comprendidas entre 18 y 25 años, estudiantes de los primeros cursos de Psicología. Realizado el análisis pertinente se puede afirmar que los mensajes subliminales tanto verbales como pictóricos son recibidos por el sujeto. Se encuentra una mayor incidencia de los mensajes subliminales sexuales pictóricos que verbales. En el mensaje pictórico, la posición abajo-derecha tiene mayor incidencia en la intención de compra de cerveza y en la atracción sexual en la colonia.

2. En este trabajo se analizan los mecanismos a través de los cuales la comunicación de emociones y pensamientos puede ser clave para explicar esta teoría.

Variables cognitivas implicadas en el ajuste al trauma y asociadas a la comunicación emocional. **Natalia Ramos Díaz.**

El objetivo es analizar la adaptación de los individuos a sucesos traumáticos. Concretamente, determinar cómo la comunicación emocional facilita dicha adaptación y en qué situaciones es más beneficiosa. Para dicho fin, trabajamos con mujeres de la Facultad de Psicología que eran expuestas a un vídeo sobre agresiones sexuales analizando las respuestas cognitivas y emocionales ante dicha experiencia. Los resultados de la investigación pusieron de manifiesto que hablar y, más exactamente, hacerlo ante personas que confrontan de manera adecuada nuestros sentimientos y pensamientos relacionados con la experiencia estaba asociado con una mejor adaptación a la experiencia. Cuando los individuos no tienen la oportunidad de expresar sus emociones manifiestan, de forma contraria, una peor adaptación a la situación.

3. La presente tesis aborda el estudio de la aparición de cierto tipo de alteraciones psicológicas y su relación con una serie de criterios asociados a los mismos.

Ansiedad, estrés y trastornos psicofisiológicos. **María Isabel Casado Morales**

La presente tesis doctoral aborda, en primer lugar, el desarrollo histórico y los modelos explicativos de los conceptos de ansiedad y estrés. Centrándose ya de forma directa sobre los trastornos psicofisiológicos, se reseñan las distintas formas de abordaje, los factores determinantes y los modelos explicativos de la génesis de los mismos, así como su forma de clasificación. Finalmente, se desarrollan tres estudios empíricos cuyo objetivo central es estudiar la relación entre distintas variables psicológicas y determinados trastornos psicofisiológicos, en concreto hipertensión esencial y úlcera péptica, que nos permita establecer perfiles psicológicos asociados a dichos trastornos. Las variables seleccionadas son: ansiedad, solución y afrontamiento de problemas, ira y rasgos de personalidad como control emocional y extroversión.

c. Otro tipo de preguntas suponen una **reformulación** o reinterpretación de las ideas principales. Lee estas reseñas sobre libros de **cine** que recoge el modelo del ⬛ *Instituto Cervantes* en las que hemos señalado algunas frases, y relaciona cada una de ellas con su reformulación.

🔵 TEXTOS

Álvaro del Amo. *La comedia cinematográfica española.*

La comedia es el género más característico del cine español. Emparentada desde sus inicios con el sainete, la zarzuela y la astracanada, va perfilándose a lo largo de la primera mitad del siglo XX, y alcanza la consolidación definitiva en los años 60. (a) Apoyada, sostenida, alentada por un público incondicional, nuestra comedia cinematográfica ha ido evolucionando al mismo tiempo que el país, fijándose en las ilusiones, fatigas, gozos y peripecias de sus ciudadanos, hombres y mujeres lanzados al empeño común de entenderse, relacionarse e, incluso, amarse. De la exactitud o falsedad del reflejo que ofrece la pantalla podrán dar cuenta otros estudios con las herramientas proporcionadas por la sociología, la psicología o la antropología. Álvaro del Amo ha realizado un (b) análisis estrictamente formal. A través de la descripción de los personajes, sometidos a situaciones peculiares, descubrimos los resortes y soluciones de un estilo, sólidamente articulado, capaz de conducir la historia y sus variantes firme y contundentemente hacia el limbo turbio de un final feliz. Si de 1967 a 1975 el género celebró su madurez en una lista abundante de títulos, durante las tres largas décadas siguientes ha combinado hábilmente desarrollo y fidelidad a sí mismo, ampliando la nómina de sus personajes y adaptándose a la tensión siempre cambiante entre lo masculino y lo femenino.

Paco Ignacio Taibo. *Historia popular del cine: desde sus inicios hasta que comenzó a hablar.*

Las historias del cine son, por lo general, grandes proyectos de investigación, que dominados por un espíritu enciclopédico, (c) intentan abarcar toda la experiencia fílmica mundial. Esta *Historia popular del cine* de Paco Ignacio Taibo I., es un afortunado contraste; estamos lejos de los libros que buscan ser siempre material de consulta y, por lo cual, difícilmente forman parte del universo del placer de la lectura. (d) Mediante un vasto anecdotario, descubrimos a los modestos pioneros de la cinematografía española, el surgimiento de lo espectacular según Hollywood, y el inicio de las vanguardias europeas, entre otros temas. A partir de ciertos momentos y diversos autores y estrellas cinematográficos, el lector poco a poco se sumerge en esa epopeya llena de contradicciones, de luces y sombras, que constituye uno de los episodios más fascinantes de la cultura moderna: el cine.

José Luis Celada. *Cine con historia.*

Esta obra no es una historia del cine. Tampoco es cine para la historia. Tan ambiciosas pretensiones quedan lejos de este cine con historia. La preposición que funde los términos de esta inseparable pareja no responde a otras acepciones que las recogidas en el mismísimo *Diccionario de la lengua española*: relación, compañía, colaboración, comunicación. Así pues, *Cine con historia* es el «certificado matrimonial» de una unión, la que sellaron hace ya más de un siglo ese invento genial patentado por los hermanos Lumière y la realidad que desde entonces ha venido colándose a través de su lente.

continúa ➜

(e) La selección de filmes comentados en estas páginas está limitada en el tiempo (de diciembre de 1995 a diciembre de 2008), no así en el espacio, porque hay cerca de una veintena de países representados en el catálogo de películas confeccionado, cintas estrenadas a lo largo de más de una década, pero **(f)** cuyas imágenes y diálogos pueden convertirse en inestimables apoyos para descifrar una época –los últimos cincuenta años– o alguno de los episodios que la han marcado.

Fuente: ᛁ *Instituto Cervantes.*

IDEAS PRINCIPALES

PREGUNTAS QUE USAN REFORMULACIONES

	a	b	c	d	e	f
1. Este libro reúne una selección de películas de diferente origen geográfico y de un periodo determinado.						
2. Este libro muestra un recorrido por algunos hitos de la historia del cine.						
3. Con este libro se pretende dar a conocer una época a través de su cine.						
4. Esta obra aborda la evolución de un género de películas directamente relacionado con el desarrollo de la sociedad del país.						
5. El autor de este libro señala que no pretende convertirse en un simple manual de la historia del cine.						
6. En este libro la historia de este género la descubriremos por medio de sus protagonistas y sus vidas.						

Ahora señala cuál de las dos opciones recurre a la reformulación. **Atención**, las dos opciones pueden ser correctas.

FRAGMENTOS DEL TEXTO

1. Su ejecución determina el enterramiento de diversas plantas que cubren el barbecho, y cuya descomposición constituye un abono verde muy útil.

2. Bergson da una gran nitidez a la idea de la intuición: solo la inteligencia es capaz de buscar lo que ella sola no es capaz de encontrar.

3. Con todo esto no se propone resolver la adicción del paciente, sino acercarle al sistema sanitario para que la toxicomanía le produzca el mínimo posible y su calidad de vida mejore.

4. El propósito de estos parques es salvar el arte rupestre, pero con él también el entorno, la vida natural y vegetal, los establecimientos humanos tradicionales.

REFORMULACIONES

a. En este libro se presenta el barbecho como una forma importante de cultivo.

b. En este trabajo se propone descansar la tierra sin sembrar durante todo el año.

a. En este libro el autor considera que el instinto se encuentra sin buscarse.

b. El autor de este libro aclara el concepto de intuición e inteligencia.

a. Este proyecto tiene por objetivo la reducción de daños en estos enfermos.

b. Esta ponencia propone solucionar el tema de la toxicomanía.

a. Esta ponencia tiene como propósito proteger el arte rupestre.

b. Esta conferencia muestra la necesidad de amparar el conjunto incluyendo el paisaje y el ambiente.

continúa →

5. La energía nuclear es incompatible con un modelo energético sostenible ya que no es económicamente eficiente, ni socialmente justa, ni medioambientalmente aceptable.

a. *En esta conferencia se afirma que este asunto ha demostrado ser un fracaso económico, medioambiental y social.*

b. *El autor afirma que la energía nuclear es incompatible con la sostenibilidad.*

6. Consideramos fundamental hablar sobre la vida, de los hombres, de cómo nos vemos y vemos a los demás.

a. *Esta exposición se centra en quiénes somos.*

b. *Esta ponencia se habla sobre la existencia del ser humano.*

(Adaptado de *http://corpus.rae.es*)

CLAVES Y COMENTARIOS DE LAS ACTIVIDADES

Tarea 1.

a. Modelos: **1.** con; **2.** sobre; **3.** de; **4.** a; **5.** por; **6.** con; **7.** con; **8.** del.

1. a; **2.** b; **3.** a; **4.** a; **5.** c; **6.** c; **7.** c; **8.** b; **9.** b; **10.** c; **11.** a; **12.** a; **13.** c; **14.** b; **15.** b; **16.** c.

Posibles respuestas de las opciones incorrectas: *dedicada a, diversificada en, incurrir en, extenderse por, hacer referencia a, emplazarse a, centrada en, adecuada a, compadecerse de, conformarse con, desligarse de, amenazado con/de/por, reafirmarse en, rebelarse contra, sucumbir a, librarse de, resignarse a, debilitarse por, evadirse de, desistir de, arremeter con, apelar a, incomodarse con, quedar con/de, ponerse a/de/con/en, renegar de, decidirse por, renunciar a.*

🛈 **Comentario.** Algunas de las opciones que han aparecido en las convocatorias de examen las puedes resolver si tienes en cuenta la preposición que aparece en el texto. Es muy importante conocer las preposiciones que pueden acompañar a cada verbo y sus significados, ya que hay verbos que pueden llevar varias preposiciones, pero que cambian de sentido. Por ejemplo: *negar algo/negarse a hacer algo.*

a. ■ **1. b** Los tres tienen el significado de *terminar* o *acabar*, pero solo esta opción se utiliza para hablar de un periodo de tiempo. La opción *a* se refiere a un plazo cuando se utiliza como verbo reflexivo: *extinguirse*; y el verbo *fenecer* se utiliza más como sinónimo de *morir*.

■ **2. a** Aunque las tres hacen referencia a un arma, solo la primera es sinónimo de *flecha* y significa velozmente o con celeridad. La ballesta es un arma similar al arco y la escopeta un arma de fuego.

■ **3. c** *Superfluo* es sinónimo de *fútil* con el significado de *inútil*, pero en la frase se hace referencia a un consumo que no es necesario frente a fútil, que indica que es de poco aprecio o importante.

■ **4. a** Es el único adjetivo cuya cualidad se refiere a personas y cosas.

■ **5. b** Aunque los tres significan comer con exceso o ansia, solamente *glotonería* hace referencia a una cualidad menos intensa, que se ve reforzada en la frase con el verbo *paladear*.

■ **6. a** Los tres adjetivos hacen referencia a lo desmedido o exagerado, pero solamente el primero se puede aplicar al lenguaje para indicar que es ostentosamente embellecido.

■ **7. a** Son palabras sinónimas al referirse a algo frágil, o bien que es fácil de romperse o que se puede acabar, pero solamente la opción *a)* puede hacer referencia a una persona que es delicada de salud y disposición corporal.

■ **8. b** Aunque los tres se refieren a una ofensa, hay diferencias de intensidad. El *ultraje* y el *vilipendio* contienen un exceso de violencia, llegando a la humillación y a la denigración de alguien o algo. Por el contexto podemos descartar ambas opciones. El *agravio* va más en contra de nuestro derecho.

9. c Son sinónimos cuando tienen el significado de algo transparente. Pero la *c* además de esto tiene el significado de limpio y claro.

10. c Los tres adjetivos tienen un significado de apatía. Pero el adjetivo *hosco* se elimina por el contexto, ya que no hace referencia a un comportamiento intratable. *Curtida* sí se puede utilizar con el rostro, pero no con una expresión.

11. b Aunque los tres tienen el significado de tristeza, con *taciturno* se quiere expresar algo silencioso o reconcentrado, y con *abatido*, postrado o humillado. La diferencia está en *apesadumbrado*, que transmite también la idea de pena, especialmente en el rostro.

12. b También estos adjetivos se relacionan con la tristeza. Al hablar de una evocación, descartamos los adjetivos *afligido*, porque sería un recuerdo sufriente, y *atormentado*, algo que recuerda con molestia o disgusto. Por tanto, lo correcto sería *añorante*: que recuerda con pena la ausencia o pérdida de una persona o cosa muy querida.

13. a Estos verbos significan cubrir de agua un terreno, destrozando todo lo que encuentre a su paso. Sin embargo, solo la opción *a* se puede utilizar en un sentido figurado para llenar con algo una cosa, en este caso, "el cuerpo se llenó de culpa" (se sintió culpable).

14. c Los siguientes sustantivos significan una forma de abertura y la diferencia está en el tamaño. Tanto *resquicio* como *fisura* se refieren a una grieta pequeña. Además, una fisura se hace especialmente en un hueso o un mineral. *Resquebrajadura* tiene un sentido más general de hendidura y se puede utilizar con un estanque helado.

15. c Estos sustantivos hacen referencia a la falta de conocimiento. De nuevo hay diferencias de grados. Con *impericia* nos referimos a la falta de práctica o experiencia. *Tosquedad* contiene también el significado de rudeza y falta de pulimento. Según el contexto, se quiere expresar la falta de aptitud o capacidad al hablar de materias, de ahí que lo correcto sea *incompetencia*.

⚠ **¡Atención!** En los textos literarios las palabras se cargan de nuevos significados que invitan al lector a dar al texto un sentido que, generalmente, va más allá de su significado habitual. Aparecen recursos expresivos, aprovecha al máximo el sentido figurado y usa los diferentes recursos de la retórica en su máxima expresión. Desde el punto de vista morfosintáctico, se cambian o alteran el orden de las oraciones. Todo esto hace que ante un texto literario precises de una cierta labor interpretativa. Tenlo en cuenta si en tu convocatoria aparece un texto literario.

c. **1.** a; **2.** c; **3.** b; **4.** c; **5.** a; **6.** c; **7.** b; **8.** a; **9.** a; **10.** c; **11.** b; **12.** a.

⚠ **Comentario.** Algunos de los huecos, como el 8 y el 12, además de tener en cuenta este fenómeno de la sinonimia, también dependen de la preposición que la acompaña. Así que te recomendamos tener en cuenta este aspecto a la hora de seleccionar una opción.

d. Te aportamos aquí las palabras del texto con la que se relacionan y el marcador:

Modelo 3. c; **1.** c; **2.** b; **3.** a; **4.** c; **5.** b (*existe, favorece, exitosa, Aunque*); **6.** b (*incapacidad, explicar la realidad, Por el contrario*); **7.** a (*enraizada a la realidad, Sin embargo*); **8.** c (*dependiendo de la cultura, Sin embargo*); **9.** b (*siguió creciendo, logra, Aunque*); **10.** a (*condición indispensable, no es… sino*).

⚠ **Comentario.** Tienes que prestar mucha atención a los conectores que aparecen en el texto. Por ejemplo, si hay un "pero" o un "sin embargo", y antes había una valoración positiva, lo que viene después deberá ser negativo. Se ha producido así un cambio de idea. Si el conector es "además", habrá otra valoración positiva. En cada caso hay que elegir la palabra que suponga una valoración, y no un significado.

Valoración positiva → *Pero / Sin embargo…* → Valoración negativa

Valoración negativa → *Pero / Sin embargo…* → Valoración positiva

Valoración positiva → *Además…* → Valoración positiva

Tarea 2.

a. **1.** *predicción / vaticinio;* **2.** *Universidad de París / Sorbona;* **3.** *Philip Pullman / escritor y ensayista;* **4.** *La Fiesta del Chivo / clásico contemporáneo;* **5.** *graves defectos / su carácter idealista;* **6.** *producir informaciones básicas / encuesta por domicilios;* **7.** *Encontrar el origen genético de la felicidad / dos copias de la variante "larga" del gen 5-HTLPR;* **8.** *hosco, ternura / afable, persona clara y con claros principios, aire montaraz, agreste, "olor a campo".*

b. **1.** Situación genérica/situación concreta; **2.** Idea particular/Idea general; **3.** Aclaración de una idea; **4.** Ampliación de una idea; **5.** Ejemplo/prueba/elemento sobre la idea; **6.** Cambio de perspectiva, **7.** Causa/Efecto; **8.** Referencias de lugar; **9.** Referencias al mismo espacio temporal o al mismo momento del pasado; **10.** Referencias de modo; **11.** Correspondencia gramatical.

c. **1.** B; **2.** F; **3.** A; **4.** E; **5.** C; **6.** D.

   1. *ocupándose, ocuparse, ocupar / ocupación;*

   2. *decidido, decidir, se decide / decisión; vida, vital / vivir;*

   3. *posible / posibilidades; indeterminado / indeterminación;*

   4. *decidirse / decisión; determinismo / determinación;*

   5. *determinismo / determinista; primordial / primaria;*

   6. *razone / razonarlo, razonar; limitada / limitarme* (v.), *limitarme* (sust.); *suponer / supuesto.*

d. **13.** G; **14.** A; **15.** C; **16.** E; **17.** D; **18.** B.

   13. *especies vivas, especie / seres vivos* (Sinónimos); *se desarrolla / evoluciona* (Sinónimos); *evolución / evoluciona* (Distinta categoría gramatical); *Sin embargo* (Cambio de perspectiva); *materia / materia inerte* (Referencia al modo); *Metaevolución / la propia evolución evoluciona* (Idea y su explicación).

   14. *evolución biológica / Ahí* (Ampliación de una idea); *Por ejemplo* (Ejemplo sobre la idea); *Evolución / Asombrosa adaptación* (Palabras equivalentes); *Seres de vidas cortas / Especies bacterianas* (Palabras equivalentes); *Mutaciones, variabilidad y entorno hostil / adaptación* (Una acción y su explicación); *evolución biológica / Adaptación de especies bacterianas resistentes a los antibióticos* (Una acción y datos relacionados).

   15. *Charles Darwin / evolución* (Persona/Profesión o reconocimiento); *Descubrimiento del ADN / Pero antes* (Referencia temporal); *Han evolucionado / evolución* (Palabras relacionadas); *Especies moleculares han evolucionado… leyes de la química / Evolución química* (Palabrase ideas/Su explicación).

   16. *A su vez* (Ampliación de una idea); *ADN / átomos, moléculas* (Situación genérica/situación concreta); *Estos / átomos, moléculas* (Correspondencia gramatical); *La que sigue… caos / leyes de la física* (Correspondencia gramatical).

   17. *Quaks materiales, núcleos, átomos, superestructuras moleculares, protocélulas / Entes moleculares, supramoleculares* (Causa/Efecto); *supra- / super-* (Correspondencia gramatical).

   18. *entrelazadas / acolmenados* (Sinónimos); *múltiples poblaciones / complejos individuos* (Palabras relacionadas); *Una conciencia que / conciencia* (Palabras relacionadas).

Tarea 3.

a. ⓘ **Comentario.** Tanto en el texto como en el fragmento pueden aparecer sinónimos o palabras equivalentes, o ideas afines, que te van a ayudar a establecer su relación. Recomendamos practicar esta estrategia mediante el uso del diccionario.

1. *se pretende / intenta; demostrar / análisis, determinar, comprobar; los sujetos / las personas; sociodemográficas / dimensión física de los lugares, además de la dimensión social; características sociodemográficas / características como la edad, el sexo y la clase social; desarrollan / generan; sentimientos afectivos / sentimientos de apego; arraigo / apego.*

2. *explica / analiza; los efectos / Los resultados; acontecimiento trágico / suceso dramático, agresiones sexuales, la experiencia; recuperación / adaptación; recuperación emocional / la comunicación emocional facilita dicha adaptación.*

3. *tesis / trabajo; componente visual / imágenes; comprensión textual / comprensión de textos; investiga / esta investigación; la importancia / el papel.*

Comentario. Hemos colocado las preguntas a la izquierda para que, antes de leer el texto, puedas trabajar con ellas: señalar las palabras clave, predecir el tema, etc. De esta forma, a la hora de enfrentarte a esta tarea en el examen, puedes practicar esta forma de enfrentarse a la tarea: leer primero las preguntas y luego los textos.

b. **Comentario.** Muchas de las preguntas que aparecen expresan lo mismo que en el texto pero recurriendo a este recurso. Te recomendamos subrayar las ideas principales del enunciado y ver a qué palabra o palabras se refieren en el texto.

1. *se intenta poner de manifiesto / se ha investigado; algunos estímulos recibidos inconscientemente / subliminal; pueden afectar al comportamiento de las personas / la influencia; actuar de una determinada manera / influencia.*

2. *la comunicación de emociones y pensamientos pueden ser claves para explicar esta teoría / hablar ante personas nuestros sentimientos y pensamientos está asociado a una mejor adaptación.*

3. *aborda los trastornos psicológicos y su relación con una serie de criterios asociados a los mismos / aborda los conceptos de ansiedad y estrés.*

c. **1.** e; **2.** d; **3.** f; **4.** a; **5.** c; **6.** b.

Comentario. Aunque algunos teóricos introducen dentro de la reformulación la paráfrasis (expansión semántica), con la que trabajaremos en el modelo 4, nosotros hemos decidido considerar la reformulación como la explicación de un enunciado o idea para expresarlo de otra manera.

1. b; **2.** a; **3.** a; **4.** b; **5.** a; **6.** a.

Prueba 1. Segunda parte: Uso de la lengua, comprensión auditiva

● ● ● ● ● ● Antes de empezar la parte de Comprensión auditiva.

a. Aquí tienes una serie de afirmaciones sobre lo que tienes que hacer en cada una de las tres tareas de esta prueba. Marca si las afirmaciones corresponden o no al examen (Verdadero / Falso).

		V	F
1.	En la **tarea** 4 hay que corregir las notas que no correspondan a la conferencia.		
2.	En la **tarea** 5 es necesario relacionar entre sí las afirmaciones relacionadas con los distintos interlocutores (Hombre y Mujer).		
3.	En la **tarea** 6 es necesario escuchar el debate y al mismo tiempo leer las preguntas y las tres opciones identificando de qué se habla en ese momento y qué frase refleja el comentario o la intención.		
4.	En la **tarea** 4 las opciones reproducen lo que se dice en la conferencia pero con reformulaciones que incluyen cambios de vocabulario y de estructura gramatical.		
5.	En la **tarea** 5, las opciones incluyen verbos como *"entiende que"*, *"critica"*, *"le apena que"*, *"le indigna que"*, que suponen que hay que interpretar la intención de los que hablan.		
6.	En la **tarea** 6 las preguntas siguen el orden de las ideas de la audición.		

b. Aquí tienes algunas preguntas que un candidato puede hacerse sobre las tareas de esta prueba. Marca si te las has hecho en alguno de los modelos anteriores y a cuál de las tres tareas (4, 5 o 6) puede referirse principalmente cada una.

		SÍ	NO	TAREA
1.	¿Tengo tiempo para leer las preguntas antes de escuchar los textos?			
2.	¿Aparece escrito el título o hay alguna referencia al tema del que se va a hablar?			
3.	¿Soy capaz de anticipar el tema a partir de las preguntas en el caso de que no aparezca?			
4.	¿Me puede ayudar el subrayar las palabras clave antes de escuchar los textos?			
5.	En caso de que hablen varias personas, ¿puedo distinguir la información de cada uno?			
6.	¿Entiendo bien cómo seleccionar la información correcta en cada tarea?			
7.	¿He desarrollado alguna técnica para distinguir cuáles son las opciones correctas de las que no lo son?			
8.	¿Soy capaz de tomar notas rápida y eficazmente?			
9.	(Escribe otra)			

Consejo. Consulta las claves de estas dos actividades previas en la página 205 antes de continuar.

¡Ya puedes empezar esta parte de la Prueba 1!

26-28 Pon el disco de la pista n.° 26 a la pista n.° 28 y sigue las instrucciones. No detengas la audición hasta el final de la pista 28.

*La **Prueba 1** consta de tres tareas de Comprensión auditiva. La duración aproximada de estas tres tareas es de 45 minutos. Usted tiene que responder a 26 preguntas.*

Tarea 4

INSTRUCCIONES

Usted va a escuchar un fragmento de un reportaje en el que se tomaron algunas notas. Entre las doce opciones que aparecen debajo (A-L), usted deberá elegir las cinco que corresponden al reportaje. Escuchará la audición dos veces. Marque las opciones elegidas en la Hoja de respuestas.

 Ahora dispone de un minuto para leer las opciones.

OPCIONES

A) Desde la catedral de Granada se coordinan los proyectos de restauración de otras catedrales españolas.

B) El mantenimiento adquiere un papel fundamental en la conservación preventiva de una catedral.

C) La intervención en una catedral debe ser rápida para garantizar su efectividad.

D) La clave de una buena restauración está en su realización gradual y en el registro de todas las fases.

E) Los agentes meteorológicos han causado un gran deterioro en la catedral de León.

F) Las vidrieras están desprotegidas por los desperfectos de la red protectora.

G) El principal problema de la catedral de León es la humedad que se produce en el sótano.

H) El deterioro de la catedral de León se ha acelerado considerablemente en los últimos años.

I) Se espera encontrar muy pronto una solución para solventar el problema de la piedra en la catedral de León.

J) Los burgaleses desearían que su opinión sobre la restauración de su catedral se tuviera más en cuenta.

K) La técnica empleada para la sustitución de algunas partes no parece convencer a la opinión pública.

L) Los defensores de la técnica aplicada opinan que la erosión de las piezas es irreversible.

Señale las opciones elegidas por orden alfabético.

27	28	29	30	31

Tarea 5

A continuación escuchará dos conversaciones. En la primera, un hombre y una mujer hablan sobre los prejuicios. En la segunda, un hombre y una mujer hablan sobre el papel de la mujer en la televisión. Deberá marcar de las 7 opciones que se le dan en la primera conversación (32-38) y de las 8 de la segunda conversación (39-46), qué ideas expresa el hombre (H), cuáles la mujer (M) y cuáles ninguno de los dos (N). Escuchará la conversación dos veces. Marque las opciones elegidas en la Hoja de respuestas.

🕐 Ahora dispone de 30 segundos para leer las frases de la primera conversación.

CONVERSACIÓN 1

32. Los prejuicios nacen con el individuo.

33. La educación ayuda a proporcionar una mente abierta.

34. La mayoría de los prejuiciosos tienen menos de 30 años.

35. La universidad critica los manuales que se estudiaban anteriormente.

36. También los manuales actuales están llenos de prejuicios.

37. El tópico desaparece tras el conocimiento de la otra cultura.

38. Los prejuicios pueden tener una dimensión constructiva.

🕐 Ahora dispone de 30 segundos para leer las frases de la segunda conversación.

CONVERSACIÓN 2

39. La televisión en España intenta luchar contra los estereotipos.

40. En Latinoamérica la televisión se adecua al cambio social.

41. Las series no reflejan la realidad social.

42. Hay que distinguir entre dos tipos de series.

43. Las mujeres en España han evolucionado a un ritmo más lento que en México.

44. La televisión no se ha adaptado a la rápida transformación de la mujer.

45. A la mujer española le gustaría no ser tratada como un estereotipo.

46. En México se dan dos visiones diferentes de la mujer.

Modelo de examen n.º 3

Usted va a escuchar un fragmento de una tertulia. Después debe contestar a las preguntas (47-52). Seleccione la opción correcta (A, B o C). Escuchará la tertulia dos veces. Marque las opciones elegidas en la Hoja de respuestas.

PREGUNTAS

47. La primera cuestión que se plantea se refiere a...

 a) el uso correcto de las nuevas tecnologías.
 b) la influencia en la lengua del uso de las nuevas tecnologías.
 c) el estado de salud de la lengua.

48. El primer hombre opina, en relación con el idioma, que...

 a) el nuevo uso del lenguaje abreviado resulta inaceptable.
 b) el lenguaje de las nuevas tecnologías es menos vivo que el de otros contextos.
 c) las nuevas tecnologías lo empobrecen.

49. En relación con el lenguaje abreviado, la primera mujer cree que...

 a) los apuntes son los precursores del lenguaje de los móviles.
 b) hay que saber adecuarse al registro necesario en cada caso.
 c) las nuevas tecnologías responden a necesidades comunicativas.

50. La segunda mujer declara que el lenguaje empleado en redes sociales...

 a) permite desarrollar estrategias nuevas de comunicación.
 b) restringe los mensajes.
 c) limita las posibilidades comunicativas de los usuarios.

51. El segundo hombre, por su parte, dice que...

 a) las nuevas tecnologías han limitado la escritura.
 b) la literatura se está adentrando en la Red.
 c) se es más pacífico escribiendo que hablando.

52. Según el tercer hombre, un nuevo código gráfico abreviado...

 a) implica cambios que pueden perjudicar la salud.
 b) proporciona agilidad mental a los traductores.
 c) no debe influir en el código normal.

CLAVES

● ● ● ● ● ● **Antes de empezar la parte de** Comprensión auditiva.

a. 1. Falso. Nunca hay que escribir nada en ninguna de las partes de la prueba 1. Tampoco se te pide explícitamente que tomes notas para resolver la tarea, aunque pueda ser buena idea hacerlo, pero no es lo que se te pide. Las respuestas siempre consisten en marcar la opción elegida; **2.** Falso. No se te pide que relaciones las afirmaciones, sino que identifiques a la persona que dice cada idea y qué ideas no se nombran. Tampoco hay que relacionar las opciones de las dos conversaciones cuando hay dos conversaciones, ni las opciones están redactadas de manera que se relacionen las opiniones de las dos personas. De hecho, las dos conversaciones pueden tratar dos temas muy diferentes, como el medioambiente y la literatura; **3.** Verdadero. La instrucción del examen dice: "Después de escucharla, deberá contestar a las preguntas", pero en la práctica es casi imposible contestar después de escuchar, hay que escuchar e ir seleccionando las posibles opciones en la primera audición, y confirmar la selección en la segunda; **4.** Verdadero. En general es lo que sucede en <u>todas las tareas</u> de esta parte de la prueba 1. Se reproduce lo que se dice en la audición con otras palabras, y las preguntas y opciones incluyen equivalentes de palabras usadas en la audición (como hemos visto en la prueba de Comprensión de lectura) o estructuras equivalentes (como vamos a ver en este modelo de examen). Es decir, que no solo debes identificar en la audición esas palabras, muchas veces técnicas, sino también en las opciones y respuestas; **5.** Falso. ¡MUY IMPORTANTE! En general, y tal y como han ido apareciendo en las distintas convocatorias hasta la fecha, las opciones de esta tarea incluyen reformulaciones de las ideas, pero no palabras que suponen una reinterpretación de la intención. Los enunciados no suelen empezar con palabras como "cree que...", "argumenta que..." o "apela a...". Esto supone, en principio, que lo que tienes que entender (y a veces interpretar) es la información, no la intención. Es, al menos, lo que ha sucedido hasta la publicación de El Cronómetro, *nivel C2*; **6.** Verdadero. En general, las preguntas siguen el orden de las ideas de la audición, pero tienes que tener en cuenta que hay que seleccionar solo una opción de cada pregunta, por lo que las otras opciones pueden referirse también a algo dicho antes o después del tema al que se refiere la pregunta de que se trate.

b. Las respuestas a las preguntas son personales. Aquí tienes algunos comentarios sobre algunos aspectos que pueden serte de ayuda. **1.** Sí, pero no en todas las tareas. En la tarea 4 tienes un minuto para leer las preguntas. En la tarea 5, en el caso de que sea un solo texto, un minuto, si se trata de dos, que es lo que ha sucedido en casi todas las convocatorias hasta la fecha, treinta segundos antes de cada uno. En la tarea 6 no dispones de tiempo para leer las preguntas y las opciones, lo que aumenta la dificultad de la tarea al tener que leer y escuchar al mismo tiempo. Esta dificultad la trataremos en las actividades de este modelo de examen. Lo que puedes hacer es aprovechar el tiempo que te sobre de la tarea anterior para ir leyendo las preguntas de esta tarea; **2.** En la tarea 4 no aparece el tema en el cuadernillo de examen, pero sí se nombra en la grabación antes de escucharla. En la tarea 5 el tema sí aparece escrito en el cuadernillo. En la tarea 6 no aparece escrito en el cuadernillo, se descubre al escuchar la grabación; **3.** Haremos práctica para desarrollar esta estrategia en las actividades de este modelo; **4.** Es útil hacerlo en los todos los casos. En las tareas 4 y 5 antes de escuchar, en la lectura rápida, y en la 6, al mismo tiempo de la escucha; **5.** Las preguntas y opciones siguen siempre el orden de intervención, y en el caso en que haya varias personas, se suelen distinguir como "primer hombre, primera mujer, segunda mujer, etc.", por lo que es necesario concentrarse en este aspecto; **6.** En realidad, aunque las tareas sean diferentes, la estrategia común a desarrollar en las tres es la misma: seleccionar la información que dice algo equivalente a los textos. En algunos casos, se puede intentar marcar la posible opción correcta antes de escuchar, y luego confirmar la elección tras la escucha; **7.** En las actividades de este modelo desarrollaremos estrategias para entender los mecanismos que hacen que una opción sea correcta o incorrecta; **8.** Aunque hay poco tiempo para leer antes las preguntas, siempre puede ayudar tomar notas antes de la escucha, en las tareas en que se da tiempo, pero sobre todo durante la escucha.

Tarea 4: 27. B; **28.** D; **29.** E; **30.** H; **31.** K.

Tarea 5: 32. N; **33.** M; **34.** N; **35.** N; **36.** H; **37.** M; **38.** H; **39.** M; **40.** M; **41.** H; **42.** H; **43.** N; **44.** H; **45.** N; **46.** N.

Tarea 6: 47. b; **48.** c; **49.** b; **50.** a; **51.** c; **52.** c.

¿Qué dificultades has tenido y dónde?	Tarea 4	Tarea 5	Tarea 6
He tenido bastante tiempo para leer todas las preguntas antes de la audición.			
He podido identificar en la audición las palabras clave.			
He usado todos mis recursos para hacer la tarea.			
He entendido bien la relación entre la frase o la pregunta y el texto.			
El acento o la velocidad de los interlocutores no me ha desorientado.			
La cantidad de información no me ha desorientado.			
(Otro)			
Respuestas correctas.			
Nivel de estrés (de 1 –mínimo– a 5 –máximo–).			

PRUEBA 1. SEGUNDA PARTE
Modelo de examen n.º 3

Actividades sobre el Modelo n.º 3. Uso de la lengua, comprensión auditiva

Tarea 4.

a. Vamos a trabajar las transformaciones que puede sufrir un texto para convertirse en pregunta. Lee atentamente las siguientes opciones de examen de varias conferencias y subraya las palabras que creas importantes. Luego, escucha la audición, sin pausas, y señala si las opciones dicen lo mismo que se dice en la conferencia o no. Marca Sí/No.

29 Escucha una vez la pista n.º 29. No uses el botón de ❚❚ *PAUSA*.

◗ PREGUNTAS	SÍ	NO	◗ TEXTOS DE LOS FRAGMENTOS
1. El objetivo es ampliar la digitalización de radio y televisión para que haya un mayor flujo de información, aprovechando menor cantidad del espectro, como sucede en las economías más desarrolladas.			
2. La economía hace más dinámico el uso de la tecnología porque abre nuevas puertas al bienestar social.			
3. Todos queremos que nuestra experiencia y nuestra motivación se correspondan con nuestra vocación y eso nos lleve al éxito.			
4. Contra la especialización se ha de adquirir el conocimiento necesario para tener la conciencia de pertenecer al grupo.			
5. Escasean ya los licenciados que no saben escribir con corrección.			
6. El reportero gozaba de gran prestigio gracias a su interés didáctico.			

29 Escucha otra vez la pista n.º 29 y escribe, a modo de dictado, lo que se dice en el fragmento de conferencia seleccionado. Usa el botón de ❚❚ *PAUSA* para escribir. Escucha una sola vez cada fragmento e intenta reconstruirlo de memoria.

b. ¿Cuáles son las principales transformaciones que se han operado entre el fragmento de conferencia y la pregunta? Márcalo en la siguiente tabla.

	◗ PREGUNTA/FRAGMENTO
A. En la pregunta aparecen palabras equivalentes de igual categoría gramatical.	
B. Hay cambio en el orden de las palabras o de las ideas.	

continúa ➔

Modelo de examen n.º 3

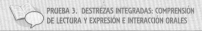
C. Se sustituye una palabra de una categoría por otra diferente y de categoría diferente pero con el mismo sentido.

D. Se parafrasea una palabra clave de la audición.

E. Se hace referencia a alguna expresión idiomática.

F. Se reproduce la estructura sintáctica pero se cambian las palabras.

G. En la pregunta aparecen las mismas palabras pero con categoría gramatical diferente.

H. Paso de sentido general a sentido personal (o al revés) sin perder la idea original.

I. Se usan contrarios o estructuras que se contradicen.

J. Se interpretan algunos elementos de la frase de manera positiva cuando en el texto se da una opinión negativa, o viceversa.

¡Atención! En la **ELEteca** puedes consultar la transcripción: https://eleteca.edinumen.es

C. En el cuadernillo de examen no aparece el tema del que trata la conferencia de la tarea 4, pero tienes **un minuto** para leer las opciones y deducir el tema. Lee los siguientes grupos de opciones y escribe el tema del que crees que tratan las conferencias a las que se refieren.

● ● ● ● ● 🕐 **Pon el reloj.** ¡Tienes solo un minuto para realizar la tarea!

Conferencia 1

A) Las muestras del experimento eran de la misma persona.

B) Las lágrimas emotivas tienen menos cantidad de manganeso que las irritativas.

C) Las lágrimas irritativas liberan el organismo de hormonas.

D) En todos los casos se detectan reacciones hormonales.

Tema: ....

Conferencia 2

A) El público debía seleccionar los cinco proyectos más interesantes.

B) Abrir un negocio sostenible supone problemas económicos y de papeleo.

C) Uno de los proyectos consistía en una especie de agenda de empresas sostenibles.

D) Otro de ellos nunca llegó a materializarse por problemas burocráticos.

Tema: ....

<u>Conferencia 3</u>

A) La palabra soledad tiene su origen en el portugués.

B) Al partir para la ínsula, Sancho sintió nostalgia de su señor.

C) La palabra morriña cuenta con más de una acepción.

D) La emigración ha hecho mucho por la propagación de este tipo de términos.

Tema: ....

Escucha ahora los fragmentos de estas conferencias y comprueba tus anotaciones.

Escucha una vez la pista n.º 30. No uses el botón de ▐▐ *PAUSA*.

¿Crees que te puede ayudar a deducir el tema de la conferencia leyendo las opciones previamente? Anota aquí tus comentarios:

....

....

....

d. Vuelve a escuchar los fragmentos de estas conferencias y marca si las opciones son correctas o incorrectas.

Escucha otra vez la pista n.º 30. No uses el botón de ▐▐ *PAUSA*.

CONFERENCIA 1	Correcta/ incorrecta	CONFERENCIA 2	Correcta/ incorrecta	CONFERENCIA 3	Correcta/ incorrecta
Opción A		Opción A		Opción A	
Opción B		Opción B		Opción B	
Opción C		Opción C		Opción C	
Opción D		Opción D		Opción D	

Tarea 5.

a. En esta actividad vamos a practicar la escucha selectiva. Escucha el siguiente fragmento de conversación y localiza y anota los sinónimos y las expresiones equivalentes a las que aparecen marcadas.

Escucha una vez la pista n.º 31. Si lo necesitas, usa el botón de ▐▐ *PAUSA* para escribir.

continúa ➜

Modelo de examen n.º 3

OPCIONES

EQUIVALENTES H M N

1. Hasta ahora hemos podido producir electricidad gracias al acopio de carbón.

2. Hay que frenar la emanación de sustancias contaminantes.

3. Todavía no podemos prescindir de carburantes de origen animal y vegetal.

4. La retención de energía puede ser una solución.

5. De continuar así, no habría vuelta atrás.

6. Hay organismos que dan la voz de alerta sobre la desproporción industrial.

Escucha de nuevo los fragmentos sin pausa y señala si lo dice el hombre (H), la mujer (M) o ninguno de los dos (N).

31 Escucha otra vez la pista n.° 31. No uses el botón de ❚❚ *PAUSA*.

b. Escucha el siguiente fragmento de un debate sobre el futuro de las bibliotecas y señala si las opciones corresponden a lo que se dice en el debate o no.

32 Escucha una vez la pista n.° 32. No uses el botón de ❚❚ *PAUSA*.

OPCIONES	SÍ	NO	PALABRAS DEL DEBATE Sinónimos/ transformación
1. La música y la prensa se adaptarán a las nuevas tecnologías, como lo ha hecho el libro.			
2. Los bibliotecarios están en pleno proceso de adaptación y aprendizaje de las nuevas tecnologías.			
3. Está desapareciendo el libro en papel.			
4. La biblioteca debe ser ante todo un espacio formativo.			
5. La normativa sobre el préstamo digital está regulada.			
6. Hay que desvincular el concepto de biblioteca del espacio físico.			

Escucha de nuevo el debate y escribe en la tabla los sinónimos o expresiones equivalentes en el caso de que la opción sea correcta, y los contrarios o expresiones diferentes en el caso de las opciones incorrectas.

32 Escucha una vez la pista n.° 32. Usa el botón de ❚❚ *PAUSA* para escribir.

c. Finalmente, marca si las opciones corresponden al hombre (H), a la mujer (M) o a ninguno de los dos (N). Escucha el fragmento una vez más si lo necesitas, pero ten en cuenta que en el examen escuchas el debate solo dos veces.

	H	M	N
1.			
2.			
3.			
4.			
5.			
6.			

d. Después de haber practicado la escucha selectiva, haz lo mismo que has hecho hasta ahora con las opciones de este modelo de examen. Aquí tienes dos tandas de opciones con algunas palabras marcadas. Anota las palabras y estructuras equivalentes, o las contrarias en su caso.

¡**Atención!** Para reproducir las condiciones del examen, intenta hacerlo <u>sin usar</u> el botón de ⏸ *PAUSA* para escribir.

27 **Escucha una vez la** pista n.° 27.

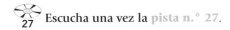

CONVERSACIÓN 1

Palabras del debate

32. Los prejuicios son inherentes al individuo.

33. La educación ayuda a desarrollar una mente dúctil.

34. La mayoría de los jóvenes con prejuicios tienen menos de 30 años.

35. Las instituciones académicas también generan prejuicios.

36. También los manuales que se usan hoy en día están llenos de prejuicios.

37. El tópico traslada a lo general lo observado a nivel individual.

38. Los prejuicios pueden contribuir también a establecer lazos positivos.

CONVERSACIÓN 2

Palabras del debate

39. La televisión viene a alterar una visión concreta de la mujer.

40. Las jóvenes buscan modelos de mujeres descaradas.

41. Las mujeres adultas no se ven reflejadas en los personajes de las series.

42. Hay un intento por parte de la televisión española de cambiar estereotipos.

43. En Latinoamérica hay una tendencia a ir más allá de lo establecido socialmente en el tema sexual.

44. Los adolescentes tomaban posiciones muy dictatoriales.

45. Se suponía que los adolescentes estaban ya liberados.

46. El estereotipo en México se refiere a dos imágenes contrapuestas de la mujer.

Modelo de examen n.º 3

Tarea 6.

a. Vas a escuchar la primera mitad de la audición de la tarea 6 de este modelo de examen. Escribe las palabras del texto sinónimas a las que se te dan.

¡Atención! Se han cambiado algunas palabras respecto al texto original. Ten en cuenta, además, que pueden sufrir alguna trasformación de género o número en el caso de los sustantivos y adjetivos, o de persona o número en el caso de los verbos.

Escucha dos veces la pista n.° 33. Para reproducir las condiciones del examen, intenta hacerlo sin usar el **33** botón de ⏸ *PAUSA* para escribir.

◉ SINÓNIMO	◉ PALABRA DEL TEXTO
1. complicado	
2. herramienta	
3. reducir	
4. los habitantes	
5. adecuarse	
6. carta	

b. Escucha ahora la segunda mitad del texto de la tarea 6 de este modelo de examen. Escribe las palabras del texto que se corresponden a antónimos de las que se te dan.

Escucha dos veces la pista n.° 34. Intenta hacerlo sin usar el botón de ⏸ *PAUSA* para escribir.
34

◉ ANTÓNIMO	◉ PALABRA DEL TEXTO
1. ampliar	
2. inapropiado	
3. fracaso	
4. ampliado	
5. incluir	
6. tranquilizador	

c. Vas a escuchar una nueva entrevista. En esta actividad tienes que hacer cuatro cosas al mismo tiempo: leer las preguntas, marcar en ellas las palabras claves, escuchar la entrevista y escribir a la derecha palabras y fragmentos que te ayuden a decidir cuál es la opción correcta. En el examen puedes aprovechar algo del tiempo que te haya sobrado de la actividad anterior. Vamos a suponer que tienes un minuto.

🕐 **Pon el reloj.** Tienes **un minuto** para leer las preguntas. Marca las palabras que consideres importantes.

(PREGUNTAS)

	Notas

1. En su respuesta a la primera pregunta, el primer hombre señala que…
   a) el concepto de ética global existe desde hace varios siglos.
   b) la mayor parte de la población no asume su responsabilidad.
   c) la ética global debe ser un compromiso de todo el planeta.

2. En su respuesta a la primera pregunta, la segunda mujer afirma que…
   a) anteriormente se desconocía la existencia de China.
   b) la moral se reducía a nuestra comunidad.
   c) los actos importantes repercuten en lugares lejanos.

3. El segundo hombre es de la opinión de que la ética global…
   a) va en contra del instinto natural de posesión.
   b) está asociado al sentido de pertenencia a una misma especie.
   c) es una utopía a causa de la perversidad humana.

4. En relación a la segunda pregunta, el segundo hombre sostiene que…
   a) la condición depredadora del hombre pudo provocar la extinción de la especie.
   b) en el hombre predomina el espíritu de convivencia.
   c) el carácter depredador ha diezmado la población.

5. El primer hombre añade que…
   a) la ética global no significa que en todas partes los hábitos sean idénticos.
   b) solo algunos países cuidan el medioambiente.
   c) los países con menos residuos están menos afectados por la contaminación ambiental.

6. El segundo hombre defiende que…
   a) en la aplicación de la ética global, tener incentivos es clave.
   b el hombre ha conseguido admitir su responsabilidad.
   c) el sentido de culpa nos impide convivir pacíficamente.

Escucha ahora el fragmento del debate y anota a la derecha de cada pregunta las palabras necesarias para decidir si la frase es correcta o no.

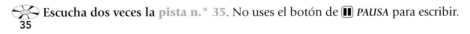 **Escucha dos veces la** pista n.º 35. No uses el botón de ⏸ *PAUSA* para escribir.
35

¿Has podido desarrollar la escucha selectiva después de estas actividades? ¿Te parece que es la principal destreza de esta prueba o hay otras destrezas más importantes? Anota aquí tu comentario.

....

....

CLAVES Y COMENTARIOS DE LAS ACTIVIDADES

Tarea 4.

a. 1. Sí: "impulsar la digitalización de las señales de radio y televisión, permitirá un mayor flujo de información, utilizando menor cantidad del espectro, como ocurre en las economías más avanzadas"; 2. No: "El uso de la tecnología dinamiza la economía y abre nuevas oportunidades para el bienestar social."; 3. No: "cuando uno dedica su existencia y su quehacer y energía a la propia vocación, con ella tendrá más posibilidades de tener éxito."; 4. Sí: "...combatirla promoviendo aquellos saberes o quehaceres que en lugar de especializar y aislar, les recuerde que forman parte de un conglomerado que..."; 5. No: "La mayoría de los graduados llegan con deficiencias flagrantes, tienen graves problemas de gramática y ortografía, y dificultades para una comprensión reflexiva de textos."; 6. No: "Pero en su expansión se llevaron de calle hasta el nombre humilde que tuvo el oficio desde sus orígenes en el siglo XV, y ahora no se llama periodismo sino Ciencias de la Comunicación o Comunicación Social".

b. **A.** 1 (*ampliar/impulsar, aprovechando/utilizando, sucede/ocurre*), 2 (*puertas/oportunidades*), 3 (*experiencia y motivación/existencia y quehacer*), 4 (*conocimiento/saberes*); **B.** 2 (*La economía hace más dinámico el uso de la tecnología/El uso de la tecnología dinamiza la economía*); **C.** 4 (*contra/combatir*); **D.** 5 (*que no saben escribir/deficiencias*); **E.** 6 (*llevarse de calle*); **F.** 3 (*experiencia y motivación/existencia y quehacer*); **G.** 2 (*dinámico/dinamiza*); 4 (*especialización/especializar*); **H.** 3 (*todos queremos/uno dedica*); **I.** 1 (*y/porque*), 5 (*la mayoría/escasean*); **J.** 5 (*deficiencias flagrantes/escasean los que no saben escribir*).

c. 1. Tema: Tipos de las lágrimas. 2. Tema: Proyectos económicos sostenibles. 3. Tema: Etimología de las palabras *soledad* y *morriña*.

d. 1. A. correcta, B. incorrecta (al revés), C. incorrecta (son las emotivas), D. correcta ("Tiene bastantes más hormonas que las lágrimas irritativas", es decir, que todas tienen); 2. A. incorrecta (habían sido preseleccionados los cinco mejores), B. correcta, C. correcta, D. incorrecto (no se habla de eso); 3. A. incorrecta ("es voz hermana"), B. incorrecta (fue Don Quijote), C. correcta, D. incorrecto (no se habla de eso).

Tarea 5.

a. Equivalentes: 1. "nos hemos abastecido"; 2. "las emisiones"; 3. "combustibles"; 4. "capturar"; 5. "cambio irreversible"; 6. "alarma".

Quién lo dice: 1. H; 2. H; 3. M; 4. M; 5. H; 6. M.

b. ¿Dice lo mismo?: 1. No; 2. Sí; 3. Sí; 4. No; 5. No; 6. Sí.

Palabras del debate: 1. Dice lo contrario; 2. "reto de innovación... de aprender"; 3. "nos estamos quedando sin el soporte físico"; 4. No solo formación; 5. En proceso de investigación; 6. "la biblioteca puede ser el mundo".

c. Quién lo dice: 1. N; 2. M; 3. H; 4. N; 5. N; 6. H.

d. 32. *inherentes/innatos*; 33. *dúctil/flexible*; 34. *jóvenes/chavales*; 35. *instituciones académicas/instituciones educativas, Universidad*; *generan/fábricas de prejuicios*; 36. *hoy en día/ahora, actuales*; 37. *traslada a lo general/se generaliza*; 38. *establecer/dimensión fundante*; 39. *alterar/está transformando*; 40. *descaradas/descocadas*; 41. *reflejadas/no se siente identificado*; 42. *intento/está tratando*; 43. *ir más allá/un exceso*; 44. *dictatoriales/déspotas*; 45. *liberados/desinhibidos*; 46. *contrapuestas/contradicción*.

Tarea 6.

a. 1. complejos; 2. instrumento; 3. constreñir; 4. la población; 5. adaptarnos; 6. epístola.

b. 1. restringen; 2. adecuadas; 3. éxito; 4. abreviado; 5. prescinden; 6. preocupante.

c. 1 c. La opción a) no es correcta: no desde hace varios siglos, sino desde el siglo XX. La opción b) no es correcta: el texto hace una hipótesis, no se trata de una afirmación. La opción c) es la correcta: la frase "...todo está <u>vinculado</u>, todo <u>atañe</u> a todas las partes" corresponde a "la ética <u>global</u>", "de <u>todo el planeta</u>"; 2 b. La opción a) no es correcta: el texto dice que no se conocían las consecuencias. En el texto se dice que "la ética estaba <u>limitada</u> a <u>nuestro grupo</u>, a nuestro país, nuestra cultura, nuestra religión", lo que corresponde a la opción b): "la moral <u>se reducía</u> a <u>nuestra comunidad</u>". En la opción c) se usa un antónimo: *insignificantes*; 3 b. La opción a) no es correcta: hay una generalización, muchas veces es altruista. Para la opción b), "está asociado al sentido de pertenencia a <u>una misma especie</u>", en la entrevista se dice: "Ahora somos <u>una sola especie humana</u>, en un solo planeta,... que permiten sostener la idea de que esta ética global es inherente al ser humano". La opción c) no es correcta: al contrario, sociabilidad, altruismo; 4 b. La opción a) no es correcta: se habla de esa idea de manera teórica, no es una afirmación. La opción b) dice: "en el hombre <u>predomina</u> el espíritu de <u>convivencia</u>", lo que corresponde a "lo que <u>domina</u> es la sociabilidad, la <u>coexistencia</u>". La opción c) no es correcta: al contrario, se ha multiplicado, y no por el carácter depredador; 5 a. Para lo que dice en la opción a), "la ética global <u>no significa que</u> en todas partes los <u>hábitos</u> sean idénticos", en la entrevista se dice que "<u>no puede</u> precisar las <u>costumbres</u> que <u>en todos los lugares</u> deben ser vividas, porque esto también es riqueza". La opción b) no es correcta: generalización, habla de modo hipotético. La opción c) no es correcta: también están afectados; 6 a. En la opción a) se dice "en la aplicación de la ética global, tener <u>incentivos es clave</u>", y en la entrevista se dice que "La <u>motivación</u> es necesaria ahí, ... <u>es fundamental</u>". La opción b) no es correcta: al contrario, "descargando el peso de la responsabilidad". La opción c) no es correcta: "las excusas nos hacen coexistir con decencia".

 Comentario. La escucha selectiva es muy importante por varios motivos, y desarrollarla puede suponer una buena parte del éxito en la prueba. Por un lado, no es necesario entender todo lo que se dice, pues la tarea consiste básicamente en responder a una serie de preguntas, de distinto tipo según la tarea. Para saber lo que tienes que entender, debes guiarte por las propias preguntas. En contraste, en la primera tarea de la prueba de Expresión escrita, en la que tienes que escuchar también, sí son importantes todas las ideas e informaciones, en ese caso no debes seleccionar, como en esta prueba. Por otro lado, como has visto, en muchos casos hay cambios de palabras, de estructuras, de orden de palabras, que supone que se dice lo mismo o no. Saber detectar rápidamente las palabras clave, tanto en las preguntas como en la audición, es fundamental sobre todo para no bloquearse durante la audición, que se reproduce solo dos veces y no puedes detener si lo necesitas. Finalmente, tener una idea de lo que te interesa escuchar te ayuda a anticiparte a lo que se va a decir, lo cual desarrolla la capacidad de entender, en especial cuando se usa un lenguaje técnico y se habla de temas no familiares.

¿Qué tal va tu preparación?

Prueba 2. Destrezas integradas: Comprensión auditiva y de lectura y Expresión e Interacción escritas

● ● ● ● ● Antes de empezar la Prueba 2.

a. A continuación tienes las instrucciones de las tres pruebas de la convocatoria de examen que puedes consultar en la página web del Instituto Cervantes. Léelas con atención. Subraya lo que consideres importante.

Tarea 1

Una asociación de padres de alumnos ha organizado un debate sobre el papel actual de la publicidad en la vida cotidiana. A usted le han pedido que elabore uno de los textos que se leerán antes del debate. Para preparar su breve texto usted dispone de un audio de una conferencia, un artículo de opinión y una noticia relacionados con el tema.

Primero escuchará el audio dos veces. Tome notas y, después, utilice todas las fuentes proporcionadas, seleccionando únicamente la información que considere oportuna. A continuación, organícela y redacte el texto.

Número de palabras: entre 400 y 450.

Tarea 2

Usted ha grabado la entrevista que realizó a una escritora para una revista de literatura. Ahora debe basarse en la transcripción, que le proporcionamos a continuación, para elaborar el texto que será publicado. La escritora le ha rogado que mejore todo lo que considere oportuno, siempre que sea fiel al contenido de sus palabras.

Utilice todos los recursos que considere necesario: dele una estructura coherente a las frases, corrija la puntuación, seleccione un léxico más preciso o menos repetitivo y elimine los rasgos específicos o las pequeñas incorrecciones propias de la lengua oral.

Número de palabras: entre 150 y 200.

Tarea 3

En los institutos de educación secundaria de su ciudad se va a desarrollar un programa de actividades científicas para los estudiantes. Con tal fin, se han realizado unas pruebas y encuestas para valorar el nivel de los alumnos en conocimientos científicos.

Usted, como miembro del comité organizador, debe elaborar un informe en el que recoja la información relevante de los gráficos, haga una valoración de la misma y proponga una línea a seguir en las actividades.

Número de palabras: entre 200 y 250.

Fuente: ╼╪╾ *Instituto Cervantes.*

b. Responde a las siguientes preguntas, respecto a cada instrucción, con una o dos palabras clave. Las puedes tomar de las propias propuestas.

	Tarea 1	Tarea 2	Tarea 3
1. ¿Qué tipo de texto se pide: informativo, de opinión, narrativo, descriptivo, argumentativo, instruccional...?			
2. ¿Qué formato debe tener el texto: una carta, un editorial, un informe, unas actas, un artículo...?			
3. ¿A quién está destinado el texto: lectores de un periódico, de una revista, usuarios de una página web, de un foro...?			
4. ¿Qué intención tiene que tener el texto: informativa, crítica, propagandística, polémica, aleccionadora...?			
5. ¿Cómo debe ser el uso de las fuentes: objetivo, subjetivo, orientativo, selectivo, como ejemplo, como base de la argumentación...?			
6. ¿Hay tareas concretas especificadas dentro de la instrucción?			
7. ¿En qué situación está el hipotético autor: trabaja en la empresa, es ajeno a la situación, está implicado en la situación...?			
8. Añade algo que te haya llamado la atención en cada una de las tareas de examen.			

 ¡Atención! Consulta las soluciones en la página 220 antes de continuar.

¡Ya puedes empezar esta prueba!

La **Prueba 2** contiene **3 tareas**. Duración: **150 minutos**.

 • • • • • **Pon el reloj** al principio de la tarea.

Tarea 1

INSTRUCCIONES

Usted es miembro de una asociación de internautas defensores de la música libre en Internet y le han pedido que escriba el borrador del manifiesto del grupo. Para su elaboración dispone de una entrevista con una cantante, una entrada en un blog y una noticia de un periódico. Primero escuchará la entrevista dos veces. Tome notas y, después, utilice todas las fuentes proporcionadas, seleccionando únicamente la información que considere oportuna. A continuación, organícela y redacte el texto.

Número de palabras: entre 400 y 450.

 Escucha dos veces la pista n.º 36.

TEXTO ESCRITO 1

CUATRO MENTIRAS SOBRE MÚSICA E INTERNET

Por: M. de la Cavada

Con la música ocurre como con la crisis. Todo el mundo tiene una teoría sobre qué, cuándo y cómo van a ocurrir las cosas, sobre a dónde nos lleva esta embrutecida vorágine en la que el mundo de la música y sus aledaños se encuentran desde hace un tiempo. Pero, en realidad, nadie tiene ni idea sobre qué va a pasar realmente. Veamos algunos supuestos instalados en los discursos de interesados e implicados del mundo de la música en nuestro país.

Todo músico tiene derecho a ganarse la vida con su música

Enorme mentira, enarbolada habitualmente por los paladines de la propiedad intelectual. Dedicarse a la música, como a cualquier profesión, es una opción. Si juegas bien tus cartas, tienes mucha suerte, un talento irreductible o te comes cierta cantidad de marrones, tal vez puedas ganarte la vida con ello. Es decir, si uno entrena mucho, ¿podrá ser jugador profesional en la liga? Pues casi seguro que no. No es tan difícil de entender.

La música es de todos, y es un derecho universal disfrutar de ella de forma gratuita

Eric Dolphy decía que la música volaba libre y que, una vez la tocabas, era imposible de capturar. Vale, eso sí es de todos. El problema es que la música grabada, empaquetada y planeada para ser vendida como producto es precisamente eso, un producto. Si yo soy músico y escribo mis canciones, me pago un estudio, unos músicos, un diseño, una edición y una distribución, qué menos que poder decir que esa pequeña cantidad de información enlatada es mía. Es como si la gente fuese al quiosco a llevarse el periódico por la cara y, ante la negativa del quiosquero, se le dijese: «Oiga, que tengo derecho a la información». El quiosquero tal vez respondería: «Pues vaya y coja uno de los diarios gratuitos», y entonces el cliente, henchido de indignación, dijese: «Ya, pero es que yo quiero ESTE», y no quisiese pagar.

Gracias a Internet, los nuevos grupos lo tienen más fácil que nunca

Claro, tienen más fácil hacerlo todo ellos mismos. Y si no, contratos basura, porcentajes enfermizos, obligaciones delirantes, cesión de derechos, exclusivas en *management*, *merchandising*, etc. Todo vale para exprimir al músico con la excusa de que, como la cosa está muy mal, debe pagarlo todo él, desde la grabación a la edición, los carteles, la gasolina de la furgoneta y la infecta pensión en la que dormirá tras dar un concierto que, seguramente, no cobrará. Eso sí, si por casualidad dicho músico genera beneficios en el futuro, toca repartir. Facilísimo, sí.

No importa lo que hagan las compañías de la industria discográfica, con Internet ha llegado la era de la libertad y nunca podrán impedir que la música sea gratuita

Bueno, esto ya es la repanocha. Aquí hay dos tipos de caraduras, el que antes compraba música y ahora no y el que antes no compraba música y ahora tampoco. Irónicamente, gracias al nuevo orden mundial, ambos consumidores pagan por música cada mes. No a Universal, Warner o cualquier sello independiente, sino a Telefónica, Vodafone, Orange o quien les provea de banda ancha. Por supuesto, la mayoría usa el ADSL para muchísimas más cosas que descargar música, pero el tráfico está ahí. Si tú descargas música ilegalmente, estás pagando por ella. Poco, tal vez, pero pagando. Y el que te permite hacerlo y te cobra por ello, es quien tiene la sartén por el mango y quien, eventualmente, te hará pasar por su aro.

(Adaptado de: *blogs.elpais.com/muro.../cuatro-mentiras-sobre-musica-e-internet.html*)

UNA JUEZ SENTENCIA QUE DESCARGAR MÚSICA POR INTERNET NO ES DELITO

La juez de lo Penal número 3 de Santander ha absuelto a un internauta –para quien se pedían dos años de cárcel por descargar y compartir música en Internet– por considerar que esa práctica no es delito si no existe ánimo de lucro, y está amparada por el derecho de copia privada.

AGENCIAS-SANTANDER. La sentencia, que ya ha suscitado numerosos comentarios en foros de Internet, entre ellos el de la *Asociación de Internautas*, mantiene que considerar delito las descargas de música sin ánimo de lucro «implicaría la criminalización de comportamientos socialmente admitidos y, además, muy extendidos en los que el fin no es en ningún caso el enriquecimiento ilícito, sino el ya reseñado de obtener copias para uso privado».

El internauta encausado en este juicio, J.M.L.H., de 48 años, fue procesado por «bajarse» de Internet álbumes musicales «a través de distintos sistemas de descarga de archivos», por obtener copias digitales de los discos que poseía y por ofrecerse a intercambiar su colección con otros internautas en 'chats' y correos electrónicos.

Los hechos probados de la sentencia dejan claro que el acusado «ofrecía o cambiaba» su música «a otros usuarios de Internet en todo caso sin mediar precio», detalle en el que se basa la absolución. Por estas prácticas, se habían personado en su contra como acusaciones el Ministerio Fiscal, y varias asociaciones fonográficas, videográficas de distribuidores de *software* de entretenimiento.

El Ministerio Público solicitó que J.M.L.H. fuese condenado por un delito contra la propiedad intelectual a dos años de cárcel, 7200 euros de multa, al pago de una indemnización de 18 361 euros a unas de las asociaciones y de otra en la cantidad que se acreditase posteriormente a otra asociación. Una de ellas suscribió la petición del fiscal y otra solicitó un año y medio de cárcel y 6000 euros de multa.

La juez que instruye el caso, en una sentencia a la que ha tenido acceso Efe, responde al fiscal y a las acusaciones particulares que para que exista el delito contra la propiedad intelectual es necesario que medie ánimo de lucro, una intención que no observa en el acusado. «Ni mediaba precio ni aparecían otras contraprestaciones que la propia de compartir entre diversos usuarios el material del que disponían. Y, a juicio de este juzgado, ello entra en conexión con la posibilidad que el artículo 31 de la Ley de Propiedad Intelectual establece de obtener copias para uso privado sin autorización del autor; sin que se pueda entender concurrente ese ánimo de obtener un beneficio ilícito», argumenta la magistrada, y concluye su razonamiento asegurando que, sin ese ánimo de lucro, los hechos que se imputan a este internauta no constituyen «una infracción merecedora de sanción penal».

(Adaptado de: *http://www.internautas.org/html/3959.html*)

• • • • • 🕐 ¿Cuánto tiempo has necesitado para completar **esta tarea**? Anótalo aquí: _____ min.

Tarea 2

INSTRUCCIONES

Usted trabaja en una academia de idiomas que ha experimentado un descenso progresivo en el número de alumnos. Se ha celebrado una reunión para analizar la situación y debatir propuestas para aumentar las matrículas. Durante la reunión se han tomado las siguientes notas.

Redacte ahora el acta de la reunión en la que quede constancia de las decisiones tomadas. Para ello, utilice todos los recursos que considere necesarios: dele una forma y una estructura coherentes, corrija la puntuación, seleccione el léxico más preciso y elimine las posibles redundancias, repeticiones o faltas de concordancia.

Número de palabras: entre 150 y 200.

NOTAS
Asistentes: todos.
Situación actual: bajan las matrículas media 12% últimos 12 meses. Más en invierno que en verano y más entre jóvenes y profesionales. Mayores, igual. Niños, mejor. Situación crítica.
Causas posibles: *crisis*, nueva escuela en el centro de la ciudad.
Objetivo: más alumnos.
Cambios: 10% más en precio de los cursos. No más descuento por más de un curso. Nuevo máxima alumnos grupo: 12.
Inversiones: Pintar las aulas. Nuevas máquinas café (quejas alumnos). Nuevas sillas salas antiguas (quejas). Actualizar bibliotecas (quejas profes). Fiesta de reapertura.
Publicidad: postales de la escuela en bares y restaurantes. Propuesta no debatida (no tiempo).
Nuevos cursos: para profesionales, de cultura, de música.
Gran novedad: preparación exámenes oficiales. Contactar instituciones que convocan. ¡Dar importancia a esto!

● ● ● ● ● ● 🕐 ¿Cuánto **tiempo** has necesitado para completar esta tarea? Anótalo aquí: _____ min.

Tarea 3

INSTRUCCIONES

El colegio de abogado al que usted pertenece está muy preocupado por los efectos negativos en la imagen de la profesión que la encuesta del programa «Conduce sin Alcohol» ha provocado en la opinión pública. A partir de los datos que aparecen en el siguiente gráfico redacte un editorial para la revista del colegio de abogados animándoles a hacer lo posible por cambiar la imagen del gremio en este aspecto, incluyendo las consecuencias perjudiciales que puede tener una imagen tan negativa.

(Tomado de *Dirección Ejecutiva de Justicia, México D.F.*)

Número de palabras: entre 200 y 250.

● ● ● ● ● ● 🕐 ¿Cuánto **tiempo** has necesitado para completar esta tarea? Anótalo aquí: _____ min.

CLAVES

● ● ● ● ● ● **Antes de empezar la Prueba 2.**

b. (!) **Comentario.** El procedimiento habitual de redacción de un texto de examen tiene tres pasos:

1.º Lectura atenta de la situación y de los textos y gráficos, con anotaciones y marcas que señalan ideas.

2.º Composición del borrador siguiendo estrictamente las instrucciones.

3.º Análisis del borrador, con detección de errores gramaticales, léxicos, de puntuación y de estructura.

4.º Corrección y redacción final.

Los siete aspectos que aparecen en esta actividad previa, más el número de palabras, constituyen los criterios básicos que tienes que tener en cuenta a la hora de escribir el borrador de tu texto. Una vez escrito este, debes analizarlo para detectar y corregir errores esporádicos de gramática, léxico, acentuación y puntuación. Finalmente, debes escribir el texto final <u>sin caer en la tentación de escribir</u> un texto nuevo, error que cometen algunos candidatos.

El análisis de las tareas de esa convocatoria es el siguiente:

	Tarea 1	Tarea 2	Tarea 3
1.	Opinión.	Dialogal.	Informativo, con consejos.
2.	Artículo.	Transcripción de entrevista.	Informe.
3.	A un grupo de padres.	A los lectores de una revista.	A los miembros del comité organizador.
4.	Dar información para luego debatir.	Informar.	Dar argumentos para decidir.
5.	Objetivo. Hay que usarlas todas, pero hay que seleccionar información.	Objetivo. El texto debe reflejar lo que dice el texto original.	Subjetivo. Hay que seleccionar y valorar lo relevante.
6.	No (aunque en otras convocatorias sí las hay).	No.	Sí: recoger información, valorar y proponer acciones.
7.	No está implicado, el texto parece un encargo, no especifica que el autor sea uno de los padres.	Aparentemente el autor trabaja en la revista, aunque no se dice con claridad.	Está implicado en la situación, es uno de los miembros del comité.

¿Qué ha pasado en convocatorias posteriores? Todas las otras opciones que aparecen en las preguntas han ido apareciendo de una forma u otra en las convocatorias siguientes a la que aparece en la página web del *Instituto Cervantes*. Dan una idea de la variedad de textos, intenciones, perspectivas, etc., que debes dominar para escribir tus textos. En El Cronómetro, *nivel C2* desarrollamos una buena parte de esas posibilidades. Analiza ahora los textos que has escrito.

🖊 **¡Atención!** Este cuadro es diferente a los dos anteriores. Tiene en cuenta la actividad previa.

¿Qué habilidades has tenido y dónde?	Tarea 1	Tarea 2	Tarea 3
He desarrollado el tipo de texto que se pide en la tarea.			
Conozco el formato de texto y lo he seguido.			
He tenido en cuenta el destinatario.			
Mi texto presenta claramente la intención especificada en la instrucción.			
He usado de forma adecuada las fuentes.			
He seguido todas las tareas concretas de la instrucción.			
He tenido en cuenta la situación del hipotético autor.			
No he cometido errores de gramática.			
He manejado un vocabulario adecuado, amplio y sin repeticiones.			
He escrito dentro del límite de palabras.			
(Otro)			
Tiempo parcial utilizado en cada tarea.			
Tiempo total utilizado.			
Número de palabras del texto.	___/450	___/200	___/250
Nivel de estrés (de 1 –mínimo– a 5 –máximo–).			

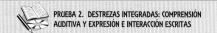

PRUEBA 1. USO DE LA LENGUA, COMPRENSIÓN DE LECTURA Y COMPRENSIÓN AUDITIVA | PRUEBA 2. DESTREZAS INTEGRADAS: COMPRENSIÓN AUDITIVA Y EXPRESIÓN E INTERACCIÓN ESCRITAS | PRUEBA 3. DESTREZAS INTEGRADAS: COMPRENSIÓN DE LECTURA Y EXPRESIÓN E INTERACCIÓN ORALES

Actividades sobre el Modelo n.º 3.

¡Atención! Recuerda que para realizar parte de las siguientes actividades tendrás que escribir **comentarios** y **análisis** sobre las tareas. Lo puedes hacer en español o en tu lengua, pues no forma parte del examen.

Tarea 1.

a. A continuación tienes un manifiesto real muy cercano al que te pide la tarea 1 de este modelo de examen. Completa el texto con las expresiones de la derecha.

¡Atención! La actividad puede ayudarte a reconocer los elementos típicos de este formato de texto.

Manifiesto Editorial Pijama Surf: Agnosticismo Informativo y Data Love

El agnosticismo informativo y el *data love* constituyen ____(1)____ premisa editorial. Nuestro acercamiento a la información ____(2)____ de que la realidad es una construcción colectiva con múltiples interpretaciones, ____(3)____ pueden ser consideradas como válidas y no excluyentes. Las cosas pueden ser más de una cosa a la vez —superposición cuántica de bits— y ____(4)____ lo que nos dice un medio supuestamente validado por al aparato socioeconómico no debe ____(5)____ como la única verdad, sino como una reinterpretación de la información ____(6)____ particular.

en este sentido
desde una perspectiva
parte de la idea
ser tomado
todas las cuales
nuestra

A veces se descalifica a ____(7)____ medios por tocar temas llamados sensacionalistas o conspiratorios, ____(8)____ abordar sucesos como el último discurso del presidente o el último producto que ha sacado Apple son temáticas ____(9)____ confiables, fidedignas y relevantes. Nuestra ____(10)____ editorial consiste en considerar que cada tema tiene generalmente una agenda y está acotado, voluntaria o inconscientemente, por los ____(11)____ de los medios que lo difunden. El repertorio de temas que muestra el *mainstream* no es el único ____(12)____. Nuestro *dharma* digital ____(13)____ dice que hay que explorar más allá.

aparentemente
mientras que
ciertos
abanico
filosofía
nos
intereses

____(14)____ CNN no hable de tal o cual conspiración es necesariamente un medio más ____(15)____ que aquellos que sí lo hacen. Evidentemente ____(16)____ cuentan con una infraestructura que les permite cubrir los eventos de primera mano y de acuerdo con un cierto «profesionalismo» establecido; ____(17)____ los medios que no la hacen se arriesgan al ruido en la retransmisión de un mensaje. Sin embargo, estos medios ____(18)____ difícilmente tienen que obedecer a intereses ____(19)____ de anunciantes y alianzas políticas —lo cual les permite acercarse a la información con una «mente libre».

creados
independientes
confiable
algunos medios
en cambio
no porque

____(20)____ que la objetividad, como absoluto, es algo matemáticamente inalcanzable, ____(21)____ que resulta más ético publicar nuestro ____(22)____ informativo, más allá de vanagloriarnos, cínicamente, de mantener una completa objetividad. En este sentido ____(23)____ que la agenda de *Pijama Surf* es simplemente la de compartir información que ____(24)____ relevante o estimulante para nuestros lectores y para nosotros mismos, sus editores.

tomando en cuenta
consideramos
confesamos
creemos
credo

_____(25)_____ temas extraordinarios, que merecerían «pruebas extraordinarias», lo _____(26)_____ desde el espíritu de la exploración, de la imaginación, de equilibrar la balanza. Una invitación al lector a _____(27)_____ siempre lo que lee, pero también a no descartar ninguna posibilidad de realidad *per se*, a afrontar un mundo de alternativas desde una _____(28)_____ lúdica pero a la vez genuinamente sincera y comprometida. Nuestra _____(29)_____ es construir un «periodismo cuántico», donde la información _____(30)_____ como una posibilidad de ser, no como una realidad definitiva. Nuestra actividad: un intercambio de bits de conciencia y resonancia memética.

sea entendida

hacemos

cuestionar

propuesta

trinchera

al abordar

(Tomado de *http://pijamasurf.com/manifiesto-ps/*)

¿Qué diferencia hay entre un manifiesto y un artículo de opinión? ¿Y entre un manifiesto y un texto instruccional? ¿Qué consecuencia tiene eso para el examen? Anota aquí tus comentarios.

....

....

b. Aquí tienes otra instrucción diferente correspondiente a la tarea 1 del examen. Léela con atención y anota los siete aspectos que hemos comentado en la actividad previa.

*La revista de la escuela donde estudian sus hijos va a publicar un número especial sobre el uso del móvil entre los adolescentes y le han pedido un artículo sobre el tema. En él debe tratar los aspectos positivos y negativos de las nuevas tecnologías y en concreto del uso del móvil. Debe presentar una conclusión sobre su correcta utilización además de ponerle un título adecuado. Para ello, cuenta con un audio relacionado con el tema, un artículo informativo y un artículo de opinión. Escriba su texto tomando de cada una de las fuentes la información que estime oportuna. Número de palabras: **entre 400 y 500**.*

1. Tipo de texto: ....
2. Formato del texto: ....
3. Destinatario: ....
4. Intención: ....

5. Uso de las fuentes: ....
6. Tareas de la instrucción: ....
7. Situación del autor: ....

Analiza también la instrucción de la tarea 1 de este modelo de examen (pág. 217) siguiendo esos siete aspectos.

c. Tres candidatos han seguido esa instrucción para escribir los siguientes tres textos. Léelos con detenimiento teniendo en cuenta el análisis de la tarea anterior.

◗ TEXTO 1

HACIA UN USO ADECUADO DEL CELULAR

Estamos de acuerdo de que hoy en día no funciona nada sin las tecnologías? También en el sector escuelar ya se podrían notar algunos cambios del sistema. Actualmente, cada uno de los estudiantes ya tiene su pequeño aparatito para molestar en los exámenes pero también encontrar todos los informaciones útiles por las preguntas. Bueno, al menos que sepa donde, pero para la generación de los adolescentes del momento normalmente esto no presenta mucha dificultad. En comparación, una cierta cantidad de los padres, digamos "mayores", se encuentran en una situación complicada en plan del manejo del dicho celular, o móvil.

En conclusión a una entrevista que recién he escuchado, el entrevisado mencionó la necesidad del establecimiento de un ámbito adecuado para los niños hoy en día. Según él, la tendencia que muchos padres compran celulares a sus hijos para que comuniquen con sus amigos y para que esten más en casa tiene como consecuencia que los llamados nativos digitales, como los ha nombrado la autora del artículo informativo y los definió como los: "nacidos en la última década del siglo XX", crecen acostumbrándose desde el principio a estos medios de comunicación que hoy en día son una parte indispensable de nuestra vida cotidiana.

continúa →

Modelo de examen n.º 3

En comparación a la autora del artículo, se parece de que el entrevistado no vera las dificultades que van acompañado con el celular. El solamente mencionó la importancia de parte de los padres como observadores así como controladores del su uso a los hijos.

El título del artículo de opinión en comparación, muestra que el autor tiene una opinión en relación a los nuevos tecnologías un poco más crítico y pesimísitico y su influencia a nuestra vida cotidiana. Citando, por ejemplo, los nuevos medios de comunicación como el SMS como un robo del tiempo y no su contrario de cual se lo había proponiendo en sus principios. Él más bien lo aclara como una "carrera contrarreloj" porque todo se va más rápido así que nos hagamos más funcione también al mismo tiempo. Para él entonces los nuevos maneras de comunicar presentan una "ilusión de inmediatez". Y más, las nuevas tecnologías nos crean ilusión estar siempre comunicados, que no es ventaja para los jóvenes adolescentes.

En conclusión veremos que el móvil o celular nos confronta con unas problemas que todavía no podemos calcular realmente. Un hecho que se complica referente al factor del tiempo que se usa de manera de que todos les parezca difuso en nuestros manos. Como se lo podería soportar?

(414 palabras)

TEXTO 2

Es el debate de los tiempos modernos —sea en el salón de casa, sea en periódicos, sea en programas televisivos, sea en aulas de clase, sea en el mismo Web, todo el mundo se pregunta si el móvil ayuda, de veras, los adolescentes comunicarse mejor o bien los impiden tener vida y comunicación real y lograr sus compromisos u obligaciones como adolescentes en la escuela. Como siempre pasa, también hablando del impacto que la tecnología tiene en el desarrollo de la adolescencia, se leen muchísimas y distintas opiniones.

En la entrevista al famoso catedrático y autor de ensayos sobre el tema tecnología-educación el entrevistado subraya la peligrosidad de la falta de ética en el ciberespacio, porque también con celulares última generación los jóvenes entrar ahí. Las mentiras crean inestabilidad y basan el web en un sistema de valores totalmente distinto del de la vida real. Las mentiras forman parte del mundo virtual. Esta observación da lugar a otra reflexión: a pesar de que las generaciones llamadas "digitales nativos" sepan muy bien moverse entre twits y sms, permanece fuerte el riesgo de no desarrollar buenas herramientas para hablar y ser sincero — sigue siendo necesario el aporte de padres interesados y valientes.

Otra perspectiva de análisis es la del catedrático del texto de opinión sobre la influencia de los móviles al uso del idioma. Nuestros tiempos se van a recordar por el hábito de escribir corto, sin letras y con ortografía inventada. A los padres nos ocupa que se pueda conseguir y con éxito entenderse en esa manera. Lo que pasa es que, a pesar de parecer una gran habilidad, resulta en los estudios y en los exámenes, que puede provocar déficit y mala escritura. Su perspectiva, como buen escritor, es que el mundo analógico mejora, y subraya los límites de la tecnología.

¿Cómo utilizar las nuevas tecnologías de la forma correcta y concreto el móvil? ¿Cómo no caer en la trampa del incorrección? No tengo la respuesta. Lo lamento. Igual un consejo, sí. Intentemos preguntarnos cómo hicimos nosotros padres cuando adolescentes, qué nos influyó entonces, como viviríamos si no tuviéramos que mandar sms o twits en cinco minutos. Hay cosas que se pueden evitar.

(363 palabras)

TEXTO 3

EL BUEN USO DEL MÓVIL

Las nuevas tecnologías tienen muchos aspectos positivos, pero también muchos aspectos negativos. En este artículo presento ejemplos de los dos aspectos e intento a extraer una conclusión sobre su utilización correcta por nuestros hijos.

Las nuevas tecnologías como ordenadores, internet, móviles, etc., han hecho nuestra vida más cómodo, pero también más rápido. Una de las ventajas más grande es que podemos comunicar fácilmente con cada persona en el mundo. No depende si esa persona esta en Barcelona, en Berlin o al final del mundo. La unica cosa que necesitamos es un móvil o un ordenador. Gracias a las nuevas tecnologías, las grandes distancias no son ningún obstáculo para comunicarse con otras personas. Unos años atrás uno no podía imaginarse de tener una novia en otro continente. Hoy en día es muy común que hombres de Europa tienen novias en Latinoamérica. Gracias a los ordenadores con programas como Skype o los móviles no solo pueda comunicar fácilmente, sino también se pueden ver en la pantalla.

Pero también en el mismo país las nuevas tecnologías son muy útiles. Especialmente el móvil es una tecnología sin cual muchas personas no puedan imaginar vivir, especial los jóvenes. No importa donde uno esta, siempre puede llamar a sus amigos y familiares.

Pero esto también tiene un aspecto negativo. Hace unos años también hay moviles con acceso a internet. Eso provoca que muchas jóvenes siempre lo usan y pierden la realidad. Por las nuevas tecnologías, los adolescentes pierden sus contactos reales. Mucho tiempo de su vida estan en un mundo no real como en Facebook o diferentes videojuegos o Twitter. La juventud es más enfrente de su pantallita en vez de visitar amigos. Parece que la vida social sufre de las nuevas tecnologías.

Lo que también pasa es que la gente manda muchas a la vez: sms, twiter, fotos, videos. Claro que eleva costos de los padres. Eso y que escriben mal, dice K. López en su artículo. Cuando una persona manda muchas cosas a la vez no acuerda qué dijo de verdad y qué mintió, pero no importa. En esto es como el entrevistado dice, que la ética no es la misma que en vida real. Las juventudes tienen tantas cosas en la mente que no saben cuales cosas son más verdaderas y cuales no. Aunque hay expertos que dicen que el cerebro humano va a cambiar y adaptar a las nuevas tecnologías.

Pero una cosa puede ser útil: no depende dónde estan jóvenes en este mundo, cuando tienen un móvil las autoridades siempre van a saber dónde estan. Saben que salen del país aunque no hay ningún frontera. Pedro Márquez se preocupa mucho de eso, pero para padres es útil en situaciones dramática como la experiencia que Pedro describe. Uno siempre esta bajo control. Si te pueden llamar a cada ocasión no estés libre.

Como vemos existen aspectos positivos y aspectos negativos de los nuevas tecnologías. Lo importante, en mi opinión, es que les usamos en un modo correcto. Quiere decir que les enseñamos que necesitan evitar que les usan demasiado, que no olviden visitar amigos y familiares personalmente y que a veces les apagan para leer un libro o el periodico.

(528 palabras)

Evalúa los tres textos con las siguientes preguntas y marca las respuestas con un 👍 (Sí) o con un 👎 (No).

	Texto 1	Texto 2	Texto 3
1. ¿Ha desarrollado el tipo de texto que se pide en la tarea?			
2. ¿Ha seguido el formato de texto que se pide?			
3. ¿Ha presentado claramente la intención especificada en la instrucción?			
4. ¿Se ha referido de forma adecuada las fuentes y ha seleccionado información de ellas?			
5. ¿Ha seguido bien todas las instrucciones?			
6. ¿Se ve reflejada en el texto la situación del hipotético autor?			
7. ¿El texto es correcto desde el punto de vista gramatical?			
8. ¿Ha manejado un vocabulario adecuado, amplio y sin repeticiones?			
9. ¿Usa correctamente los signos de acentuación y puntuación?			
10. ⓘ ¿Escribe dentro del límite de palabras establecido (entre 400 y 500)?			

¿Qué habría que hacer para corregir esos textos de manera que sean buenos textos de examen? Escribe aquí tus comentarios.

d. En uno de los textos anteriores el problema es que había demasiadas palabras, mientras que otro está por debajo del número mínimo. Intenta rehacer los siguientes párrafos para que tengan más palabras. Para esta labor de reescritura es fundamental, no solo útil, disponer de las fuentes, de donde puedes extraer ideas e información. Como no disponemos de las fuentes, tienes que usar un poco de imaginación, algo que en el examen no se te pide.

⚠ **¡Atención!** Los párrafos ya se han corregido.

◗ PÁRRAFO ORIGINAL	◗ PÁRRAFO CON <u>MÁS</u> PALABRAS
A. *En la entrevista al famoso catedrático y autor de ensayos sobre el tema tecnología y educación, el entrevistado subraya el peligro de la falta de ética en el ciberespacio, porque también con celulares de última generación los jóvenes pueden conectarse a Internet.*	
B. *Otra perspectiva de análisis es la del autor del texto de opinión sobre la influencia de los móviles en el uso del idioma. Nuestros tiempos se van a recordar por el hábito de escribir sin algunas letras y con una ortografía inventada.*	
C. *¿Cómo utilizar en general las nuevas tecnologías, y en concreto el móvil, de una forma correcta? ¿Cómo no caer en la trampa de la incorrección? No tengo respuesta. Lo lamento.*	

Ahora intenta rehacer estos otros párrafos para que tengan menos palabras.

⚠ **¡Atención!** Los párrafos ya se han corregido.

◗ PÁRRAFO ORIGINAL	◗ PÁRRAFO CON <u>MENOS</u> PALABRAS
D. *No depende si esa persona está en Barcelona, en Berlín o al final del mundo. Lo único que necesitamos es un móvil o un ordenador. Gracias a las nuevas tecnologías, las grandes distancias no son ningún obstáculo para comunicarse con otras personas. Unos años atrás uno no podía imaginarse tener una novia en otro continente. Hoy en día es muy común que gentes de Europa tengan novias en Latinoamérica. Gracias a los ordenadores con programas como Skype o los móviles no solo es posible comunicarse fácilmente, sino también verse en la pantalla.*	

E. *Pero esto también tiene un aspecto negativo. Desde hace unos años también hay móviles con acceso a Internet. Eso provoca que muchos jóvenes pierden el sentido de realidad. A causa de las nuevas tecnologías, los adolescentes pierden sus contactos reales. Pasan mucho tiempo de su vida en un mundo irreal como en Facebook, en diferentes videojuegos o en Twitter. La juventud está más tiempo enfrente de su pantallita en vez de visitar a los amigos. Parece que la vida social sufre a causa de las nuevas tecnologías.*

F. *Lo que también pasa es que la gente manda muchas cosas a la vez: sms, twiter, fotos, vídeos. Claro, esto eleva los gastos de los padres. Eso y que escriben mal, dice K. López en su artículo. Cuando una persona manda muchas cosas a la vez no se acuerda de qué dijo en realidad y en qué mintió, pero no le importa. En esto es como dice el entrevistado, que la ética no es la misma que en la vida real. Los jóvenes tienen tantas cosas en la mente que no saben qué cosas son verdaderas y cuáles no. Aunque hay expertos que dicen que el cerebro humano va a cambiar y se va a adaptar a las nuevas tecnologías.*

Tarea 2.

a. A continuación tienes una propuesta de texto correspondiente a esta tarea de este modelo de examen (pág. 219). Escribe a la derecha de cada párrafo las notas a las que se refieren.

○ NOTAS DE LA INSTRUCCIÓN

1. *Acta de la reunión plenaria del día 12 de diciembre de 2012*

2. *El principal tema tratado ha sido que el número de alumnos ha bajado en los últimos meses, lo cual ha traído menos ingresos. La administradora ha explicado que bajan más en invierno que en verano, y que sobre todo bajan entre jóvenes y profesionales, pero mejora un poco entre niños pero entre los mayores sigue igual.*

3. *Se ha comentado que puede tener que ver con la crisis del sector y con la nueva escuela de idiomas en el centro. En todo caso, hay que hacer algo para que el número de alumnos suba.*

4. *Se ha decidido subir el precio de los cursos un 10% y el número máximo de alumnos por grupo a 12.*

continúa →

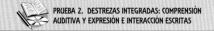
5. _Contra_ el efecto negativo de estas medidas se ha decidido _pintar las aulas_, _cambiar las sillas viejas por nuevas_, _comprar_ máquinas de café nuevas y _actualizar_ la biblioteca. _También_ se va a organizar una fiesta de reapertura.

6. _También_ se van a ofrecer nuevos cursos _especiales para_ profesionales y, _muy en especial_, para preparación de exámenes oficiales. A esto hay que darle _especial_ importancia.

7. _Alguien ha propuesto_ _repartir postales_ de la escuela por los bares, _pero no se ha hablado_ del tema porque _no hubo_ tiempo.

El texto tiene un nivel por debajo del C2 que pide el examen. Sustituye las palabras subrayas por equivalentes de manera que se aumente el nivel del texto. En algunos casos puede que tengas que cambiar parte del resto de la frase. No dudes en hacerlo.

b. Aquí tienes otra instrucción de la tarea 2 del examen. Léela con atención y anota los siete aspectos que hemos comentado en la actividad previa.

Usted trabaja en una institución dedicada a la promoción turística que ha organizado un concurso para elegir las ciudades más interesantes. Ha asistido a un encuentro en el que se ha hablado del concurso. Ha tomado las siguientes notas. A partir de ellas escriba ahora un texto informativo para un folleto electrónico que la institución va a enviar a los posibles interesados. Para ello, utilice todos los recursos que considere necesarios: adáptela al destinatario, dele un formato y estructura coherentes, corrija la puntuación, seleccione un léxico más preciso y elimine las posibles redundancias, repeticiones o faltas de concordancia. Número de palabras: **entre 150 y 200**.

1. Tipo de texto: ....
2. Formato del texto: ....
3. Destinatario: ....
4. Intención: ....

5. Uso de las fuentes: ....
6. Tareas de la instrucción: ....
7. Situación del autor: ....

Analiza la instrucción de la tarea 2 de este modelo de examen (pág. 219) siguiendo esos siete aspectos.

c. Dos candidatos han escrito los siguientes dos textos, que corresponden a la instrucción de la actividad anterior. Léelos con detenimiento teniendo en cuenta el análisis que has hecho de la instrucción.

◗ TEXTO 1

Si ustedes solamente tienen unos días libres, pero sin embargo querían cambiar el aire, si busquen tanto cultura como naturaleza y la vida nocturna tampoco pueda faltar, ¡vénganse a Berlin!, el nuevo Capital Turísitica de Europa.

Ahí encuentra todo.

Berlin es la metropola más verde en Europa. Paseando por la ciudad, casi en cada esquina se pueda encontrar un parque a quién esto no se satisfechara, el estado federal en cual Berlin está ubicado es un verdadero Tesoro de la Naturaleza. Parques, árboles, lagos, rios, canales, la ciudad oferta todo para disfrutar. Más contacto con la naturaleza no es para el turista en otros ciudades europeos. Insisto. ¡vénganse a Berlin!

Para además los aficionados de la cultura una visita de Berlin no tiene menos para ofrecer. Solo para mencionar algunos monumentos, el antiguo muro de Berlin, el museo de pergamon, la isla con museos, la vieja catedral... hay una amplia cantidad de atracciones en esta ciudad culturalmente rica... Y espectáculo de toda clase, pero esto es ya otra historia. Esta ciudad merece el premio de Concurso mejor ciudad cultural europea. ¡Sin dudar!

(183 palabras)

◗ TEXTO 2

Concurso de Ciudades Turísticas (Europa)

¡PARTICIPA AHORA!

El objetivo del Primer Concurso de Ciudades Turísticas es escoger la Capital Turística de Europa en relación con su Tesoro natural y su Monumento Representativo. Ustedes pueden votar para cada uno de los dos apartados, Naturaleza o Monumento, y poner tres ciudades. Para las personas que dan su voto hay varios beneficios. Para los usuarios de Internet hay un formulario simple, pero también por correo es posible. Uno puede votar fácilmente sin usar mucho tiempo. Para cada categoría hay una larga lista de candidatos. ¡Por favor eligen solo tres de cada una!

Cada persona que emite un voto, tiene el derecho a un pequeño regalo garantizado por la Institución quien organiza el concurso. El regalo será una mochila. Para los ganadores hay premios muy atractivos. Por ejemplo una cámara digital avanzada, un reloj y un fin de semana en un hotel.

Para dar su voto y para más información, visite nuestra página web: www...

(161 palabras)

Evalúa los dos textos con las siguientes preguntas y marca las respuestas con un 👍 (Sí) o con un 👎 (No).

	Texto 1	Texto 2
1. ¿Ha desarrollado el tipo de texto que se pide en la tarea?		
2. ¿Ha seguido el formato de texto que se pide?		
3. ¿Ha presentado claramente la intención especificada en la instrucción?		
4. ¿Ha seguido bien todas las instrucciones?		
5. ¿Se ve reflejada en el texto la situación del hipotético autor?		
6. ¿El texto es correcto desde el punto de vista gramatical?		
7. ¿Ha manejado un vocabulario adecuado, amplio y sin repeticiones?		
8. ¿Usa correctamente los signos de acentuación y puntuación?		
9. ⓘ ¿Escribe dentro del límite de palabras establecido (entre 150 y 200)?		

Tarea 3.

a. A continuación tienes una propuesta de texto correspondiente a esta tarea de este modelo de examen. Como ves, faltan fragmentos de frases o frases completas. Escribe lo que falta manteniendo el sentido de todo el texto. Recuerda el máximo de palabras.

Para nuestro pesar se publicó recientemente parte de los resultados sobre alcoholemia que arroja el conocido programa "Conduce sin alcohol". Y digo para nuestro pesar porque .... **(1)**: estamos con 551 sanciones en segunda posición en número de sancionados después de los ingenieros, que tienen 664, y muy por delante de los empresarios o los arquitectos, que tienen 375 y 208 sanciones respectivamente.

Estos datos no solo alertan sobre una situación claramente escandalosa en el contexto general citadino, sino que .... **(2)**: cómo van a confiar en nosotros tanto nuestros clientes como los jueces con los que lidiamos a diario si públicamente se muestran nuestros peores vicios.

Y más aún: los propios interesados en nuestro quehacer podrán pensar que si 551 abogados han sido sancionados, ¿ .... **(3)**?;

Desde estas páginas quiero animarles a que .... **(4)**;

a que .... **(5)**;

a convertirse en modelo de gestión de la responsabilidad ciudadana allá donde estén, a cualquier hora del día o de la noche, y no solo que no manejen después de haber consumido alcohol, sino que ....

.... **(6)**.

Solo así podrá salir beneficiada nuestra imagen en este punto.

---

b. Aquí tienes otra instrucción de otro examen. Léela con atención y anota los siete aspectos que hemos comentado.

*Usted trabaja como columnista en la revista digital "Cuidarse", que fomenta el cuidado físico, las costumbres sanas y las actividades al aire libre. Como documentalistas ha tenido acceso a los siguientes resultados de una encuesta sobre tabaco y deporte en Colombia. Escriba un texto para la página de inicio de la revista en el que comente los datos que le llamen la atención, por positivos, por negativos o por curiosos, y exponga su propia conclusión. Número de palabras: **entre 200 y 250**.*

1. Tipo de texto: ....
2. Formato del texto: ....
3. Destinatario: ....
4. Intención: ....

5. Uso de las fuentes: ....
6. Tareas de la instrucción: ....
7. Situación del autor: ....

Analiza la instrucción de la tarea 3 de este modelo de examen (pág. 219) siguiendo esos siete aspectos.

c. Los siguientes dos textos escritos por sendos candidatos corresponden a la instrucción de la actividad anterior. Léelos con detenimiento teniendo en cuenta el análisis que has hecho de la instrucción.

○ TEXTO 1

Según los resultados de las últimas encuestas sobre el hábito del tabaco en Colombia en relación con los hábitos deportivos, resulta claro que ganan los hombres en cuanto a fumar y practicar los deportes. El 50% de los caballeros parece practicar un deporte de forma habitual, casi lo mismo que fumadores. Las mujeres no fuman tanto, pero se cuidan, en este sentido, solo por un 30%. Hablando de edades destaca, lamentablemente, un 30% de maduros (55-75 años) practicando deportes. Justamente los que más requieren el deporte como prevención de enfermedades sobre todo si son ex-fumadores.

Entre los 15 y los 24 parece haber una gran cantidad de personas manteniéndose en forma. ¿Será por salud o por obsesión de perfección física? Sin mención al tabaco, aquí.

Si hablamos de los lugares donde se fuman, los colombianos preferimos lugares públicas y espacios abiertos como parques y campos entre otros y al tiempo nos gustan los deportes en equipo. El fútbol ganan con un 27,5% contra natación y ciclismo. Señores, nos gusta el deporte con amigos y compañeros. ¿Será porque también nos gusta celebrar con un pitillo y unos tragos? A decidir ustedes.

(190 palabras)

◖ TEXTO 2

60% de las personas entre 15 y 24 años hacen deporte habitual y 54% fuman. De las personas entre 25 y 54 años que fuman solo 45% hacen deporte a una base regular. De las personas entre 55 y 75 años que fuman solo 30% realizan deporte habitual. Esto significa que, de mas viejo los colombianos son de menos deporte practican pero fuman.

Deporte es mucho mas atractivo para los hombres españoles que a las mujeres porque, muy interesante es, solo un tercio de mujeres que fuman realizan deporte habitual, pero casi la mitad de los hombres.

El deporte más realizado en nuestro país es deporte que se realiza en la gimnasia. En total son 35% que realizan estos deportes. En el segundo lugar está el fútbol, pero también la mayoría fumadores. 27,5 de los jugadores juegan el fútbol. En el tercer lugar se encuentra la natación. 22,4 de los deportistas colombianos prefieren este deporte. El ciclismo también es muy famoso en Colombia. 19,4 de los deportistas colombianos practican el deporte del ciclismo. No es muy sorprendente que casi un tercio de los deportistas practican el fútbol porque Colombia es una nación donde se juega mucho en este deporte. Sorprendente es que entre los cinco deportes más favorito uno no encuentra el béisbol.

El lugar que la gente le gusta más para practicar consumir el tabaco lugares abiertos públicos como parques, calles, campos, etc. 45% también prefieren hacer deporte allá. Solo 1,4% practican deporte y fuman en un centro de trabajo.

Los datos muestran que de más viejo uno es de menos cuida su salud. También nos muestra que solo un tercio de las mujeres que fuman practican deporte de manera habitual. Yo pienso que cada persona sabía que el deporte más favorito de los colombianos es el fútbol. Hay que pensar sobre el hecho que solo 1,4% realicen deporte en una instalación de un centro de trabajo. Más empresas deberían ofrecer actividades deportivas para sus empleados y al mismo animarles para dejar de fumar.

(335 palabras)

Evalúa los dos textos con las siguientes preguntas y marca las respuestas con un 👍 (Sí) o con un 👎 (No).

	Texto 1	Texto 2
1. ¿Ha desarrollado el tipo de texto que se pide en la tarea?		
2. ¿Ha seguido el formato de texto que se pide?		
3. ¿Ha presentado claramente la intención especificada en la instrucción?		
4. ¿Ha seguido bien todas las instrucciones? ¿Hace referencia a los datos de que dispone?		
5. ¿Se ve reflejada en el texto la situación del hipotético autor?		
6. ¿El texto es correcto desde el punto de vista gramatical?		
7. ¿Ha manejado un vocabulario adecuado, amplio y sin repeticiones?		
8. ¿Usa correctamente los signos de acentuación y puntuación?		
9. ❶ ¿Escribe dentro del límite de palabras establecido (entre 200 y 250)?		

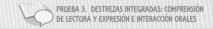
d. A continuación tienes tres textos que aparecieron en Internet relacionados el programa *"Conduce sin alcohol"* de México D.F. A dos de ellos les faltan algunas palabras. Intenta completarlos con palabras de las listas.

¡Atención! En las listas hay más palabras de las necesarias. Ten en cuenta las **comas**.

◯ TEXTO 1

Estadísticas del programa *Conduce sin Alcohol* revelan que sancionó a 17 mil 509 hombres, de los cuáles las profesiones más frecuentes fueron los ingenieros

CIUDAD DE MEXICO. La Dirección Ejecutiva de Justicia Cívica ____(1)____ a 17 mil 509 hombres que dieron positivo a la prueba de alcoholemia del Programa Conduce sin Alcohol este año, de los cuales las profesiones más frecuentes fueron los ingenieros con 664 ____(2)____.
El segundo lugar se encuentran los abogados con 551, ____(3)____ el tercer sitio lo ocuparon los chóferes con 451 infractores, ____(4)____ el gremio de los empresarios que ocupó el cuarto lugar con 375. ____(5)____, de las ocupaciones menos recurrentes a dar positivo en la mencionada prueba fueron los arquitectos con 208 registros, médicos con 191 y los diseñadores con 159. ____(6)____ un comunicado se informó que hasta el 25 de diciembre pasado también se sancionó a mil 290 mujeres y a 45 menores de edad, ____(7)____ suman 18 mil 844 conductores infractores.
____(8)____ las personas sancionadas en el periodo de referencia, 104 fueron de nacionalidad extranjera ____(9)____ los que destacan los venezolanos con 20 infractores, coreanos con 14, franceses con 9 y norteamericanos con 8, ____(10)____. ____(11)____ estadístico, entre los infractores del 2011 que está por concluir, destacan las personas con nombre "José", ____(12)____ fueron sancionados 1390 personas seguidos por "Juan" con 770, y "Luis" con 561, mientras que en las mujeres el primer lugar es "María" con 107 registros, "Ana" con 28 y "Claudia" con 26.
____(13)____, entre el universo de infractores los que acreditaron un domicilio en la colonia Del Valle ocupan el primer lugar entre las personas sancionadas con 97 registros. ____(14)____, dentro del programa *Conduce sin Alcohol* el rango de edades que ocuparon el primer lugar en infracciones se encuentran entre los 24 y 29 años con 4 mil 670 personas, seguidos por los infractores entre 30 y 35 años con 3 mil 983 y por último ____(15)____ se ubican entre los 36 y 41 años con 3 mil 151.

registros
demandas
seguidos por
sancionó
de
por
para
indultó
mientras que
aunque
en contraparte
a través de
con lo que
sobre
entre
en fin
aquellos que
estos que
en otro rubro
en otra banda
de los que
además
finalmente
entre otros

(Extraído de: *http://www.eluniversal.com.mx/notas/818884.html*)

◯ TEXTO 2

____(1)____ se puede hablar de este tipo de accidentes en México ____(2)____ el famoso "Alcoholímetro" se convierta en el tema principal. Fueron ____(3)____ las propuestas que lo mencionaban, que se abrió una nueva categoría para recopilarlas. Para sorpresa de ____(4)____, ____(5)____ que la mayor parte de las ideas venían de jóvenes, estas apoyaban el programa e incluso proponían sanciones más severas o amplias.
____(6)____ las principales modificaciones y mejoras propuestas para el programa *Conduce sin Alcohol* se encontraba el incremento de sanciones y la ampliación de los horarios. Sin embargo, existieron muchas más propuestas que ____(7)____ fueron presentadas a las autoridades pertinentes.
Yo Propongo se reunió con la SSPDF varias veces para discutir las propuestas y buscar la forma de ____(8)____. Se les presentó este documento y se respondió a las propuestas ____(9)____ este oficio. Este es un claro ejemplo de cómo se puede dar una excelente colaboración entre la ciudadanía y las autoridades ____(10)____ de soluciones a un mismo problema.

muchas
tantas
tantos
muchos
sin que
cuando
difícilmente
tranquilamente
a pesar de
entre
de igual forma
a través de
en búsqueda
llevarlas a cabo
aplicarlas

(Extraído de: *http://www.yopropongo.org/programa-conduc-sin-alcohol/*)

En este último texto tienes que añadir los títulos a los párrafos. Para eso, lee atentamente cada párrafo.

◯ TEXTO 3

Concentrado de propuestas referentes al programa *Conduce Sin Alcohol*

——————(1)——————

La sanciones duras (como la inhabilitación para conducir después de obtener un resultado positivo en un análisis de aliento) parecen ser más **eficaces**(9) que las penas rápidas como la encarcelación, la cual no ha conseguido disuadir a los conductores a beber antes de ponerse ante el volante. Esto fundamenta las propuestas que buscan **incrementar**(10) las sanciones a quienes sean sorprendidos conduciendo bajo la influencia del alcohol. A continuación presentamos un condensado de las propuestas recibidas en torno a este tema, **sintetizadas**(11) en acciones específicas.

9. ....

10. ....

11. ....

——————(2)——————

Establecer sanciones económicas que **representen**(12) un desincentivo fuerte. Propuesta concreta: 100 salarios mínimos para la primera incidencia, 200 para la segunda, y 300 para la tercera.

11. ....

12. ....

——————(3)——————

Como en programas exitosos en otros países, se busca desincentivar por **medios**(13) más allá de las penas inmediatas o económicas. El tiempo invertido además puede **proporcionar**(14) beneficios comunitarios. Propuesta concreta: Se deberá cumplir con 20 horas de servicio comunitario en alguna organización **avalada**(15) por el programa *Conduce Sin Alcohol*. Las organizaciones pueden ser ya establecidas para que no representen un costo **adicional**(16) para el programa.

13. ....

14. ....

15. ....

16. ....

17. ....

——————(4)——————

El programa *Conduce Sin Alcohol* ha sufrido un caso atípico, en el cual los infractores poseen un **amparo**(17) para no sufrir las consecuencias. Se deben proporcionar desincentivos por otros medios adicionales a las consecuencias legales. Propuesta concreta: Exponer a los **ofensores**(18) en una lista pública, además de que la falta se introduzca en el expediente permanentemente. De ser posible se revisará este registro antes de **expedir**(19) la licencia.

18. ....

19. ....

——————(5)——————

Como mencionó Bill Georges, las penas deben ser mayores para los reincidentes. En caso de reincidencia, no solo se cuenta con el aumento de las sanciones económicas para desincentivar. Propuesta concreta: **Progresividad**(20) en multas, suspensión temporal de la licencia en la segunda incidencia y permanente en la tercera. **Coerción**(21) a asistir a grupos de apoyo en la segunda incidencia y a instalar un alcoholímetro conectado al motor de su vehículo, como se realiza en otras partes del mundo.
EFECTIVIDAD: Al aumentar la efectividad del programa *Conduce Sin Alcohol*, aumenta el costo esperado para el posible infractor, lo cual **representa**(22) un claro incentivo para buscar otras alternativas.
Los horarios de los puntos de revisión están **desfasados**(23) de las horas de tránsito de los posibles infractores. Existe un fuerte incentivo a permanecer en los centros nocturnos hasta que estos se hayan retirado. Propuesta concreta: Los puntos de revisión deberán permanecer hasta las 7 am. En caso de resultar muy costoso podrán seleccionarse **al azar**(24).

20. ....

21. ....

22. ....

23. ....

24. ....

continúa ➔

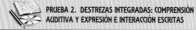

PRUEBA 1. USO DE LA LENGUA, COMPRENSIÓN DE LECTURA Y COMPRENSIÓN AUDITIVA   PRUEBA 2. DESTREZAS INTEGRADAS: COMPRENSIÓN AUDITIVA Y EXPRESIÓN E INTERACCIÓN ESCRITAS   PRUEBA 3. DESTREZAS INTEGRADAS: COMPRENSIÓN DE LECTURA Y EXPRESIÓN E INTERACCIÓN ORALES

—————(6)—————

Para que un programa sea exitoso, es necesario <u>considerar</u> (25) las implicaciones socioculturales que <u>conllevan</u> (26) las medidas que se llevarán a cabo. Actualmente existe un problema en materia de opinión pública (especialmente en el sector de jóvenes de 15 a 29 años) con respecto al programa de *Conduce Sin alcohol*. Hoy, un punto de revisión es el enemigo número uno de cualquier joven un viernes por la noche.

—————(7)—————

Propuesta concreta: Campaña de comunicación sobre el programa de *Conduce Sin Alcohol* <u>llevada a cabo</u> (27) entre jóvenes con mayor sensibilización.

1. Activaciones en universidades donde <u>se presente</u> (28) el programa, sus beneficios, y se acepten propuestas para la mejora provenientes directamente de los jóvenes.

2. <u>Difusión</u> (29) de la otra cara del alcoholímetro como un programa "amigo" que salva vidas. Esto se puede <u>lograr</u> (30) a través de un vídeo dirigido al público joven donde se muestre un "detrás de cámaras" de lo que sucede cada fin de semana, además de la invitación abierta a conocerlo (perfil de personas).

—————(8)—————

La prohibición por sí misma no <u>es suficiente</u> (31), se deben ofrecer alternativas viables a la actividad que se está sancionando para lograr <u>atacar</u> (32) el problema de raíz y <u>disminuir</u> (33) el costo de oportunidad de no incurrir en dicha actividad. Las alternativas proporcionadas no necesariamente implican un costo al programa y ayudarán a cambiar la imagen de simplemente alguien que sanciona a alguien, a alguien que se preocupa por el bienestar de las personas. Propuesta concreta: "Alcoholímetro Amigo", sanción y prohibición <u>acompañada</u> (34) de alternativas. Utilizar la infraestructura y difusión de redes sociales para dar alternativas a las personas que se encuentran en situaciones proclives a tomar y manejar. No es necesario <u>financiar</u> (35) el transporte, basta con <u>proporcionar</u> (36) información acerca de medios alternativos de transporte seguro. Se propone también <u>aconsejar</u> (37) acerca de los peligros en los que se incurre y de las sanciones por manejar por encima de los límites legalmente establecidos.

25. ....

26. ....

27. ....

28. ....

29. ....

30. ....

31. ....

32. ....

33. ....

34. ....

35. ....

36. ....

37. ....

(Adaptado de: *www.yopropongo.org*)

Finalmente, intenta sustituir las palabras subrayas por un equivalente.

Consejo. Para esta actividad, ten en cuenta lo visto en la parte de **Comprensión de lectura** sobre sinónimos equivalentes y reformulación.

CLAVES Y COMENTARIOS DE LAS ACTIVIDADES

Tarea 1.

a. 1. nuestra; 2. parte de la idea; 3. todas las cuales; 4. en este sentido; 5. ser tomado; 6. desde una perspectiva; 7. ciertos; 8. mientras que; 9. aparentemente; 10. filosofía; 11. intereses; 12. abanico; 13. nos; 14. No porque; 15. confiable; 16. algunos medios; 17. en cambio; 18. independientes; 19. creados; 20. Tomando en cuenta; 21. creemos; 22. credo; 23. confesamos; 24. consideramos; 25. Al abordar; 26. hacemos; 27. cuestionar; 28. trinchera; 29. propuesta; 30. sea entendida.

> ⓘ **Comentario.** Un artículo de opinión refleja la opinión de una persona individual, mientras que un manifiesto es la postura, generalmente crítica, de un colectivo respecto a un tema o situación, y normalmente incluye una serie de acciones o actividades cuyo objetivo suele ser cambiar dicha situación. El hecho de que sea una persona individual o un colectivo el que respalda el texto influye directamente en las expresiones de opinión que aparecen en el texto. Además, el manifiesto suele tener una postura ideológica concreta. El texto instruccional, en contraste, suele transmitir instrucciones, consejos, recomendaciones o avisos respecto a una situación problemática que requiere justamente esos consejos y recomendaciones, pero no suele incluir opiniones personales o colectivas, aunque los consejos puedan estar respaldados por argumentos personales. En esta prueba debes dominar distintos tipos de textos con formatos e intenciones muy diferentes. Debes ser consciente de las características de cada uno y reflejarlas en tu texto. En este sentido, **te aconsejamos** sobre todo leer muchos tipos de textos.

b. 1. Informativo con consejos; 2. Artículo; 3. Padres, profesores y alumnos de una escuela; 4. Orientar sobre el uso del móvil; 5. Objetivo, hay que usarlas todas, aunque no todas las ideas; 6. Hacer referencia a las fuentes, describir aspectos positivos y negativos y presentar una conclusión; 7. Es uno de los padres de la escuela, está implicado en la situación.

Tarea 1 de este modelo de examen: 1. de opinión; 2. borrador de un manifiesto; 3. miembros de una asociación; 4. describir los presupuestos de la asociación; 5. objetivo, hay que usarlas todas, aunque no todas las ideas; 6. no se especifican; 7. es uno de los miembros de la asociación, está implicado en la situación.

c. **Texto 1:** 1. Sí, 2. Sí; 3. Sí, aunque le falta un poco de claridad; 4. Sí, aunque no ha incluido los nombres; 5. Sí; 6. No, no se ve claramente la implicación del autor en la situación, en especial debería reflejarse en la conclusión. No se incluyen a los lectores en el texto; 7. No, comete bastantes errores gramaticales ("En conclusión a una entrevista, la tendencia que muchos padres compran…"); 8. Sí, en general. Tiene algunos errores como "escuelar"; 9. No, ya en la primera frase le falta un ¿; 10. Sí. Este texto probablemente no aprobaría esta parte del examen, en especial por los errores gramaticales. Antes de entregarlo hay que corregir los errores de gramática y léxico, mejorar la puntuación y añadir referencias a la situación y a las fuentes. **Texto 2:** 1. Sí; 2. Sí; 3. Sí, en especial en el último párrafo; 4. Sí, aunque tampoco usa sus nombres; 5. Sí; 6. Sí, en especial en el último párrafo, donde se ve la implicación del autor en la situación ("Intentemos preguntarnos como hicimos nosotros padres…"); 7. No, y es su principal problema, hay demasiados errores gramaticales, desde la frase "sea…"; 8. Sí, aunque comete errores ("a los padres nos ocupa…"); 9. Sí; 10. No, está por debajo. Este texto probablemente tampoco pasaría la prueba por los errores gramaticales y por no llegar al mínimo de palabras. Antes de entregarlo hay que hacer una profunda corrección gramatical y subir el número de palabras. **Texto 3:** 1. Sí; 2. Sí; 3. Sí, desde el párrafo introductorio, que falta en los otros dos textos; 4. Sí, añadiendo sus nombres; 5. Sí; 6. Sí, también desde el primer párrafo ("sobre su utilización correcta por nuestros hijos"); 7. Sí, aunque no tan graves como en los otros dos textos; 8. No suficientemente. Necesita subir el nivel del léxico hasta lo que se espera en C2; 9. Sí; 10. No, y es el principal problema del texto. Este texto no pasaría la prueba en especial por el exceso de palabras, aunque también por el bajo nivel del vocabulario. Son los dos elementos que hay que corregir antes de entregarlo.

d. **¡Atención!** Esta es solo una propuesta de reformulación.

◉ PÁRRAFOS CON <u>MÁS</u> PALABRAS

A. *En la entrevista al famoso catedrático y autor de ensayos sobre el tema de la tecnología y la educación, el entrevistado subraya el peligro de la falta de ética en el ciberespacio. Según él, este riesgo se debe a que también con celulares de última generación los jóvenes pueden conectarse a Internet y están expuestos a los mismos peligros que con el ordenador.*

B. *Otra perspectiva de análisis es la que presenta el autor del texto de opinión. En dicho texto trata la influencia de los móviles en el uso del idioma, en el sentido de mal uso. Nuestros tiempos se van a recordar, dice al autor, por el hábito de escribir sin algunas letras y con una ortografía inventada, adaptada a las limitaciones del móvil y al costo del mensaje.*

C. *¿Cómo utilizar en general las nuevas tecnologías, y en concreto el móvil, de una forma correcta? ¿Cómo no caer en la trampa de la incorrección? Son preguntas difíciles cuando se trata de la juventud. Lamento confesar que, como padre, no tengo una respuesta definitiva.*

◉ PÁRRAFOS CON <u>MENOS</u> PALABRAS

D. *No depende de dónde nos encontremos, lo único que necesitamos es un móvil o un ordenador. Las grandes distancias no son ningún obstáculo para comunicarse con otras personas. Y no solo eso, sino también, gracias a programas como Skipe, ver a la otra persona en la pantalla.*

E. *Pero esto también tiene un aspecto negativo. Desde hace unos años también hay móviles con acceso a Internet, con lo que muchos jóvenes pierden el sentido de realidad así como sus contactos reales. Pasan mucho tiempo de su vida en un mundo irreal. La juventud está más tiempo en frente de su pantallita en vez de visitar a los amigos. Parece que la vida social sufre a causa de las nuevas tecnologías.*

F. *Mandamos muchas cosas a la vez y eso hace que, aparte de elevar los gastos de los padres, los jóvenes escriban mal, como dice K. López en su artículo. Cuando un joven manda muchos mensajes ya no se acuerda de qué dijo realmente y en qué mintió, pero no le importa. O como dice el profesor Pérez en su entrevista, la ética no es la misma que en la vida real.*

Tarea 2.

a. **1. Asistentes:** todos ("plenaria"); **2. Situación actual:** bajan las matrículas media 12% últimos 12 meses. Más en invierno que en verano y más entre jóvenes y profesionales. Mayores, igual. Niños, mejor. Situación crítica; **3. Causas posibles:** *crisis*, nueva escuela en el centro de la ciudad. **Objetivo:** más alumnos; **4. Cambios:** 10% más en precio de los cursos. No más descuento por más de un curso. Nuevo máximo alumnos grupo: 12; **5. Inversiones.** Pintar las aulas. Nuevas máquinas café (quejas alumnos). Nuevas sillas salas antiguas (quejas). Actualizar bibliotecas (quejas profes). Fiesta de reapertura; **6. Nuevos cursos.** Para profesionales, de cultura, de música. **Gran novedad:** preparación exámenes oficiales. Contactar instituciones que convocan. ¡Dar importancia a esto!; **7. Publicidad.** Postales de la escuela en bares y restaurantes. Propuesta no debatida (no tiempo).

Comentario. Como ves en esta tarea de lo que se trata es sobre todo de reformular y relacionar frases sueltas para crear un texto con coherencia. Fíjate en las reformulaciones que se han hecho en la tabla de las páginas 226 y 227, y las que se hacen en este segundo texto.

¡Atención! Esta es solo una propuesta de reescritura.

1. _Acta de la reunión plenaria del día 12 de diciembre de 2012_

2. El principal tema tratado ha sido _el descenso_ en el número de alumnos _registrado_ en los últimos meses, lo cual _ha provocado la pérdida de_ ingresos. La administradora _ha expuesto_ que _disminuyen_ más en invierno que en verano, y que sobre todo _se reducen_ entre jóvenes y profesionales, _mientras que_ mejora un poco entre niños, _aunque_ entre los mayores _se mantiene_.

3. Se ha comentado que _las causas pueden estar_ en la crisis del sector y _en la aparición de una nueva escuela_ de idiomas en el centro. En todo caso, hay que _tomar medidas_ _de manera que_ el número de alumnos _aumente_.

4. Se ha decidido _aumentar_ el precio de _las matrículas_ en un 10%, así como el número máximo de alumnos por grupo hasta 12.

5. _Para contrarrestar_ el efecto negativo de estas medidas se ha decidido _reformar las aulas_, _reemplazar el mobiliario_, _proceder a la adquisición de_ máquinas de café nuevas y _a la actualización_ de la biblioteca. _Además_, se va a organizar una fiesta de reapertura.

6. _Por otro lado_, se van a ofrecer nuevos cursos _con fines_ profesionales y, _muy en especial_, para preparación de exámenes oficiales. A esto hay que darle _mucha_ importancia.

7. _Hubo una propuesta publicitaria consistente en_ el reparto de postales de la escuela por los bares _que no se trató_ _por falta de_ tiempo.

b. 1. Informativo e instruccional; 2. Bases de un concurso; 3. Interesados en concursar; 4. Dar información sobre el concurso y explicar el modo de concursar. Animar a hacerlo; 5. Objetivo, deben quedar reflejadas claramente en el texto; 6. Construir un texto a partir de las notas; 7. Implicado, es parte de la institución.

Tarea 2 de este modelo de examen: 1. Informativo; 2. Acta de una reunión; 3. Personal de la escuela; 4. Dejar constancia de lo tratado; 5. Objetivo, deben quedar reflejadas claramente en el texto; 6. Construir un texto a partir de las notas; 7. Implicado, es parte de la escuela.

c. **Texto 1:** 1. No; 2. No; 3. No; 4. No; 5. Sí, aunque no corresponde a la tarea; 6. No, hay muchos errores, como "casi en cada esquina se pueda…"; 7. Hay algunos errores, como "metropola", "aficionados"; 8. Sí, aunque abusa de los signos de exclamación (¡!); 9. Sí. Este texto no pasa la prueba sobre todo porque no ha entendido la situación y por tanto no sigue las instrucciones. Es su principal problema. Para corregirlo, primero se debe leer con detenimiento la instrucción de la tarea. **Texto 2.** 1. Sí; 2. Sí; 3. Sí; 4. Sí; 5. Sí; 6. Sí, aunque tiene algunos errores ("Cada persona que emite un voto…"); 7. Sí; 8. Sí; 9. Sí. Es un texto que responde a la instrucción, al tipo de texto, al nivel de vocabulario y al de corrección gramatical, aunque aún se podría corregir un poco.

Tarea 3.

a. Propuesta de fragmentos para completar las frases: **1.** _la abogacía no ha quedado demasiado bien parada_; **2.** _en especial vierte una imagen muy negativa sobre el gremio de los abogados_; **3.** _¿cuántos más conducen bebidos sin ser controlados y multados en una ciudad con un colectivo de abogados tan numeroso como el nuestro?_; **4.** _dejen de tomar si van a conducir_; **5.** _hagan cumplir la ley entre sus cercanos tanto como buscan que se cumpla en las salas de los tribunales_; **6.** _que luchen para que nadie, independientemente de su profesión, lo haga_. Con estos fragmentos el número de palabras es de 244.

b. 1. Descriptivo, de opinión; 2. Página de inicio (como el editorial de un periódico); 3. Usuarios de la página web (como los lectores de una revista); 4. Dar a conocer e interpretar la información; 5. Subjetivo, hay que seleccionar los datos que llamen la atención, incluyendo los datos curiosos, algo bastante subjetivo; 6. Comentar y comparar datos estadísticos y sacar una conclusión; 7. Con distancia, porque trabaja en la revista pero no se presenta ni como deportista ni como fumador, no está directamente implicado en la situación.

Tarea 3 de este modelo de examen: 1. Instruccional, con consejos; 2. Editorial; 3. Otros abogados del colegio de abogados; 4. Aleccionar para cambiar un hábito ("conducir bebido"); 5. Subjetivas, aunque hay que reflejarlas, pero destacando en especial un dato; 6. Usar parte de las fuentes, animar a cambiar un hábito, advertir sobre consecuencias; 7. Muy implicado pues es uno de los abogados representado en la estadística.

c. **Texto 1:** 1. Sí; 2. Sí, aunque no hace referencias a los lectores; 3. Sí; 4. Sí; 5. No muy claramente. Se desprende solo del hecho de que escriba el texto, pero no queda reflejado en el texto; 6. Sí en general, aunque hay algunos errores ("lugares públicas"); 7. Sí; 8. Sí; 9. No, le faltan algunas palabras, pero no parece demasiado grave. **Texto 2:** 1. Sí; 2. Sí; 3. Sí; 4. Sí; 5. Sí, aunque le falta especificarlo un poco más; 6. No, hay muchos errores, desde la primera línea; 7. Sí; 8. Sí; 9. No. Este es el principal problema, junto con la cantidad de errores gramaticales.

d. **Texto 1:** 1. Sancionó; 2. registros; 3. mientras que; 4. seguidos por; 5. En contraparte; 6. A través de; 7. con lo que; 8. De; 9. entre; 10. entre otros; 11. En otro rubro; 12. de los que; 13. Además; 14. Finalmente; 15. aquellos que.

Texto 2: 1. Difícilmente; 2. sin que; 3. tantas; 4. muchos; 5. a pesar de; 6. Entre. 7; de igual forma; 8. llevarlas a cabo; 9. a través de; 10. en búsqueda.

Texto 3: Estos son los <u>títulos originales</u> del artículo: 1. SANCIONES Y DESINCENTIVOS; 2. Multas; 3. Servicio Comunitario; 4. Registro, Publicación y Expediente; 5. Sanciones Progresivas; 6. COMUNICACIÓN E IMAGEN; 7. Imagen entre los jóvenes; 8. Proporción de Alternativas.

<u>Equivalentes</u> de las palabras marcadas en el texto: 9. eficientes; 10. aumentar; 11. concretadas; 12. supongan; 13. métodos; 14. reportar; 15. respaldada/reconocida; 16. extra; 17. protección; 18. conculcadores; 19. conceder; 20. multas crecientes; 21. obligación; 22. supone; 23. desajustados; 24. aleatoriamente; 25. tener en cuenta; 26. se derivan de/generan; 27. desarrollada, realizada; 28. se exponga; 29. divulgación; 30. conseguir; 31. basta; 32. atajar/enfrentarse a; 33. reducir; 34. agregada/dotada; 35. subsidiar; 36. dar/ofrecer/proveer de; 37. asesorar.

! **Consejo.** Después de hacer las actividades de este modelo, te aconsejamos que vuelvas a tus textos y los corrijas siguiendo los criterios trabajados aquí. Y si quieres seguir practicando, escribe tres textos siguiendo las instrucciones que hemos analizado, supliendo los materiales de apoyo con algo de imaginación o con una búsqueda en Internet.

Prueba 3. Destrezas integradas: Comprensión de lectura y Expresión e Interacción orales

PREPARACIÓN	Tarea 1.	30 min.	
TAREA 1	Monólogo: exposición oral.	6-8 min.	
TAREA 2	Conversación sobre el tema expuesto.	5-6 min.	20 min.
TAREA 3	Conversación sobre titulares.	5-6 min.	

● ● ● ● ● ● **Antes de empezar la Prueba 3.**

a. Aquí tienes tres listas de afirmaciones sobre cada tarea. En cada grupo hay algunas que corresponden a la tarea y otras que no. Selecciona las que corresponden.

a) Tengo que hacer un monólogo con los materiales que me han dado.

b) Debo responder a las preguntas que me haga el entrevistador.

c) Tengo que mantener un tono formal en mi intervención.

d) El contenido es libre y no me tengo que ceñir a los textos.

e) Debo repetir las ideas de los textos.

Tarea 1

a) El objetivo es mantener un debate formal con el entrevistador.

b) No dispongo de ningún material para esta tarea.

c) Se valora la justificación de la opinión.

d) Tengo que aportar nueva información sobre el tema.

e) El entrevistador me pregunta mi experiencia en relación con el tema.

Tarea 2

a) Debo leer una serie de titulares y dar mi opinión sobre ellos.

b) En todo momento tengo que mantener un tono formal.

c) Cada uno de los titulares versa sobre un tema diferente.

d) Debo aportar mi opinión personal sobre el tema.

e) Tengo que referirme a todo el material de apoyo.

Tarea 3

b. A continuación verás fragmentos de las actuaciones de dos candidatos. Señala a qué tarea crees que corresponde cada uno.

1. ► **C**: Sí, pero no leo libros en el ordenador.
  ► **E**: ¿No lee libros…?
  ► **C**: Nunca.
  ► **E**: Pero como ha hablado de…

▶ C: Nunca… más largo de una página no puedo leer en el ordenador, porque no me gusta.

▶ E: Sí, pero seguramente que empleará muchísimas horas en el ordenador…

▶ C: Sí, pero haciendo otras cosas.

Tarea n.°:

2. ▶ E: Entonces el fracaso escolar, ¿es mayor o menor, en el norte, en el sur?

▶ C: A ver, estoy diciendo simplemente que la economía influye en el tipo de educación, de mentalidad, yo creo, no el fracaso, he dicho desde el principio que es un tema que no controlo, el fracaso escolar…

▶ E: Pero habrá oído hablar de él.

▶ C: Creo que sí… oído hablar no significa que me haya interesado.

Tarea n.°:

3. ▶ C: En cifras vemos que la totalidad, la media de los "fracasados" entre comillas escolares es un 29%. Va subiendo, es más alto el porcentaje en los niveles más bajos y eh, perdón, al revés, más alto naturalmente en el nivel alto, la educación en la universidad, y más bajo en las clases inferiores.

Tarea n.°:

4. ▶ C: No, además, creo que es porque… o sea, el tipo de juego que busco yo no es un juego comercial, digamos, o sea, tiene que ser un juego útil para el crecimiento del niño, o sea…

▶ E: Sí.

▶ C: No tiene que ser un juego, digamos, del mercado.

▶ E: Bueno, pero usted seguramente que tendrá amigos de su generación, de su edad que tengan también hijos, seguramente y ¿ha notado si cuando son hijos les regalan determinados juguetes o hijas?

Tarea n.°:

5. ▶ C: No es lo mismo.

▶ E: ¿Por qué no es lo mismo?

▶ C: Porque…

▶ E: Tiene que haber alguna razón.

▶ C: Porque por ejemplo, el móvil, el móvil era un objeto que no existía.

▶ E: Sí, y el ordenador tampoco.

Tarea n.°:

6. ▶ E: ¿Tiene alguna idea que podría proponer, que podrían proponer los gobiernos para terminar con el fracaso escolar o se trata…?

▶ C: Alguna idea del gobierno… desde luego la educación, la instrucción superior debe ser gratuita para todo el mundo, por lo menos, sí.

▶ E: ¿La educación gratuita? Pero, ¿eso no trae, no llevaría a que hubiera…?

▶ C: No, pero eso siempre desgraciadamente vivimos en una sociedad en que el control es fundamental…

Tarea n.°:

7. ▶ C: Normalmente se trata de niños que pertenecen a familias con la situación económica crítica, y por lo tanto se ven obligados a abandonar los estudios porque tienen que incorporarse muy pronto al mundo del trabajo.

Tarea n.°:

8. ▶ C: Yo no estoy de acuerdo.

▶ E: ¿Sí? ¿Por qué? ¿Usted la ha probado?

▶ C: Sí, y he descubierto que a través de otros medicamentos naturales se puede también,… eh,… nos podemos recuperar de una gripe o de otras enfermedades.

▶ E: ¿Sí? ¿También de las graves? ¿Cree que la homeopatía puede funcionar con el cáncer?

Tarea n.°:

9. ▶ C: Se dice también que son actividades divertidas, que pueden provocar efectos distintos en base al tipo de juego y que si el juego o el juguete pierde la función de utilitarismo que tiene, por supuesto, pierde también la atracción.

Tarea n.°:

¿En qué te has basado para la clasificación? Anota aquí tus comentarios.

 Consejo. Antes de empezar con este modelo de examen, te aconsejamos consultar las claves de estas dos actividades en la página n.° 246.

¡Ya puedes empezar esta prueba! Modelo de examen n.° 3

Prueba 3. Destrezas integradas: Comprensión de lectura y Expresión e Interacción orales

 Recuerda que en el examen dispones de **30 minutos** para preparar la tarea 1, pero que puedes aprovechar ese tiempo para preparar también la 2. A continuación tienes el material de la tarea 1.

● ● ● ● ● 🕐 **Pon el reloj.**

PREPARACIÓN

Tarea 1. Presentación oral

INSTRUCCIONES

JUEGOS Y JUGUETES

Todos los expertos del mundo de la infancia coinciden en la importancia que la actividad lúdica tiene para el desarrollo equilibrado del niño en sus aspectos cognitivos, afectivos y sociales. Sin embargo, en los últimos tiempos, el juego del niño se ve cada vez más reducido por factores como la escasez de tiempo libre, de espacios y de compañeros para el juego, etc.

*Prepare una presentación de **6-8 minutos** sobre los juguetes y los juegos infantiles en la que le explique al entrevistador:*

– qué función cumple el juego en el desarrollo del niño;

– qué criterios se deben seguir a la hora de diseñar juguetes, y si se hace así en la práctica;

– cómo se refleja social y políticamente la importancia del juguete.

Para preparar su intervención cuenta con los siguientes materiales de apoyo. Utilícelos todos, seleccionando de cada uno de ellos la información que considere oportuna:

1. *Folleto: Guía de juguetes.*
2. *Gráficos: Encuesta sobre los juguetes.*
3. *Texto 1: El valor de los juguetes.*
4. *Texto 2: Juguetes sexistas.*
5. *Texto 3: ¿Qué es el juego infantil?*

FOLLETO

GUÍA DE JUGUETES

	TRAMO DE EDAD	Objetivos	Algunos ejemplos
	0 a 6 meses	Juegos de ejercicio que les permitan explorar su entorno, reconocer nuevos sonidos y nuevas sensaciones.	*Proyectores de luz, móviles de cuna, sonajeros de colores, pesos y texturas variadas, muñecos de diferentes texturas y anillas para manipular.*
	6 a 12 meses	Favorecer el movimiento y la búsqueda. Alentar las primeras vocalizaciones, la manipulación y la discriminación visual.	*Libros blandos, gimnasios, pelotas, móviles, torres de cubos, arrastres, animalitos que floten, primeros encajes sencillos, tapices multisensoriales.*
	12 a 18 meses	Favorecer y afianzar el movimiento. Favorecer las primeras vocalizaciones y discriminación auditiva, favorecer la manipulación y el inicio de los juegos simbólicos.	*Arrastres y correpasillos, recipientes para llenar y vaciar, tapar y destapar, libros de cartón, juguetes sonoros, encajes sencillos y puzles, juegos de asociación y relación, camiones, cocinas, casas, muñecos.*
	18 a 30 meses	Favorecer y afianzar el lenguaje y la articulación. Favorecer la atención, la manipulación y los juegos simbólicos y de relación.	*Triciclo o similar, Mr Potato, encajables, libros de cartón con imágenes realistas, juguetes sonoros, encajes y puzles sencillos, juegos de asociación, camiones, cocinas, casas, muñecos, granjas, juegos de manipulación (pinchar, coser).*
	30 a 42 meses	Favorecer la expresión de emociones, favorecer la atención y la discriminación de forma, tamaño y color. Estimular el interés por la lectoescritura. Favorecer la manipulación y el desarrollo lateral. Favorecer los juegos simbólicos y de relación. Aprendizaje de roles.	*Triciclo o similar, juegos de construcciones, puzles, camiones, cocinas, casas, muñecos, garajes, supermercados, maletines de oficios. Pinturas de todo tipo. Pizarras. Juegos de manipulación como pinchos, coser, encajar... Juegos de turnos.*

(Extraído de: *http://mas.farodevigo.es/graficos/441/guia-de-juguetes-para-padres.html*)

Modelo de examen n.º 3

PREGUNTA 1:
¿Cuándo hace Vd. la compra de los juguetes?

PREGUNTA 2:
¿Piensa que la publicidad es sexista, es decir, que adjudica determinados juguetes únicamente para niños y otros para niñas?

- ◼ Hombres
- ◼ Mujeres
- ☐ Menos de 30 años
- ☐ De 30 a 50 años
- ◼ Más de 50 años

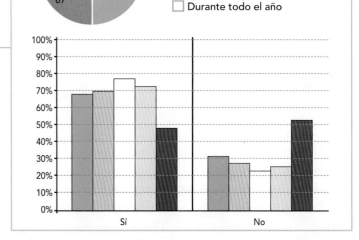

- ◼ El total de la compra por Navidad y/o Reyes
- ◼ Principalmente en estas fechas, pero también durante el año
- ☐ Durante todo el año

(Extraídos de: *http://www.infortecnica.com/estadistica/icc98/noviembre/TOYSESP.html*)

EL VALOR DE LOS JUGUETES

Los juguetes reducen la estatura del mundo al nivel de la mirada de los niños. Un juguete es un trozo de realidad en miniatura y es también un prodigioso universo de formas y colores, un instrumento que adquiere el significado y la dimensión que le da el niño cuando juega. De cada cuatro juguetes que se regalan al año, tres se venden en diciembre. Tanto los empresarios del sector como los expertos creen que sería conveniente un reparto más equitativo de los juguetes a lo largo de los meses. En el principio es el juego, por encima del juguete, que es un instrumento de aquel. Jugar está en la base del desarrollo infantil, hasta el punto de que es un derecho universal reconocido por la ONU. El juego facilita el desarrollo de la psicomotricidad y de la inteligencia, potencia la sociabilidad de los niños, además de ser cauce de la creatividad.

El pasado mes de noviembre, el gobierno publicaba en el Boletín Oficial del Estado una orden declarando el juguete como industria de interés cultural. Atendía así el ejecutivo una demanda largamente reclamada por el sector. La industria juguetera de España es la segunda de Europa, después de la alemana, y factura unos ochocientos millones de euros al año. Tiene unos cinco mil empleos directos y casi viente mil indirectos.

El mercado del juguete en España es el más estacional del mundo . El 75% de las ventas se producen en las últimas seis semanas del año y de cara a Reyes y esto es por la percepción del producto, no se valora suficientemente en la sociedad española. Estamos muy lejos comparativamente de otros países y de otros mercados donde el juguete está más presente en la educación de los niños.

(Adaptado de *http://www.rtve.es/infantil/padres/noticias/valor-juguetes-informe-semanal/481481.shtml*)

JUGUETES SEXISTAS

A mi hija nunca le he puesto fronteras sexistas a la hora de elegir o pedir los juguetes que ha querido. No por ser niña tengo que inducirla a elegir los típicamente femeninos y prohibirle el resto. Curiosamente, con los 10 años recién cumplidos siempre se ha interesado por los juguetes, digamos etiquetados "para niños" rehusando los típicamente "femeninos", como las muñecas. Podría haberse decantado por ambos, pero no ha sido así. Es su opción.

Curiosamente hoy, al ir a buscarla al colegio, público, mixto y laico, en la salida había una chica que regalaba como promoción unos sobres de unos muñecos de plástico y discos para lanzar. Mi hija ha querido ir a buscar su "regalo". Cuál fue nuestra sorpresa cuando vimos que solo se los daba a los niños. Cuando le he preguntado la razón, me ha contestado que eran órdenes que tenía y que la semana que viene traería otra promoción de juguetes para las niñas.

Que una empresa que se dedique a fabricar juguetes, sean del tipo que sean, empiece a marcar en sus promociones tendencias sexistas, me parece indignante. Quizás mejor hubiera sido que hicieran promoción delante de un colegio exclusivamente para niños, así no tendríamos la sensación de haber viajado al pasado.

(Adaptado de *http://www.elpais.com/articulo/opinion/Juguetes/sexistas/elpepiopi/20110321elpepiopi_8/Tes*)

TEXTO 3

¿QUÉ ES EL JUEGO INFANTIL?

Según explica Maite Garaibordobil Landazabal, lo primero que define el juego es el placer. El juego es siempre una actividad divertida, que generalmente suscita excitación y hace aparecer signos de alegría, pero aun cuando no vaya acompañada de estos signos de regocijo, siempre es evaluada positivamente por quien la realiza. Cualquier observador puede confirmar que los niños gozan con todas las experiencias físicas y emocionales del juego. Este placer del niño al jugar es divergente, ya que cada tipo de juego genera un efecto distinto.

En segundo lugar, el juego es una experiencia de libertad, ya que la característica psicológica principal del juego es que se produce sobre un fondo psíquico general caracterizado por la libertad de elección. Mediante el juego, el niño sale del presente, de la situación concreta, y se sitúa en otras situaciones, otros roles, otros personajes, con una movilidad y una libertad que la realidad de la vida cotidiana no le permite. No obstante, y pese a que el juego es el reino de la libertad y de la arbitrariedad, presenta una paradoja interna, ya que comporta al niño una serie de restricciones voluntarias, porque para jugar el niño se debe ajustar a las pautas de conducta del personaje (como médico tiene que ser amable y manifestar respeto por el paciente), y cuando el juego es grupal tiene que acatar las reglas del mismo.

En tercer lugar, el juego es sobre todo un proceso, una finalidad sin fin. Si entra en el utilitarismo o se convierte en un medio para conseguir un fin, pierde la atracción y el carácter de juego.

En cuarto lugar, definimos el juego como una actividad que implica acción y participación activa. En quinto lugar, la ficción se considera como un elemento constitutivo del juego. Esta característica, que fue puesta de manifiesto por S. Freud y compartida por todos los autores, hace que el juego no sea la actividad en sí misma sino la actitud del sujeto frente a esta actividad.

En sexto lugar, el juego es una actividad seria. Si observamos a un niño cuando juega, lo primero que llama la atención es su seriedad. Haciendo un flan de arena en la playa, jugando con coches o con el caballito, pone toda su alma en el tema en cuestión, y está tan absorto en ella como un adulto cuando se halla interesado y concentrado en el trabajo que realiza. Pero no es el mismo concepto de seriedad que entendemos los adultos porque nosotros asociamos lo serio con lo que es eficaz, con lo que obtenemos resultados. El niño toma el juego con gran seriedad porque para él es una forma de afirmar su personalidad y mejorar su autoestima.

Por último, varios expertos –aunque no todos– consideran que el juego implica esfuerzo por parte del niño. En muchos casos los juegos buscan la dificultad y, para superarla, el niño ha de esforzarse.

(Adaptado de: *http://www.crecerjugando.org/pdf/Juego_educacion.pdf*)

• • • • • ¿Cuánto **tiempo** has necesitado en preparar las tareas? Anótalo aquí: _____ min.

Modelo de examen n.º 3

(!) **¡Atención!** Al igual que en los anteriores modelos de examen, te aconsejamos 🎤 grabar tus respuestas para poderlas 🔊 oír después. Si prefieres, puedes pedir a un compañero o a tu profesor que te formule las preguntas que aparecen en el documento de transcripciones que puedes encontrar en la 🖥 *ELEteca*. Recuerda que para la tarea 3 (titulares) te puede ser útil la ayuda de un profesor o a un compañero para llevarla a cabo.

Toma las notas que has preparado y sigue las instrucciones.

Tarea 1. Presentación oral

INSTRUCCIONES

Usted debe preparar una presentación oral a partir de la lectura de varios textos. Dispone de entre 6 y 8 minutos para realizar esta tarea.

(!) **¡Atención!** Recuerda que no puedes leer literalmente tus notas, sino solo usarlas para organizar tu presentación.

🎤 Graba tu presentación. La vas a necesitar luego en las actividades.

Tarea 2. Conversación sobre la presentación

INSTRUCCIONES

Debe mantener una conversación con el entrevistador sobre la presentación y los textos de la tarea 1. Dispone de entre 5 y 6 minutos para realizar esta tarea.

(!) **¡Atención!** La entrevistadora te va a hacer una serie de preguntas sobre el tema "Juegos y Juguetes". Escucha atentamente las preguntas y responde. Recuerda, en cualquier caso, que en la práctica la tarea consiste en realizar un debate formal sobre la presentación de la tarea 1, con lo que las preguntas se suelen encadenar de forma más dinámica.

🔘 **Pon la pista n.° 37.** Usa el botón de ⏸ PAUSA después de cada pregunta y responde. Vuelve a escuchar la pre-
37 gunta si lo necesitas.

🎤 Graba tus respuestas. Las vas a necesitar luego en las actividades.

Tarea 3. Conversación sobre titulares de prensa

INSTRUCCIONES

A partir de una selección de titulares en torno a distintos aspectos de un mismo tema, improvise una conversación con el entrevistador, con intercambio de opiniones personales. Dispone de entre 5 y 6 minutos para realizar esta tarea.

(!) **¡Atención!** Lee los siguientes titulares de prensa sobre el libro digital y el futuro de la edición. A continuación, inicia una conversación con el entrevistador. Coméntale qué te parecen dichos titulares y cuál o cuáles destacarías.

Pon la **pista n.° 38.** Usa el botón de ⏸ *PAUSA* después de cada pregunta y responde. Vuelve a escuchar la pregunta si lo necesitas.
38

 Graba tus respuestas. Las vas a necesitar luego en las actividades.

EL LIBRO DIGITAL Y EL FUTURO DE LA EDICIÓN

Estanterías en vías de extinción

La irrupción del libro electrónico supone un cambio no solo en los hábitos de lecturas, sino también en nuestra manera de almacenar, disponer y guardar nuestros libros. Esos compañeros de viaje anotados a los márgenes, que amarillean con los años, que resisten mal las humedades y acumulan demasiado polvo son ya perfectamente prescindibles.

(http://www.elpais.com/articulo/Tendencias/Estanterias/vias/extincion/elpepitdc/20120114elpepitdc_1/Tes)

El libro, modelo para armar

La desaparición de la Dirección General del Libro coincide con los mayores desafíos de la cultura escrita. No se trata de llorar por la muerte de un ente burocrático, sino de preguntarse qué significa su ausencia.

(http://www.elpais.com/articulo/opinion/libro/modelo/armar/elpepiopi/20120112elpepiopi_13/Tes)

Contra el rebaño digital. Un manifiesto

Uno de los mayores conocedores de Internet desde su nacimiento alza su voz para alertar sobre su deriva. Jaron Lanier opina que es necesario reflexionar y pensar por qué el negocio está en la publicidad en lugar de los contenidos, en generar información llamativa en lugar de profundizar en la misma o buscar nuevas formas narrativas.

(http://www.elpais.com/articulo/portada/rebano/digital/manifiesto/elpepuculbab/20111231elpbabpor_17/Tes)

Libro digital en México avanza lento pero seguro

Para los expertos es un hecho que el libro electrónico se consolidará en la industria editorial, mientras que para los jóvenes escritores es una oportunidad de difundir sus obras, luego de que en Latinoamérica los "e-books" han comenzado a tener un lugar importante en el análisis y la reflexión.

(http://www.razon.com.mx/spip.php?article104844)

Vargas Llosa: "El libro no desaparecerá"

El Nobel dijo que el papel seguirá vivo, pero como algo casi clandestino. El novelista teme que el formato digital traiga la decadencia creativa.

(http://peru21.pe/noticia/725379/vargas-llosa-libro-no-desaparecera)

Modelo de examen n.º 3

ANÁLISIS DE LA PRUEBA ORAL

● ● ● ● ● ● **Antes de empezar la Prueba 3.**

a. Afirmaciones que corresponden a lo que hay que hacer en el examen. **Tarea 1:** a, b (solo si no has usado todo el tiempo disponible), c. El contenido no es libre porque debes demostrar que has entendido lo que se dice en los textos, reflejándolo en tu exposición. Leer y entender los textos forma parte de la prueba. Pero no debes simplemente repetir las ideas sino ordenarlas, relacionarlas, e indicar las importantes, así como referirte a los textos de origen. **Tarea 2:** a, b, c. No debes aportar nueva información si no quieres, aunque el entrevistador te puede pedir que añadas algo si lo sabes, pero no se evalúa tu conocimiento del tema sino tu capacidad para relacionar ideas, expresar opiniones y defender una postura. El entrevistador probablemente no te pregunte por tu experiencia directa, sino que te pedirá que adaptes el tema a tu realidad, por ejemplo, cómo es ese tema en tu país. **Tarea 3:** a, d. No debes mantener el tono formal en el mismo sentido que en las otras tareas, pero tampoco se trata de tener una conversación de amigos. En todo caso, se trata de una conversación más distendida. Los titulares se refieren a un mismo tema, y, a diferencia de lo que pasa en la tarea 1, no debes referirte a todos, sino que te pedirán que destaques alguno y que justifiques adecuadamente por qué lo haces.

b. **Tarea 1:** 3, 7, 9.   **Tarea 2:** 2, 4, 6.   **Tarea 3:** 1, 5, 8.

! **Comentario.** La tarea 1 es la más fácil de distinguir, al tratarse de un monólogo. Los fragmentos correspondientes a la tarea 2 son conversaciones más formales, y las de la tarea 3, más espontáneas e improvisadas.

LA PREPARACIÓN

¿Cómo has preparado las **tareas 1 y 2**? Analiza aquí tu preparación.

		SÍ	NO
1.	He entendido sin dificultades los tres textos.		
2.	He analizado las diferencias entre ellos.		
3.	He entendido el folleto y el gráfico y he extraído información útil.		
4.	He subrayado las ideas principales de los textos.		
5.	He anotado las ideas principales con frases completas.		
6.	He anotado las ideas principales con palabras importantes.		
7.	He elaborado una lista de palabras clave.		
8.	He hecho un esquema con las ideas importantes.		
9.	He anotado posibles preguntas del entrevistador.		
10.	He escrito posibles respuestas.		
11.	He preparado nuevos temas que no aparecen en los textos.		
12.	(🕐) He necesitado menos de **30 minutos** para la preparación.		

¡**Atención!** Para esta parte es importante que 🔊 **escuches** lo que hayas grabado.

🔊 Escucha tu presentación (tarea 1), tus respuestas (tarea 2) y tu diálogo (tarea 3) y responde a estas preguntas.

		TAREA 1	TAREA 2	TAREA 3
1.	He podido utilizar todos los materiales de apoyo.			
2.	He podido exponer todas las ideas principales.			
3.	Mi presentación del tema ha sido lógica y ordenada.			
4.	He dado con claridad mi opinión sobre el tema.			
5.	He podido mantener un hilo argumentativo a lo largo de toda mi exposición.			
6.	He seguido el orden de ideas que había preparado.			
7.	He usado estructuras variadas en mi exposición.			
8.	He usado distintas estructuras para expresar perspectivas diferentes.			
9.	Me he autocorregido.			
10.	He respondido con comodidad a las preguntas.			
11.	He reaccionado bien a los argumentos del entrevistador.			
12.	He mantenido buena entonación y pronunciación.			
13.	He cometido pocos errores gramaticales.			
14.	He dudado en alguna de las preguntas al dar mi opinión.			
15.	Me he dejado llevar por mi propia imaginación, sin pensar demasiado.			
16.	🕐 He necesitado más tiempo del disponible para realizar la tarea.			
17.	(Otra)			

¿Qué puedes hacer para mejorar esta prueba la próxima vez? Anota aquí tu comentario.

. . . .

. . . .

Modelo de examen n.º 3

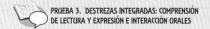
Actividades sobre el Modelo n.º 3. Destrezas integradas: Comprensión lectora y Expresión e Interacción orales

LA PREPARACIÓN

Tarea 1.

a. En esta actividad vamos a seguir una instrucción algo diferente. Es esta:

*Prepare una presentación de **6-8 minutos** sobre los juguetes y los juegos infantiles en la que le explique al entrevistador:*

A: La industria juguetera española.

B: El sexismo en los juguetes.

C: El papel del juego en el desarrollo del niño.

Relaciona en el cuadro los materiales en que puedes basarte para hablar sobre cada uno de esos tres aspectos. Algunos materiales te pueden servir para tratar más de un aspecto.

◯ MATERIAL DE APOYO	◯ ASPECTO
1. Folleto: Guía de juguetes.	
2. Gráficos: Encuesta sobre los juguetes.	
3. Texto 1: El valor de los juguetes.	
4. Texto 2: Juguetes sexistas.	
5. Texto 3: ¿Qué es el juego infantil?	

En tu caso, ¿has usado todos los materiales al preparar el guion? ¿Has tratado los tres aspectos apoyándote en los materiales al hacer la exposición? Anota aquí tus comentarios.

....

....

b. A continuación tienes nueve ideas procedentes de los materiales de la tarea 1 de este modelo. Indica cuáles son ideas principales (3) y cuáles secundarias (6).

◯ IDEAS	Principal	Secundaria
A. *Las tres cuartas partes de las ventas de juguetes en España se realizan a finales de año.*		
B. *La industria juguetera en España es la segunda en importancia de Europa, una importante fuente de ingresos y generadora de empleo.*		
C. *En otros países, la venta de juguetes se distribuye en diferentes periodos y los juguetes tienen más presencia en la educación.*		

D. *Un alto porcentaje de la población española considera que hay sexismo en la publicidad de los juguetes.*

E. *Aproximadamente un 50% de los encuestados de más de 50 años opina que la publicidad de los juguetes es sexista.*

F. *Existen todavía empresas que promocionan sus productos de modo sexista.*

G. *Los juguetes sonoros se deben introducir entre los 12 y los 18 meses para favorecer la discriminación auditiva.*

H. *El juego despierta en el niño una gran sensación de libertad.*

I. *El juego fomenta la inteligencia, la sociabilidad y la creatividad en el niño.*

Te recomendamos que antes de seguir, compruebes las respuestas en las claves (pág. 259).

Escucha de nuevo la parte de tu grabación correspondiente a la tarea 1 y responde a estas preguntas:

¿Has coincidido en tu presentación aproximadamente al señalar las ideas principales? ¿Cuáles de las ideas secundarias que aparecen en el cuadro has tratado en tu presentación? ¿Has hablado de otras ideas secundarias que no aparecen en el cuadro? Anota aquí tus comentarios.

c. Lee ahora la actuación de un candidato que ha hecho la tarea 1 de este modelo siguiendo la instrucción de la **a.** y evalúa su actuación completando el siguiente cuadro:

EVALUACIÓN	SÍ	NO
1. Ha utilizado todos los materiales.		
2. Ha distinguido con claridad las ideas principales de las secundarias.		
3. Ha hablado con suficiente fluidez y, cuando ha dudado sobre una palabra, ha buscado un sinónimo o ha explicado con otras palabras lo que quería decir.		
4. Ha usado los recursos adecuados para ordenar el discurso y relacionar las ideas.		
5. Ha usado un vocabulario adecuado para expresar las ideas, matizando cuando ha sido necesario.		
6. Ha usado las estructuras gramaticales adecuadas para expresar las ideas, sin cometer apenas errores.		

continúa →

Modelo de examen n.º 3

CANDIDATO

► **E:** Hola, buenas tardes.

► **C:** Buenas tardes.

► **E:** Bien, vamos a comenzar con la primera tarea. Usted ha leído varios textos y ha preparado un esquema.

► **C:** Sí.

► **E:** ¿De acuerdo? Ahora debe realizar una presentación oral en la que incluya todos los puntos que ha tocado, que están indicados en las instrucciones. Recuerde que debe utilizar todos los materiales de apoyo que se le han ofrecido, que durante la presentación puede mirar sus notas, no leerlas, pero sí consultarlas, y nada, a partir de este momento usted dispone de entre 6 y 8 minutos. ¿De acuerdo? Adelante, por favor.

► **C:** Vamos a ver, en el centro de los tres textos tenemos, se habla del valor del juego y de los juguetes. En el primer texto se analiza, por ejemplo, el papel que juegan los juguetes y por ejemplo se hace, se habla de, digamos, se hace como una clasificación de si tiene más importancia, por ejemplo el juego o el juguete, y el juguete, el autor del texto lo pone digamos a la segunda posición, porque sería una parte del juego. Para un niño, digamos, el juego es muy importante, el juego como actividad, que puede ser de cualquier tipo, y con cualquier tipo de objeto, todos los objetos para los niños pequeños, jugando con estos objetos utilizan y desarrollan sus imaginaciones, bueno, su imaginación, su, el niño, bueno, desarrolla su creatividad y, y, bueno, y el juego en general es fundamental también para la sociabilidad del niño con otros niños, eh, y, ¿qué más? Y bueno, se habla también del papel que juegan los padres, y, en este caso de mediación, y nada, hasta ese punto es, por ejemplo se habla, se habla también de, bueno, se habla, hay unas cuantas estadísticas que dicen que en España por ejemplo, los juguetes se venden más cuando estamos por ejemplo cerca de las vacaciones, bueno, cerca de las fiestas navideñas, de los Reyes Magos y nada, y España se pone al segundo, en la segunda posición a nivel de, para la venta de juguetes, y, y, eh, bueno. El segundo, en el segundo texto se habla de juguetes sexista, sexistas, eh, si hay o no una, eh, digamos si hay una, si se hace en la función de los juguetes una selección en base al sexo de de un niño, y ahí hay una, digamos una señora cuanta de su hija que se tuvo, que se tuvo en una situación en la que ella quería un juguete. Ella que, la niña que nunca ha preferido en su niñez los juguetes como o sea, ofrece digamos, para niñas, y siempre ha podido elegir de todo, y de todo tipo, y, y una vez, saliendo de la escuela, parece que no, una señora, una señora que daba a los niños unos juguetes, no le dio a ella el juguete porque era para un niño y le dijo que la semana que, eh, la semana siguiente ella habría distribuido también para niñas. Bueno, eso no tiene ningún matiz positivo para la madre y esto. En el tercer texto se habla del valor también aquí del juego infantil y nada, se dice que el, el, como decía antes, que el juego es importante porque como actividad, no el juego, el juguete en particular, es importante porque, y , desarrolla todos unos aspectos que son muy importantes para un niño, que son por ejemplo, eh, por ejemplo, como he dicho antes, la sociabilidad, pero también el movimiento, la predisposición también a eh, por ejemplo, eh a, todas son, ¿cómo decir? Eh, y, bueno, que son también digamos, bueno se dice también que son actividades divertida, que puede provocar efectos distintos en base al tipo de juego y que si el juego o el juguete pierde la función de utilitarismo que tiene, por supuesto, pierde también la atracción.

---

d. 🔊 Vuelve a escuchar tu grabación de la tarea 1 y evalúa tu propia actuación completando el esquema:

EVALUACIÓN

	SÍ	NO
1. He utilizado todos los materiales.		
2. He distinguido con claridad las ideas principales de las secundarias.		
3. He hablado con suficiente fluidez y, cuando he dudado sobre una palabra, he buscado un sinónimo o he explicado con otras palabras lo que quería decir.		
4. He usado los recursos adecuados para ordenar el discurso y relacionar las ideas.		
5. He usado un vocabulario adecuado para expresar las ideas, matizando cuando ha sido necesario.		
6. He usado las estructuras gramaticales adecuadas para expresar las ideas, sin cometer apenas errores.		

¿Qué aspectos positivos y qué aspectos negativos señalarías de tu actuación? Anota aquí tus comentarios:

◗ **Positivos**   ◗ **Negativos**

....

....

....

....

e. A continuación aparecen fragmentos con errores de la actuación del candidato. Indica en relación con los puntos 4, 5 y 6 del cuadro de la tarea anterior, qué tipo de error ha cometido. Corrígelos.

◗ FRAGMENTO	ERROR	CORRECCIÓN
"en la segunda posición a nivel de, para la venta de juguetes"		
"el papel que juegan los juguetes"		
"en este caso de mediación, y nada, hasta ese punto es, por ejemplo se habla, se habla también de, bueno, se habla, hay unas cuantas estadísticas"		
"una señora cuenta de su hija que se tuvo"		
"los juguetes se venden más cuando estamos por ejemplo cerca de las vacaciones, bueno, cerca de las fiestas navideñas, de los Reyes Magos y nada"		
"la semana siguiente ella habría distribuido también para niñas"		

Tarea 2.

a. Aquí tienes algunos fragmentos de entrevistas de la tarea 2.

◗ FRAGMENTO	◗ FUNCIÓN
1. ▶ O sea, que en el norte hay más fracaso escolar que en el sur. ▶ No, es voluntario, no es fracaso, es falta de interés, estoy diciendo que la economía condiciona el tipo de educación.	
2. ▶ ¿Cree que todos los juguetes deben ser didácticos y formativos?	
3. ▶ ¿Cuál es su opinión sobre el hecho de que la mayoría de los juguetes se regalen en las fiestas navideñas?	
4. ▶ ¿En qué se basa para hacer tal afirmación?	

continúa →

Modelo de examen n.º 3

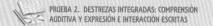

Relaciona cada fragmento con lo que el entrevistador o el candidato hacen en cada caso.

> **A.** El entrevistador pregunta por una opinión personal.
>
> **B.** Se le pide al candidato que justifique una opinión.
>
> **C.** Se le piden al candidato aclaraciones sobre aspectos que no aparecen en los materiales, pero relacionados con el tema.
>
> **D.** Se rebate con argumentos la opinión de la persona que hace la entrevista.

b. Aquí tienes algunas intervenciones de un entrevistador en la tarea 2. Hay dos intervenciones que no son propias del examen. Identifícalas.

A. ▶ *¿Tiene alguna idea que podría proponer, qué podrían proponer los gobiernos para terminar con el fracaso escolar?*

B. ▶ *Entonces aquí, en Italia, usted que conoce mejor la universidad, ¿a qué se debe este fracaso?*

C. ▶ *Entonces, ¿te consideras una persona sexista?*

D. ▶ *¿A qué se refiere con fracaso total?*

E. ▶ *En su país, ¿en qué momento se hacen más regalos?*

F. ▶ *Pues no estoy en absoluto de acuerdo con usted.*

G. ▶ *Entonces, ¿hasta qué punto los condicionamientos sociales son también condicionamientos personales?*

¿Por qué crees que no pueden aparecer en la tarea 2? Anota aquí tus comentarios:

Relaciona ahora cada intervención con lo que se hace en cada una.

◗ **FUNCIÓN**   ◗ **INTERVENCIÓN**

1. Se le pide al candidato la ampliación de una opinión.

2. Se piden propuestas para solucionar un problema, un conflicto, etc.

3. Se le pregunta al candidato por las causas de algo.

4. Se requiere la aclaración de un concepto o un aspecto.

5. Se piden ejemplos de la situación en el medio del candidato (ciudad, cultura, país,…).

6. Se le pide al candidato que defina un rasgo de su carácter.

7. El entrevistador manifiesta su desacuerdo con el candidato.

c. Lee la intervención de un candidato en la tarea 2 y evalúa su actuación completando el siguiente esquema:

EVALUACIÓN SÍ   NO

1. Ha conversado con naturalidad.

2. Ha usado un tono adecuado, formal, como corresponde a la conversación.

3. Ha sabido usar los recursos adecuados para argumentar y contraargumentar cuando ha sido necesario.

4. Ha usado los recursos adecuados para ordenar el discurso y relacionar las ideas.

5. Ha sabido usar los recursos adecuados para matizar sus opiniones.

6. Ha sabido tomar la iniciativa en la conversación cuando ha sido necesario.

◯ CANDIDATO

▶ **E:** De acuerdo, bueno, hemos terminado la primera tarea, vamos a la segunda, es decir, vamos a mantener entre usted y yo una conversación, siempre basándonos en el tema de la presentación, es decir, durante la conversación usted deberá dar su opinión personal sobre el tema, justificar también, si cabe, su opinión con argumentos, comentar otros aspectos relacionados, y, si procede, rebatir mi opinión, ¿de acuerdo? Bueno, entonces, no sé si ¿usted tiene hijos o no?

▶ **C:** Sí.

▶ **E:** ¿Sí?

▶ **C:** Sí, tengo un hijo.

▶ **E:** Entonces es un tema que más o menos puede conocer, ¿no? El tema de los juguetes, ¿qué piensa? Aquí en Italia, ¿usted ha pensado que el juguete es sexista? O le cambio la pregunta, usted, cuando le regala, ¿es un niño o una niña lo que tiene?

▶ **C:** Es un niño, pero…

▶ **E:** Es un niño. ¿Usted ha pensado o piensa cuando compra algún regalo para su hijo si es hombre si es mujer, si es masculino, si es femenino?

▶ **C:** No, porque también depende, o sea, tampoco me había puesto la… el problema del sexismo en el juego, o sea, que para mí, o sea, yo creo que sé elegir, y puedo elegir pues cualquier tipo de juego que pueda ser… digamos… eh… que tiene que… o sea que no tiene que tener un cambio específico de sexo, o sea que para mí por ejemplo si me regalan por ejemplo imágenes, o sea, lo puede utilizar un niño o lo puede utilizar una niña, o sea, no…

▶ **E:** No se ha planteado usted nunca el problema.

▶ **C:** No, además, creo que es porque… o sea, el tipo de juego que busco yo no es un juego comercial, digamos, o sea, tiene que ser un juego útil para el crecimiento del niño, o sea.

▶ **E:** Sí.

▶ **C:** No tiene que ser un juego, digamos, del mercado.

▶ **E:** Bueno, pero usted seguramente que tendrá amigos de su generación, de su edad que tengan también hijos, seguramente y ¿ha notado si cuando son hijos les regalan determinados juguetes o hijas?

▶ **C:** Sí.

▶ **E:** ¿Sí? ¿También?

▶ **C:** Sí.

▶ **E:** O sea, que ¿también en su país sucede esto o…?

▶ **C:** Sí.

▶ **E:** ¿En qué medida? ¿Igual, menos o es algo cultural, es algo social? ¿Qué cree?

▶ **C:** Yo creo que puede ser social y cultural, y yo por ejemplo he notado y me viene ahora a la cabeza que unos anuncios, muchos anuncios, por ejemplo, cuando aquí tenemos Pascua, por ejemplo, se regalan huevos, ¿no?

▶ **E:** Ahá.

▶ **C:** Y en los anuncios te hacen diferencias sobre el sexo, o sea el rosa, un juguete para niñas, y el azul es un juguete que tiene juegos para niños dentro.

▶ **E:** Sí, sí, o sea, que está muy generalizado, ¿no?

▶ **C:** Sí.

continúa →

Modelo de examen n.º 3

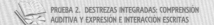

▶ **E:** Bueno.

▶ **C:** Pero pienso que de todas formas, sí… y aquí me refiero al… porque hablábamos del nivel cultural.

▶ **E:** ¿Nivel cultural?

▶ **C:** Sí, esto creo que tiene que ver también con la elección del juego, porque…

▶ **E:** ¿Ah sí? ¿Usted cree que las clases altas regalan de manera diferente a las clases bajas? ¿Las clases más "formadas", digamos entre comillas? ¿Hacen esta distinción?

▶ **C:** Es que buscan… hacen, o sea, van a buscar un regalo en base al tipo de… o sea, para o sea, no quiero decir para quitarse un peso pero para mí, so voy a regalar un juego, o sea, no lo hacen todos regalar juegos pensando que el juego puede ser útil para el crecimiento de niño, no sé si me explico, y muchas veces le regalamos al niño cosas hechas, regalos, eh.

▶ **E:** Sí, sí, hechos.

▶ **C:** O sea, la Barbie, o…

▶ **E:** Sí, una Barbie a un niño no se le debe regalar, ¿no? Se le regala a una niña, ¿no? Por ejemplo, y un coche a una niña no se le regala o un camión, sería un escándalo, ¿no? Si viniera alguien, ¿sí o no? ¿Usted se ha planteado esto, por ejemplo, alguna vez o no? Usted, si es niño, no le regalará ninguna muñeca a su hijo, ¿no?

▶ **C:** A mi hijo, eh, depende.

▶ **E:** ¿Depende? Claro, entonces, hasta qué punto los condicionamientos sociales son también condicionamientos personales y no, bueno, no quiero entrar en detalles si cultural, clase que trabaja, si sociedad, ¿no? Pero bueno, está ahí, ¿no? El tema. En su país, ¿en qué momento se hacen más regalos?

▶ **C:** Aquí se hacen más regalos en las vacaciones, en el periodo digamos de Navidad.

▶ **E:** ¿También, como en España?

▶ **C:** Como en España, y por supuesto, como regalo, se puede regalar como regalos de cumpleaños, por ejemplo.

▶ **E:** De cumpleaños.

▶ **C:** Sí, una vez al año.

---

d. 🔊 Vuelve a escuchar tu grabación de la tarea 2 y evalúa tu propia actuación completando el mismo esquema:

EVALUACIÓN

	SÍ	NO
1. He conversado con naturalidad y no de manera forzada o nerviosa.		
2. He usado un tono adecuado, formal, como corresponde a la conversación.		
3. He sabido usar los conectores adecuados para argumentar y contraargumentar cuando ha sido necesario.		
4. He usado los conectores adecuados para ordenar el discurso y relacionar las ideas.		
5. He sabido usar los recursos adecuados para matizar mis opiniones.		
6. He podido tomar la iniciativa en la conversación cuando ha sido necesario.		

¿Qué aspectos positivos y qué aspectos negativos señalarías de tu actuación? Anota aquí tus comentarios:

◗ **Positivos**

◗ **Negativos**

Tarea 3.

a. Un candidato ha hecho estas reflexiones sobre la tarea 3. Anota si estás de acuerdo o no con él.

	SÍ	NO

1. Tengo que expresar la opinión sobre diferentes titulares.

2. Debo mantener mi opinión diga lo que diga el entrevistador.

3. No puedo estar en desacuerdo con lo que diga el entrevistador.

4. Debo mantener un tono formal en la expresión de mis ideas.

5. Los titulares son una mera excusa para hablar.

6. No puedo hacer valoraciones sobre los temas que aparecen.

7. Debo apoyar mi opinión con ejemplos reales de mi vida personal.

8. Debo transmitir unos profundos conocimientos sobre el tema.

9. Se evalúa que puedo tener una conversación informal sobre estos temas, no que mis ideas sean brillantes.

¡Atención! Antes de continuar, consulta los comentarios en el apartado de claves (pág. n.º 260).

b. Aquí tienes algunas preguntas del entrevistador en la tarea 3. Relaciona cada una con lo que se hace en ellas.

> **A.** Se pregunta por uno de los titulares en concreto.
> **B.** Se pide que se justifique una opinión.
> **C.** Se hace una pregunta concreta relacionada con el tema.
> **D.** Se pregunta por algún ejemplo de su país o su persona en relación con el tema de los titulares.

◗ FRAGMENTO	◗ FUNCIÓN
1. *¿Qué es lo que ve en este tipo de medicina que la tradicional no le da?*	
2. *¿Por qué no es lo mismo?*	
3. *A ver, ¿por qué ha elegido ese titular?*	
4. *Bueno, pero seguro que ¿usted no se acuerda cuando salió el móvil, cuando salieron los primeros ordenadores? Seguramente diría, no, yo voy a seguir escribiendo a máquina, o en papel, o con bolígrafo, y el ordenador no me interesa para nada ¿no? Y no sea que dentro de seis meses, de un año o de más, o incluso de menos, los libros… no quiera saber nada de los libros de papel...*	
5. *¿A qué se refiere con nueva frontera? En teoría la medicina tradicional es la que mejor funciona, ¿no?*	
6. *¿Sí? ¿También de las graves? ¿Cree que la homeopatía puede funcionar con el cáncer?*	

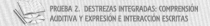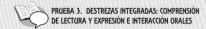

C. Lee la intervención de una candidata y evalúa su actuación completando el siguiente esquema:

EVALUACIÓN	SÍ	NO
1. Expresa claramente su opinión sobre uno o varios titulares.		
2. Sus respuestas no son breves, desarrolla las ideas.		
3. Sabe defender su opinión aunque el entrevistador la cuestione.		
4. Muestra su desacuerdo con el entrevistador presentando argumentos.		
5. Se apoya en las ideas que se transmiten en los titulares.		
6. Hace valoraciones sobre el tema.		
7. Valora las opiniones reflejadas en los titulares.		
8. Apoya sus opiniones en conocimientos propios sobre el tema (que no se evalúan).		
9. Integra en lo que dice lo que ha dicho el entrevistador.		
10. Tiene un léxico apropiado y variado.		
11. Tiene buen dominio de la gramática.		
12. Se autocorrige cuando comete algún error.		

◔ CANDIDATA

► **E:** De acuerdo, muchas gracias, hemos terminado con la tarea número dos y vamos a la última, la tarea número tres. Aquí tiene una serie de titulares. Va a tener un minuto para leerlos.

► **C:** ¿Todos? ¿Un minuto?

► **E:** Sí, va a elegir uno, usted me dirá cuál es, y a partir del titular vamos a entablar una conversación.

► **C:** Muy bien.

► **E:** ¿De acuerdo? La que más le guste, la que menos le guste, con la que no esté de acuerdo, cualquiera… la que más le haga enfadar o yo que sé, cualquier cosa, eso es lo de menos, es una escusa, se trata de…

► **C:** Sí.

► **E:** La elige y me la lee, por favor.

► **C:** Estanterías… Ah, leo todo.

► **E:** Sí, la que usted ha elegido…

► **C:** Estanterías en vías de extinción. La irrupción del libro electrónico supone un cambio no solo en los hábitos de lectura, sino un cambio en nuestras maneras en nuestra manera de almacenar, disponer y guardar nuestros libros. Esas compañeras de viaje anotadas en los márgenes, que amarillean con los años, que resisten mal las humedades, que acumulan demasiado polvo son ya perfectamente prescindibles.

► **E:** A ver, ¿por qué ha elegido ese titular?

► **C:** Por qué he elegido este titular…

► **E:** Sí.

► **C:** Por razones personales, muy personales, por… primero, porque por un lado, la idea de poder "almacenar" entre comillas todos los libros en una, una un pincho, o un diskette, un aaa, me parece… una… fantástico, segundo porque a mí me gusta el libro en papel, es una contradicción, por una parte está bien poder tener una librería, una biblioteca entera en poco espacio, por otra, para mí es fundamental la relación física con el libro, no se trata solo de… yo no tiendo a leer un libro y abandonarlo, también por mi trabajo, por lo tanto el libro para mí es un objeto que tengo que maltratar también.

▶ E: Pero seguro que también…

▶ C: …es un ser vivo…

▶ E: …Usted al principio nos ha dicho que trabaja en la universidad y seguramente que empleará muchas más horas mirando el ordenador que leyendo libros.

▶ C: Sí, pero no leo libros en el ordenador.

▶ E: ¿No lee libros…?

▶ C: Nunca.

▶ E: Pero como ha hablado de…

▶ C: Nunca… más largo de una página no puedo leer en el ordenador, porque no me gusta.

▶ E: Sí, pero seguramente que empleará muchísimas horas en el ordenador…

▶ C: Sí, pero haciendo otras cosas.

▶ E: ¿Otras cosas?

▶ C: Más que nada… sí.

▶ E: Bueno, siempre, inevitablemente…

▶ C: Otros trabajos…

▶ E: En el ordenador.

▶ C: Sí, pero muy poco, porque muchas veces, por ejemplo, si encuentro material interesante lo imprimo, lo imprimo

▶ E: Ahá.

▶ C: Eh, sí, si sé que tengo que…

▶ E: Usted ¿no va a leer nunca un libro electrónico?

▶ C: Tengo un libro electrónico y hasta ahora no lo he utilizado, porque no lo… o sea no me gusta, no puedo, para mí el libro es abrirlo, cerrarlo, marcarlo, doblarlo, tirarlo, romperlo si no me gusta, pero no puedo trabajar con un libro electrónico, no puedo… ni ni relajarme.

▶ E: Relajarse.

▶ C: Quiero decir, no es lo mismo.

▶ E: Bueno, pero seguro que ¿usted no se acuerda cuando salió el móvil, cuando salieron los primeros ordenadores? Usted ¿tiene memoria? Seguramente diría, no, yo voy a seguir escribiendo a máquina, o en papel, o con bolígrafo, y el ordenador no me interesa para nada ¿no? Y no sea que dentro de seis meses, de un año o de más, o incluso de menos, los libros… ¿no quiera saber nada de los libros de papel?

▶ C: No es lo mismo.

▶ E: ¿Por qué no es lo mismo?

▶ C: Porque…

▶ E: Tiene que haber alguna razón.

▶ C: Porque por ejemplo, el móvil, el móvil era un objeto que no existía.

▶ E: Sí, y el ordenador tampoco.

▶ C: El móvil no existía… intento llegar… son mis argumentos.

▶ E: Sí.

▶ C: El móvil no existía, es algo nuevo, el ordenador no existía, existía el bolígrafo, pero cuando uno tiene que estudiar. Lo debe ver, reescribir, lo encontraba un instrumento útil. El libro electrónico…

▶ E: Es muy útil.

▶ C: No existía, existe en otro formato, existe algo que se llama libro, y el libro nace en… papel no, en papiro, pero siempre… siempre es algo que tiene que poder manosear.

▶ E: Manosear, pero ¿por qué? Porque es una costumbre, porque estamos hablando acostumbrados precisamente a eso

▶ C: Pero yo tengo una edad ya, ya soy bastante… ya yo no puedo ser… no me puedo reciclar hasta este punto, yo no puedo abandonar el libro.

▶ E: Pero seguramente usted pensaría cuando iba por la calle, y esos primeros celulares, pero ¡qué horror! La gente que se le oye todo y no me interesa de lo que hablan, ¿no? Y ahora, ahora ya…

▶ C: Sí, ahora lo sigo pensando, pero reconozco la utilidad y reconozco la utilidad…

▶ E: ¿Y la utilidad del libro electrónico? ¿No piensa que en un formato único meter todos los libros que quiera, llevárselos a donde quiera, abrirlos cuando quiera…

▶ C: No podría abrirlo, no lo podría abrir.

▶ E: ¿Cómo que no lo podría abrir? Son tabletas que se abren, ¿no?

▶ C: No, el libro electrónico no es una tableta. Son dos objetos distintos

▶ E: Ah, son dos objetos distintos.

▶ C: El libro electrónico es una tableta… no es tampoco la tableta que se abre.

▶ E: ¿No se abre?

▶ C: Simplemente…

▶ E: Ah, yo creía que era como los ordenadores.

▶ C: Para mí el libro es papel.

▶ E: Es papel…

▶ C: Sobre todo.

▶ E: Bueno…ya me dirá usted dentro de unos meses o un año, si nos vemos.

▶ C: Jajajajaja.

▶ E: Vamos a ver si piensa lo mismo o no.

▶ C: Seguramente.

▶ E: ¿Seguramente? Bueno, pues, nada más, hemos terminado, gracias,…

d. 🔊 Escucha tu grabación sobre la tarea 3 y evalúa tu actuación completando el mismo esquema:

EVALUACIÓN

	SÍ	NO
1. Expreso claramente mi opinión sobre los titulares seleccionados.		
2. Mis respuestas no son breves, desarrollo las ideas.		
3. Mantengo mi opinión aunque el entrevistador la cuestiona.		
4. Muestro mi desacuerdo con el entrevistador presentando argumentos.		
5. Me apoyo en las ideas que se transmiten en los titulares.		
6. Hago valoraciones sobre el tema o temas que aparecen.		
7. Valoro los pros y los contras de determinadas opiniones.		
8. Aunque no se evalúan, tengo y he usado ciertos conocimientos sobre el tema.		
9. Integro en lo que digo lo que ha dicho el entrevistador.		
10. Tengo un léxico apropiado y variado.		
11. Tengo buen dominio de la gramática.		
12. Me autocorrijo cuando cometo algún error.		

¿Qué aspectos positivos y qué aspectos negativos señalarías de tu actuación? Anota aquí tus comentarios:

◗ **Positivos**

....

....

....

....

◖ **Negativos**

....

....

....

....

CLAVES Y COMENTARIOS DE LAS ACTIVIDADES

Tarea 1.

a. **1.** C; **2.** A, B; **3.** C, A; **4.** B; **5.** C.

b. Ideas principales: B. D, I; Ideas secundarias: A, C, E, F, G, H.

c. **1.** No; **2.** No; **3.** No; **4.** No; **5.** No, **6.** Sí.

> **Comentarios. 1.** Se refiere a ellos de manera desordenada y habla de ellos en general, refiriéndose a informaciones sin especificar en qué parte de los materiales aparecen; **2.** Las ideas no aparecen de manera ordenada, el candidato duda con frecuencia al formular las ideas. No distingue ideas principales de secundarias, va dando la información en una secuencia continua; **3.** No ha hablado con fluidez. Continuamente utiliza expresiones como "bueno", "nada" y duda mucho al expresar las ideas; **4.** Los conectores usados no son adecuados. Son de tipo coloquial y no los esperados en un discurso formal. El texto resulta descohesionado. Muchas oraciones empiezan y no acaban, se cambia la estructura sintáctica; **5.** El léxico empleado ha sido pobre y no el esperado en un nivel C2. Las dudas al hablar se debían a la falta de mayor riqueza léxica; **6.** No ha habido importantes errores gramaticales, aunque en este tipo de discurso no sea necesario usar estructuras muy complejas. Sí hay abundantes errores sintácticos. <u>Conclusión</u>: probablemente este candidato no pasaría esta tarea de la prueba.

e.

⟳ FRAGMENTO	ERROR	CORRECCIÓN
"en la segunda posición a nivel de, para la venta de juguetes"	Gramática	*"en la segunda posición en venta de juguetes"*
"el papel que juegan los juguetes"	Vocabulario	*"el papel que desempeñan los juguetes/la función que desempeñan los juguetes"*
"en este caso de mediación, y nada, hasta ese punto es, por ejemplo se habla, se habla también de, bueno, se habla, hay unas cuantas estadísticas"	Conectores. Se inician varias oraciones pero no se concluyen, falta conexión en el texto.	*"… en este caso de mediación. En los materiales aparecen unas estadísticas…"*
"una señora cuenta de su hija que se tuvo"	Gramática	*"Una señora habla de su hija que se tuvo…/ una señora cuenta que su hija se tuvo…"*
"los juguetes se venden más cuando estamos por ejemplo cerca de las vacaciones, bueno, cerca de las fiestas navideñas, de los Reyes Magos y nada"	Conectores	*"Los juguetes se venden más cuando estamos cerca de las vacaciones, o sea, de las fiestas navideñas, de los Reyes,…"*
"la semana siguiente ella habría distribuido también para niñas"	Vocabulario	*"la semana siguiente habría repartido/regalado otros también para niñas"*

Tarea 2.

a. **1.** D; **2.** C; **3.** A; **4.** B.

PRUEBA 1. USO DE LA LENGUA, COMPRENSIÓN DE LECTURA Y COMPRENSIÓN AUDITIVA   PRUEBA 2. DESTREZAS INTEGRADAS: COMPRENSIÓN AUDITIVA Y EXPRESIÓN E INTERACCIÓN ESCRITAS   PRUEBA 3. DESTREZAS INTEGRADAS: COMPRENSIÓN DE LECTURA Y EXPRESIÓN E INTERACCIÓN ORALES

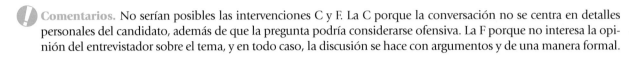

Comentarios. No serían posibles las intervenciones C y F. La C porque la conversación no se centra en detalles personales del candidato, además de que la pregunta podría considerarse ofensiva. La F porque no interesa la opinión del entrevistador sobre el tema, y en todo caso, la discusión se hace con argumentos y de una manera formal.

b. **1.** G; **2.** A; **3.** B, A; **4.** D; **5.** E; **6.** C; **7.** F.

c. **1.** No; **2.** Sí; **3.** No; **4.** No; **5.** No; **6.** No.

Comentarios. **1.** No ha hablado de manera natural. Las respuestas en general han sido cortas, con poca fluidez, y en las frases más largas ha habido muchas dudas; **2.** El tono es correcto, aunque el léxico empleado ha sido pobre; **3.** Las frases a menudo se han presentado de marea brusca, sin conectores: "Es que buscan... hacen, o sea, van a buscar un regalo en base al tipo de… o sea, para o"; **4.** No, las ideas no aparecen expresadas de manera clara, el discurso se interrumpe a menudo con pausas o expresiones como "o sea", "bueno",…; **5.** A menudo las respuestas son demasiado breves y poco explicativas:

► **E:** *Bueno, pero usted seguramente que tendrá amigos de su generación, de su edad que tengan también hijos, seguramente y ¿ha notado si cuando son hijos les regalan determinados juguetes o hijas?*

► **C:** *Sí.*

► **E:** *¿Sí? ¿También?*

► **C:** *Sí.*

► **E:** *O sea, que ¿también en su país sucede esto o…?*

► **C:** *Sí.*

6. En todos los casos ha respondido a las preguntas, no ha tomado la iniciativa ni ha guiado la conversación. **Conclusión:** Este candidato probablemente no pasaría esta tarea de la prueba.

Tarea 3.

a. **Comentarios.** **1.** No necesariamente. La conversación se puede centrar solo en uno. Los titulares tratan todos sobre un mismo tema y normalmente habrá diferentes aspectos de esa tema y posiblemente diferentes opiniones, por lo que es posible que se toquen varios; **2.** No necesariamente. Se trata de tener una conversación informal sobre el tema de los titulares. Se valora la capacidad de argumentar e interactuar de manera espontánea, como si fuera una conversación real. Si el entrevistador convence con sus argumentos, se puede estar de acuerdo con él, lo importante es saber interactuar expresando la propia opinión, dar aclaraciones, argumentar las opiniones y saber expresar acuerdo o desacuerdo; **3.** El entrevistador se mostrará en desacuerdo con la opinión del candidato, y precisamente se valora la capacidad de argumentar y contraargumentar del candidato; **4.** Esta conversación no es formal como la de la tarea 2. Se intenta que se reproduzca una conversación más espontánea; **5.** Los titulares sirven para centrar el tema. Por ello, lo normal es elegir uno y decir si se está a favor o en contra, y de ahí surge espontáneamente la conversación. Después se puede volver a alguno de ellos para mostrar acuerdo o desacuerdo o apoyar alguna opinión, **6.** Sí se deben hacer valoraciones, se trata de implicarse y argumentar sobre el tema a tratar, **7.** Sí en el caso de que tenga algún ejemplo personal o que conozca a alguien que tenga relación. En esta tarea hay una parte de personalización, es decir, hablar del tema aplicado a la realidad del candidato, su país, su ambiente laboral…; **8.** No, no se trata de ser un experto. Los temas suelen ser de ámbito general y que susciten debates, pero no se espera que el candidato sea un especialista. De todas formas, si el candidato tiene datos o bien otras informaciones concretas, vienen bien a la conversación; **9.** En efecto es así. No se evalúa la capacidad oratoria del candidato, sino su capacidad para argumentar y contraargumentar en una conversación espontánea no preparada previamente.

b. **1.** C; **2.** B; **3.** A; **4.** D; **5.** B; **6.** C.

c. **1.** Sí; **2.** Sí; **3.** Sí; **4.** Sí; **5.** Sí; **6.** Sí; **7.** No; **8.** Sí; **9.** Sí; **10.** Sí; **11.** Sí; **12.** No.

Comentarios. **1.** En realidad defiende firmemente su opinión, no valora otras. **12.** No se autocorrige, pero no es necesario, apenas comete errores. **Conclusión:** Este candidato probablemente pasaría esta tarea de la prueba.

DELE C 2

Modelo de examen n.° 4

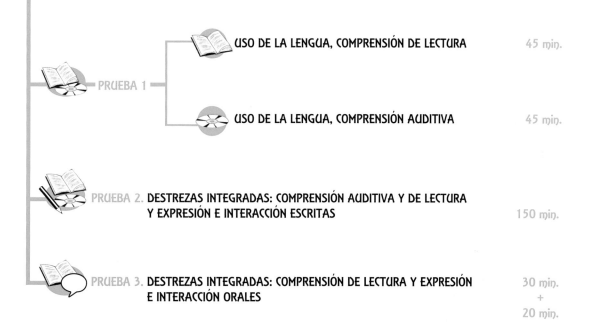

PRUEBA 1

USO DE LA LENGUA, COMPRENSIÓN DE LECTURA — 45 min.

USO DE LA LENGUA, COMPRENSIÓN AUDITIVA — 45 min.

PRUEBA 2. DESTREZAS INTEGRADAS: COMPRENSIÓN AUDITIVA Y DE LECTURA Y EXPRESIÓN E INTERACCIÓN ESCRITAS — 150 min.

PRUEBA 3. DESTREZAS INTEGRADAS: COMPRENSIÓN DE LECTURA Y EXPRESIÓN E INTERACCIÓN ORALES — 30 min. + 20 min.

Claves, comentarios, consejos y actividades sobre este modelo de examen.

En este modelo vas a poner en práctica todas las dificultades y procedimientos que has ido viendo en los anteriores modelos. Actúa como un repaso y puesta en práctica de todo lo visto antes de enfrentarte al examen real.

¡Atención! Las actividades de este modelo de examen las encontrarás en la **ELEteca**: https://eleteca.edinumen

Prueba 1. Primera parte: Uso de la lengua, comprensión de lectura

● ● ● ● ● ● **Antes de empezar la parte de** Comprensión de lectura.

a. Señala a qué tarea pertenecen estas **informaciones**.

	Tareas		
	1	2	3
1. Es la tarea que tiene el texto más largo.			
2. Tiene siete fragmentos para insertar en un texto.			
3. Aparece un texto complejo y especializado o literario.			
4. Encuentras seis textos especializados de ámbito académico.			
5. Se tienen que rellenar doce huecos de un texto.			
6. Aparecen resúmenes de conferencias.			
7. Para determinar la respuesta tienes tres opciones.			
8. En el texto se exponen experiencias, planes o proyectos.			
9. Al texto le faltan seis fragmentos.			
10. Tienes que relacionar ocho enunciados breves con seis textos.			

Escribe una **palabra clave** que define para ti la tarea:

b. Señala a qué tarea o tareas pertenecen estos recursos y conocimientos.

	Tareas		
	1	2	3
1. Para descartar las opciones no correctas necesito conocer a fondo sus significados y connotaciones positivas o negativas.			
2. Es fundamental tener un conocimiento amplio de las posibilidades combinatorias de todas las palabras, en especial de las de uso más frecuente.			
3. Identifico las ideas principales de los textos, ya que las preguntas, en algunos casos, tratan los aspectos globales del texto.			
4. Marco los conectores (conjunciones, adverbios, preposicionales, etc.) que funcionan de enlace entre el fragmento y el texto.			
5. Debo prestar atención a la relación de sentido que establecen las propias palabras del fragmento y las del texto.			
6. A veces es importante atender al verbo que encabeza el enunciado, porque puede cambiar el sentido del enunciado y hacer que no corresponda a ningún texto.			
7. Me fijo en el título, autor y procedencia del texto, identifico el tema del texto e intento relacionarlo temporalmente con alguna de las preguntas.			
8. Reconozco palabras equivalentes, porque puede ser fundamental en esta tarea para establecer las relaciones entre el texto y el fragmento.			
9. Es muy importante ver con qué palabras de la frase del hueco o de la frase anterior se pueden relacionar las opciones.			
10. Ahorro tiempo y hago la tarea con más eficacia si empiezo leyendo las preguntas.			
11. Es útil subrayar las ideas principales del texto y relacionarlas con palabras o ideas de las preguntas.			

 Consejo. Antes de seguir, comprueba tus respuestas en la pág. 268.

¡Ya puedes empezar esta parte de la Prueba 1!

Prueba 1. Uso de la lengua, comprensión de lectura y auditiva

La **Prueba 1** tiene una duración total de 105 minutos. Contiene seis tareas y 52 preguntas:

 – Comprensión de lectura: 3 tareas, 26 preguntas, 60 minutos.
 – Comprensión auditiva: 3 tareas, 26 preguntas, 45 minutos.

Marque las opciones únicamente en la Hoja de respuestas. A continuación debe realizar las tareas de Comprensión de lectura.

● ● ● ● ● 🕐 Pon el reloj al principio de cada tarea.

Tarea 1

INSTRUCCIONES

Lea el texto y complete los huecos (1-12) con la opción correcta (A, B o C). Marque las opciones elegidas en la Hoja de respuestas.

EL PRECIO DE LA FELICIDAD

Woody Allen dijo en cierta ocasión: "El dinero no da la felicidad, pero _____(1)_____ una sensación tan parecida, que se necesita un auténtico especialista para verificar la diferencia". En efecto, a menudo _____(2)_____ el efecto de tener dinero con la felicidad, pero ¿hasta qué punto es el dinero causa de la felicidad? Diferentes estudios afirman que no existe una relación directa entre dinero y felicidad. Para empezar habría que distinguir el concepto de felicidad del de confort, bienestar o satisfacción material.

A partir del barómetro de la felicidad realizado en 22 países, el dinero queda lejos de los primeros puestos como procurador de la felicidad. _____(3)_____ el factor material, podemos asegurar que las personas que se consideran felices declaran _____(4)_____ relaciones de afecto sólidas y de calidad, practicando el diálogo y la espontaneidad así como la comprensión y la intimidad, y al tiempo que perciben que su estado no es _____(5)_____ resultado de las circunstancias sino, que lo entienden como un proceso continuado de esfuerzo y responsabilidad, evidente para ellos sobre todo en la manera de _____(6)_____ los infortunios y las desgracias, no como efecto de la mala suerte, sino más bien de sus propias acciones y decisiones. Son personas abiertas a la hora de compartir sus emociones y expresar sus estados de ánimo, optimistas, aunque no por ello _____(7)_____ . Hacen de la _____(8)_____ una oportunidad para el aprendizaje. Tienden a ver las situaciones difíciles de forma más positiva y se ven menos influidos por los resultados negativos. Cuidan de su salud física, hacen actividades deportivas, cuidan su cuerpo. Cuanto mejor sea la salud física, y, en consecuencia, la higiene mental que esta _____(9)_____ , mayor será la resistencia psicológica, el nivel de energía y la felicidad _____(10)_____ .

Se ha visto, por otro lado, que variables como la edad, la clase social, los ingresos, el cociente intelectual y la educación no parecen tener mucha influencia en la felicidad de la gente. Es decir, que la felicidad no parece reservarse a un _____(11)_____ concreto de la población.

Entonces, a fin de cuentas, ¿cuál es la relación entre dinero y felicidad? _____(12)_____ a las estadísticas, el nivel de ingresos condiciona el bienestar, pero está débilmente relacionado con la felicidad, que tiene que ver más con temas del corazón, de la realización a través del trabajo, de la salud y de dar sentido a la vida.

(Adaptado de *El País semanal*, España)

Modelo de examen n.º 4

1. a) profesa   b) procura   c) trasluce

2. a) se vincula   b) se desliga   c) se asume

3. a) Denegado   b) Descartado   c) Excusado

4. a) cultivar   b) entablar   c) consumar

5. a) grato   b) mero   c) único

6. a) acarrear   b) lamentar   c) afrontar

7. a) ingenuos   b) taciturnos   c) maliciosos

8. a) dicha   b) adversidad   c) conformidad

9. a) conciba   b) componga   c) genere

10. a) resuelta   b) publicada   c) declarada

11. a) segmento   b) núcleo   c) grupúsculo

12. a) Reduciéndonos   b) Ateniéndonos   c) Amoldándonos

Tarea 2

INSTRUCCIONES

Lea el siguiente texto, del que se han extraído seis párrafos. A continuación lea los siete fragmentos propuestos (A-G) y decida en qué lugar del texto (13-18) hay que colocar cada uno de ellos. HAY UN FRAGMENTO QUE NO TIENE QUE ELEGIR. Marque las opciones elegidas en la Hoja de respuestas.

VENTAJAS DE LOS ALIMENTOS BIOLÓGICOS

La concienciación por parte de la población del progresivo deterioro del medioambiente por la producción masiva de alimentos ha motivado la aparición en el mercado de los alimentos ecológicos, también conocidos como biológicos u orgánicos. **13.** _____. Tampoco se manipulan genéticamente. Actualmente, desde los cereales, las frutas y verduras, el café, los huevos, la leche y la carne, todos los alimentos tradicionales tienen su alternativa ecológica. Los problemas ocasionados con las crisis de las vacas locas, de la contaminación por dioxinas de los pollos, y el miedo a las consecuencias de la manipulación genética de los alimentos han motivado que los españoles estén cada vez más concienciados con la calidad de los alimentos que toman y se vuelvan cada vez más exigentes con los temas de seguridad alimentaria. **14.** _____.

Es muy posible que el olor, sabor y color sean más atractivos. Todos conocemos las diferencias de sabor que puede haber entre un tomate cogido en su momento adecuado de maduración y otro recolectado 15 días antes de ser ingerido. En cuanto a la ganadería biológica, no se usan substancias que aumenten el peso de la carne a base de retención de agua. Además, solo se usan piensos naturales. **15.** _____. Sin embargo, si estos cumplen las normas de seguridad alimentaria, son de total garantía.

En principio no hay grandes diferencias entre los alimentos ecológicos y la agricultura tradicional en cuanto al contenido en macronutrientes: carbohidratos, proteínas y grasas. **16.** _____. Hay que destacar que puede variar el contenido de minerales y vitaminas de una fruta o verdura dependiendo del terreno donde se haya cultivado y de la climatología y el número de horas de exposición al sol, e incluso del grado de maduración; sin embargo, las diferencias son pequeñas si los alimentos, llamémoslos, tradicionales cumplen los requisitos de seguridad alimentaria establecidos.

17. _____. Además contribuye al mantenimiento de la vida rural y de la cultura campesina, creando y manteniendo puestos de trabajo. Pero, sobre todo, supone un mayor respeto al medioambiente, dado que no se contaminan los acuíferos, se evita la desertización y se mantiene la vida de diferentes especies animales.

El problema es sobre todo el coste. Los alimentos ecológicos son entre un 20% y un 40% más caros que sus homólogos tradicionales. Sin embargo, hay cada vez un número mayor de consumidores que están dispuestos a pagar más obteniendo a cambio mayor calidad y más información sobre la procedencia y el cultivo de estos alimentos.

18. _____. Además, se ha creado un órgano superior de asesoramiento con el fin de salvaguardar los derechos del consumidor, y se ha propuesto un etiquetado especial con el logotipo homologado y la certificación oficial.

(Adaptado de *El País*, España)

FRAGMENTOS

A. En este sentido, se puede decir que los alimentos ecológicos son más frescos, y, por supuesto, más naturales que los habituales o industriales.

B. Por este motivo, lo biológico se ve como mejor y, por tanto, se paga más, y favorece el uso generalizado del concepto *bio* en numerosos productos que no son totalmente ecológicos.

C. Para garantizar la autenticidad de los alimentos ecológicos, y que no nos den gato por liebre, se ha creado un nuevo marco legal, y se han establecido las normas referentes a la presentación, elaboración, etiquetado e importación de productos ecológicos.

D. Sí es posible que aumente algo el contenido en micronutrientes como vitaminas, minerales y ciertos fitonutrientes con capacidad antioxidante, pero las diferencias no son muy importantes si el conjunto de la dieta es correcto.

E. Por otra parte, España cuenta con las condiciones climáticas óptimas para posicionarse como uno de los principales países productores de agricultura ecológica, y su exportación a otros países europeos en este mercado va en aumento.

F. El primer beneficiario de la agricultura biológica es el agricultor, que no se expone a la acción de plaguicidas y otros compuestos químicos que le pueden causar ciertas enfermedades si no se protege adecuadamente.

G. Nos referimos a los producidos mediante una tecnología respetuosa con el medioambiente y con el ecosistema, ya que en su producción no se utilizan sustancias químicas, posiblemente contaminantes, tales como pesticidas, plaguicidas, fertilizantes, herbicidas, antibióticos, hormonas de crecimiento, conservantes, etc.

A continuación tiene seis textos (A-F) y ocho enunciados (19-26). Léalos y elija el texto que corresponde a cada enunciado. RECUERDE QUE HAY TEXTOS QUE DEBEN SER ELEGIDOS MÁS DE UNA VEZ. Marque las opciones elegidas en la Hoja de respuestas.

ENCUENTRO DE INVESTIGADORES EN EDUCACIÓN FÍSICA. RESUMEN DE PONENCIAS

A.

Inclusión de las artes de circo en el nuevo programa de educación primaria (área del conocimiento corporal). Serrana Cabrera.

Esta ponencia parte del proyecto de tesis (Cabrera, 2007) "Reseña de las prácticas corporales circenses en el Uruguay (1830-1911). La hipótesis se formula suponiendo que la Comisión Nacional de Educación Física, desde el momento histórico en el que se formó y fundó, ha sido parte de un proceso en la construcción de un saber necesario de ser inculcado a la sociedad en forma masiva y sistematizada –la Educación Física– , la cual ha arrastrado una serie de preceptos y validaciones hasta la época actual que se han instaurado en el imaginario colectivo contribuyendo a un tipo particular de control corporal del Estado. En este contexto, ciertos conceptos y características acerca de la expresividad corporal podrían vincularse a la vez con manifestaciones del tradicional circo criollo, pero negando su esencia liberadora y bohemia. ¿Por qué en la actualidad resurge el circo explícitamente como contenido de la Educación Física escolar?

B.

Educación Física significativa a nivel de Ciclo Básico. Paula Malán.

El siguiente trabajo de investigación, analiza las propuestas educativas desarrolladas en el área de Educación Física, a nivel de Ciclo Básico, a partir del discurso de los actores y en relación a la noción de educación inclusiva. La estrategia metodológica empleada es el estudio de casos, considerándose cuatro liceos públicos del país. Para la recolección de información se entrevista a los docentes del área y al director del centro. El hallazgo más importante, es que el área de Educación Física presenta condiciones muy favorables para el desarrollo de una propuesta educativa de inclusión. A estas condiciones debe sumarse, como elementos imprescindibles para la concreción de dicha propuesta, el manejo de ciertos elementos pedagógico-didácticos por parte del docente y el apoyo e involucramiento del director del centro.

C.

Cuerpo, ¿estás? Aportes para pensar el cuerpo en la Escuela. Leticia Folgar/ Luciana Vieytez.

La presente comunicación pretende compartir líneas de reflexión y dejar planteadas algunos de los interrogantes que han guiado el trabajo de lo que hemos denominado el Núcleo de Investigación sobre Aspectos socio-antropológicos del Proyecto de investigación "Cuerpo Espacio y Educación", enmarcado en el Proyecto de Extensión Universitaria "Innovaciones educativas en contextos de pobreza". Partimos de lo que entendemos como un poder irrenunciable del cuerpo: el poder de comunicar constantemente. La escuela aparece como uno de los ámbitos donde los cuerpos leídos, interpretados, simbolizados y clasificados como portadores de una determinada identidad social se encuentran. En el diseño de un proyecto de investigación interdisciplinario, intentamos aportar desde la Antropología elementos que nos permitan abordar la complejidad de ese "encuentro"-"desencuentro" que para algunos es visualizado como un espacio de contacto entre culturas diferentes.

D.

Educación física comunitaria, una visión a la integración y socialización del deporte. Mauricio Arévalo.

La Educación Física Comunitaria es una de las temáticas que amplía el área de intervención de los profesionales de la Educación Física y el Deporte y abre el camino para la masificación de las actividades físicas, dejando ver que esta actividad no solo se queda en los programas de las escuelas primarias y secundarias, sino que también pueden ser llevadas a este tejido social con un fin profiláctico, de mantenimiento de la salud y/o elevación de esta como vehículo del mejoramiento de la calidad de vida. La Educación Física Comunitaria, brinda herramientas para el trabajo en la comunidad, de forma tal que puedan satisfacer los intereses, motivos y necesidades de los diferentes sectores poblacionales que en ella residen.

E. *Buscando el "propio" juego en la escuela.* Gonzalo Pérez.

El presente resumen resulta ser un trabajo de indagación conceptual del juego y sus manifestaciones en los espacios del aula escolar. Por muchos años el juego ha sido utilizado dentro de la Escuela como un llamador hacia los niños para enseñar los conocimientos curriculares. De esta manera, históricamente se ha concebido al juego como el atractivo por excelencia para mantener niveles de motivación elevados, desprendiéndose así un concepto instrumentalista del juego –el juego que sirve para aprender los contenidos curriculares–. De un tiempo a esta parte, algunos trabajos muestran que las situaciones de juego, no han logrado los cometidos buscados. Es así que podemos visualizar situaciones de conflicto que se experimentan en cada juego, y que en un contexto de aula, la/el maestra/o ha sido obligado a cortar inmediatamente con el juego planteado.

F. *Culturas corporales escolares: lo que queda al descubierto del currículum oculto.* Pablo Mendes.

Cuando hablamos de cultura corporal, hacemos referencia a una noción imprecisa, que intenta agrupar todos los aspectos, todos los cruces entre las distintas esferas y dinámicas que se producen en la sociedad. Tomando el concepto de culturas escolares, se presenta en este breve trabajo una formulación hipotética, la cual afirma que no existe una cultura corporal, sino que hay distintas culturas corporales que se interrelacionan en los distintos espacios sociales, que luchan, resisten y acuerdan sus posiciones en el particular espacio escolar. Estas relaciones entre las culturas corporales escolares, son en algunos aspectos reflejadas en el currículum prescripto y en otros no, quedado fuera de dicha norma. En la dimensión real y oculta del currículum aparecen otros aspectos representados de dichas culturas corporales, que pueden estar más o menos visibles según los distintos intereses ideológicos que estén en juego.

(Adaptado de *http://www.isef.edu.uy/InvActasEncuentro.htm*. Uruguay)

PREGUNTAS

19. Esta ponencia basa su intervención a partir de una conjetura, aclarando determinados conceptos.

     A)   B)   C)   D)   E)   F)

20. En esta comunicación se plantea que, contra lo que tradicionalmente se ha venido considerando, la actividad lúdica no ha conseguido los resultados esperados.

     A)   B)   C)   D)   E)   F)

21. Este trabajo plantea la inclusión en la expresión corporal de la práctica circense.

     A)   B)   C)   D)   E)   F)

22. Los responsables de esta ponencia ven el cuerpo como un instrumento de comunicación, y la escuela como el espacio en el que se desarrolla dicha capacidad.

     A)   B)   C)   D)   E)   F)

23. En esta ponencia se llega a unas conclusiones a partir de entrevistas en varios centros educativos.

     A)   B)   C)   D)   E)   F)

24. En este trabajo se afirma que existen aspectos del tema que no se recogen en el currículo escolar, pero que están presentes en la actividad de clase.

     A)   B)   C)   D)   E)   F)

25. Esta ponencia se plantea los beneficios del deporte tanto fuera como dentro de las escuelas.

     A)   B)   C)   D)   E)   F)

26. Esta comunicación aborda el tema de la expresión corporal en la escuela como confluencias de culturas.

     A)   B)   C)   D)   E)   F)

● ● ● ● ● ¿Cuánto **tiempo** has tardado? Anótalo aquí: _____ min.

CLAVES

● ● ● ● ● ● **Antes de empezar la parte de Comprensión de lectura.**

a. **Tarea 1:** 3, 5, 7, ; **Tarea 2:** 1, 2, 8, 9; **Tarea 3:** 4, 6, 10.

b. **Tarea 1:** 1, 2, 9, 10; **Tarea 2:** 4, 5, 8; **Tarea 3:** 3, 6, 7, 11.

Consejo. Hay otros recursos que seguramente has ido desarrollando personalmente durante la preparación del examen hasta este momento. Te aconsejamos recopilarlas y tenerlas presente durante el examen. El objetivo es aprobar el examen, y cada candidato tiene sus recursos relacionados con su propio estilo personal. No hay una única manera de hacer correctamente las tareas del examen, aunque sí una única solución correcta.

Tarea 1: **1.** b; **2.** a; **3.** b; **4.** a; **5.** b; **6.** c; **7.** a; **8.** b; **9.** c; **10.** c; **11.** a; **12.** b.

Tarea 2: **13.** G; **14.** E; **15.** A; **16.** D; **17.** F; **18.** C.

Tarea 3: **19.** F; **20.** E; **21.** A; **22.** C; **23.** B; **24.** F; **25.** D; **26.** C.

¡Atención! Para controlar el resultado de tu preparación es muy importante que completes esta nueva tabla.

¿Qué recursos he aplicado y dónde?	Tarea 1	Tarea 2	Tarea 3
He aprovechado mi conocimiento de este tipo de textos.			
He podido activar mi conocimiento del vocabulario específico del tema.			
Aunque no conocía alguna palabra, he resuelto correctamente la tarea usando otros recursos.			
Como conozco la tarea, he podido hacerla con rapidez y seguridad.			
He entendido bien la relación entre la pregunta (o fragmento) y el texto.			
No he perdido tanto tiempo leyendo y releyendo porque marco, subrayo, y destaco palabras y fragmentos.			
He usado los recursos que mejor me salen para resolver la tarea.			
(Otro)			
Respuestas correctas.			
Tiempos parciales de cada tarea.			
Tiempo total utilizado.			
Nivel de estrés (de 1 –mínimo– a 5 –máximo–).			

¿Qué puedes hacer para mejorar los resultados en el examen? Anota aquí tu comentario.

....

....

Aviso importante. Las actividades de este modelo las puedes encontrar en la 📖 *ELEteca*:

https://eleteca.edinumen.es

Prueba 1. Segunda parte: Uso de la lengua, comprensión auditiva

● ● ● ● ● ● **Antes de empezar la parte de** Comprensión auditiva.

a. Señala a qué tarea pertenecen estas **informaciones**.

⚠ ¡Atención! En algunos casos puedes seleccionar más de una tarea.

		TAREA 4	TAREA 5	TAREA 6
1.	Solo cinco de las doce opciones son correctas.			
2.	En cada una de las seis preguntas, de las tres opciones dadas, solo una es correcta.			
3.	Las preguntas u opciones siguen siempre el orden de aparición de las informaciones en el texto.			
4.	Hablan un hombre y una mujer.			
5.	Se oye solo a una persona.			
6.	Hablan dos o más personas.			
7.	Aparece el tema del texto en las instrucciones.			
8.	El texto consiste en una conferencia.			
9.	Es un debate, una entrevista o una tertulia.			
10.	Tengo que distinguir si la información la dice un hombre o una mujer.			

Escribe una **palabra clave** que define para ti la tarea:

b. Señala a qué tarea pertenecen estos **recursos y conocimientos**.

		TAREA 4	TAREA 5	TAREA 6
1.	Para descartar las opciones no correctas necesito conocer a fondo los significados y connotaciones positivas o negativas de las palabras.			
2.	Mientras escucho, descarto las preguntas y opciones incorrectas porque conozco los mecanismos de transformación.			
3.	Aprovecho el tiempo que me dan antes de la audición para leer las preguntas y activar el léxico relacionado con el tema, aunque este no aparece en las instrucciones.			
4.	Aprovecho el tiempo que me dan antes de la audición para leer las preguntas y activar el léxico relacionado con el tema, que aparece en las instrucciones.			
5.	Debo prestar atención a la relación de sentido que establecen las palabras de las preguntas y las de la audición.			
6.	Reconozco palabras equivalentes, algo fundamental para establecer las relaciones entre las opciones o preguntas y el texto que escucho.			
7.	Es útil subrayar las palabras clave de las preguntas y relacionarlas con palabras del texto mientras escucho.			
8.	Hago la tarea con más eficacia si empiezo leyendo las preguntas siguiendo lo que sé de la tarea y el tipo de texto.			
9.				

¿Se te ocurre algún otro recurso que puedes aplicar? Escríbelo en el número 9.

 Consejo. Antes de seguir, comprueba tus respuestas en la página n.º 273.

¡Ya puedes empezar esta parte de la Prueba 1!

Modelo de examen n.º 4

Prueba 1. Uso de la lengua, comprensión de lectura y auditiva

 Pon el disco de la pista n.° 39 a la pista n.° 41 y sigue las instrucciones. No detengas la audición hasta el final de la pista 41.

*La **Prueba 1** consta de tres tareas de Comprensión auditiva. La duración aproximada de estas tres tareas es de 45 minutos. Usted tiene que responder a 26 preguntas.*

Tarea 4

INSTRUCCIONES

Usted va a escuchar un fragmento de una conferencia en la que se tomaron algunas notas. Entre las doce opciones que aparecen debajo (A-L), usted deberá elegir las cinco que corresponden a esta conferencia. Escuchará la audición dos veces. Marque las opciones elegidas en la Hoja de respuestas.

 Ahora dispone de un minuto para leer las opciones.

OPCIONES

A) El conferenciante hizo la carrera de periodismo hace mucho tiempo.

B) Antes los periodistas aprendían el oficio trabajando en el periódico.

C) Cuando el conferenciante trabajaba como periodista, el cargo de reportero era muy apreciado.

D) Durante el ejercicio del periodismo, se adquirían los conocimientos culturales necesarios.

E) Los nuevos periodistas tienen escaso contacto con los conflictos reales.

F) Los ingredientes fundamentales para formarse como periodista son la creatividad y la vocación.

G) Actualmente en las escuelas de periodismo hay una gran preocupación por la formación académica de los estudiantes.

H) Un gran número de periodistas pasan de largo por los errores sintácticos y ortográficos.

I) Hay quien se jacta de prácticas poco éticas.

J) Se da una importancia excesiva al hecho de ser el primero en presentar una noticia.

K) Los periodistas jóvenes se esfuerzan en dar la mejor noticia posible.

L) Hay quien acusa a los profesores de exigentes y prepotentes.

Señale las opciones elegidas por orden alfabético.

27	28	29	30	31

Tarea 5

A continuación escuchará dos conversaciones. En la primera un hombre y una mujer hablan sobre la obra que han estrenado. En la segunda, un hombre y una mujer hablan sobre técnicas de relajación en el aula. Deberá marcar, de las 8 opciones que se le dan en la primera conversación (32-39) y de las 7 que se le dan en la segunda (40-46), qué ideas expresa el hombre (H), cuáles la mujer (M) y cuáles ninguno de los dos (N). Escuchará la grabación dos veces. Marque las opciones elegidas en la Hoja de respuestas.

🕐 Ahora dispone de 30 segundos para leer las frases de la primera conversación.

CONVERSACIÓN 1

32. El aspecto más difícil de Bernhard es la fuerza disimulada de sus textos.

33. No es la primera vez que actúa en una obra de Bernhard.

34. Para interpretar a Bernhard hay que entender antes lo que les ocurre a sus personajes.

35. Marca una distancia con su colega en la forma de trabajar.

36. El tema de la obra es la filosofía del lenguaje.

37. Su personaje le da una gran importancia a la forma de expresarse.

38. Resulta más fácil entender al autor al ver la obra.

39. Muestra admiración por el dramaturgo y su obra.

🕐 Ahora dispone de 30 segundos para leer las frases de la segunda conversación.

CONVERSACIÓN 2

40. La aplicación de ciertos ejercicios en la escuela es perfectamente válida.

41. Las técnicas propuestas provocan malestar entre el alumnado.

42. El uso de las técnicas en colegios conflictivos es muy aconsejable.

43. El cuarto aspecto en el que influyen las técnicas tiene que ver con el rendimiento escolar.

44. Tenía algunas reservas al principio del proyecto.

45. El profesor usa la técnica más apropiada dependiendo del estado del alumnado.

46. Un exceso de exposición a medios audiovisuales provoca daños al cerebro.

Modelo de examen n.º 4

Usted va a escuchar un fragmento de una entrevista. Después debe contestar a las preguntas (47-52). Seleccione la opción correcta (A, B o C). Escuchará la entrevista dos veces. Marque las opciones elegidas en la Hoja de respuestas.

PREGUNTAS

47. Según el entrevistado, el hombre es más feliz...

    a) perteneciendo a un grupo reducido.

    b) como parte activa de la sociedad.

    c) actuando de manera individual.

48. Para el entrevistado, la mayor parte de las parejas...

    a) se ha conocido por su cuenta.

    b) ha sido presentada por otros.

    c) da mucha importancia al grupo.

49. En cuanto a los orientales, el entrevistado afirma que...

    a) viven bajo el peso del pecado.

    b) establecen una relación diferente con el universo.

    c) actúan por interés tal y como pasa en la cultura que él mismo representa.

50. El entrevistado empezó a interesarse por la felicidad porque la ciencia…

    a) menospreciaba lo no patológico.

    b) estudiaba los problemas de la mayoría.

    c) desatendía la dimensión afectiva de las personas.

51. El entrevistado dice que la tristeza...

    a) es gestionada mejor por los jóvenes.

    b) solía tener aspectos positivos.

    c) en su justa medida nos previene de imprevistos.

52. Al entrevistado, el ejemplo de las bacterias le sirve para...

    a) demostrar nuestra resistencia al cambio.

    b) ilustrar la necesidad de ponerse de acuerdo.

    c) criticar a una sociedad violenta.

CLAVES

● ● ● ● ● **Antes de empezar la prueba de Comprensión auditiva.**

a. **Tarea 4:** 1, 3, 5, 8. **Tarea 5:** 3, 4, 7, 10. **Tarea 6:** 2, 3, 6, 9.

b. **Tarea 4:** 1, 2, 3, 5, 6, 7, 8. **Tarea 5:** 1, 2, 4, 5, 6, 7, 8. **Tarea 6:** 1, 2, 5, 6, 7.

Consejo. Hay otros recursos que seguramente has ido desarrollando personalmente durante la preparación del examen hasta este momento. Te aconsejamos recopilarlos y tenerlos presente durante el examen. El objetivo es aprobar el examen, y cada candidato tiene sus recursos relacionados con su propio estilo personal. No hay una única manera de hacer correctamente las tareas del examen, pero sí hay una única solución. En relación con el punto 8 (el tiempo para leer las preguntas), recuerda el consejo de aprovechar el tiempo que pueda restarte de la tarea 5 para leer las preguntas de la 6.

Tarea 4. 27. B; **28.** D; **29.** E; **30.** I; **31.** J.

Tarea 5: 32. N; **33.** M; **34.** M; **35.** H; **36.** N; **37.** H; **38.** M; **39.** H; **40.** H; **41.** N; **42.** N; **43.** H; **44.** M; **45.** M; **46.** N.

Tarea 6: 47. a; **48.** b; **49.** b; **50.** c; **51.** c; **52.** b.

¿Qué recursos he seguido y dónde?	Tarea 4	Tarea 5	Tarea 6
He aprovechado mi conocimiento de este tipo de textos.			
Como conozco la tarea, he podido hacerla con rapidez y seguridad.			
He podido activar mi conocimiento del vocabulario específico del tema.			
He aprovechado la escucha selectiva desarrollada en la preparación de los modelos anteriores.			
Aunque no conocía alguna palabra, he resuelto correctamente la tarea usando otros recursos.			
He entendido bien la relación entre la pregunta u opción y el texto.			
He aprovechado el poco tiempo de que dispongo para leer las preguntas antes de empezar la audición.			
He usado los recursos que mejor me salen para resolver la tarea.			
He sabido adelantarme a lo que iban a decir en cada caso.			
He sabido mantener la concentración mientras escuchaba las audiciones.			
(Otro)			
Respuestas correctas.			
Nivel de estrés (de 1 –mínimo– a 5 –máximo–).			

(al margen derecho: PRUEBA 1. SEGUNDA PARTE MODELO DE EXAMEN N.º 4 / Modelo de examen n.º 4)

¡Atención! Las **actividades** correspondientes a este modelo de examen las puedes bajar de nuestra página web:

 https://eleteca.edinumen.es

Prueba 2. Destrezas integradas: Comprensión auditiva y de lectura y Expresión e Interacción escritas

● ● ● ● ● ● **Antes de empezar la Prueba 2.**

a. Señala a qué tarea pertenecen estas **informaciones**.

🛈 **¡Atención!** Una de las afirmaciones no corresponde a ninguna tarea.

		Tarea 1	Tarea 2	Tarea 3
A.	Es la tarea que puede llevarme más tiempo realizar.			
B.	Tiene gráficos con estadísticas o datos numéricos.			
C.	Puede traer un texto de opinión como material de apoyo.			
D.	Me piden que corrija frases o textos.			
E.	Me pueden pedir un texto histórico.			
F.	Muchas veces me piden que saque una conclusión.			
G.	En el texto debo narrar experiencias personales.			
H.	Se me pide que haga referencia a todas las fuentes de información.			

Escribe una **palabra clave** que define para ti la tarea:

b. Señala a qué tarea pertenecen estos **recursos y conocimientos** necesarios para realizar de manera adecuada las tareas.

🛈 **¡Atención!** Algunas frases corresponden a más de una tarea.

		Tarea 1	Tarea 2	Tarea 3
A.	Tengo que seleccionar y reordenar ideas presentadas en distintos tipos de textos.			
B.	Es fundamental tener la habilidad para transformar unas frases en otras.			
C.	Identificar las ideas principales y las secundarias es importante para componer mi texto.			
D.	Tengo que aplicar un poco de imaginación para meterme en la situación.			
E.	Debo prestar atención a las relaciones lógicas de las ideas que aparecen en el texto si se trata de un texto de opinión.			
F.	Tengo que sacar conclusiones, deducciones o implicaciones de datos.			
G.	La tarea puede requerir la habilidad para convertir frases sueltas en un texto.			
H.	La tarea supone una interpretación de información presentada visualmente.			
I.	Se trata de un texto complejo, me conviene primero hacer un esquema, seleccionar palabras clave de los textos, relacionar ideas...			
J.	No debo olvidar las reglas de ortografía y acentuación, y debo prestar especial atención a la puntuación.			
K.	Puedo necesitar vocabulario técnico o específico del tema.			
L.	No tengo que inventar nada nuevo, solo componer un texto como cuando se hace un puzle.			

🛈 **¡Atención!** Antes de seguir, comprueba tus respuestas en la página n.º 279.

¡Ya puedes empezar esta prueba!

Prueba 2. Destrezas integradas: Comprensión auditiva y de lectura y Expresión e Interacción escritas

La **Prueba 2** contiene **3 tareas**. Duración: **150 minutos**.

● ● ● ● ● 🕐 **Pon el reloj** al principio de cada tarea.

Tarea 1

Usted colabora en una asociación cultural que iniciará una campaña para mejorar la imagen del español en su comunidad. A usted le han encargado que escriba un editorial para la revista de la asociación en el que anima a todos a mejorar la imagen, el conocimiento y el uso del idioma. Para su elaboración usted dispone de un audio con una noticia relacionada con el tema, un artículo de opinión y una noticia del periódico. Redacte el texto seleccionando de cada una de las fuentes la información que considere oportuna.

Número de palabras: entre 400 y 450.

 AUDIO

A continuación va a escuchar una noticia sobre el español en el mundo. Escuchará la audición dos veces. Tome notas de lo que se dice para luego poderlas utilizar en su escrito.

🔗 Escucha dos veces la pista n.º 43.
43

TEXTO 1

IMPORTANCIA DE LA LENGUA Y LA CULTURA EN LA DIFUSIÓN DE LA «MARCA ESPAÑA»

El concepto de «marca» es un elemento identificador de una empresa, así como de sus productos y servicios (calidad, diseño, prestigio, etc.), a los que confiere una imagen que permite diferenciarlos de los de otro competidor, haciéndolos únicos. Esta diferenciación, como señal de calidad, es la clave de la competitividad de los productos españoles en un mundo cada vez más globalizado, donde la competencia a través de los precios se ha convertido en un obstáculo difícilmente salvable. Por su parte, los países también tienen una imagen y una reputación que se puede denominar igualmente «marca». Esta imagen viene asociada a su historia, a su gente, a sus empresas y marcas, a sus instituciones, a su cultura, a su lengua... Es, en definitiva, la imagen que de nuestro país se percibe en el exterior.

Referencias como el éxito en su proceso de transición democrática, con el prestigio que otorgó a sus instituciones públicas, su adhesión a la CEE en 1986 o los grandes eventos de 1992 (Barcelona y Sevilla), tuvieron una gran repercusión mediática que ha influido de forma positiva en la mejora de la imagen de España. Asimismo, el reconocimiento internacional de personajes públicos españoles de gran renombre en sus diferentes actividades profesionales (Tàpies, Chillida, Santiago Calatrava, Valentí Fuster, Mariano Barbacid, Severiano Ballesteros, Pedro Duque, José Carreras, Fernando Alonso o Ferran Adrià entre otros muchos) refuerza una buena imagen de España en el exterior. Entre los elementos que también influyen en la percepción de una buena imagen de España están, indiscutiblemente, nuestra cultura y nuestro idioma, el español. La cultura española es uno de nuestros grandes activos internacionales. La cultura en general, y la lengua en particular, sirven de vehículo para un modelo de relación entre países, diferente del comercial o político. Mediante la promoción de la cultura y de la lengua de un país se abren nuevos mercados no solo a la enseñanza del idioma, sino también a las industrias culturales (libros, música, cine) y a otras actividades e industrias. La cultura española y el español constituyen, pues, un elemento más en la imagen de España, un elemento positivo y pacífico que no puede sino mejorar la concepción que del país se tiene internacionalmente, y que tiene un efecto de arrastre sobre el resto de los sectores.

Es evidente que una imagen positiva de España va a contribuir de forma efectiva al posicionamiento de nuestras marcas; pero, de la misma forma, las marcas españolas de renombre tienen que convertirse en las embajadoras de la imagen de España en el mundo, lo que, sin duda, va a contribuir al fortalecimiento de la «marca España». Las empresas privadas deben ser los emprendedores, los motores que pongan en movimiento la actividad empresarial. La Administración pública ha de asumir su papel de promotor, que facilite ese esfuerzo emprendedor y lo ayude a alcanzar objetivos.

Ángel Martín Acebes. Vicepresidente ejecutivo del ICEX. MEDIOS DE COMUNICACIÓN E INTERNET
(Adaptado de *http://cvc.cervantes.es/lengua/anuario/anuario_06-07/pdf/medios_08.pdf*)

TEXTO ESCRITO 2

EL IDIOMA ESPAÑOL, UNA 'MULTINACIONAL' EXITOSA EN MEDIO DE LA CRISIS

Un nuevo estudio de la Fundación Telefónica presentado en el Instituto Cervantes de Nueva York comparaba a la lengua española con una «empresa multinacional», «impulsora de intercambios comerciales entre países hispanohablantes», aseguró el profesor José Luis García Delgado, uno de los autores del informe «El valor económico del español». Esta «empresa multinacional» cuenta con 450 millones de hispanohablantes en el mundo; con una capacidad de compra de US$ 4,2 billones, algo que equivale al 9% del PIB mundial.

China aprende español

Hablar español es una ventaja competitiva para aquellos países que realizan intercambios comerciales con América Latina. China se ha percatado de ello y es por este motivo que ha aumentado la demanda de clases de español en el país. «Los chinos aprenden español porque quieren comprender a sus interlocutores y hacer negocios con mayor facilidad», indica García Delgado. Los principales interlocutores de China en América Latina son Argentina y Brasil. Este último país también ha convertido al español en su segundo idioma.

Obstáculos de los hispanos en Estados Unidos

El español no es una ventaja en todos los países. Según explica a BBC Rodolfo de la Garza, profesor de la Universidad de Columbia de Nueva York y coautor del libro «Lengua e Inmigración», los trabajadores hispanos de Estados Unidos que hablan inglés y español no obtienen ningún premio salarial por su bilingüismo y a veces incluso se presupone que su inglés no es tan bueno como el de un monolingüe. El profesor destaca que «el español debería dar valor» en trabajos del sector de la construcción, de atención al público, en hospitales y administración pública. Según el académico, los hispanos nacidos en Estados Unidos sufren una situación de discriminación estructural. «Tienden a vivir en barrios hispanos y a estudiar en escuelas de bajo nivel educativo y eso los aparta de las mejores universidades del país y de los mejores puestos de trabajo», comenta.

La futura potencia hispanohablante

En Estados Unidos viven unos 43 millones de hispanos y el español es la segunda lengua más hablada. El 10% de los altos cargos de la administración son hispanos, así como 30 senadores y congresistas. Estados Unidos se convertirá en 2050 en el país de habla hispana más grande del mundo, con 132,8 millones de hispanos; el 30% de la población del país.

En Europa el español ha logrado posicionarse como segunda lengua extranjera, por detrás del inglés, desplazando al francés, al alemán y al italiano, y tanto en los países nórdicos como en los de Europa Central y del este. El español es un factor determinante para la recepción en España de 35 000 alumnos universitarios del programa europeo Erasmus cada curso académico. España es el primer país de destino y acoge al 17% de los alumnos entre los 32 países del programa.

Es la segunda lengua de comunicación en Internet, tras el inglés. Cuenta con 680 millones de páginas web. Este hecho lo sitúa por detrás del inglés (1000 millones) y del chino (900 millones) pero por delante del alemán y del francés (500 millones de páginas web), el ruso (menos de 400 millones) y el árabe (130 millones de páginas).

(Adaptado de *www.bbc.co.uk/.../111206_espanol_ventajas_economicas_jr.shtml*)

● ● ● ● ● 🕐 ¿Cuánto tiempo has necesitado para completar **esta tarea**? Anótalo aquí: _____ min.

Tarea 2

INSTRUCCIONES

Usted participa en un ciclo de conferencias sobre el tema «Músicas del caribe». Ha asistido a una ponencia sobre el danzón en la que ha tomado algunas notas. Ahora redacte, a partir de ellas, un resumen de la ponencia para un amigo músico interesado en el tema que no ha podido asistir. Para ello, haga uso de todos los recursos que considere necesarios: adapte su texto al registro adecuado, dele una estructura coherente, corrija la puntuación, seleccione un léxico preciso y elimine los posibles rasgos específicos de la lengua oral.

Número de palabras: entre 150 y 200.

– Baile de salón. Fusión de músicas y bailes europeos, africanos y cubanos.

– Instrumentos musicales: el ritmo sonoro utilización del piano. Orquesta de danzón típica: contrabajo de tres cuerdas, flauta antigua, violines, timbales, güiro, trombón, claves. Atención al clarinete o a la flauta: relevante. En México los saxofones altos, tenores, barítonos y, ocasionalmente, el saxofón soprano.

– El danzón surge en Cuba finales del siglo XIX. Procede de Inglaterra, siglo XVII pasa a Francia (contradanza), con los colonizadores franceses a Haití.

– Guerra de independencia de Haití, muchos habitantes huyen a Cuba. Allí se convierte en el danzón: enero de 1879 Miguel Faílde presenta en Matanzas su primer danzón, titulado "Las alturas de Simpson".

– Supervivencia del danzón en México, llega con la inmigración de cubanos tras independencia de España: península de Yucatán, Veracruz y, finalmente, Ciudad de México. Ahí y en el estado de Veracruz el danzón es un elemento vigente de su música popular.

– Se bailaba en parejas, hasta 20. En piezas de cuadro o trazaban con sus pasos figuras como círculos y flores simples, siempre ajustándose al compás de la Habanera (2/4). Hoy en día, movimiento más sutil, sin desplazamiento en pista.

– Gran arraigo en México, en especial Puerto de Veracruz. Parte importante cultura y tradiciones, un elemento propio de su identidad. En Distrito Federal también gran impacto, aquí la mayor cantidad de bailadores, músicos danzoneros, salones y plazas para bailarlo.

(Información extraída de *http://kralbion2007.tripod.com/id17.html* y de *http://es.wikipedia.org/wiki/Danz%C3%B3n*)

● ● ● ● ● 🕐 ¿Cuánto **tiempo** has necesitado para completar esta tarea? Anótalo aquí: _____ min.

Modelo de examen n.º 4

INSTRUCCIONES

En el departamento de recursos humanos de la empresa en la que usted trabaja han puesto en marcha una iniciativa para que los empleados sienten más cercanos a sus jefes. A partir de los siguientes gráficos, que recogen el resultado de una encuesta entre los trabajadores, elabore un breve informe para el citado departamento, en el que refleje la situación actual y haga una previsión de la acogida y de las consecuencias de la iniciativa.

Número de palabras: entre 200 y 250.

GRÁFICOS

PREGUNTA 1:
¿En esta empresa los empleados pueden decir lo que piensan sin temor, aunque estén en desacuerdo con los jefes?

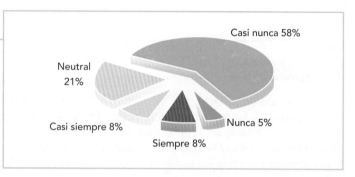

PREGUNTA 2:
¿Tu jefe es tolerante cuando cometes algún error?

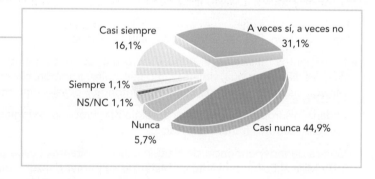

⚫ ⚫ ⚫ ⚫ ⚫ 🕐 ¿Cuánto **tiempo** has necesitado para completar esta tarea? Anótalo aquí: _____ min.

CLAVES

● ● ● ● ● **Antes de empezar la Prueba 2.**

a. **Tarea 1:** A, C, H; **Tarea 2:** D, E; **Tarea 3:** B, F. La afirmación que no corresponde a ninguna tarea es la G.

b. **Tarea 1:** A, B, C, D, E, I, J, K; **Tarea 2:** B, D, G, J, L; **Tarea 3:** D, F, H, I, J, K.

¿Qué recursos y habilidades has aprovechado y dónde?	Tarea 1	Tarea 2	Tarea 3
Me he sentido cómodo con el tipo de texto que me pedían.			
Me he referido claramente a las fuentes y las he usado todas.			
He entendido sin problemas el material de apoyo.			
He usado un vocabulario variado, amplio y preciso.			
He entendido bien las ideas de los textos.			
He distinguido en mi texto las ideas principales de las secundarias.			
He desarrollado suficientes ideas para completar mi texto.			
He organizado bien las ideas.			
He relacionado las ideas de manera adecuada.			
He asumido la situación y he entendido bien las instrucciones.			
No he perdido tiempo al pasar el texto a limpio.			
(Otro)			
Tiempo parcial utilizado en cada tarea.			
Tiempo total utilizado.			
Nivel de estrés (de 1 –mínimo– a 5 –máximo–).			

PRUEBA 2
MODELO DE EXAMEN N.º 4

¡Atención! Las **actividades** correspondientes a este modelo de examen las puedes bajar de nuestra página web:

https://eleteca.edinumen.es

Modelo de examen n.º 4

Prueba 3. Destrezas integradas: Comprensión de lectura y Expresión e Interacción orales

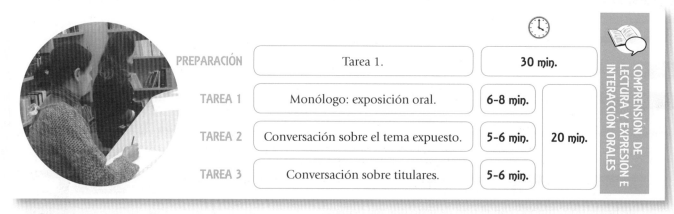

PREPARACIÓN	Tarea 1.	30 min.	
TAREA 1	Monólogo: exposición oral.	6-8 min.	
TAREA 2	Conversación sobre el tema expuesto.	5-6 min.	20 min.
TAREA 3	Conversación sobre titulares.	5-6 min.	

● ● ● ● ● **Antes de empezar la Prueba 3.**

a. Señala a qué tarea pertenecen estas **informaciones**.

⚠ **¡Atención!** Puedes marcar en más de una tarea para cada afirmación.

		TAREA 1	TAREA 2	TAREA 3
1.	Tienes que mantener una conversación formal ampliando y comentando los materiales que ya has visto.			
2.	Tienes que mantener una conversación informal comentando unos titulares.			
3.	Tienes que preparar un monólogo a partir de unos textos, gráficos, etc.			
4.	No ves el material hasta que estás en la sala de examen.			
5.	Tienes tiempo para preparar esta tarea antes de entrar en la sala de examen.			
6.	Tienes que dar tu opinión justificándola.			
7.	En esta tarea no tienes que valorar, solo exponer las ideas que aparecen.			
8.	Respondes a las preguntas que te hace el entrevistador.			
9.	Tiene una duración de entre 5 y 6 minutos.			
10.	Tiene una duración de entre 6 y 8 minutos.			

Escribe una **palabra clave** que define para ti la tarea:

b. Señala a qué tarea pertenecen estos **recursos y habilidades**.

		TAREA 1	TAREA 2	TAREA 3
1.	No importa si no estás de acuerdo con el entrevistador, lo importante es que justifiques bien tus argumentos.			
2.	Empiezas hablando de uno que destacas y con el que te identificas.			
3.	Es importante identificar las ideas principales y las ideas secundarias de los textos para preparar la tarea de manera estructurada.			
4.	Es bueno entender bien e interpretar de manera correcta los gráficos para referirse a ellos o responder a las preguntas del entrevistador.			
5.	En esta parte tienes que leer rápidamente, centrando la atención en el significado y seleccionando mentalmente tus argumentos a favor o en contra.			
6.	Es bueno preparar un guion con las ideas que vas a desarrollar.			
7.	Se valora la autocorrección en caso de que te equivoques.			
8.	Subrayar algunas ideas te ayuda a organizar la exposición.			
9.	Te puede servir haber preparado las posibles preguntas del entrevistador.			
10.	Tienes que relacionar la información que te dan con las tres pautas que tienes que desarrollar.			
11.				

¿Se te ocurre alguna otra estrategia o recurso que puedes aplicar? Escríbelo en el número 11.

 Consejo. Antes de seguir, comprueba tus respuestas en la página 286.

¡Ya puedes empezar esta prueba!

Prueba 3. Destrezas integradas: Comprensión de lectura y
Expresión e Interacción orales

 Recuerda que en el examen dispones de 30 minutos para preparar la tarea 1, pero puedes aprovechar ese tiempo para preparar también la 2. A continuación tienes el material de la tarea 1.

• • • • • 🕐 **Pon el reloj.** Dispones de 30 minutos para preparar la tarea 1, aunque también puedes preparar la 2.

PREPARACIÓN

Tarea 1. Presentación oral

INSTRUCCIONES

EL FRACASO ESCOLAR

Por fracaso escolar o abandono escolar prematuro se entiende normalmente el hecho de no lograr el título académico mínimo obligatorio de un sistema educativo. Hay quien relaciona el fracaso escolar con personas fracasadas y lo considera responsabilidad exclusiva de los estudiantes, y no ven el éxito escolar como un proceso en el que intervienen otros factores.

Prepare una presentación de 6-8 minutos sobre el fracaso escolar en la que le explique al entrevistador:

– cuáles son las causas principales del fracaso escolar;

– qué consecuencias pueden tener para los estudiantes y la economía;

– cómo actuar ante el fracaso escolar de un hijo.

Para preparar su intervención cuenta con los siguientes materiales de apoyo. Utilícelos todos, seleccionando de cada uno de ellos la información que considere oportuna:

1. *Gráfico: El fracaso escolar en cifras (España).*
2. *Gráfico: Las causas en porcentajes (España).*
3. *Folleto: Guía para evitar el fracaso escolar.*

4. *Texto 1: Causas del fracaso escolar.*
5. *Texto 2: El abandono educativo engulle más recursos.*

 GRÁFICOS

EL FRACASO ESCOLAR EN CIFRAS:

50	
40	
30	29 35 48 50
20	
10	
0	Fracaso escolar / No superan 2.º ESO / No superan Bachiller / Abandonan Universidad

LAS CAUSAS EN PORCENTAJES:

- Otras causas 29%
- Retraso mental 2%
- 29% Trastornos de aprendizaje
- 10% Trastornos de déficit de atención con hiperactividad
- Trastornos emocionales 30%

(Extraído de: *http://www.psicopedagogia.com/articulos/?articulo=454*)

GUÍA PARA EVITAR EL FRACASO ESCOLAR

1. Demuéstrale a tu hijo que le quieres no por sus éxitos sino por él mismo.
2. Permítele que tome decisiones y dale responsabilidades acordes con su edad.
3. Jamás le compares desfavorablemente con sus hermanos o amigos.
4. Jamás le hagas sentirse inútil o culpable, anímale a confiar en sí mismo y a valorarse.
5. Enséñale que no hay que desanimarse ante los primeros fracasos, que hay que ser tenaz y buscar alternativas, practicar para superarse.
6. Fomenta la lectura desde pequeño, contando cuentos, haciendo que los cuente él, animándole cuando lea algo. Enséñale palabras nuevas y hazlo como un juego, que enriquezca su vocabulario, háblale mucho y con propiedad.
7. Estate atento con sus éxitos, por mínimos que sean, esto le ayudará a ir superándose y a sentirse seguro.
8. Enriquece su ocio. Que no vea solo la televisión cuando es pequeño.
9. Enséñale programas adecuados, llévale a museos, cuéntale historias, haz que tenga contacto con la naturaleza…
10. En fin, fomenta que tu hijo se quiera a sí mismo, se acepte, esté seguro y sobre todo que SEA FELIZ.

(Extraído de: *http://www.psicopedagogia.com/articulos/?articulo=454*)

CAUSAS DEL FRACASO ESCOLAR

Vamos por tanto a tratar de definir el fracaso escolar, y cuando lo hacemos estamos hablando de un problema que se vive, se ha vivido o se vivirá en la mayoría de los hogares españoles…

Los últimos sondeos hablan de un 29% de fracaso escolar, que es muy superior a la media europea, en concreto, solo nos supera Portugal. Quedamos muy lejos del 7% que existe en Suecia por ejemplo. Esta media ha ido subiendo e incrementándose a pesar de que debido al descenso demográfico cada vez son menos los estudiantes. Las cifras son ahora mismo alarmantes. En la enseñanza media un 32% de los alumnos repite curso, un 35% no termina con éxito 2.° de ESO. El 48% no supera el bachiller y en la universidad el abandono de los estudios ronda el 50%.

¿Pero, cuándo hablamos realmente de fracaso? Hablamos de fracaso cuando un niño no es capaz de alcanzar el nivel de rendimiento medio esperado para su edad y nivel pedagógico.

Dado que el único criterio para evaluar el éxito o el fracaso de los niños, son las calificaciones, el fracaso se traduce en suspensos, que por supuesto suelen ser masivos y hace que los padres ya no sepan qué hacer con ese niño o ese joven. No vamos a hablar de uno o dos suspensos en alguna evaluación, que pueden ser absolutamente normales y superables, sino de esos otros niños cuyas calificaciones son negativas al finalizar el curso escolar. Para delimitar aun más el campo del que estamos hablando, podríamos referirnos a aquellos alumnos que hayan acabado el curso con más de dos asignaturas pendientes, que es cuando en principio repetirán curso, lo que evidentemente sería una medida del fracaso escolar, aunque en niveles prácticos y hasta la ley de calidad, debido a la coordinación entre los padres y los profesores, a veces se iba pasando a los niños de curso, y así se aplazaban los conceptos de fracaso escolar hasta la finalización de cada ciclo de primaria o secundaria que no pudieran superar, situación que en la actualidad, se ha reformado.

Muchas son las causas que pueden originar un fracaso escolar. Las más reseñables son los trastornos de aprendizaje y los trastornos emocionales. Las cifras varían según los diferentes estudios, pero son aproximadamente las siguientes: solo un 2% se debe a factores intelectuales. Alrededor de un 29% de fracaso se debe tanto a trastornos de aprendizajes, entre los que destaca por su importancia la dislexia. Aproximadamente la misma proporción se debe a factores emocionales de todo tipo y un preocupante 10% lo ocupa en este momento, el trastorno más estudiado en España en psicología infantil en los últimos años: TDAH, o trastorno de déficit de atención con hiperactividad.

(Extraído de: *http://www.psicopedagogia.com/articulos/?articulo=454*)

EL ABANDONO EDUCATIVO ENGULLE MÁS RECURSOS

Uno de los barómetros en los que se fijó Europa para valorar el grado de cumplimiento de la Agenda de Lisboa para alcanzar la sociedad del conocimiento es la evolución de la tasa de fracaso escolar en los países. España, que también pugna por transformar su modelo productivo tras años abonada al *boom* inmobiliario, tiene mala nota. Lejos de reducirlo, ha aumentado el abandono educativo temprano: el porcentaje de población de 18 a 24 años que no ha completado la Educación Secundaria de segunda etapa ni ha seguido ningún tipo de formación en las últimas semanas –este es el indicador que mide el fracaso escolar– ha crecido del 29,6% al 31,8% entre 1998 y 2008, mientras que en la media de la Europa de los Veintisiete la tasa bajó del 16,6% en 2003 al 14,9% en 2008.

Además de frenar el desarrollo de una población capaz de asumir empleos de alto valor añadido, la lacra engulle miles de millones anuales. ¿Cuántos? La cuestión requeriría por sí sola una larga investigación, advierte Mariano Fernández Enguita, catedrático de Sociología de la Universidad de Salamanca, pero, de modo orientativo, echa cuentas: el gasto por alumno suma unos 1000 euros al año en Secundaria. Solo el hecho de que más del 40% haya repetido un año a los 15, habiendo 1 800 000 alumnos, ya representaría unos 750 millones de euros, que con los que repiten por segunda vez se acercarían a los 1000. Si añadimos que en el Bachillerato repite cada año casi un cuarto de los alumnos, otros 150 millones; en la Formación Profesional hay menos alumnos pero también menos promoción. Si miramos su producción futura, el 30% de alumnos que no termina la ESO tiene un 10% menos de probabilidades de ser económicamente activo, un 5% más de probabilidades de estar parado y va a ganar un 15% menos. Solo esto representa una reducción del producto interior bruto (PIB) superior al 4,5%. «Nuestro fracaso educativo nos cuesta en conjunto el triple que la crisis», concluye Enguita, que reitera que se trata solo de un «ejercicio mental impreciso», pero da idea de la magnitud del problema.

(Extraído de
http://www.elpais.com/articulo/economia/abandono/educativo/engulle/recursos/elpepueco/20100427elpepieco_6/Tes)

● ● ● ● ● 🕐 ¿Cuánto **tiempo** has tardado en preparar las tareas? Anótalo aquí: _____ min.

ENTREVISTA

🔈 **¡Atención!** Como en los anteriores modelos de examen, te aconsejamos 🎙 **grabar** tus respuestas para poderlas **oír** después. Si prefieres, puedes pedir a un compañero o a tu profesor que te formule las preguntas que aparecen en el documento de transcripciones que puedes encontrar en la 🖥 *ELEteca*. Recuerda que para llevar a cabo la tarea 3 (titulares) te puede ser útil la ayuda de un profesor o de un compañero.

Tarea 1. Presentación oral

INSTRUCCIONES

Usted debe preparar una presentación oral a partir de la lectura de varios textos. Dispone de entre 6 y 8 minutos para realizar esta tarea.

🔈 **¡Atención!** Recuerda que no puedes leer literalmente tus notas, sino solo usarlas para organizar tu presentación.

🎙 **Graba** tu presentación. La vas a necesitar luego para evaluarla, así como para hacer las actividades que puedes encontrar en la 🖥 *ELEteca* https://eleteca.edinumen.es

Tarea 2. Conversación sobre la presentación

INSTRUCCIONES

Debe mantener una conversación con el entrevistador sobre la presentación y los textos de la tarea 1. Dispone de entre 5 y 6 minutos para realizar esta tarea.

 ¡Atención! El entrevistador te va a hacer una serie de preguntas sobre el tema "El fracaso escolar". Escucha atentamente las preguntas y responde. Recuerda, en cualquier caso, que en la práctica la tarea consiste en realizar un debate formal sobre la presentación de la tarea 1, con lo que las preguntas se pueden encadenar de forma más dinámica.

 44 Pon la pista n.º 44. Usa el botón de ⏸ *PAUSA* después de cada pregunta y responde. Vuelve a escuchar la pregunta si lo necesitas.

 Graba tus respuestas. Las vas a necesitar luego para evaluarlas, así como para hacer las actividades que puedes encontrar en la 🖥 *ELEteca* https://eleteca.edinumen.es

Tarea 3. Conversación sobre titulares de prensa

INSTRUCCIONES

A partir de una selección de titulares en torno a distintos aspectos de un mismo tema, improvise una conversación con el entrevistador, con intercambio de opiniones personales. Dispone de entre 5 y 6 minutos para realizar esta tarea.

 ¡Atención! Lee los siguientes titulares de prensa sobre la medicina tradicional y alternativa. A continuación, inicia una conversación con el entrevistador. Coméntale qué te parecen dichos titulares y cuál o cuáles destacarías.

 45 Pon la pista n.º 45. Usa el botón de ⏸ *PAUSA* después de cada pregunta y responde. Vuelve a escuchar la pregunta si lo necesitas.

 Graba tus respuestas. La vas a necesitar luego para evaluarla, así como para hacer las actividades que puedes encontrar en la 🖥 *ELEteca* https://eleteca.edinumen.es

MEDICINA TRADICIONAL / ALTERNATIVA

Resituando las dudosas terapias alternativas

Un informe de Sanidad sobre técnicas naturales en auge como la homeopatía reabre la polémica sobre su eficacia. Los defensores niegan el efecto placebo y discrepan sobre la necesidad de regularlas.

(http://sociedad.elpais.com/sociedad/2011/12/27/actualidad/1324970123_954837.html)

Sanidad concluye que el principal efecto de la homeopatía es placebo

Un estudio encargado por el Congreso no halla pruebas del beneficio de la mayoría de las terapias naturales. Solo acupuntura y masajes salen validados.

(http://sociedad.elpais.com/sociedad/2011/12/19/actualidad/1324325626_211066.html)

La medicina contra el estrés se llama meditación

«Buena parte de las dolencias que padecemos tienen una causa emocional y de descontrol de pensamiento», señala la psicóloga, escritora y divulgadora Alejandra Vallejo-Nágera. Incorporamos a la medicina tradicional occidental conceptos o hábitos que se vienen manejando desde hace siglos en la medicina oriental. El cuerpo es la voz de un sistema emocional que no puede expresarse más que a través de la mente. Como mente y cuerpo pertenecen a la misma persona, el beneficio de una repercute en el beneficio del otro.

(http://smoda.elpais.com/articulos/la-medicina-contra-el-estres-se-llama-meditacion/473)

Sigue el debate: ¿Una aspirina por día nos mantiene saludables?

Expertos dicen que deberían revisarse las guías sobre la aspirina, aunque los estudios afirman que sus beneficios superan los riesgos de una hemorragia.

LONDRES.– Una investigación científica cuestiona los beneficios de tomar una aspirina diaria para reducir el riesgo de muerte por infarto o accidente cerebrovascular (ACV).

(http://www.emol.com/tendenciasymujer/Noticias/2012/01/11/22182/Sigue-el-debate-Una-aspirina-por-dia-nos-mantiene-saludables.aspx)

Polémica por cursos de medicina alternativa en una universidad

En Córdoba, 100 alumnos estudiaban homeopatía, medicina ayurvédica y tradicional china. Pero luego de una fuerte crítica del filósofo Mario Bunge, los cursos se suspendieron.

(http://edant.clarin.com/diario/2010/04/21/um/m-02185202.htm)

ANÁLISIS DE LA PRUEBA ORAL

● ● ● ● ● **Antes de empezar la Prueba 3.**

a. **Tarea 1:** 3, 5, 7, 10. **Tarea 2:** 1, 5, 6, 8, 9. **Tarea 3:** 2, 4, 6, 8, 9.

b. **Tarea 1:** 3, 4, 6, 7, 8, 10. **Tarea 2:** 1, 4, 7, 9. **Tarea 3:** 1, 2, 5, 7.

Comentario. Hay otros recursos que seguramente has ido desarrollando personalmente durante la preparación del examen hasta este momento. Te aconsejamos recopilarlos y tenerlos presente durante el examen. El objetivo es aprobar el examen, y cada candidato tiene sus recursos relacionados con su propio estilo personal. Recuerda que no hay una única manera de hacer correctamente las tareas del examen, y en esta prueba y en la de expresión escrita, tampoco una única respuesta correcta.

> ⚠ **¡Atención!** Este cuadro es algo diferente de los de los otros modelos de examen. Te puede servir de resumen de la preparación de esta prueba.

¿Qué habilidades has puesto en práctica y dónde?	Tarea 1	Tarea 2	Tarea 3
He podido utilizar todos los materiales de apoyo.			
He podido exponer todas las ideas principales.			
Mi presentación del tema ha sido lógica y ordenada.			
He dado con claridad mi opinión sobre el tema.			
He podido mantener un hilo argumentativo a lo largo de toda mi exposición.			
He pensado y ordenado lo que iba a decir.			
He usado estructuras variadas en mi exposición.			
He usado distintas estructuras para expresar perspectivas diferentes.			
Me he autocorregido en mi intervención.			
He respondido con comodidad a las preguntas.			
He reaccionado bien a los argumentos del entrevistador.			
He mantenido buena entonación y una buena pronunciación.			
He cometido errores gramaticales.			
He dudado en alguna de las preguntas al dar mi opinión.			
Me he dejado llevar por mi propia imaginación, sin pensar demasiado.			
He necesitado más tiempo del disponible para realizar las tareas.			

PRUEBA 3
MODELO DE EXAMEN N.º 4

¿Qué puedes hacer para tener mejores resultados en el examen? Anota aquí tu comentario.

....

....

> ⚠ **¡Atención!** Las actividades correspondientes a este modelo de examen las puedes bajar de nuestra página web:

 https://eleteca.edinumen.es

Resumen de la preparación

⚠️ **¡Atención!** Este apartado puede ayudarte a tener una panorámica de tu preparación. Completa estas tablas con la información que has recopilado en las tablas de los modelos. Intenta recoger todas las anotaciones y comentarios que hayas escritos en cada modelo. Anota tu impresión general en cada una de las pruebas.

	Fecha	Tarea	🕐	Respuestas correctas	Dificultades / Problemas para hacer la tarea
Modelo de examen n.º 1		1			
		2			
		3			
Modelo de examen n.º 2		1			
		2			
		3			
Modelo de examen n.º 3		1			
		2			
		3			
Modelo de examen n.º 4		1			
		2			
		3			

	Fecha	Tarea	🕐	Respuestas correctas	Dificultades / Problemas para hacer la tarea
Modelo de examen n.º 1		4			
		5			
		6			
Modelo de examen n.º 2		4			
		5			
		6			
Modelo de examen n.º 3		4			
		5			
		6			
Modelo de examen n.º 4		4			
		5			
		6			

	Fecha	Tarea	🕐 Respuestas correctas	Dificultades / Problemas para hacer la tarea
Modelo de examen n.º 1		1		
		2		
		3		
Modelo de examen n.º 2		1		
		2		
		3		
Modelo de examen n.º 3		1		
		2		
		3		
Modelo de examen n.º 4		1		
		2		
		3		

	Fecha	Tarea	Autoevaluación	Dificultades / Problemas para hacer la tarea
Modelo de examen n.º 1		1		
		2		
		3		
Modelo de examen n.º 2		1		
		2		
		3		
Modelo de examen n.º 3		1		
		2		
		3		
Modelo de examen n.º 4		1		
		2		
		3		

Impresión general de cada prueba:

El día del examen

Algunos consejos para el día del examen.

- La **inscripción** para el examen la tienes que hacer en un **Centro de examen**. Allí puedes encontrar toda la información necesaria. También tienes la página del **Instituto Cervantes:** http:// diplomas.cervantes.es/

- Es importante **dormir bien** el día anterior y llegar **puntual** al Centro de examen.

- No olvides tu **documentación personal**: un documento de identidad con fotografía, así como la cita del examen (lleva tu número de inscripción) y la cita de la prueba oral.

- No está permitido usar libros o diccionarios. No necesitas llevar lápiz ni papel (te lo dan en la sala de examen). Solo tienes que llevar un **bolígrafo** para las pruebas 2 y 3.

- Completa bien los **datos personales** en las Hojas de respuestas, en especial el nombre, el apellido, y el número de inscripción, es muy importante.

- Lee despacio y con atención **todas las instrucciones** del examen.

- Mantén la calma y no olvides controlar el **tiempo** como lo has hecho durante la preparación.

- Si tienes alguna **discapacidad** o minusvalía, es importante informar de ello en el momento de la inscripción.

- Si tienes **preguntas**, es importante hacerlas directamente al Centro del examen o a personas relacionadas directamente con el Instituto Cervantes.

- Si crees que algo no está bien en el examen (erratas o errores en el examen), puedes hacer una **reclamación**.

- La **nota** llega a tu casa entre 4 y 6 meses después del día de examen. También la puedes mirar por Internet, el Centro de examen te informará cómo.

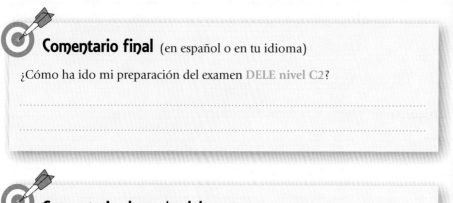

Comentario final (en español o en tu idioma)

¿Cómo ha ido mi preparación del examen DELE nivel C2?

....

....

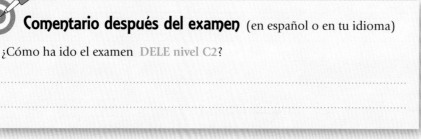

Comentario después del examen (en español o en tu idioma)

¿Cómo ha ido el examen DELE nivel C2?

....

....

Fuentes de los textos utilizados en este manual

Consejo. Este listado de fuentes te puede permitir continuar tu preparación leyendo y escuchando los textos reales utilizados en la confección de este manual. Ya conoces los textos, por lo que no te resultará difícil entenderlos en su versión original. Dado que en esa versión son en general más largos, puedes ampliar tu conocimiento de vocabulario y de los tipos de textos que representan.

¡Atención! No se incluye en este listado las fuentes correspondientes al Instituto Cervantes, cuya página web para el nivel C2 es:

-Ĩ- *Instituto Cervantes*, http://diplomas.cervantes.es/informacion/niveles/nivel_c2.html

Para un manejo más cómodo del documento, lo puedes descargar de la *ELEteca*, documento que incluye además las fuentes utilizadas en las actividades del modelo n.º 4, no incluidas aquí.

Modelo 1

 PRUEBA 1, primera parte. Uso de la lengua, comprensión de lectura

Tarea 1, pág. 11. *La Nación* (Argentina).

Tarea 2, pág. 12. *La ciudad y sus desafíos,* de Luis Rojas Marcos.

Tarea 3, pág. 15. http://www.giemic.uclm.es/index.php?option=com_docman&task=doc_view&gid= 1302&Itemid=66

APARTADO DE ACTIVIDADES

Tarea 1, actividad c., pág. 19. *Elogio del amor*, Alain Badiou, Paidós, Espacios del saber, 2012.

Tarea 1, actividad d., pág. 21. http://www.comunidadescolar.educacion.es

Tarea 3, actividad c., pág. 28. http://www. giemic.uclm.es

 PRUEBA 1, segunda parte. Uso de la lengua, comprensión auditiva

Tarea 4, pág. 36.

http://www.sct.gob .mx/despliega-noticias/article /conferencia-latinoamericana-del-espectro-2011-1/

Tarea 5, pág. 37.

http://www.taurologia.com/ imagenes/fotosdeldia/638 _documento__transcripcion _integra_del_debate_sobre _los_toros_en_rtve.pdf

http://www.rtve.es/alacarta/videos/para-todos-la-2/para-todos-2-debates-retos-cientificos-para-2030/808980/

Tarea 6, pág. 38. *Cadena Ser* (España)

APARTADO DE ACTIVIDADES

Tarea 4, actividad c., pág. 42. Conferencia *Presencia hispánica en Rodas. A propósito del albergue de la lengua de España de Daniel Durán i Duelt* (MRAMEGH, 19 (2009), págs. 97-112)

Tarea 5, actividad b., pág. 43

http://www.antena3.com/series/bandolera/eres-fan/entrevistas/pastora-manuel-actores-bandera_2011020900137.html

Tarea 6, actividad c., pág.47.

http://sociedad.elpais.com/sociedad/2012/02/27/actualidad/1330342627_621910.html

 PRUEBA 2. Comprensión auditiva y lectora y Expresión e Interacción escrita

Tarea 1, págs. 51 y 52.

Modelo 2

Tarea 2, actividad c., pág. 107.

http://blogs.creamoselfuturo.com/nano-tecnologia/2010/01/08/la-nanotecnologia-en-la-moda-i/

Tarea 3, actividad a., pág. 109. *http://www.libroscr.es*

Tarea 3, actividad b., pág. 110. *http://www.eumed.net/eve/2turydes-pon.htm*

 PRUEBA 1, segunda parte. **Uso de la lengua, comprensión auditiva**

Tarea 4, pág. 116.

http://noticias.universia.net.mx/entrevistas/noticia/2011/03/07/798717/mario-vargas-llosa.html

Tarea 5, pág. 117.

http://mas.levante-emv.com/especiales/redes-sociales/redes-sociales/56-qel-factor-clave-para-que-una-red-tenga-exito-es-su-transversalidad-socialq.html

http://mas.levante-emv.com/especiales/redes-sociales/redes-sociales/57-qlas-redes-sociales-permiten-comunicarnos-a-un-nivel-sin-limiteq.html

http://www.rtve.es/alacarta/videos/television/para-todos-2-debates-consumismo-publicidad/746174/

Tarea 6, pág. 118. *http://www.consumer.es/web/es/salud/ problemas_de_salud /2011/04/05/199842.php*

APARTADO DE ACTIVIDADES

Tarea 4, actividad c., pág. 121.

https://www.facebook.com/notes/prensauc/transcripci%C3%B3n-de-la-conferencia-libertad-valores-y-educaci%C3%B3n-de-fernando-savater/301367587076

http://diplomas.cervantes.es/sites/default/files/2011-11-19-c2-1-04_0_1.mp3

http://diplomas.cervantes.es/sites/default/files/dele_c2_transcripcion_prueba_oral_191111_0_0.pdf

http://www.march.es/conferencias/anteriores/voz.aspx?id=2861&l=1

http://servicios.elcorreo.com/aula-de-cultura/2008/jose-luis-pardo/01.htm

Tarea 4, actividad d., pág. 122.

http://www.fundacionmgimenezabad.es/images/Documentos/2009/20091109_et_alonso_r_es_o.pdf

http://josepmfericgla.org/2011/totems-chamanismo-y-espiritualidad

http://josepmfericgla.org/2011/el-arduo-problema-de-la-terminologia-en-los-psicotropos

http://www.unedlanzarote.es/2012/10/ciclo-de-conferencias-sobre-los-barrios_24.html

http://www.comunigraf.com.mx/articulos-y-reportajes/mexico-en-la-encrucijada/mexico-en-la-encrucijada-1.htm

http://www.bufetalmeida.com/251/el-cerco-a-la-libertad.html

Tarea 6, actividad d., pág. 127.

http://www.rtve.es/television/20111009/musica-emociones-neurociencia/465379.shtml

 PRUEBA 2. **Comprensión auditiva y lectora y Expresión e Interacción escrita**

Tarea 1, págs. 132-134.

http://www.blogseitb.com/aprenderaaprender/2009/03/27/que-es-y-como-mejorar-la-memoria/

http://www.rtve.es/television/20111111/alma-esta-red-del-cerebro/474693.shtml

http://refugioantiaereo.com/2007/01/8-ejercicios-para-entrenar-tu-cerebro

Tarea 3, pág.135. Instituto Nacional de Estadística (España).

APARTADO DE ACTIVIDADES

Tarea 3, actividad c., pág. 142.

Fuentes

http://www.cincodias.com/articulo/economia/espana-lidero-pernoctaciones-hoteleras-ue-2009/20100222cdscdseco_9/

http://termometroturistico.es/stag/pernoctaciones.html

Tarea 3, actividad d., pág. 144.

http://www.laopiniondezamora.es/zamora/2011/06/18/turismo-rural-sumo-subida-5000-pernoctaciones-2010/525876.html

 PRUEBA 3. Comprensión de lectura y Expresión e Interacción orales

Tarea 1, págs. 151-154.

OMT.

www.ine.es

http://www.lacaixa.comunicacions.com

http://www.revistanamaste.com/turismo-de-masas-vs-turismo-responsable/

OSE, Fundación Biodiversidad (2010): Informe Empleo verde en una economía sostenible.

Tarea 3, págs. 155-156.

http://www.elmundo.es

http://www.abc.es/salud/noticias

http://www.oem.com.mx/elheraldodetabasco/notas/n2705168.htm

http://www.oem.com.mx/eloccidental/notas/n2380884.htm

whttp://www.tendencias21.net

Modelo 3

 PRUEBA 1, primera parte. **Uso de la lengua, comprensión de lectura**

Tarea 1, pág. 175. Juan José Arreola, *Confabulario personal* (México).

Tarea 2, pág. 176. *http://www.eduardpunset.es/95/general/un-abismo-entre-generaciones*

Tarea 3, pág. 179. *http://dialnet.unirioja.es*

APARTADO DE ACTIVIDADES

Tarea 1, actividad a., pág. 182. *www.corpus.rae.es*

Tarea 1, actividad c., pág. 185. *Pido la paz y la palabra*, A. Bosh, C. Oriol y C. Magallón.

Tarea 2, actividad a., págs. 187-188.

www.biblioteca.org.ar/libros/300708.pdf

www3.unileon.es/pecvnia/pecvnia05/05_107_144.pdf

cultura.elpais.com/cultura/2012/05/08/.../1336477659_782196.html

www.mecd.gob.es/dms-static/48868126...y.../ixcongreso.pdf

pcoe.net/Libros%20digitales%20autores/.../filosofia%201.html

www.eclac.cl/deype/mecovi/docs/TALLER1/11.pdf

www.tendencias21.net › TENDENCIAS CIENTÍFICAS

www.publico.es/culturas/337532/el-beduino-afable

Tarea 2, actividad b., págs. 189-190.

www.cubaencuentro.com › Opinión › Artículos

www.buenastareas.com › Inicio › Temas Variados

tecnologiaedu.us.es/tecnoedu/images/stories/soc_ed.pdf

www.laopiniondemalaga.es

www.acguanacaste.ac.cr/rothschildia/v2n1/textos/22.html

www.profesorenlinea.cl/castellano/MitoyLeyenda.htm

www.cubaencuentro.com › Opinión › Artículos

elpais.com/elpais/2012/06/11/opinion/1339410688_870357.html

www.slideshare.net/andygates/el-arte-del-siglo-xx- 3353756

www.ociozero.com/.../como-contar-una-historia-descripcion-vs-narra...

www.aciprensa.com › Recursos › Moral Católica

Tarea 2, actividad d., pág. 191. *La concepción de la vida*, Ortega y Gasset.

Tarea 2, actividad d., pág. 192. *http://e-ciencia.com/blog/divulgacion/metaevolucion_016/*

Tarea 3, actividad c., pág. 197. *http://corpus.rae.es*

 PRUEBA 1, segunda parte. **Uso de la lengua, comprensión auditiva**

Tarea 4, pág. 202. *Cadena Ser* (España).

Tarea 5, pág. 203.

http://www.rtve.es/alacarta/videos/para-todos-la-2/para-todos-2-debate-prejuicios/1601882/

http://cervantestv.es/2011/03/24/las-mujeres-en-la-nueva-ficcion-televisiva/

Tarea 6, pág. 204.

http://www.rtve.es/television/20110614/debate-2-futuro-del-espanol-afectan-nuevas-tecnologias-salud-nuestro-idi-oma/437516.shtml

APARTADO DE ACTIVIDADES

Tarea 4, actividad c., pág. 209.

http://www.rtve.es/alacarta/videos/para-todos-la-2/para-todos-2-30-11-12/1596404/

http://www.rtve.es/alacarta/videos/para-todos-la-2/para-todos-2-etimologias-anoranza-morina/1620320/

Tarea 5, actividad a., pág. 209.

http://www.rtve.es/alacarta/videos/para-todos-la-2/para-todos-2-30-11-12/1596404/

Tarea 5, actividad b., pág. 210.

http://www.rtve.es/alacarta/videos/para-todos-la-2/para-todos-2-30-11-12/1596404/

Tarea 6, actividad c., pág. 211.

http://www.rtve.es/alacarta/videos/para-todos-la-2/para-todos-2-15-01-13/1664557/

 PRUEBA 2. **Comprensión auditiva y lectora y Expresión e Interacción escrita**

Tarea 1, págs. 217 y 218.

http://www.deia.com/2011/11/21/ocio-y-cultura/cultura/el-pirateo-en-internet-responde-a-los-tiempos-que-nos-ha-tocado-vivir

blogs.elpais.com/muro.../cuatro-mentiras-sobre-musica-e-internet.html

http://www.internautas.org/html/3959.html

Tarea 3, pág. 219. Dirección Ejecutiva de Justicia, México D.F.

APARTADO DE ACTIVIDADES

Tarea 1, actividad a., pág. 223. *http://pijamasurf.com/manifiesto-ps/*

Tarea 3, actividad d., págs. 232 y 233.

http://www.eluniversal.com.mx/notas/818884.html

http://www.yopropongo.org/programa-conduc-sin-alcohol/

www.yopropongo.org

 PRUEBA 3. Comprensión de lectura y Expresión e Interacción orales

Tarea 1, págs. 241-243.

http://mas.farodevigo.es/graficos/441/guia-de-juguetes-para-padres.html

http://www.infortecnica.com/estadistica/icc98/noviembre/TOYSESP.html

http://www.rtve.es/infantil/padres/noticias/valor-juguetes-informe-semanal/481481.shtml

http://www.elpais.com/articulo/opinion/Juguetes/sexistas/elpepiopi/20110321elpepiopi_8/Tes

http://www.crecerjugando.org/pdf/Juego_educacion.pdf

Tarea 3, pág. 245.

http://www.elpais.com/articulo/Tendencias/Estanterias/vias/extincion/elpepitdc/20120114elpepitdc_1/Tes

http://www.elpais.com/articulo/opinion/libro/modelo/armar/elpepiopi/20120112elpepiopi_13/Tes

http://www.elpais.com/articulo/portada/rebano/digital/manifiesto/elpepuculbab/20111231elpbabpor_17/Tes

http://www.razon.com.mx/spip.php?article104844

http://peru21.pe/noticia/725379/vargas-llosa-libro-no-desaparecera

Modelo 4

 PRUEBA 1, primera parte. Uso de la lengua, comprensión de lectura

Tarea 1, pág. 263. *El País semanal* (España).

Tarea 2, pág. 265. *El País* (España).

Tarea 3, pág. 267. *http://www.isef.edu.uy/InvActasEncuentro.htm*

 PRUEBA 1, segunda parte. Uso de la lengua, comprensión auditiva

Tarea 4, pág. 270. *http://www.ciudadseva.com/textos/otros/ggmmejor.htm*

Tarea 5, pág. 271.

http://www.circulobellasartes.com/ag_ediciones-minerva LeerMinervaCompleto.php?art=132

http://www.rtve.es/alacarta/videos/para-todos-la-2/para-todos-debate-relajación-aular/1691384

Tarea 6, pág. 272.

http://www.rtve.es/television/20110615/eduard-punset-hay-vida-antes-muerte/440251.shtml

 PRUEBA 2. Comprensión auditiva y lectora y Expresión e Interacción escrita

Tarea 1, págs. 275 y 277.

http://www.lavanguardia.com/cultura/20100619/53949214032/el-espanol-ya-es-el-segundo-idioma-mas-hablado-del-mundo.html

http://www.cvc.cervantes.es/lengua/anuncio_06-07/pdf/medios_08.pdf

www.bbc.co.ik./.../111206_espanol_ventajas_economicas_jr.shtml

Tarea 2, pág. 277.

http://www.Kralbion2007.tripod.com/id17.html

http://es.wikipedia.org/wiki/danz%c3%b3n

 PRUEBA 3. **Comprensión de lectura y Expresión e Interacción orales**

Tarea 1, págs. 282-285. *http://www.psicopedagogia.com/articulos/?articulo=454*

http://www.elpais.com/articulo/economia/abandono/educativo/engulle/recursos/elpepueco/20100427elpepieco_6/Tes

Tarea 3, págs. 285 y 286.

http://sociedad.elpais.com/sociedad/2011/12/27/actualidad/1324970123_954837.html

http://sociedad.elpais.com/sociedad/2011/12/19/actualidad/1324325626_211066.html

http://smoda.elpais.com/articulos/la-medicina-contra-el-estres-se-llama-meditacion/473

http://www.emol.com/tendenciasymujer/Noticias/2012/01/11/22182/Sigue-el-debate-Una-aspirina-por-dia-nos-man-tiene-saludables.aspx

http://edant.clarin.com/diario/2010/04/21/um/m-02185202.htm

Diploma de Español

Hoja de respuestas

Nivel C2

APELLIDO(S)

NOMBRE

PAÍS

CIUDAD

Prueba 1: Uso de la lengua, comprensión de lectura y auditiva

TAREA 1

P.1. Ⓐ Ⓑ Ⓒ
P.2. Ⓐ Ⓑ Ⓒ
P.3. Ⓐ Ⓑ Ⓒ
P.4. Ⓐ Ⓑ Ⓒ
P.5. Ⓐ Ⓑ Ⓒ
P.6. Ⓐ Ⓑ Ⓒ
P.7. Ⓐ Ⓑ Ⓒ
P.8. Ⓐ Ⓑ Ⓒ
P.9. Ⓐ Ⓑ Ⓒ
P.10. Ⓐ Ⓑ Ⓒ
P.11. Ⓐ Ⓑ Ⓒ
P.12. Ⓐ Ⓑ Ⓒ

TAREA 2

P.13. Ⓐ Ⓑ Ⓒ Ⓓ Ⓔ Ⓕ Ⓖ
P.14. Ⓐ Ⓑ Ⓒ Ⓓ Ⓔ Ⓕ Ⓖ
P.15. Ⓐ Ⓑ Ⓒ Ⓓ Ⓔ Ⓕ Ⓖ
P.16. Ⓐ Ⓑ Ⓒ Ⓓ Ⓔ Ⓕ Ⓖ
P.17. Ⓐ Ⓑ Ⓒ Ⓓ Ⓔ Ⓕ Ⓖ
P.18. Ⓐ Ⓑ Ⓒ Ⓓ Ⓔ Ⓕ Ⓖ

TAREA 3

P.19. Ⓐ Ⓑ Ⓒ Ⓓ Ⓔ Ⓕ
P.20. Ⓐ Ⓑ Ⓒ Ⓓ Ⓔ Ⓕ
P.21. Ⓐ Ⓑ Ⓒ Ⓓ Ⓔ Ⓕ
P.22. Ⓐ Ⓑ Ⓒ Ⓓ Ⓔ Ⓕ
P.23. Ⓐ Ⓑ Ⓒ Ⓓ Ⓔ Ⓕ
P.24. Ⓐ Ⓑ Ⓒ Ⓓ Ⓔ Ⓕ
P.25. Ⓐ Ⓑ Ⓒ Ⓓ Ⓔ Ⓕ
P.26. Ⓐ Ⓑ Ⓒ Ⓓ Ⓔ Ⓕ

TAREA 4

P.27. Ⓐ Ⓑ Ⓒ Ⓓ Ⓔ Ⓕ Ⓖ Ⓗ Ⓘ Ⓙ Ⓚ Ⓛ
P.28. Ⓐ Ⓑ Ⓒ Ⓓ Ⓔ Ⓕ Ⓖ Ⓗ Ⓘ Ⓙ Ⓚ Ⓛ
P.29. Ⓐ Ⓑ Ⓒ Ⓓ Ⓔ Ⓕ Ⓖ Ⓗ Ⓘ Ⓙ Ⓚ Ⓛ
P.30. Ⓐ Ⓑ Ⓒ Ⓓ Ⓔ Ⓕ Ⓖ Ⓗ Ⓘ Ⓙ Ⓚ Ⓛ
P.31. Ⓐ Ⓑ Ⓒ Ⓓ Ⓔ Ⓕ Ⓖ Ⓗ Ⓘ Ⓙ Ⓚ Ⓛ

TAREA 5

P.32. Ⓗ Ⓜ Ⓝ
P.33. Ⓗ Ⓜ Ⓝ
P.34. Ⓗ Ⓜ Ⓝ
P.35. Ⓗ Ⓜ Ⓝ
P.36. Ⓗ Ⓜ Ⓝ
P.37. Ⓗ Ⓜ Ⓝ
P.38. Ⓗ Ⓜ Ⓝ
P.39. Ⓗ Ⓜ Ⓝ
P.40. Ⓗ Ⓜ Ⓝ
P.41. Ⓗ Ⓜ Ⓝ
P.42. Ⓗ Ⓜ Ⓝ
P.43. Ⓗ Ⓜ Ⓝ
P.44. Ⓗ Ⓜ Ⓝ
P.45. Ⓗ Ⓜ Ⓝ
P.46. Ⓗ Ⓜ Ⓝ

TAREA 6

P.47. Ⓐ Ⓑ Ⓒ
P.48. Ⓐ Ⓑ Ⓒ
P.49. Ⓐ Ⓑ Ⓒ
P.50. Ⓐ Ⓑ Ⓒ
P.51. Ⓐ Ⓑ Ⓒ
P.52. Ⓐ Ⓑ Ⓒ

Edi numen

Diploma de Español

Hoja de respuestas

Nivel C2

APELLIDO(S)

NOMBRE

PAÍS

CIUDAD

Prueba 2: Destrezas integradas: Comprensión auditiva y de lectura y Expresión e Interacción escritas

Diploma de Español
Hoja de respuestas

Nivel C2

APELLIDO(S)

NOMBRE

PAÍS

CIUDAD

Prueba 1: Uso de la lengua, comprensión de lectura y auditiva

TAREA 1

P.1. Ⓐ Ⓑ Ⓒ
P.2. Ⓐ Ⓑ Ⓒ
P.3. Ⓐ Ⓑ Ⓒ
P.4. Ⓐ Ⓑ Ⓒ
P.5. Ⓐ Ⓑ Ⓒ
P.6. Ⓐ Ⓑ Ⓒ
P.7. Ⓐ Ⓑ Ⓒ
P.8. Ⓐ Ⓑ Ⓒ
P.9. Ⓐ Ⓑ Ⓒ
P.10. Ⓐ Ⓑ Ⓒ
P.11. Ⓐ Ⓑ Ⓒ
P.12. Ⓐ Ⓑ Ⓒ

TAREA 2

P.13. Ⓐ Ⓑ Ⓒ Ⓓ Ⓔ Ⓕ Ⓖ
P.14. Ⓐ Ⓑ Ⓒ Ⓓ Ⓔ Ⓕ Ⓖ
P.15. Ⓐ Ⓑ Ⓒ Ⓓ Ⓔ Ⓕ Ⓖ
P.16. Ⓐ Ⓑ Ⓒ Ⓓ Ⓔ Ⓕ Ⓖ
P.17. Ⓐ Ⓑ Ⓒ Ⓓ Ⓔ Ⓕ Ⓖ
P.18. Ⓐ Ⓑ Ⓒ Ⓓ Ⓔ Ⓕ Ⓖ

TAREA 3

P.19. Ⓐ Ⓑ Ⓒ Ⓓ Ⓔ Ⓕ
P.20. Ⓐ Ⓑ Ⓒ Ⓓ Ⓔ Ⓕ
P.21. Ⓐ Ⓑ Ⓒ Ⓓ Ⓔ Ⓕ
P.22. Ⓐ Ⓑ Ⓒ Ⓓ Ⓔ Ⓕ
P.23. Ⓐ Ⓑ Ⓒ Ⓓ Ⓔ Ⓕ
P.24. Ⓐ Ⓑ Ⓒ Ⓓ Ⓔ Ⓕ
P.25. Ⓐ Ⓑ Ⓒ Ⓓ Ⓔ Ⓕ
P.26. Ⓐ Ⓑ Ⓒ Ⓓ Ⓔ Ⓕ

TAREA 4

P.27. Ⓐ Ⓑ Ⓒ Ⓓ Ⓔ Ⓕ Ⓖ Ⓗ Ⓘ Ⓙ Ⓚ Ⓛ
P.28. Ⓐ Ⓑ Ⓒ Ⓓ Ⓔ Ⓕ Ⓖ Ⓗ Ⓘ Ⓙ Ⓚ Ⓛ
P.29. Ⓐ Ⓑ Ⓒ Ⓓ Ⓔ Ⓕ Ⓖ Ⓗ Ⓘ Ⓙ Ⓚ Ⓛ
P.30. Ⓐ Ⓑ Ⓒ Ⓓ Ⓔ Ⓕ Ⓖ Ⓗ Ⓘ Ⓙ Ⓚ Ⓛ
P.31. Ⓐ Ⓑ Ⓒ Ⓓ Ⓔ Ⓕ Ⓖ Ⓗ Ⓘ Ⓙ Ⓚ Ⓛ

TAREA 5

P.32. Ⓗ Ⓜ Ⓝ
P.33. Ⓗ Ⓜ Ⓝ
P.34. Ⓗ Ⓜ Ⓝ
P.35. Ⓗ Ⓜ Ⓝ
P.36. Ⓗ Ⓜ Ⓝ
P.37. Ⓗ Ⓜ Ⓝ
P.38. Ⓗ Ⓜ Ⓝ
P.39. Ⓗ Ⓜ Ⓝ
P.40. Ⓗ Ⓜ Ⓝ
P.41. Ⓗ Ⓜ Ⓝ
P.42. Ⓗ Ⓜ Ⓝ
P.43. Ⓗ Ⓜ Ⓝ
P.44. Ⓗ Ⓜ Ⓝ
P.45. Ⓗ Ⓜ Ⓝ
P.46. Ⓗ Ⓜ Ⓝ

TAREA 6

P.47. Ⓐ Ⓑ Ⓒ
P.48. Ⓐ Ⓑ Ⓒ
P.49. Ⓐ Ⓑ Ⓒ
P.50. Ⓐ Ⓑ Ⓒ
P.51. Ⓐ Ⓑ Ⓒ
P.52. Ⓐ Ⓑ Ⓒ

Diploma de Español

Hoja de respuestas

APELLIDO(S)

NOMBRE

PAÍS

CIUDAD

Prueba 2: Destrezas integradas: Comprensión auditiva y de lectura y Expresión e Interacción escritas

Notas

Notas